企业价值评估

李小荣◎主　编

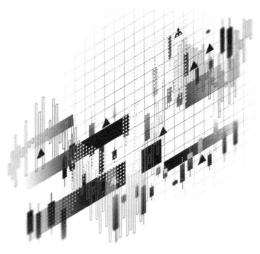

清华大学出版社

北京

图书在版编目（CIP）数据

企业价值评估 / 李小荣主编 . —北京：清华大学出版社，2022.5

ISBN 978-7-302-60638-3

Ⅰ.①企⋯ Ⅱ.①李⋯ Ⅲ.①企业—价值论 Ⅳ.① F270

中国版本图书馆 CIP 数据核字 (2022) 第 068131 号

责任编辑：梁云慈
封面设计：汉风唐韵
版式设计：方加青
责任校对：宋玉莲
责任印制：杨　艳

出版发行：清华大学出版社

　　　　网　　　址：http：//www.tup.com.cn，http：//www.wqbook.com
　　　　地　　　址：北京清华大学学研大厦 A 座　　　　邮　　编：100084
　　　　社 总 机：010-83470000　　　　邮　　购：010-62786544
　　　　投稿与读者服务：010-62776969，c-service@tup.tsinghua.edu.cn
　　　　质 量 反 馈：010-62772015，zhiliang@tup.tsinghua.edu.cn
印 装 者：三河市君旺印务有限公司
经　　销：全国新华书店
开　　本：185mm×260mm　　　　**印　张：**20　　　　**字　数：**451 千字
版　　次：2022 年 5 月第 1 版　　　　**印　次：**2022 年 5 月第 1 次印刷
定　　价：65.00 元

产品编号：096235-01

中央财经大学研究生精品教材系列丛书

编委会

主   任：马海涛

委   员：（按姓氏笔画排序）

尹　飞　白彦锋　冯秀军　刘双舟　刘志东　李　涛

李国武　李建军　李晓林　吴　溪　张晓涛　陈斌开

林　嵩　林光彬　姜　玲　贾尚晖

丛 书 主 编：马海涛

丛书副主编：张学勇　肖　鹏

总　序

当今世界正经历百年未有之大变局，我国正处于实现中华民族伟大复兴的关键时期，时代提出了一系列新的重大理论和实践问题，经济社会发展和民生改善比过去任何时候都更加需要科学技术解决方案，比过去任何时候都更加需要哲学社会科学的繁荣，比过去任何时候都更加需要财经理论的创新发展。推动实现国家治理体系和治理能力现代化，需要更好发挥财政在国家治理中的基础和重要支柱作用，需要切实把维护金融安全作为治国理政的一件大事，需要不断完善目标优化、分工合理、高效协同的宏观经济治理体系，需要成千上万的创新型财经管理人才。

党的十九大报告指出，"建设教育强国是中华民族伟大复兴的基础工程，必须把教育事业放在优先位置"，要"加快一流大学和一流学科建设，实现高等教育内涵式发展"。而实现高等教育内涵式发展，研究生教育是不可或缺的重要部分。2020年，全国研究生教育会议召开，教育部、国家发展和改革委、财政部联合发布《关于加快新时代研究生教育改革发展的意见》，明确提出：研究生教育在培养创新人才、提高创新能力、服务经济社会发展、推进国家治理体系和治理能力现代化方面具有重要作用。坚持"四为"方针，瞄准科技前沿和关键领域，深入推进学科专业调整，提升导师队伍水平，完善人才培养体系，加快培养国家急需的高层次人才，为坚持和发展中国特色社会主义、实现中华民族伟大复兴的中国梦做出贡献。

深化研究生教育改革，要重视发挥课程教学在研究生培养中的作用，而高水平教材建设是开展高水平课程教学的重要载体。中央财经大学坚持"科学规划、突出特色、鼓励创新、择优资助"的原则，高度重视研究生教材建设工作，围绕立德树人根本任务，以一流学科建设为目标，设立专项资金资助研究生教材建设，推动习近平新时代中国特色社会主义思想和社会主义核心价值观融入教材建设、融入课堂教学，培育学生经世济民、诚信服务、德法兼修的职业素养，初步建立了具有中央财经大学"财经黄埔"品牌特色的研究生教材体系。瞄准前沿，出版各专业博士生前沿文献导读，推进职业能力训练为导向的案例教学与案例库体系，着力组织建设一批国际化、高水平的专业学位研究生教学案例集。

呈现在读者面前的中央财经大学研究生精品教材系列丛书由多部研究生教材组成，涉及经济学、管理学、法学三个学科门类，所对应课程均为中央财经大学各专业研究生培养方案中的核心课程，均由教学经验丰富的一线教师组织编写。编者中既有国家级教学名师等称号的获得者，也不乏在专业领域造诣颇深的中青年学者。本系列丛书以"立足中国，放眼世界"的眼光和格局，本着扎根中国大地办大学的教育理念，致力于打造一批具有中国特色，具有较强思想性、科学性、系统性和时代性的适用于高等院校尤其是财经类院校研究生教学的专业教材，力求在各个专业领域内产生一定的影响力。

中央财经大学研究生精品教材系列丛书的出版得到了"中央高校建设世界一流大学（学科）和特色发展引导专项资金"的支持。我们希望本套丛书的出版能够为相关课程教学提供基本的教学方案和参考资料，能够启发研究生对专业知识的学习和对现实问题的思考，提高研究生运用理论知识解决现实问题的能力，进而培养成为具有良好职业素养、掌握前沿理论、具备国际视野的高层次拔尖创新人才。

编写研究生精品教材系列丛书，我们虽力求完善，但难免存在不足之处，恳请广大同行和读者批评指正。

中央财经大学研究生精品教材系列丛书编委会

2022 年 5 月于北京

前　言

编一本《企业价值评估》教材的想法由来已久，主要基于三点考虑：一是求学多年，受惠于教材。教材让我系统掌握了相关课程的知识，若能编一本教材影响他人，便是一件伟大的事。二是学科发展之需。资产评估是一门年轻的学科，与传统优势学科相比，学科建设的方方面面都有差距，而教材建设便是学科建设的基础和重要方面，年轻的资产评估学科需要一套权威教材。三是教学必备。我承担了中央财经大学资产评估专业研究生的"企业价值评估研究"和本科生的"企业价值评估"课程的教学工作，多年来一直没有承载自己思考和知识体系的教材，学生只能使用 PPT 作为学习材料，影响了教学效果和学生的学习效率。虽然编一本《企业价值评估》教材的动机强烈，但受限于时间和精力，一直没有付诸行动。2019 年，学校启动了"双一流"建设研究生精品教材建设项目，为了更好推进教材编写，申请了该项目，并获得立项。本教材的顺利推进，首先要感谢学校和研究生院的大力支持。

项目立项后，我根据自己教学 PPT 的逻辑和对"企业价值评估"课程的思考，设计了教材编写提纲，成立了教材编写团队。由于"企业价值评估"是一门实践性很强的课程，因此我邀请了知名的实务专家参与编写。这些知名实务专家也是我校资产评估专业硕士的校外导师，参与教学和学生指导工作，对教学和学生特点颇为熟悉。本教材由李小荣担任主编，各章编写人员如下：第一章（李小荣、张丽男，中央财经大学），第二章（李小荣、王文桢，中央财经大学），第三章（李小荣、韩琳、万钟，中央财经大学），第四、第八章（朱军，中和资产评估有限公司），第五章（阮咏华，北京中企华资产评估有限公司），第六章（杨剑萍，中水致远资产评估有限公司），第七、第九章 [王生龙，中全资产评估（北京）有限公司]，第十章（邓艳芳，中联资产评估集团），第十一章（崔劲，天健兴业资产评估有限公司）。我的博士生王文桢协助我进行了统稿，统稿后由我对全书进行了修改。在此，感谢参与教材编写的各位实务专家和我的四位博士生（万钟、韩琳、王文桢和张丽男）。

本教材的编写参考了大量相关教材内容和文献，在此也向相关作者表示感谢。本教材可以作为资产评估专业和相关专业研究生和本科生"企业价值评估"课程的参考教材。当然，由于作者水平、精力和时间有限，书中肯定有不足之处，恳请读者批评指正，以便再版时进行修订完善。

李小荣

2021 年 11 月

目　录

第一章　企业与企业价值评估

第一节　企业的含义、特征与目标

一、企业的含义

（一）企业理论

1. 企业契约理论

契约理论主要包括交易成本理论、不完全契约理论、委托代理理论以及三个理论的分支，这三个理论都是解释公司治理的重要工具，各个理论之间不是相互取代的关系，而是相互补充的关系。

交易成本理论是英国经济学家罗纳德·哈里·科斯于 1937 年在其重要论文《论企业的性质》中提出来的。理论的基本思路是：围绕节约交易费用这一核心，把交易作为分析单位，区分不同交易的特征，然后分析什么样的交易应该用什么样的体制组织来协调。科斯认为，交易成本是获得准确市场信息所需要的费用，以及谈判和经常性契约的费用。也就是说，交易成本由信息搜寻成本、谈判成本、缔约成本、监督履约情况的成本、可能发生的处理违约行为的成本所构成。

交易成本理论具体包括间接定价理论、团队生产理论、资产专用性理论等。

间接定价理论模型是由杨小凯和黄有光在对张五常和科斯的企业理论独特性的理解的基础上发展起来的。张五常在 1983 年发表的论文中指出，企业并不是为取代市场而设立，而是以要素市场的契约取代产品市场的契约，使用企业内部的剩余权利的间接定价方式替代市场上的直接定价方式。企业与市场的区别和替代变成了产品市场与要素市场的区别和替代。杨小凯和黄有光基于科斯和张五常的思想，借助消费者－生产者、专业化经济和交易成本这三方面因素，建立了一个关于企业一般化均衡的契约模型，模型的突出之处是把企业所有权的内部结构与定价成本相联系，同时把企业的均衡组织形式与交易效率相联系。管理者对剩余的索取权体现了管理服务的间接价格。此理论认为企业作为价格机制的替代物，可降低市场的直接定价成本即交易成本。

团队生产理论由美国经济学家阿尔奇安和德姆塞茨等人于 1972 年提出。该理论认为产品生产要素的投入不是简单的组合，产品也不是由各个生产要素简单地相加，生产要素归属于不同的成员而不是个别成员。企业的实质是团队生产，由于团队生产存在需要激励和难以计量产出这一对矛盾，生产团队逐渐演变为企业。企业的特征不是拥有优于市场的权威权利，而是企业对要素生产率和报酬的计量能力以及对内部机会主义的监督能力优于市场，能节约交易成本。阿尔奇安和德姆塞茨认为，买卖物品的契约和雇用劳动的契约并无区别，企业内交易与市场交易亦无二致，雇主和雇员之间的长期合约不是企业组织的本质。阿尔奇安和德姆塞茨批评科斯未能说明企业比市场更有效率的条件，他们明确提出企业与市场的区别，不在于其组织生产的权威，而在于其对团队成员的监督结构。

资产专用性理论最早是被美国经济学家奥利弗·伊顿·威廉姆森提出来的。该理论认为，资源在用于特定用途后，如果转作其他用途则其价值会降低。投资专门化的对象可以是一个国家、一种职业、一项产业，也可以针对一家企业。资产的专用性可以包括以下类型：专用地点，例如紧密相邻的货场；专用实物资产，例如为生产零部件所需的专用模具；专用人力资产以及特定用途的资产。后来又加上品牌资产专用性。这种专用性的资产构成了交易成本的主要内容，对经济活动是采用企业的形式还是契约的形式来进行组织具有重大影响。资产的专用性高，交易双方就互相需求、高度依赖，倾向于采用内部组织一体化的形式，而不再采用外部市场合同形式，它主要被用来解释社会生产组织（企业）纵向一体化的原因。资产专用性理论是以资产专用性为中心，研究交易契约及其与治理结构的匹配问题，以及企业规模的理论。

不完全契约理论是由格罗斯曼、哈特和莫尔等共同创立的，因而这一理论又被称为GHM（格罗斯曼-哈特-莫尔）理论或GHM模型。该理论以合约的不完全性为研究起点，以财产权或（剩余）控制权的最佳配置为研究目的，认为由于人们的有限理性、信息的不完全性及交易事项的不确定性，使得明晰所有的特殊权利的成本过高，拟定完全契约是不可能的，不完全契约是必然和经常存在的。

委托代理理论是1932年由美国经济学家伯利和米恩斯提出，伯利和米恩斯研究发现企业所有者兼经营者的做法存在着极大的弊端，于是提出"委托代理理论"，倡导所有权和经营权分离，企业所有者保留剩余索取权，而将经营权利让渡。委托代理关系是随着生产力大发展和规模化大生产的出现而产生的。其原因一方面是生产力发展使得分工进一步细化，权利的所有者由于知识、能力和精力的原因不能行使所有的权利；另一方面是专业化分工产生了一大批具有专业知识的代理人，他们有精力、有能力代理行使好被委托的权利。但在委托代理的关系当中，由于委托人与代理人的效用函数不一样，委托人追求的是自己的财富更大，而代理人追求自己的工资津贴收入、奢侈消费和闲暇时间最大化，这必然导致两者的利益冲突。"委托代理理论"早已成为现代公司治理的逻辑起点，主要研究由公司"所有权"和"控制权"分离而产生的与代理现象相关的组织问题。

2. 企业资源理论

企业是异质资源和能力的集合体，是有形的人力和无形资产组合的行政组织。一般地，企业资源是企业控制的所有资产、能力、组织过程、企业特质、信息、知识等，是企业为了提升自身的效益和效率而用来创造并实施战略的基础。一些经济学家将企业资源划分为四种类型：金融资本、物质资本、人力资本和组织资本等。金融资本是企业能用于实施其战略的所有资金资源，它包括企业家提供的资本、股东的资本、银行提供的借贷资本和留存收益等资金资源。物质资本包括企业运用的物质技术、企业的厂房和设备、地理位置和原材料渠道等资源。人力资本是企业中单个的经理和工人的培训、经历、判断力、智力、关系和见识等方面的统称。组织资本包括企业的管理体系，正式的和非正式的计划、控制和协调系统，企业的文化和声誉以及企业内部团体与外部团体和周围环境之间的相互关系等。

企业资源形成企业竞争能力，这些资源构成是复杂的，种类很多，既包括企业账面中体现的资源，还有大量未体现在企业账面但影响到企业竞争力进而对其价值产生影响的资源。

资源基础理论认为，企业是各种资源的集合体。由于各种不同的原因，企业拥有的资源存在异质性，异质性决定了企业竞争力。总体来说，资源基础理论主要包括以下三方面的内容。第一，企业竞争优势来源于特殊的异质资源。异质资源是企业获利能力不同的重要原因，也是拥有优势资源的企业能够获取经济租金的原因。作为竞争优势源泉的资源应当具备有价值、稀缺、不能完全被仿制、无法替代、以低于价值的价格为企业所取得五个特点。真正可以作为企业优势源泉的条件有以下三点：有价值、不能完全被仿制、具有自我发展的潜质。第二，竞争优势的持续性源自资源的不可模仿性。当存在因果关系含糊、路径依赖性以及模仿成本时，企业相互之间的模仿行为会降低，竞争优势得以保持。第三，特殊资源的获取与管理。资源基础理论为企业的长远发展指明了方向，具体来说，企业可从组织学习、知识管理、建立外部网络三方面着手发展企业独特的优势资源。

3.企业能力理论

企业能力理论是战略管理领域的新兴企业理论。资源基础理论、企业能力理论、企业核心能力理论、企业动态能力理论对企业如何获取并保持竞争优势做出了不尽相同的解释，形成了企业能力理论的演进框架。

企业能力理论认为企业本质上是其所拥有的各种资源和能力的集合体，以往的企业理论把企业看作是一个产品、业务或者资源的集合体，能力理论则把企业看成能力的集合体，企业之间的差异性主要体现在拥有的资源和能力不同。企业竞争优势最直接的来源是有价值的、稀缺的、不可模仿和替代的关键资源。只有当有价值的、稀缺的资源不可模仿和不可替代时，才能为企业带来持续的竞争优势。企业内部资源、能力和知识的积累是企业获得超额收益和保持竞争优势的关键性因素，核心能力是企业持续竞争优势的源泉。一般说来，核心能力具有如下特征：稀缺性，即为企业所特有的；可延展性，核心能力可使企业进入各种相关市场参与竞争；价值性，核心能力能够使企业为客户创造价值；难以模仿性，核心能力应当不会轻易地被竞争对手所模仿。

（二）定义

企业是企业价值的载体，评估企业价值，首先应当理解企业的概念和特征。

关于企业的概念，经济学家从不同角度给出了不同的定义。科斯将企业定义为用权威的行政管理替代价格机制进行资源分配的经济组织。詹森、麦克林等人认为"企业是一组个人间契约关系的连接"。德姆塞茨、阿尔钦等则认为，企业是一系列契约的连接体。张五常直接把企业看作是与产品市场相对应的要素市场。张仁德、王昭凤在其主编的《企业理论》一书中，将企业定义为"通过契约连接各生产要素、依靠权威协调管理、存在内部分工、为交易而生产的专业化团队组织"。在刘玉平主编的《资产评估教程》一书中，企业定义为"企业是以营利为目的，由各种要素资产组成并具有持续经营能力的相对完整的系统整体"。

企业是人类经济活动发展到一定历史阶段、社会生产力发展到一定水平的产物。企业以营利为目的，为满足社会需要，把土地、资本、劳动力和管理等生产要素集合起来，依法从事商品生产、流通和服务等经济活动，实行独立核算、自主经营、自负盈亏、自我约束和自我发展。现代企业不仅是一个经济组织，其存在还必须接受一定的法律法规的约束。世界上各个国家均对企业从法律角度进行相应的界定，如我国有关法律对企业的界定，均强调企业是依法成立的社会经济组织，明确了企业的法律属性。理解企业的概念，一般应把握以下几点内容：

（1）企业是一个经济组织。企业是一个投入产出系统，从事经济活动。企业具有经济性的目标，即实现盈利。所有企业都是追求盈利的，盈利是企业创造附加价值的组成部分，也是社会认可企业所生产、提供的产品或服务而给予企业的报酬。在市场经济条件下，一般来说，企业提供的产品或服务对需求者和社会的贡献越大，则取得的利润越大；反之亦然。在市场经济环境下，企业也会面临激烈的竞争，从成立伊始便始终处于生存与倒闭、发展与萎缩的矛盾之中。

（2）企业是一个社会组织。企业作为一个投入产出系统，需要从外界获得生产经营活动所需的人力、物力、财力，同时又向社会提供其所需要的产品和服务。企业作为社会组织，意味着不可避免地要承担社会责任，其经济绩效必然受到外界利益相关者的影响。利益相关者指的是企业环境中对企业决策有影响的有关者，比如政府机构、职工、顾客、供应商、社会公众等。随着市场竞争的加剧，公众对企业的社会期望越来越高，希望企业不仅要追求经济目标，也要追求社会目标并承担社会责任。

（3）企业是依法设立的实体。企业作为社会组成部分受到相关法律制度的规范。从法律角度讲，企业是具有自己独立财产的组织机构，以自己的名义进行民事活动并承担责任，享有独立的民事权利和义务。企业要依法设立主要表现为三个方面：一是要符合国家法律法规规定的设立条件；二是要依照国家法律法规规定的程序设立；三是其生产经营活动不能违反法律法规的规定。

（4）企业是自主经营的主体。企业能够根据市场的需要，独立自主地使用和支配其所拥有的人力、物力和财力，并能够对其经营成果独立享有相应的权益和承担相应的责任。自主经营是自负盈亏、独立核算的前提。企业自主经营，要求企业在享有独立决策其生产经营活动权利的同时，也要承担其决策所带来的后果。企业实行自负盈亏，可以使企业的责、权、利相统一，有利于发挥企业生产经营的积极性，增强企业活力，促进生产力的发展。

二、企业的特点

针对企业的特点，许多经济著作中已有诸多论述。一般地，营利性、整体性、持续经营性是其典型特征。

（一）营利性

企业作为一个经济组织，其经营的目的就是营利。为了达到营利的目的，企业需要在既定的生产经营范围内，以其生产能力或服务能力为主线，将若干要素资产有机组合并形成相应的生产经营结构和功能。

（二）整体性

企业的整体性是企业作为一项特殊的资产区别于其他资产的一个重要特征。构成企业的各个要素虽然具有不同性能，但只有在特定系统目标下构成企业整体，各个要素资产功能才可能会产生相互作用。因此，企业的各个要素资产可以被整合为具有良好整体功能的资产综合体。当然，即使构成企业的各个要素资产的个体功能良好，如果它们不能服务企业的特定目标，它们之间的功能也可能无法发挥最大的作用，甚至相互产生不利影响，由此组合而成的企业整体功能可能降低。

（三）持续经营性

企业要获取盈利，必须进行经营，而且要在经营过程中努力降低成本和费用，延长企业生命周期。为此，企业要对各种生产经营要素进行有效组合并保持最佳利用状态。影响企业生产经营要素最佳利用的因素很多，持续经营是一个重要方面。

三、企业的组织形式

按照组织形式的不同，企业一般被划分为公司制企业、合伙企业和个人独资企业。

（一）公司制企业

公司是企业的一种重要组织形式。公司是企业法人，有独立的法人财产，享有法人财产权。公司以其全部财产对公司的债务承担责任。

公司制企业有别于其他类型组织形式的最大特点，是公司具有独立法人资格，具体表现在：第一，公司拥有独立的法人财产，该财产最初由股东出资形成，并在公司存续过程中通过经营或其他途径累积，但它不同于公司股东财产，股东出资后，只享有股权或股份，对公司财产没有直接的支配权，公司对股东出资享有法律上的财产权，且以其全部财产对外承担责任；第二，公司独立承担民事责任，公司的责任与股东的责任相互独立，与管理人员和工作人员的责任相互独立；第三，公司具有独立的组织机构，这些机构包括管理机构，也包括业务机构，它们应当依照法律、公司章程或公司规章制度独立行使职权。公司的独立法人资格和股东的有限责任使得股东可以通过设立公司或者购买公司的股权或者股份，获得公司的收益，同时又可以将投资风险降到最低限度，即使公司经营亏损或资不抵债，公司的债务也不会波及股东的其他财产，这也是公司制优于其他企业组织形式的重要内容。公司股东滥用公司法人独立地位和股东有限责任，逃避债务，严重损害公司债权人利益的，应当对公司债务承担连带责任。

公司制企业主要有两种具体形式，即有限责任公司和股份有限公司。有限责任公司是指由 50 个以下股东出资设立，股东以其出资额为限对公司承担责任，公司以其全部财产对公司的债务承担责任的公司。股份有限公司是指其全部资本分成等额股份，股东以其所持股份为限对公司承担责任，公司以其全部财产对公司的债务承担责任的公司。有限责任公司和股份有限公司在设立条件、设立方式、股东人数限制、股权转让限制、注册资本最低限额、组织机构的设置以及信息披露的义务等方面存在着不同。

（二）合伙企业

合伙企业包括自然人、法人和其他组织依法设立的普通合伙企业和有限合伙企业。普通合伙企业由普通合伙人组成，合伙人对合伙企业债务承担无限连带责任。有限合伙企业由普通合伙人和有限合伙人组成，普通合伙人对合伙企业债务承担无限连带责任，有限合伙人以其认缴的出资额为限对合伙企业债务承担责任。国有独资公司、国有企业、上市公司以及公益性的事业单位、社会团体不得成为普通合伙人。

根据《中华人民共和国合伙企业法》，以专业知识和专门技能为客户提供有偿服务的专业服务机构，可以设立为特殊的普通合伙企业。特殊的普通合伙企业中，一个合伙人或者数个合伙人在执业活动中因故意或者重大过失造成合伙企业债务的，应当承担无限责任或者无限连带责任，其他合伙人以其在合伙企业中的财产份额为限承担责任。合伙人在执业活动中非因故意或者重大过失造成的合伙企业债务以及合伙企业的其他债务，由全体合伙人承担无限连带责任。

（三）个人独资企业

个人独资企业由一个自然人依法投资设立。企业财产为投资人个人所有，投资人以其个人财产对企业债务承担无限责任。一般而言，个人独资企业是非法人企业，并不作为企业所得税的纳税主体。其收益应与投资人的其他收益一起计入个人所得税的纳税范畴。个人独资企业一般结构简单、规模较小，经营管理方式灵活，内部机构设置简明。个人独资企业与一人有限责任公司不同。一人有限责任公司是只有一个自然人股东或者一个法人股东的有限责任公司。

四、企业的目标

企业财务管理追求的目标通常有以下四种：

（一）利润最大化目标

利润最大化目标，就是假定在投资预期收益确定的情况下，财务管理行为将朝着有利于企业利润最大化的方向发展。以利润最大化作为企业的目标有以下几点理由：（1）利润是企业新创造的价值，是企业已实现销售并被社会承认的价值；（2）利润是企业最综合的指标，能够说明企业整体经营管理和财务管理水平的高低；（3）真实的利润就是社会财富的积累；（4）利润的概念是一个最容易被社会各界广泛接受的财务概念。

以利润最大化作为企业的目标，其优点表现在：（1）企业追求利润最大化，讲求经济核算，加强管理，改进技术，提高劳动生产率，降低产品成本；（2）有利于企业资源的合理配置；（3）有利于企业整体经济效益的提高。

利润最大化目标在实践中存在以下难以解决的问题：（1）利润是指企业一定时期实现的税后净利润，它没有考虑利润的实现时间以及资金的时间价值；（2）利润是一个绝对数指标，不能反映企业一定时期的投资收益率水平，因而无法表现一定时期的投入和产出关系，更无法在不同企业之间进行财务状况的比较；（3）没有考虑风险因素，高额利润的获得往往要承担过大的风险，可能造成财务管理人员不切实际地盲目追求利润最大化，使企业承受很大甚至不必要的风险；（4）片面追求利润最大化，可能会导致企业短期行为，只顾实现当前的或局部的利润最大，而不顾长远和整体的发展，甚至伤害了长远发展的财务实力；（5）利润最大化没有考虑一定时期的现金流量状况，因为利润最大并不意味着企业的现金流量状况良好。

（二）股东财富最大化

企业通过合理经营，并采取合理的财务政策，最大限度地为股东谋取财富。股东财富是指企业中的净资产在资本市场中的市值，在上市公司中，股东财富是由其所拥有的股票数量和股票市场价格两方面来决定。在股票数量一定时，股票价格达到最高，股东财富也就达到最大。

与利润最大化相比，股东财富最大化的主要优点是：（1）考虑了风险因素，因为通常股价会对风险做出较敏感的反应；（2）在一定程度上能避免企业追求短期行为，因为不仅目前的利润会影响股票价格，预期未来的利润同样会对股价产生重要影响；（3）对上市公司而言，股东财富最大化目标比较容易量化，便于考核和奖惩。

以股东财富最大化作为企业目标存在的问题是：（1）通常只适用于上市公司，非上市公司难以应用，因为无法像上市公司一样随时准确获得公司股价；（2）股价受众多因素影响，特别是企业外部的因素，有些还可能是非正常因素。股价不能完全准确反映企业财务管理状况，如有的上市公司处于破产的边缘，但由于可能存在某些机会，其股票价格可能还在走高；（3）它强调更多的是股东利益，而对其他相关者的利益重视不够。

（三）企业价值最大化

建立企业的重要目的在于创造尽可能多的财富，企业价值最大化是指企业通过生产经营，在激烈的市场竞争中，不断开拓创新产品、优化业务服务，不断增加企业财富，使企业价值最大化。对企业进行评价时，不仅要看企业已经获得的利润水平，还要评价企业潜在的获利能力。因此，企业价值不是账面资产的总价值，而是企业全部财产的市场价值，它反映了企业潜在或预期获利能力和未来收入预期。该思路考虑了资金的时间价值和风险问题。企业的收益越多，其整体价值或股东财富越大，如衡量股东财富增加的指标可为：权益市场增加值 = 股东权益的市场价值 − 股东投资资本。

以企业价值最大化作为财务管理的目标，其优点表现在：（1）考虑了资金的时间价值和投资的风险价值，有利于选择投资方案；（2）反映了对企业资产保值增值的要求，股东财富越多，企业市场价值就越大，追求股东财富最大化可促使企业资产保值或增值；（3）有利于克服管理上的片面性和短期行为；（4）有利于社会资源合理配置，实现社会效益最大化。

以企业价值最大化作为财务管理的目标也存在一些不足之处，具体表现在：（1）对于股票上市企业，虽可通过股票价格的变动揭示企业价值，但股票价格受多种因素的影响，不一定能够揭示企业的获利能力；（2）现代企业不少采用环形持股的方式，相互持股，而对股价最大化目标没有足够兴趣；（3）对于非股票上市企业，只有对企业进行专业评估，才能真正确定其价值，但这种评估不易做到客观和准确，导致确定企业价值的困难。

应当指出，企业不但要为其所有者提供收益，而且还要合理承担相应的社会责任，如保护生态平衡，防治环境污染和支持社区文化教育、福利事业等。我国上市公司从 2009 年开始披露社会责任报告，每股社会责任贡献值较好体现了企业所承担的社会责任：每股社会贡献值 = 每股收益 + （纳税额 + 职工费用 + 利息支出 + 公益投入总额）/ 期末总股本。

企业价值最大化有利于体现企业管理的目标，更能揭示市场认可的企业价值，并且也考虑了资金的时间价值和风险价值，因此，通常认为企业价值最大化是一个较为合理的财务管理目标。

（四）相关者利益最大化

相关者利益最大化目标的基本思想就是在保证企业长期稳定发展的基础上，强调在企业价值增值中满足以股东为首的各利益群体的利益。对企业而言，其利益相关者一般可以分为三类：资本市场利益相关者（股东和公司资本的主要供应者），产品市场利益相关者（公司主要顾客、供应商、当地社团和工会）以及组织中的利益相关者（公司所有员工，包括管理人员和一般员工）。每个利益相关者群体都希望组织在制定战略决策时能给他们提供优先考虑，以便实现他们的目标。

相关者利益最大化目标的具体内容包括以下几个方面：（1）强调风险与报酬的均衡，将风险限制在企业可接受的范围之内；（2）强调股东的首要地位；（3）强调对企业代理人即企业经营者的监督和控制，建立有效的激励机制；（4）关心本企业一般职工的利益；（5）不断加强与债权人的关系；（6）关心客户的长期利益；（7）加强与供应商的合作；（8）保持与政府部门的良好关系。

以相关者利益最大化作为财务管理目标，具有以下优点：（1）综合考虑各利益主体的利益，有利于企业长期、稳定发展；（2）体现了合作共赢的价值理念，有利于实现企业经济效益和社会效益的统一；（3）这一目标本身是一个多元化、多层次的目标体系，较好地考虑了各利益主体的利益；（4）体现了前瞻性和可操作性的统一。

以相关者利益最大化作为目标的不足之处，主要表现在企业在特定的经营时期，几乎不可能使利益相关者财富最大化，只能做到协调化。

本教材较为赞同企业的目标为企业价值最大化，企业价值最大化保证了企业战略发展的长期性，考虑了风险以及货币的时间价值。以企业价值最大化作为企业的理想目标，有利于企业长期、稳定、健康地发展，体现了现代企业制度的要求。另外，企业价值最大化是一个动态的指标，有利于企业在生命周期内追求价值的持续增长，具有长期性、可持续发展性。

第二节　企业价值与企业价值评估

一、企业价值的含义及特点

（一）企业价值的含义

企业价值理论自 20 世纪 50 年代被提出来以后，引起了西方经济学家的普遍重视。罗伯特·默顿（Robert C. Merton）、迈伦·斯科尔斯（Myron Scholes）、威廉·夏普（William F. Sharpe）、默顿·米勒（Merton Miller）和弗兰科·莫迪利安尼（Franco Modigliani）等近 10 位经济学家，都因为从事企业价值理论及其相关领域研究并建立了相应的理论体系而获得了诺尔贝经济学奖。但企业价值的定义仍然是未解的问题。

企业价值也称公司价值，本书中二者不加区别，可以替代使用。传统意义上的企业价值是指构成企业的各项资产的现值之和，反映企业的整体实力和竞争能力。进入 20 世纪以后，经济学家们对其进行了深入的研究，对企业价值的内涵也有了更多的认识。企业价值一般被认为是能够反映企业未来盈利能力的企业未来现金流量的现值。经典的价值评估理论认为，一项资产真正的或者内在本质的价值取决于该资产创造未来现金流的能力。

企业价值是企业获利能力的货币化体现。企业价值是企业在遵循价值规律的基础上，通过以价值为核心的管理，使企业利益相关者均能获得满意回报的能力。企业给予其利益相关者回报的能力越高，企业价值就越高，而这个价值是可以通过其经济学定义加以计量的。

（二）企业价值的特点

企业价值是企业作为一种商品的货币表现，其关注点主要在企业未来的盈利水平。企业通过各种途径，如提高企业的管理水平和应用先进的科学技术、新兴的工艺等以提高企业的生产能力。这样，企业的生产能力、获利能力、企业在市场中的地位以及企业在其所在行业中的影响力等因素就成为人们衡量企业价值时所需要考虑的因素。因此，企业价值评估具有如下特点：

（1）企业价值是一个整体概念。主要表现在两个方面：第一，企业的价值通常不能通过对企业所拥有的各项资产价值进行简单相加而得到，这是因为企业的各项资产是相互作用、相互补充、相互影响的，这些资产在企业中的价值大小取决于其对企业所产生贡献的多少。企业价值所体现的是将企业的人力、物力、财力等生产经营要素整合在一起的现在和未来的获利能力。第二，按评估对象进行划分，企业价值包括整体企业权益价值、股东全部权益价值和股东部分权益价值。对这些企业价值的评估对象进行评估涉及的评估方法、评估过程、评估结果及其使用方式等各方面，均贯穿和反映了企业价值作为一个整体的特征。比如，同一企业中，拥有控制权和缺乏控制权的股权，其单位价值可能存在差异，即存在着控制权的溢价和缺乏控制权的折价，对这些溢价和折价的估算，并不是通过企业的具体资产价值的差异来反映，而是在将企业作为一个整体的基础上，采用恰当的方法进行测算的。

（2）企业价值受企业可存续期限影响。企业的价值是依附于企业这一实体而存在的，企业又是具有生命周期的。在企业生命周期中的初创、成长、成熟、衰退等不同阶段，企业的价值也会有所不同。与其他资产不同，企业未来可存续的期限是不确定的，难以准确预计，这也会对企业价值评估产生影响。

（3）企业价值的表现形式具有虚拟性。金融制度的变迁导致了企业的实体价值与虚拟价值并存，它们分别依托于实体经济和虚拟经济而存在。实体经济是指在商品市场上进行生产、流通和消费活动以及自给自足等非商品的经济活动。企业的实体价值表现为企业在商品市场上的交易价值或资产价值（包括有形资产价值和无形资产价值）。虚拟经济是指金融市场上金融资产的形成和交易活动。企业的虚拟价值是指在金融市场上（特别是股票市场）形成的企业虚拟资产（股票）的市场价值。在实体价值与虚拟价值并存的情况下，对企业价值的判断和评估应综合考虑企业实体价值和虚拟价值的影响。

（三）企业价值与业务价值

业务是指企业内部某些生产经营活动或资产的组合，该组合一般具有投入、加工处理过程和产出能力，能够独立计算其成本费用或所产生的收入的部分，比如，企业的分公司、不具有独立法人资格的分部等。其持有目的主要是向投资者提供回报并且能够为企业的生产经营带来其他经济利益。业务与企业具有很多相同之处，比如，都是以获利作为出发点和归宿，都要考虑利益相关者的期望并承担社会责任以创造良好的发展环境，也都能够独立计算经营收益。业务与企业的差异主要体现在其主体资格方面：业务存在于企业内部，并非依法设立的实体，而企业是依法设立的实体；业务不构成独立法人资格，而企业中的公司具有独立法人资格，当然，合伙企业和个人独资企业也与业务一样不具有独立法人资格，从这个角度上看，业务与合伙企业和个人独资企业更具有相似性。对于存在多种不同业务类型、经营活动涉及多种行业的企业，可以将其分拆成不同的业务（或业务单元），分拆后的各项业务之间在生产、分销和营销等方面再没有相互依赖关系，分拆后的各项业务的价值合计数一般等于分拆前的企业价值。因此，业务价值可理解为企业价值中的一部分，或是企业价值中的一种特殊形式。业务可以被分拆出去成为一个独立的企业，或通过契约的方式在市场上进行交易和转让。在企业并购实践中，涉及业务并购的案例层出不穷。在会计核算中，涉及业务的合并也是比照企业合并的要求进行相应处理的。因此，业务价值与企业价值的内涵和特征相类似，对业务价值进行评估的方法也与企业价值评估方法类似。

二、企业价值的表现形式

企业作为独立的、特定的经济实体，具有其自身的价值。企业存在形态及其计量标准不同，企业价值的形态也不一样。一般来说，企业价值形态有以下四种：账面价值（账面净值）、市场价值、投资价值和内在价值（也称核心价值）。

（一）账面价值

账面价值（账面净值）是指按照会计核算的原理和方法反映计量的企业价值。《国际评估准则》指出，企业的账面价值，是企业资产负债表上体现的企业全部资产（扣除折旧、损耗和摊销）与企业全部负债之间的差额，与账面资产、净值和股东权益是同义的。

账面价值（账面净值）的特点表现在：（1）它是会计的名词，是将资产账户的总和减去折旧、摊提和负债而得的权益账面价值；（2）它是历史成本；（3）它因会计原理、原则、方法改变而改变；（4）无形资产账面价值与实际价值往往存在较大差异；（5）与公平市价的关系较弱，谨供评价参考。

账面价值只能从一定程度上反映企业的内在价值，很多情况下往往与内在价值相去甚远。

（二）市场价值

市场价值有广义与狭义之分，广义的市场价值指的是市场条件下价值的统称。例如，西方经济学中，GDP 的定义是"在某一既定时期一个国家内生产的所有最终货物和服务的市场价值"，这里所称市场价值指的是利用市场价格衡量各种不同类型货物和服务的价值。财务学领域中的市场价值一般描述为企业股东权益的市场价值（即发行在外的普通股数乘以每股市场价值）加上企业的债务价值，同时，当一个公司的股票上市交易时，很容易计算出该公司的市场价值。更多的情况下，市场价值需要通过评估获得。

对于一家上市公司，股票的每股市价乘以公司发行在外的普通股股数，即可计算出公司股东权益的市场价值，再加上公司债务的市场价值，就可以得到公司的市场价值。

现实中，一般认为，由于三个方面的原因使账面价值与市场价值存在较大的偏离：一是通货膨胀的存在使一项资产的价值不等于它的历史价值减折旧；二是技术进步使某些资产在寿命终结前已经过时贬值；三是组织资本的存在使得多种资产的组合会超过相应各单项资产价值之和。也有人认为除了上述三个方面原因外，管理者采用不同的会计政策、财务报告方法、会计假设和会计估计等（林炯垚，1999）也是造成市场价值与账面价值偏离的原因。

（三）投资价值

投资价值是指资产对于具有明确投资目标的特定投资者或某一类投资者所具有的价值。这一概念将特定的资产与具有明确投资目标、标准的特定投资者或某一类投资者结合起来。考虑到预期增量收益是投资价值的重要构成部分且预期增量收益存在不同形式等因素，投资价值可理解为某项资产在明确的投资者基于特定目的、充分考虑可能实现的增量收益和投资回报水平的情况下，在评估基准日的价值估计数额。根据该理解，投资价值应具有以下要件：明确的资产、明确的投资者、特定目的、协同效应、投资回报水平、评估基准日、以货币单位表示、价值估计数额。其中，明确的投资者体现了投资价值是特定市场主体对特定资产的把握，投资价值是基于特定市场主体对相关市场的理解（包括市场一般的估值趋势）以及在自身经营条件下（特别是经营战略）所进行的判断；特定目的可以理解为特定投资意图，投资价值强调"具有特定的投资目标或动机，多为战略上的考虑，可能付出比市场价格更高的价格"；协同效应具体是指买方特定协同效应，并不包括市场参与者协同效应，市场参与者协同效应因广泛适用于一般市场参与者而被包含在市场价值当中；投资回报水平反映了一项投资活动的获利能力，进一步表现为标的资产对于特定投资者和一般参与者而言的未来资金成本和风险可能存在不同。

根据不同的标准，投资价值可以分为不同的层级。例如，根据投资价值的概念以及对协同效应和投资回报水平的不同考虑方式，可以进一步将投资价值划分为两个不同层级。如果对投资价值概念中的协同效应和投资回报水平的考虑是基于投资者自身禀赋条件的特殊性或其交易目的的特殊性而做出的客观判断，则此时的投资价值称为第一层级的投资价值；如果对投资价值概念中的协同效应和投资回报水平除了上述考虑以外，还考虑了投资者自身的个性化和主观化判断，则此时的投资价值被称为第二层级的投资价值。

（四）内在价值

企业的内在价值是企业自身所具有的价值，它是一种客观存在，是由企业内在的品质所决定的。企业的内在价值是决定企业市场价值的重要因素，但二者经常表现的不一致。一方面，企业的内在价值制约并影响着市场价值；另一方面，市场价值对内在价值也会产生影响。由于信息的不对称性，企业的内在价值与企业市场价值之间通常并不一致，从而形成价值缺口。价值缺口越大，说明二者偏离幅度越大，这种偏离会直接影响到投资者对企业的判断和企业经营者对于企业运营的判断。

内在价值与投资价值不同，它代表了以投资固有可见特征为基础采用分析法得出的价值。内在价值不受任何投资者特性的影响，但会因分析师对可见特征的不同解释而受影响。

所谓"内在价值"（即亚当·斯密所说的"自然价格"，马克思所说的"价值"）并不能牵引价格（亚当·斯密所说的"市场价格"）向它靠拢，而是通过影响供求关系，进而导致价格接近"内在价值"。也就是说，直接影响价格的是供求关系，而非"内在价值"。"内在价值"通过影响供求关系而影响价格。

三、企业价值评估的含义

3 个世纪前，法国一位作家曾说："在所有天赋中，最伟大的便是估计事物真实价值的能力。"企业价值评估需要极有天赋的人来从事研究。企业价值评估理论的思想可以追溯到 20 世纪初的艾尔文·费雪（Irving Fisher）的资本价值理论。1906 年，费雪所著《资本与收入的性质》一书，系统论述了资本与收入的关系以及价值源泉问题。费雪资本价值理论为现代企业评估奠定了基础。1930 年，艾尔文·费雪提出了确定条件下的价值评估理论。该理论认为，在确定性条件下，投资项目的价值即是未来各期现金流量按照一定利率折现后的现值。若预期现金流贴现值大于现在的投资额，则投资可行，否则投资就不可行。依据这一价值评估理论，又派生出许多种企业价值评估模型。

尽管艾尔文·费雪创造了企业价值评估理论，但其在确定性条件下的研究存在很多缺陷和难以解决的问题，因此其使用受到限制。针对不确定性问题，1958 年，莫迪里安妮（Modigliani）和米勒（Miller）在其著名的《资本成本、公司财务和投资理论》一文中提出了 MM 理论。该理论主要解决不确定情况下企业价值评估问题，被公认为现代价值评估的思想源泉，它促进了现代价值评估理论的蓬勃发展。

我国企业价值评估最权威的定义来自于准则，我们将历年准则中关于企业价值评估的定义列示如下：

企业价值评估是指注册资产评估师对基准日特定目的下企业整体价值、股东全部权益价值或部分权益价值进行分析、估算并发表专业意见的行为和过程。

——2004 年 12 月 30 日《企业价值评估指导意见》第三条

第二条　本准则所称企业价值评估，是指注册资产评估师依据法律、法规和资产评估准则，对评估基准日特定目的下企业整体价值、股东全部权益价值或者股东部分权益价值等进行分析、估算并发表专业意见的行为和过程。

——2011 年 12 月 30 日，中评协 [2011]227 号《资产评估准则——企业价值》

第二条　本准则所称企业价值评估，是指资产评估机构及其资产评估专业人员遵守相关法律、行政法规和资产评估准则，根据委托对在评估基准日特定目的下的企业整体价值、股东全部权益价值或者股东部分权益价值等进行评定和估算，并出具资产评估报告的专业服务行为。

——2017 年《资产评估执业准则——企业价值》

第二条　本准则所称企业价值评估，是指资产评估机构及其资产评估专业人员遵守法律、行政法规和资产评估准则，根据委托对评估基准日特定目的下的企业整体价值、股东全部权益价值或者股东部分权益价值等进行评定和估算，并出具资产评估报告的专业服务行为。

——2018 年《资产评估执业准则——企业价值》

企业价值评估是现代市场经济的产物。企业价值评估是对评估基准日特定目的下的企业价值进行评定、估算，并出具评估报告的专业服务行为。理解企业价值评估的含义还应把握以下几点内容：

（一）评估对象载体是由多个或多种单项资产组成的资产综合体

企业是多种要素资产围绕营利目标，发挥各自特定功能，共同构成一个有机的生产经营能力和获利能力的载体及其相关权益的集合或总称。企业价值评估的范围涵盖了被评估企业所拥有的全部资产，包括流动资产、固定资产、无形资产以及其他所拥有的资产，但企业价值的评估对象是这些资产有机结合形成的综合体所反映的企业整体价值或权益价值，而不是各项资产的简单集合。因此，无论是企业整体价值的评估，还是股东全部权益价值或股东部分权益价值的评估，评估对象载体均是由多个或多种单项资产组成的资产综合体。

（二）企业价值评估关键是分析判断企业的整体获利能力

影响企业价值高低的因素很多，既包括外在的宏观环境因素和行业发展状况，也包括企业自身经营能力和竞争能力等，但决定企业价值高低的核心因素是企业的整体获利能力。企业价值本质上是以企业未来的收益能力为标准的内在价值。因此，评估专业人员在评估企业价值的过程中要考虑企业未来的整体获利能力。企业的获利能力通常是指企业在一定时期内获取利润或现金流量的能力，是企业生产能力、营销能力、经营能力等各种能力的综合体。从企业的角度看，企业从事经营活动，其直接目的是最大限度地获取收益并维持企业持续稳定发展，而企业未来所能获得的收益将直接影响企业的现时价值。

企业在不同的获利水平状态下价值的表现形式不同。当企业获利能力强且超过行业平均水平时，企业不仅能够形成自我更新、自我发展的良性循环，而且能够依其良好的经营管理状况或其他因素的作用而获得超额利润。这时企业价值既来源于有形资产的最佳使用价值和可确指无形资产的价值；还包括不可确指的无形资产价值，如商誉。当企业的获利能力较强但还没有达到行业平均水平时，企业创造的价值不仅能补偿资产的耗费，而且能积累并进行扩大再生产，形成投入、产出的良性循环，这时企业价值的构成既包括有形资产的最佳使用价值，也包括专有技术等可确指的无形资产价值。当企业处于微利或轻度亏损状态时，企业创造的价值仅能弥补所消耗资产的价值，生产经营处于勉强维持状态，这时企业价值的构成是其有形资产的重置成本价值。当企业处于严重亏损、即将破产或已破产状态时，企业不能补偿已消耗资产的价值。这时企业价值就只能体现为有形资产的破产清算价值。所有上述情况中企业的获利能力或获利水平，均指考虑了企业收益期因素的客观获利能力或客观获利水平，而非局限于企业短期的实际获利能力。因此，评估专业人员进行企业价值评估时，要在充分分析宏观环境因素、行业发展状况以及企业自身状况的基础上，判断企业的整体获利能力水平，选择合适的评估方法进行评估。

（三）企业价值评估是一种整体性评估

整体性是企业价值评估与其他资产评估的本质区别。企业价值评估是将企业作为一个经营整体并依据其未来获利能力进行评估。因此，企业价值评估强调的是从整体上计量企业全部资产形成的整体价值，而不是简单估计单项资产的收益或估计单项资产的价值。也就是说，企业价值不是企业各项单项资产的简单相加，企业单项资产的价值之和也并不一定是企业价值。构成企业的各个要素资产虽然具有不同性能，但只有在服从特定系统目标的前提下，以恰当的方式形成有机联系构成企业整体，其要素资产的功能才能充分发挥。

企业是整体与部分的统一，部分只有在整体中才能体现出其价值。因此，整体性是企业价值评估区别于其他资产评估的一个重要特征。

（四）企业价值的构成

1. 企业整体价值

整体企业权益是公司所有出资人（包括股东、债权人）共同拥有的企业运营所产生的价值，即所有资本（付息债务和股东权益）通过运营形成的价值。整体企业权益价值并不必然等于资产负债表中的资产价值的合计数，主要理由有两点。一是企业整体价值的评估范围包括了企业所拥有的全部资产、负债，包括表内和表外的资产、负债，但资产负债表中的资产总计不是构成企业整体价值的全部。二是企业整体价值反映了其作为一个有机整体的获利能力，但资产负债表上的各项资产的合计数仅仅是各单项资产价值的简单相加，无法反映企业作为资产综合体的整体获利能力。

在反映了各单项资产对企业整体获利能力影响的前提下，企业表内、表外全部资产价值的合计数称为企业的总资产价值。整体企业权益价值也不等于企业的总资产价值。因为从资本的运用角度看，整体企业权益价值等于企业的总资产价值减去企业负债中的非付息债务价值后的余额；从资本的来源角度看，整体企业权益价值等于股东全部权益价值加上企业的全部付息债务的价值。

在企业价值评估实务中，评估得出整体企业权益价值通常并非最终要达到的目的，而是为评估股东全部权益价值而采用的中间过程。

2. 股东全部权益价值

股东权益代表了股东对企业净资产的所有权，反映了股东在企业资产中享有的经济利益。因此，企业股东全部权益价值就是企业的所有者权益或净资产价值。对企业价值进行评估，得出股东全部权益价值的方式有两种：一是直接评估得出股东全部权益价值，比如，在运用收益法评估企业价值中，通过对股权自由现金流量采用股权资本成本进行折现，求取股东全部权益价值；二是先评估得出整体企业权益价值，再将整体企业权益价值减去全部付息债务价值，得出股东全部权益价值。

整体企业权益价值和股东全部权益价值之间的关系，可以通过表 1-1 直观体现。

表 1-1　简化资产负债表

资　产	负债和股东权益
流动资产价值（A）	非付息债务价值（C）
固定资产和无形资产价值（B）	付息债务价值（D）
其他资产价值（F）	股东全部权益价值（E）

表 1-1 是对某企业的全部资产和负债进行评估后的简化资产负债表，流动资产价值加上固定资产和无形资产价值、其他资产价值构成了企业全部资产的价值，即企业总资产的价值 $= A + B + F$。流动负债和长期负债中的非付息债务价值加上付息债务价值和股东全部权益价值构成了全部负债和权益价值，即全部负债和权益价值 $= C + D + E$。因为企业的总资产价值等于全部负债和权益价值的合计数，则有 $A + B + F = C + D + E$。整体企业权益价值等于企业总资产价值减去企业负债中的非付息债务价值后的余额，即整体企业权益价值 $=（A + B + F）-C$；或整体企业权益价值等于股东全部权益价值加上企业付息债务的价值，即整体企业权益价值 $= D + E$。因此，等式 $（A + B + F）-C = D + E$ 成立。根据该等式，股东全部权益价值 $E =（A + B + F）-（C + D）$，即整体企业权益价值与股东全部权益价值是包含与被包含的关系。

3. 股东部分权益价值

股东部分权益价值其实就是企业一部分股权的价值，或股东全部权益价值的一部分。股东部分权益价值的评估，通常也有两种途径：一是直接评估得出股东部分权益价值，比如，采用股利折现模型求取少数股权的价值；二是先评估得出股东全部权益价值，再乘以持股比例或持股数量，并考虑必要的溢价或折价因素后得出股东部分权益价值。股东部分权益价值并不必然等于股东全部权益价值与股权比例的乘积，这是因为在某些情况下，同一企业内不同股东的单位股权价值可能因股东具有控制权或者缺乏控制权，而相应产生溢价或折价，出现同一企业内不同股东单位股权价值不相等的情形。

控制权是指掌握企业经营和决策的权利。具有控制权通常会产生控制权溢价。控制权溢价是指在同一企业用以反映控制权大小的，按照等比例分配的具有控制权的权益价值超过不具有控制权的权益价值的数量或百分比。缺乏控制权通常会产生折价。缺乏控制权的折价是指同一企业内用以反映缺乏部分或全部控制权，在股东全部权益价值按照等比例分配的基础上扣除的数量或百分比。拥有控制权的股东享有一系列少数股东无法享有的权利，如任命或更换企业管理层的权利、达成重大投融资项目的权利、达成重大并购重组的权利等。拥有控制权的股东可以通过实施控制权改变目标企业的经营与政策提升目标企业的价值。因此，控制权一般具有价值。

控制权或缺乏控制权不是非此即彼的关系，两者之间没有一个明显的界线，也不能仅仅根据持股比例是否大于 50% 来判断是否具有控制权。比如，在某些情况下，不足50% 的投票权也可能获得对企业的有效控制；在某些情况下，即使获得了超过 50% 的投票权，可能受公司章程与协议条款的约束，或受产业管制强度的影响，而使股东无法享有应有的控制权。同理，并非所有的少数股权都伴随着折价。同样是少数股权，其拥有的权利有时差异也很大，比如，假设少数股权拥有阻止权利，且该少数股权能够和另外的股权联合形成控制权，即成为摇摆投票权，则拥有摇摆投票权的少数股权可能不会产生缺乏控制权的折价，甚至有可能因阻止权利的存在和联合实施而产生溢价。

在企业价值评估实务中，若是在先评估出股东全部权益价值的基础上形成股东部分权益价值的，应在适当及切实可行的情况下考虑控制权的影响。

由于企业价值评估的对象是多层次的，评估专业人员在评估企业价值时，应当根据评估目的及委托人的要求等谨慎区分评估的是整体企业权益价值、股东全部权益价值还是股东部分权益价值，并在评估报告中予以明确说明。

第三节　价 值 类 型

一、价值类型的作用

任何一项价值评估结果，都是质和量的统一。所谓质，即其价值类型，也就是价值评估值的内涵。所谓量，则是指通过评估方法获得评估值的过程。研究企业价值评估问题，首先应明确价值类型。

（1）价值类型是影响和决定资产评估价值的重要因素。资产评估价值是某项资产特定条件下的价值表现，其价值含义不同，结果也不一样。《国际评估准则》中指出："专业评估师应避免使用未经限定的'价值'概念，而应对所涉及的特定价值类型进行详细描述。""在运用和理解评估时明确披露价值类型和定义尤为重要，价值类型和定义需要与特定的资产评估业务相适应，价值定义的改变会对各种资产所具有的价值产生实质性的影响。"因此，每一个资产评估价值都是有条件的特定价值，而非资产本身的客观价值和内在价值。价值类型指的是评估价值的类别，是每一项评估价值的具体尺度。目前有一种观点认为，一项资产，价值含义不同而产生评估价值差异，会使得评估值具有随意性和偏好性、缺乏客观性。这种担心可以理解，但是没有必要。因为强调评估价值含义不同产生评估价值的差异，正是为了更有效真实地反映资产的评估值。

（2）价值类型制约资产评估方法的选择。价值类型实际上是评估价值的一个具体标准，为了获得某种标准的评估价值，需要通过评估方法获得。国际上通行的评估方法主要有三种：市场法、成本法和收益法。现实工作中我国更多地采用的是成本法，市场法和收益法的应用相对较少。应该说，评估方法无所谓先进与落后，只要能够获得满足价值类型结果的方法都是可行和有效的，我国之所以采用成本法比较多，主要是受制于市场条件。因此，在价值类型确定的情况下，评估方法的选择具有随机性和多样性，《国际评估准则》中指出："评估市场价值的最常见方法包括市场法（比较法）、收益资本化或者现金流折现法（收益法）和成本法。"

（3）明确评估价值类型可以更清楚地表达评估结果，可以避免报告使用者误用评估结果。任何评估结果都是有条件的，不同的评估目的、市场条件决定其价值含义是不同的，评估价值也不相同。评估师在评估报告中提出评估价值，并明确其价值类型，可以使委托方更清楚地使用评估价值，避免滥用评估价值。这样也可以规避评估师的责任。

二、价值类型的类别

在企业价值评估中，价值类型是最基本的评估要素之一。评估专业人员在执行企业价值评估业务时，应恰当选择价值类型。价值类型划分为市场价值和非市场价值。

（一）市场价值

市场价值定义为：在公开、活跃市场条件下，具有一定数量的买方和卖方各自理性行事且未受任何强迫时，评估对象在评估基准日的公平交易价值。

市场价值主要受到两个方面因素的影响。其一是交易标的因素。交易标的是指不同的资产，其预期可以获得的收益是不同的，不同获利能力的资产自然会有不同的市场价值。其二是交易市场因素。交易市场是指该标的资产将要进行交易的市场，不同的市场可能存在不同的供求关系等因素，对交易标的市场价值产生影响。总之，影响市场价值的因素都具有客观性，不会受到个别市场参与者个人因素的影响。

《国际评估准则》（2017 版）对市场价值的以下规定有助于拓展对市场价值概念的理解：

（1）资产的市场价值将反映其最佳用途。

（2）市场价值是以最适当的方式在市场上展示且能合理取得的最佳价格。展示期发生在评估基准日之前。

（3）为出售资产展示的市场是理论上该资产通常被交换的市场。交易方之间没有特定的或特殊的关系。

（4）市场价值既是卖方能够合理获取的最好售价，也是买方能够合理取得的最有利价格。

（二）非市场价值

非市场价值的类型和定义可以概括为以下几种：

1. 在用价值

在用价值是指特定资产在特定用途下对特定使用者的价值，该价值类型重点反映了作为企业组成部分的特定资产对其所属企业能够带来的价值，而并不考虑该资产的最佳用途或资产变现所能实现的价值量。

2. 投资价值

投资价值是指资产对于具有明确投资目标的特定投资者或某一类投资者所具有的价值。这一概念将特定的资产与具有明确投资目标、标准的特定投资者或某一类投资者结合起来。

3. 清算价值

清算价值是指在非公开市场上限制拍卖的价格。清算价格一般低于现行市场价格，这是由市场供求状况决定的。其一，因经营失利而导致破产的企业，必然会急于将资产转让或拍卖；其二，这种交易活动只取决于买方，占有主动权的买方必定极力压低成交价格，以从中获取利益。

清算价值是一种价值类型，与以清算为目的的评估有联系而又不是直接对应关系。以清算为目的的评估在某些情况下确实需要选择清算价值作为价值类型，而在另外一些情况下，也可能选择其他的价值类型。清算价值作为一种价值类型，是以评估对象被快速变现或被强制出售为前提条件的，只有评估对象是在快速变现或强制出售的前提条件下进行评估，其评估结论的价值类型才可以选择清算价值。

4. 残余价值

残余价值是指机器设备、房屋建筑物或者其他有形资产等的拆零变现价值估计数额。

所谓残余价值，实际是将一项资产拆除成零件进行变现的价值。这种资产从整体角度而言，实际已经没有使用价值，也就是其已经不能再作为企业或业务资产组的有效组成部分发挥在用价值，而只能变现。由于其整体使用价值已经没有，因此整体变现也不可能，只能改变状态变现，也就是拆除零部件变现。

三、价值类型的选择

在满足各自含义及相应使用条件的前提下，市场价值、投资价值以及其他价值类型的评估结论都是合理的。评估专业人员执行资产评估业务，选择和使用企业价值评估中价值类型，应当充分考虑评估目的、市场条件、评估对象自身条件等因素。另外，评估专业人员选择价值类型时，应当考虑价值类型与评估假设的相关性。企业价值评估中价值类型的选择依据主要有以下三点：

1. 评估目的

评估目的是决定企业价值类型和企业价值最重要的因素之一。引起企业价值评估的特定经济行为决定评估目的，评估目的对于企业价值评估的价值类型选择具有约束作用。评估目的不但决定着企业价值评估结论的具体用途，而且会直接或间接地在宏观层面上影响企业价值评估的过程及其运作条件，包括对评估对象的利用方式和使用状态的宏观约束，以及对企业价值评估市场条件的宏观限定。

评估目的不同，价值类型也可能不同。比如，对于一项股权并购评估业务，如果委托人是出售方，拟以评估价值作为拍卖底价的参考，评估专业人员所执行的资产评估业务对市场条件和评估对象的使用等并无特别限制和要求，则需要的是这项股权的市场价值；如果委托人是收购方，拟了解收购后标的企业能为其创造的价值，并以此作为确定收购价的参考，在这种情况下，评估业务针对的是特定投资者，则委托人需要的是这项股权的投资价值。

2. 市场条件

企业价值评估依据的市场条件也是确定企业价值评估中价值类型的重要因素。在不同的市场条件下或交易环境中，即使是相同的资产也会有不同的评估结论。企业价值评估依据的市场可能是区域市场、全国性市场或国际市场，也可能是不同级次的市场或特定的市场。不论在什么样的市场中，企业价值评估依据的市场所强调的是市场条件。企业价值评估依据的市场条件分为两大类：公开市场条件和非公开市场条件。

公开市场条件和非公开市场条件主要从以下几个方面划分。一是市场参与者数量，包括自愿的买方和卖方的数量。市场参与者众多是构成公开市场的基本条件；市场参与者极少或买方卖方数量极不对称则是非公开市场的重要特征。二是买卖双方交易的时间。交易时间充裕或者是没有时间限制的交易条件构成了公开市场的基本条件；交易时间紧迫或者是时间限制明显的交易条件则是非公开市场条件的明显特征。三是当事人双方的素质、信息占有情况及处事方式等。当事人双方十分精明、信息对称、理性行事等构成了公开市场的基本条件；当事人双方不能同时满足以上条件便是非公开市场条件的明显特征。

3. 评估对象自身条件

评估对象的自身条件主要包括企业的盈利模式、经营方式、经营业绩及企业资产的使用方式和利用状态等，是影响企业价值的内因。对不同条件的企业进行评估，可能选择不一样的价值类型。比如，对于处于持续经营的企业进行评估，可能选择市场价值或投资价值的价值类型；但对于经营状况不佳、面临倒闭的企业进行评估时，可能选择清算价值的价值类型。

第四节 评 估 假 设

企业价值评估实际上是一种模拟市场判断企业价值的过程。在企业价值评估过程中，由于被评估企业所处外部环境和内部环境是不断变化的，需要根据已经掌握的信息对评估基准日企业价值的某些特征或者全部情况做出合乎逻辑的判断。依据有限事实，通过一系列推理，对于所研究的事物做出合乎逻辑的假定说明就叫假设。因此，企业价值评估也可以理解为是评估专业人员根据实际条件或模拟条件，对企业的价值进行理性分析、论证和比较的过程。

企业价值评估结论应当公允，而所有公允的评估结论又都是有条件约束的，企业价值评估假设正是表现企业评估条件约束的重要形式。也就是说：假设前提会直接影响企业价值评估的价值类型以及评估专业人员将选用何种评估方法进行评估，进而决定最终评估结果以及评估结果的适用性。在企业价值评估中要科学合理地设定和使用评估假设，需要与企业价值评估目的及其对市场条件的宏观限定情况、企业目前自身经营状况和产权变动后企业经营状态以及评估所实现的价值类型和价值目标等联系和匹配。因此，评估专业人员需要对收集的企业资料进行充分分析和判断，合理设定企业价值评估的假设。

企业价值评估的假设可分为基本假设和具体假设。

一、企业价值评估的基本假设

企业价值评估的基本假设主要有交易假设、公开市场假设、持续经营假设和清算假设等，这里重点阐述企业价值评估中的持续经营假设和清算假设。

（一）持续经营假设

持续经营假设是企业价值评估中最常用的假设。该假设假定被评估企业在评估基准日后仍将按照原来的经营目的、经营方式持续经营下去。它意味着企业在出售、兼并、重组、合并以后，其使用价值持续发生作用，提供的产品或服务仍能满足市场需求，并产生一定的效益。在进行企业价值评估时，是否选择持续经营假设需考虑以下三个方面的因素：

第一，评估目的，即引起企业价值评估的经济活动是否要求企业持续经营，或评估结果的具体用途是否需要以企业持续经营为前提。

第二，企业提供的产品或服务是否能满足市场需求。若企业的产品或服务不能满足市场需求，企业未来无收益，则不适用持续经营假设。

第三，企业要素的功能和状态。若企业各个要素资产破损严重、工艺落后或严重比例失调而不能满足企业持续经营的需要，也不能适用持续经营假设。

一般情况下，企业价值评估中持续经营假设的情况主要包括存量持续经营假设、增量持续经营假设、并购整合持续经营假设。

（1）存量持续经营假设。存量持续经营是维持企业原有经营规模及产品结构的持续经营假设。这一假设是在宏观环境方面假设国家现行的有关法律、法规及产业政策无重大变化，行业的准入制度、市场分割状况等维持目前格局；在微观环境方面假设被评估企业的资本结构、经营结构和产品结构得以维持现状，企业的会计政策和税收政策的主要方面与评估基准日时没有发生显著变化，企业继续具有独立的生产经营地位，其现有规模的资产可继续使用下去。

存量持续经营假设一般要求企业符合下列条件：评估目的中的经济行为实现后，企业的控制权不发生变化或虽有控制权的变化但企业的主要经营方向和经营策略不发生重大变化；企业现有的财务政策、定价政策和市场份额不会因为评估目的中所涉经济行为的实现而发生重大变化；评估目的中的经济行为实现后的资本投入主要是为了弥补评估基准日存量资产的消耗，保持评估基准日存量资产的生产能力，而不形成明显的增量资产，也不会出现企业的生产经营能力大幅提高的情形；评估目的中的经济行为实现后企业不会发生转产或经济方向的根本改变。

（2）增量持续经营假设。增量持续经营是企业在其存量资产对应的经营规模基础上通过追加投入以实现扩大再生产，扩大企业经营规模或丰富企业产品结构的持续经营假设。在企业价值评估过程中，对于企业股东拟对收益较好的企业追加投入资本并使其在短期内新增生产经营能力的情况，如果继续以企业维持原有生产经营规模为前提进行收益预测，显然与企业未来的真实情况不符，而应当使用增量持续经营假设。

增量持续经营假设一般要求企业符合下列条件：企业投入资本能够顺利形成新增生产能力，不会受到土地、厂房、设备、人员、管理等诸多因素的制约；企业的新增生产能力能够通过市场的考验，即生产的产品或服务能够被市场所接受；企业投入资本的回报率能够高于企业的债务资本成本，并成为企业新增的获利能力。

（3）并购整合持续经营假设。并购整合持续经营假设是通过企业并购及并购后的重组整合，考虑并购整合过程对标的企业产生的协同效应的持续经营假设。协同效应的获取是企业并购发生的重要原因。如果通过并购各方在并购及并购后整合过程中的协调与合作，使并购标的企业在生产、营销、管理的不同环节、不同阶段、不同方面共同利用同一资源而产生整体效应，或使并购标的企业因并购各方相互协作、共事业务的行为和特定资源而增强盈利能力，则标的企业就实现了协同效应，在对该标的企业进行评估时，若考虑了协同效应对企业未来收益及企业价值的影响，则应当使用并购整合持续经营假设。

除了上述三种情况外，企业持续经营也可能存在其他一些情况。因各种情况对企业未来经营会产生不同影响，评估专业人员在持续经营假设下选择相应的评估方法时，应当充分考虑并分析被评估企业的经营状况、历史业绩、资本结构、发展前景和被评估企业所处行业的相关经济要素及发展前景，收集与被评估企业未来经营相关的信息资料，充分考虑未来各种可能性事件发生的概率及其影响，合理进行企业价值评估。

（二）清算假设

清算假设是对资产在非公开市场条件下被迫出售或快速变现条件的假定说明。清算假设首先是基于被评估资产面临清算或具有潜在的被清算的事实或可能性，再根据相应数据资料推定被评估资产处于一种被迫出售或快速变现的状态。由于清算假设假定被评估资产处于被迫出售或快速变现条件之下，被评估资产的评估价值通常要低于在公开市场假设或持续使用假设下同样资产的评估价值。因此，在清算假设下的资产评估结果的适用范围是非常有限的，当然清算假设本身的使用也是较为特殊的。

清算假设与持续经营假设相比，其区别主要体现在以下两个方面：首先是企业资源自由支配方面的差异。在持续经营假设下，企业的经济资源能够按原有的计划投入使用，企业对这些经济资源保留自由支配权；同时，企业将按其经营目标，运用可控资源进行独立决策和进行正常的经营活动，并按过去和现实承诺的条件清偿各种债务。但在清算假设下，企业的经济资源将按规定变卖出售，企业不能按原有计划考虑资产的继续使用。此时，企业的债务清偿金额只能依赖于清算资产变卖所得的多少，而不能按原有的承诺进行清偿。

其次是资产计价方面的差异。在持续经营假设下，企业可以进行正常的生产经营活动，其经济资源也将按原有用途使用，因此企业资产的计价也可以在资产正常使用的前提下进行，这样资产的价值可以得到真实体现。但是，在清算假设下，企业将不再继续经营，其资产将在短期内进行处置。因此企业也只能以短期内对外处置价格对资产进行计价，通常来说，此时企业的资产价值会低于其在正常使用下的价值。

二、企业价值评估的具体假设

企业价值评估的具体假设主要包括基于企业外部环境的假设和基于企业内部环境的假设。此外，也包括评估专业人员获取资料和履行评估程序方面的假设，比如假设委托人和被评估企业提供的资料是真实、合法、完整的，对于受条件限制未履行或无法履行相应的评估程序、采用了未经调查确认或无法调查确认的资料数据所做出的假设等。

（1）基于企业外部环境的假设。基于企业外部环境的假设可区分为基于宏观环境的假设和基于中观环境的假设。

基于宏观环境的假设主要包括政治环境假设、宏观经济环境假设、法律法规假设、财政政策假设、货币政策假设以及产业政策假设等。

基于中观环境的假设主要包括行业发展前景假设、行业政策假设、区域经济政策假设以及对被评估企业进行规范、监管、审批、规划等方面的假设（比如环保政策假设、土地政策假设、税收政策假设、政府补贴假设）。

（2）基于企业内部环境的假设。基于企业内部环境的假设也可理解为基于微观环境的假设，企业内部环境假设主要针对被评估企业可利用的资源、物质条件、综合能力以及被评估企业具体资产的利用方式做出合乎逻辑的推断。因此，企业内部环境假设可进一步细分为针对被评估企业的假设和针对被评估企业具体资产的假设。

针对被评估企业的假设主要包括对企业生产经营模式、业务或产品的种类及结构、生产能力、行业竞争地位、产业链关系（与供应商和客户的关系）、资本结构、会计政策、生产经营管理方式、人力资源、企业管理水平以及关联交易情况等方面做出的假设。

针对被评估企业具体资产的假设主要是对具体资产利用或使用的方式、程度、范围、效果所做的假设。如对具体资产的物理、法律、经济状况的假设，追加投资假设，产权变动后可利用的资产范围以及资产的可能用途、利用方式和利用效果的假设，继续使用或者变现假设，原地使用或者移地使用假设，现行用途使用或者改变用途使用假设等。

思考题

1. 你认为交易费用解释企业的存在是否有缺陷？为什么？

2. 金融资本和人力资本两者谁对企业价值的贡献大？为什么？金融资本决定人力资本还是人力资本决定金融资本？

3. 国有企业和民营企业的特点有什么差异？这些差异是否会影响它们的价值评估？

4. 在企业价值评估中，是否要考虑企业股票流动性？流动性是否有溢价折价？

5. 投资价值这一价值类型目前使用依然较少，你觉得未来使用会增多吗？为什么？

第二章　影响企业价值评估的外部因素

第一节　评估目的与企业价值

一、企业价值评估的目的

评估目的又称特定目的，是指企业发生的经济行为。企业价值评估是在一定经济行为下进行的。企业发生的经济行为不同，其反映的价值类型不同，评估值也不相同。评估特定目的至少应该清楚地表明以下内容：为什么评估；评估的预期用途；谁将依赖于该项评估。一般来说，企业价值的评估目的有以下几种：

（一）企业改制

企业改制是企业体制改革的简称。企业改制的具体形式众多，不仅包括国有企业改制、集体企业改制和其他企业改制，也包括非公司制企业按照《中华人民共和国公司法》要求改制为有限责任公司或股份有限公司、经批准有限责任公司变更为股份有限公司等形式。

企业改制通常围绕着企业的产权进行改革，因而企业改制一般通过重组、联合、兼并、租赁、承包经营、合资、转让产权和股份制、股份合作制等方式来完成。在企业改制过程中，不论哪种形式的企业改制，也不论具体采用哪种方式来完成企业改制，凡涉及企业产权变动、需要了解股权价值或企业整体价值的，均属于企业价值评估的范畴。如果企业改制没有涉及企业产权变动，且其评估对象界定为资产负债表上列示的净资产，则不属于企业价值评估的范畴。

（二）企业并购

企业并购是企业兼并与收购的简称，是企业在平等自愿、等价有偿的基础上，以一定的经济方式取得其他企业产权的行为。企业并购通常包括企业合并、股权收购以及资产收购等形式。其中，企业合并又可进一步分为吸收合并、新设合并和控股合并三种方式。合并方或购买方通过企业合并取得被合并方或被购买方的全部净资产，合并后注销被合并方或被购买方的法人资格，被合并方或被购买方原持有的资产、负债在合并后变更为合并方或购买方的资产、负债的，为吸收合并。参与合并的各方在合并后法人资格均被注销，重新注册成立一家新的企业，为新设合并。合并方或购买方在企业合并中取得对被合并方或被购买方的控制权，被合并方或被购买方在合并后保持其独立的法人资格并继续经营，合并方或购买方应确认企业合并形成的对被合并方或被购买方的投资，此为控股合并。

在企业并购活动中，通常需要进行企业价值评估。当然，也有一些例外。比如，在资产收购行为中，通常只需对被收购的资产进行评估，而不需要对被收购资产对应的企业价值进行评估。

（三）企业清算

企业清算包括以下三种类型：一是依据《中华人民共和国企业破产法》的规定，在企业破产时进行清算；二是依照国家有关规定对改组、合并、撤销法人资格的企业资产清算；三是企业按照合同、契约、协议规定终止经营活动的清算。不过，对破产财产中的单项资产分别变价出售进行评估的，并不属于企业价值评估范畴。

（四）企业租赁

企业租赁是指以收取租金的形式，将企业全部或部分资产的经营使用权转让给其他经营使用者的行为。

（五）财务报告

随着公允价值在会计计量中的运用逐渐增多以及公允价值计量对专业性和独立性的要求，以财务报告为目的的资产评估也日益增多。在以财务报告为目的的评估中，涉及企业价值评估的情形主要包括：对企业合并产生的商誉进行减值测试，需要对被合并企业的企业价值进行评估；确定权益工具的公允价值，需要对权益工具（股份、股票期权）对应的企业价值进行评估；协助企业确定、判断企业获利能力和未来收益。

（六）法律诉讼

公司股东、管理层、债权人等不同利益相关者对公司价值有异议时，需要评估结论作为裁决依据。

（七）税收

股权转让环节作为计税依据需要进行评估。如果是上市公司，其市场价值可以根据交易价格确定；但对于非上市公司的股权，需要进行评估后确定。因此，在我国推进税制改革的进程中，由资产评估师为税收征管提供价值尺度，已逐渐成为资产评估实践领域的重要方面。

（八）财务管理

企业价值与财务管理密切相关，科学的财务管理将有效提升企业价值。通过科学合理的企业价值评估，管理者可以将企业经营的环境因素与企业价值预期相结合。在企业的财务管理活动中，投资决策、融资决策、经营决策以及股利分配政策均是影响企业价值的重要因素，通过对企业价值进行评估，可以对已制定的财务决策进行验证和评价，也能对未来财务决策提供参考。因此，企业价值评估在财务管理和财务决策中发挥越来越重要的作用，在财务管理中开展企业价值评估，有助于企业树立以价值为导向的企业活动观，以价值规律指导财务管理工作。

（九）考核评价

所有权和经营权分离使企业所有者和经营者之间形成代理问题，企业经营者是否履行职责、是否为企业所有者创造价值，则需要通过绩效评价机制来做出判断。传统的以净利润作为评价指标的做法存在诸多弊端，比如，可能会出现损害企业价值的短期行为，或评价指标被人操纵，失去评价意义。相对于会计利润，企业价值指标几乎不受会计政策的影响，且契合了企业所有者的企业价值最大化目标。因此，通过企业价值评估对经营者的绩效进行考核评价已越来越得到社会的认可。

（十）其他目的

除以上几种常见经济行为外，还有许多其他经济行为，如股票公开发行、企业股利政策的制定、企业员工持股计划的制定、企业投资项目决策、企业租赁、股权的质押和担保以及债务重组等，都可能涉及企业价值评估。

二、评估目的对企业价值评估的影响

企业价值评估是与企业经济行为的发生联系在一起的。没有企业经济行为的发生，也就无所谓企业价值评估活动的开展。一般地，企业价值评估服务于特定的经济行为。企业经济行为不同，由此所决定的市场供需条件、市场环境边界和约束条件以及价值内涵也不一样，由此确定的价值类型不同，所获得的评估结果也就不一样。

评估目的是决定企业价值类型和企业价值最重要的因素之一。引起企业价值评估的特定经济行为决定评估目的，评估目的对于企业价值评估的价值类型选择具有约束作用。评估目的不但决定着企业价值评估结论的具体用途，而且会直接或间接地在宏观层面上影响企业价值评估的过程及其运作条件，包括对评估对象的利用方式和使用状态的宏观约束，以及对企业价值评估市场条件的宏观限定。

评估目的不同，价值类型也可能不同。比如，对于一项股权并购评估业务，如果委托人是出售方，拟以评估价值作为拍卖底价的参考，评估专业人员所执行的资产评估业务对市场条件和评估对象的使用等并无特殊限制和要求，则需要的是这项股权的市场价值；如果委托方是收购方，拟了解收购后标的企业能为其创造的价值，并以此作为确定收购价的参考，在这种情况下，评估业务针对的是特定投资者，则委托人需要的是这项股权的投资价值。

第二节　宏观经济政策与企业价值

一、宏观经济政策的内容

宏观经济政策是指国家或政府为了增进整个社会经济福利、改进国民经济的运行状况、达到一定的政策目标而有意识和有计划地运用一定的政策工具制定的解决经济问题的指导原则和措施。这些政策的实施和变动，直接影响着企业的经营活动，由此会对企业的发展产生持久、深远的影响。宏观经济政策包括政府财政政策、货币政策、经济发展与产业政策等，是宏观环境因素的重要组成部分。

（一）财政政策

1. 财政政策及其特点

财政政策通常是指政府根据宏观经济规律的要求，为达到一定目标而制定的指导财政工作的基本方针、准则和措施。财政政策是宏观经济政策的重要组成部分。宏观经济政策涉及的范围十分广泛。随着经济的发展变化和经济理论研究的深化，特别是在1929—1933年"大萧条"发生以后，国家对经济的干预日益重要，财政和金融手段成为重要的宏观调控手段，于是具有现代意义的财政政策和货币政策才为人们所认识，并成为宏观经济政策体系中的重要组成部分。

财政政策一般由财政政策目标、财政政策主体和财政政策工具三个要素构成。

财政政策目标，就是通过财政政策的实施所要达到的目的或产生的效果，它构成财政政策的核心内容，具体如经济增长、价格稳定、充分就业、公平分配等。财政政策目标是随着经济发展和社会政治状况的改变而不断进行选择和确定的。在现代社会，财政政策目标具有多元性，在不同的国家、不同的时期、不同的发展阶段，财政政策目标选择也不尽相同。

财政政策主体，就是财政政策的制定者和执行者。财政政策主体行为的规范正确与否，对财政政策的制定和执行具有决定性作用，并直接影响财政政策效应的好坏和大小。

财政政策工具，就是财政政策主体所选择的用以达到政策目标的手段和方法。财政政策工具主要包括税收、公债、经常支出、资本支出、转移支付、贴息等。

财政政策的基本特征表现在：

（1）稳定性与变动性相统一。财政政策的内容随着社会经济发展的条件和环境的变化而变化。这种变化，有时是根本性的，有时是局部的调整、补充和完善。但每次变动之后，在一个时期或一个阶段，又保持一定的稳定性。财政政策的时代特征，就是其稳定性的标志。在具体实施财政政策时，既要保持政策的稳定性，又要保持必要的灵活性。一项政策从制定、实施到产生效应，需要一个过程，朝令夕改会使人无所适从，使既定的政策目标难以实现。在实施一项政策的过程中，鉴于调节对象和运行环境的复杂性，保持一定的灵活性是必要的，这是保证该项政策基本执行到位、基本发挥效应的策略安排。通常所说的不能搞"一刀切"，就是对政策灵活性的形象表述。

（2）集经济、法律等手段于一体。管理经济的手段通常分为经济手段、法律手段和必要的行政手段三种。财政政策既是一种经济手段，同时又具有法律和行政手段的特性，因为财政政策的制定需要经过必要的立法程序，财政政策的实施由财政部门组织，为了保证政策的顺利实行，有时也进行一定的行政干预。

（3）间接性与直接性相结合。财政政策主要是发挥间接调节作用，但有些政策的实施也具有直接性，如政府投资，从项目选择到资金拨付，都是政策主体直接操作。

2. 财政政策的类型

财政政策可依照不同标准进行分类。

（1）根据调节经济周期的作用来划分，财政政策可分为自动稳定的财政政策和相机抉择的财政政策

自动稳定的财政政策是指某些能够根据经济波动情况自动发生稳定作用的政策，它无须借助外力就可产生调控效果。这种自动稳定性主要表现在两个方面。一是税收的自动稳定性。税收体系，特别是公司所得税和累进的个人所得税，对经济活动和收入水平变化的反应相当敏锐。如果当初预算是平衡的，税率没有变动，而经济活动出现不景气，国民生产就要减少，这时税收收入就会自动下降；如果政府预算支出保持不变，则由于税收收入的减少而使预算发生赤字，这种赤字会"自动"产生一种力量，以抑制国民生产的继续下降。二是财政支出的自动稳定性。如果国民经济出现衰退，就会有一大批居民具备申请失业救济金的资格，政府必须对失业者支付救济金，以使他们能够进行必要的生活开支，使国民经济中的总需求不致下降过多；同样，如果经济繁荣来临，失业者可重新获得工作机会，在总需求接近充分就业水平时，政府就可以停止这种救济性支出，使总需求不致过旺。

相机抉择的财政政策是指某些财政政策本身没有自动稳定的作用，需要借助外力才能对经济产生调节作用。一般来说，这种政策是政府根据当时的经济形势，相机采取的财政措施，以消除通货膨胀或通货紧缩，是政府利用国家财力有意识干预经济运行的行为。

（2）根据财政政策在调节国民经济总量方面的不同功能，财政政策可分为扩张性财政政策、紧缩性财政政策和中性财政政策

扩张性财政政策是指通过财政分配活动来增加和刺激社会总需求。在总需求不足时，通过扩张性财政政策能使总需求与总供给的差额缩小以至平衡。扩张性财政政策主要通过减税、增加支出进而扩大赤字的方式实现。

紧缩性财政政策是指通过财政分配活动来减少和抑制总需求。在总需求大于总供给时，实行紧缩性财政政策有助于抑制和消除通货膨胀，达到供求平衡。紧缩性财政政策主要通过增税、减少支出进而压缩赤字或增加盈余的方式实现。

中性财政政策是指财政的分配活动对社会总需求的影响保持中性，财政的收支活动既不会产生扩张效应，也不会产生紧缩效应，在实践中这种情况很少存在。有人认为实现财政收支平衡的财政政策就是一种中性财政政策，这是一种简单化、片面化的理解。

因为财政的收和支的乘数是不同的，因此各自产生的效应不能完全抵消。

3.财政政策工具

财政政策工具主要包括税收、购买性支出、转移性支出、国债和预算。

（1）税收

税收既是政府组织收入的基本手段，又是调节经济的重要杠杆。税收作为一种财政收入形式，将民间的一部分资源转移到政府部门，由政府进行重新配置，以弥补市场机制的缺陷。税收作为一种调节手段，一方面可以有力地调节社会总需求和总供给，另一方面通过所得税和财产税，调节个人收入和财富，实现公平分配。

税收调节总供求的关系，主要通过自动稳定政策和相机抉择政策发挥作用。在经济繁荣时，国民收入增加，以国民收入为源泉的税收收入也会随之自动增加，相应减少个人可支配的收入，在一定程度上减轻需求过旺的压力。此时，如果总需求仍然大于总供给，政府则可采取相机抉择的税收政策，或扩大税基，或提高税率，或减少税收优惠等。相反，在经济萧条时，税收收入会自动减少，相应地增加个人可支配的收入，在一定程度上缓解有效需求不足的矛盾，有利于经济恢复。此时，如果经济仍然不景气，政府可进一步采取缩小税基、降低税率或增加税收优惠等措施。

税收收入的变化对经济的影响具有乘数效应。所谓税收乘数，就是税收的增加或减少，引起国民收入更大幅度的变化，这种变化可用国民收入变动量与引起这种变化的税收变动量之间的比值来反映。

税收调节收入分配，主要通过累进所得税和财产税制实现。

（2）购买性支出

购买性支出是政府利用国家资金购买商品和劳务的支出。这种支出对国民收入的形成和增加具有重要影响。增加购买支出，将直接增加个人收入，而个人收入增加的一部分将用于消费，使消费总量增加，消费的增加又引起国民收入的增加；反之亦然。也就是说，政府购买支出的增减，将引起国民收入倍数的增减，这个倍数就是支出乘数。乘数大小由边际消费倾向决定，边际消费倾向越大，乘数就越大；边际消费倾向越小，乘数就越小。

调节购买支出是进行需求管理的有效办法。当社会总需求明显超过总供给，通货膨胀压力加大时，政府削减购买支出，可直接减少需求；当社会总供给大大高于总需求，资源不能充分利用时，政府扩大购买支出，进行大规模采购，可直接增加需求。

政府的购买支出，从最终用途上看，可分为政府消费和政府投资两大部分。政府消费是为了保证政府履行管理职能花费的开支，如用于国防、外交、治安、行政管理以及文化、科学、教育、卫生等社会事业的财政支出。政府投资是由政府利用来源于税收或国债的资金对市场机制难以有效进行资源配置的基础设施建设和事关国计民生的一些投资项目进行的投资。

（3）转移性支出

转移性支出，又称转移支付，这种做法是政府不直接到市场上进行购买，而是把财政资金转移到社会保障和财政补贴等上面，接受转移资金的企业和个人去市场上购买商品和劳务。

社会保障支付是将高收入阶层的一部分收入转移给低收入阶层。在发达国家的预算中，社会保障预算是一个非常重要的组成部分，发挥着社会"安全阀"和"减震器"的作用。在经济萧条时，失业人口增加，政府相应增加社会保障支出，从而增加他们的收入，即增加社会购买力，恢复供求平衡；在经济繁荣时，失业减少，政府相应减少社会保障支出，以免需求过旺。这种转移支付成为实现收入公平分配、反经济周期的主要政策工具。

财政补贴也是一种转移支付。它分为两大类，一类是生产性补贴，另一类是消费性补贴。这两种补贴的政策效应各不相同。消费性补贴主要是对人民日常生活用品的价格补贴，直接增加消费者可支配的收入，鼓励消费者增加消费需求。生产性补贴主要是对生产者的特定生产投资活动的补贴，如生产资料价格补贴、投资补贴、利息补贴等，等同于对生产者减税，直接增加生产者的收入，从而提高生产者的投资和供给能力。

（4）国债

国债作为国家利用信用方式筹集财政收入的一种形式，对经济的影响主要体现为两种效应，即流动性效应和利息率效应。

所谓国债的流动性效应，是指通过调整国债期限结构和发行对象来改变国债的流动性程度，进而影响整个社会资金流动总量。一般来说，长期国债流动性低，短期国债流动性高。国债由金融机构认购，会通过扩大信贷规模而增加货币供应量；由非金融机构认购，只会引起资金使用权的转移，不会引起货币供应量的增加。因此，在经济萧条时，政府发行短期国债或针对金融机构发行国债，可扩大资金流通量，刺激投资和消费需求；在经济繁荣时，发行长期国债或针对社会公众发行国债，可减少资金流通量，减轻通货膨胀的压力。

所谓国债的利息率效应，是指通过调整国债的利率水平和供求状况来影响金融市场利率变化，从而对经济产生扩张或抑制作用。国债的利率水平是资金市场的基准利率。在经济繁荣时，政府或直接调高国债利率，或抛售国债，使国债价格下跌，从而使利率水平上升，产生紧缩性效应；在经济萧条时，政府或直接调低国债利率，或大量买进国债，使国债价格上升，从而使利率水平降低，产生扩张性效应。

（5）预算

预算是国家财政收入与支出的年度计划，它包括中央预算和地方预算。预算作为一种政策工具，主要是指中央预算。预算工具是通过年度财政收支计划的制定和在执行中的调整来实现调节功能，预算的调节功能主要体现在财政收支规模和差额上。从总规模上讲，既定的财政收支规模可以决定民间部门可支配的收入规模，可以决定政府的生产性投资规模和消费总额，可以影响经济运行中的货币流通量，从而对整个社会的总需求和总供给产生重大影响。从差额上看，有三种形态，即赤字预算、盈余预算和平衡预算，它们各具不同的调节功能。赤字预算是一种扩张性财政政策；盈余预算是一种紧缩性财政政策；平衡预算通常是一种中性财政政策。在有效需求不足时，赤字预算可以对总需求的增长起到巨大的刺激作用；在总需求膨胀时，盈余预算可以对总需求的膨胀起到抑制作用；在总需求与总供给相适应时，平衡预算可以维持这种状态。预算政策对实现充分就业、稳定物价、促进经济增长等政策目标有重要作用。

4. 财政政策与企业价值

政府通过财政支出与税收政策来调节总需求，影响企业的业绩、风险、资本结构等。陈晓和李静（2001）分析了地方政府财政行为在提升上市公司业绩中的动机、手段和作用，发现为了在资本市场中争夺资源，地方政府积极参与了上市公司的盈余管理，对上市企业进行了大面积的税收优惠和财政补贴，导致了税务竞争现象，极大地扭曲了会计信息，如果没有地方政府的财政支持，近一半的已配股公司会得不到配股资格。唐清泉和罗党论（2007）研究发现：税收征管有助于降低企业的税收激进程度；经理人容易利用复杂的避税手段掩盖其利益侵占行为，避税行为越激进，股价未来的崩盘风险越大；税收征管通过改善公司治理，能有效降低股价未来大幅下跌的风险；税收征管有助于约束经理人在税收激进活动中的机会主义行为，随着税收征管强度的提高，税收激进程度与股价崩盘风险的正相关关系减弱。范子英和田彬彬（2013）利用中国2002年所得税分享改革的自然实验研究其对企业所得税避税的影响。此次改革将企业按照成立时间的差异划归不同的征税机构——国税局和地税局，地方政府间的税收竞争会降低地税局的税收执法力度，却不影响国税局，因此两者之间税收执法的差异就反映了税收竞争的效应。研究发现地税局对企业所得税的执法不力导致了大范围的企业避税。并且，这种效应仅存在于流动性足够强的企业类型中，如私营企业。吴联生（2009）研究结论表明，公司国有股权比例越高，其实际税率也越高；非税收优惠公司的国有股权正向税负效应显著高于税收优惠公司。江轩宇（2013）研究发现：税收征管有助于降低企业的税收激进程度；经理人容易利用复杂的避税手段掩盖其利益侵占行为，避税行为越激进，股价未来的崩盘风险越大；税收征管通过改善公司治理，能有效降低股价未来大幅下跌的风险；税收征管有助于约束经理人在税收激进活动中的机会主义行为，随着税收征管强度的提高，税收激进程度与股价崩盘风险的正相关关系减弱。雒敏和聂文忠（2012）研究发现：增加政府财政支出能加快企业资本结构调整的速度，降低企业所得税不但没有增加反而显著降低了企业资本结构的调整速度，而且非国有企业对于政策变化更为敏感。

（二）货币政策

1. 货币政策及其目标、工具

货币政策，是指国家为实现一定的宏观经济目标所制定和实施的有关货币供应和流通方面的方针、措施的总和。在市场经济体制下，货币政策和财政政策共同构成调节国民经济运行的两大杠杆。

货币政策作为国家经济政策的重要组成部分，同财政政策一样，其最终目标与宏观经济政策目标是一致的。

货币政策的目标是通过运用货币政策工具来实现的。成熟的市场经济国家主要运用法定存款准备金率、公开市场业务和再贴现率三大政策工具。

所谓法定存款准备金，就是商业银行吸收存款后，必须按法定比例保留准备金并存入中央银行。这是鉴于商业银行具有创造派生存款的功能而定的。商业银行在吸收存款后，将存款贷出，这些贷款由借款人用于支付、购买，转到出售者手中，再由出售者存入银行，这就形成了和贷款额大体相等的存款，即派生存款。如此循环往复，形成二、三级派生存款，使得派生存款总量数倍于初始存款。为了避免商业银行因放贷过多而造成支付危机，中央银行利用法定存款准备金有效控制派生存款的数量，从而控制货币供应总量。一般原理是，派生存款总量与法定存款准备金率成反比，即在法定存款准备金率较高时，银行派生存款较少；在法定存款准备金率较低时，银行派生存款较多，而且法定存款准备金率的微小变动，都会带来派生存款数量和货币供应量的较大变动。经验表明，法定存款准备金率每降低 1 个百分点，派生存款总量大约增加 7% ~ 8%。因此，中央银行就可以通过变更法定存款准备金率来影响货币供应量和利息率。

公开市场业务是指中央银行在金融市场上买进或卖出政府债券，从而调节货币供应量的一种做法。在经济衰退时，中央银行在金融市场上买进政府债券，可以产生两种效应。一是个人和团体卖出债券后，将资金存入商业银行，并通过派生存款的作用增加货币供应量。二是中央银行买进政府债券时，会推动债券价格上升，银行利率相对下降，带来投资预期收益增加，投资规模扩大。在经济高涨时，中央银行在金融市场上卖出政府债券，会产生相反的效果，从而达到抑制投资需求乃至社会总需求的目的。

再贴现率，实际上是指商业银行向中央银行借款时支付的利息率。中央银行通过变动再贴现率以调节货币供应量与利息率。在经济衰退时，中央银行降低再贴现率（包括放宽再贷款条件），商业银行由于借款的利息率下降，一般会增加向中央银行的借款。商业银行的借款增加，不仅可以直接增加贷款数量，而且通过银行派生存款的作用，进一步增加市场上的货币供应量。与此同时，利息率的降低也会增加投资预期收益，促进投资增长，扩大社会需求。

过去我国货币政策工具以信贷的规模控制为主，同时采用法定存款准备金率、利率等工具，并进行公开市场业务试点。1997 年 12 月，我国取消了长期使用的信贷规模控制，主要运用三大政策工具，这标志着金融调控由直接管理向间接管理的重大变革。

货币政策的核心是通过变动货币供应量，使货币供应与货币需求之间保持一定的对应关系，进而调节社会总需求和总供给。从影响货币总量的角度，货币政策也可分为扩张性货币政策、紧缩性货币政策和中性货币政策三种类型。扩张性货币政策主要是通过增加货币供应量，刺激社会总需求的增长；紧缩性货币政策主要是通过减少货币供应量，抑制社会总需求的增长；中性货币政策，是使市场上的货币供应量与需求量大体相当。至于具体选择何种类型的货币政策，采用什么样的货币政策手段，则应根据社会总供求状况而定。

货币政策对于企业筹资活动影响甚大，进而影响企业价值。企业筹资从其来源性质可以分为权益资金和借入资金，企业借入资金主要来源于银行借款，因此，一旦实施紧缩性货币政策，就会直接影响企业的资金需求。同时，由于借款比例较高，相应利息支出增大，利息支出过大已成为企业的重大负担。货币政策有其自身的实现目标，尽管企业不能改变货币政策，但在货币政策面前并非无能为力。例如，通过改善企业资金结构，增加权益资金比重，摆脱对银行资金的依赖，就可以在实行紧缩性货币政策时处于有利地位。

2. 货币政策与企业价值

货币政策会通过多种渠道对经济活动产生影响，影响的渠道主要包括货币渠道（money channel）和信贷渠道（credit channel）。货币渠道包括利率途径、汇率途径和资产价格途径等，而信贷渠道则包括资产负债表（货币政策通过影响借款人和银行的资产负债表状况影响银行信贷）和银行信贷（货币政策直接影响银行的信贷行为）两种途径。祝继高和陆正飞（2009）发现，企业的现金持有水平会随着货币政策紧缩程度的变化而变化，当货币政策趋于紧缩时，外部融资约束增强，企业会提高现金持有水平；当货币政策趋于宽松时，外部融资约束降低，企业会降低现金持有水平。在银根紧缩期间，为了缓解外部融资约束，满足未来投资需求，高成长企业会增加更多的现金。并且，高成长企业和低成长企业在增加现金持有的融资方式上存在很大的差异。饶品贵和姜国华（2013）研究发现，在货币政策紧缩期，相对于国有企业，非国有企业在银行信贷方面受到的冲击更大，但企业以商业信用作为替代银行信贷的融资方式以弥补资金供给缺口。李志军和王善平（2011）指出，当货币政策进入紧缩期时，企业会计政策变得更加稳健，以更容易取得银行贷款。进一步发现依赖于外部融资和拥有更高债务水平的企业会计稳健性更高，持有大量现金的企业会计稳健性更低，国有企业的会计稳健性更低。在会计稳健性的经济后果上，发现在货币政策紧缩阶段，会计稳健性的提高有助于企业获得更多的信贷资源。饶品贵和姜国华（2013）研究货币政策紧缩期信贷资源配置及其经济后果，发现货币政策紧缩期信贷资金的边际增加将导致企业业绩下一年度有更好的表现和更高的增长。叶康涛和祝继高（2009）发现，银根宽松阶段，高成长行业更有可能得到信贷融资，然而，在银根紧缩阶段，企业信贷融资额大幅下降，并且这种融资减少主要发生在高成长行业。

（三）经济发展与产业政策

国民经济发展规划、国家的产业政策、经济体制的改革等，对企业的生产经营和财务活动都有着极为重要的影响，企业需要根据不同时期的宏观经济政策环境做出相应的财务决策。如在经济繁荣时期，企业主要是进行扩张性筹资和扩张性投资；在经济紧缩时期，大多数企业要考虑如何维持现有经营规模的效益，在稳定中求得发展。

在不同的发展时期，国民经济发展规划、国家产业政策有所不同，企业所属行业会受到鼓励或制约发展的影响，这就要求企业自觉适应国民经济发展规划和国家产业政策的变化，及时调整经营战略，改变产品品种结构，变被动为主动，在经济发展与产业政策变动中立于不败之地。

1. 改革开放以来我国产业政策沿革

（1）1978 年到 20 世纪 80 年代末：解决农、轻、重比例失调的产业政策

中华人民共和国成立后，优先支持重工业发展的宏观政策使得我国初步建立起了比较完整的工业体系，但同时也造成了农业、轻工业、重工业之间比例严重失调的局面。

1978年中央公布了《关于加快工业发展若干问题的决定》，其重要内容就是解决农、轻、重比例严重失调问题。在此基础上，"六五"时期提出继续贯彻执行"调整、改革、整顿、提高"的方针，进一步解决了过去遗留下来的阻碍经济发展的各种问题。"七五"时期，我国第一次明确提出要进一步合理调整产业结构，并指出产业结构的调整必须以消费需求结构及变化为导向。

（2）20世纪80年代末到20世纪90年代末：开始探索制定和运用产业结构政策

1989年，我国颁布了第一个明确的产业政策文件——《国务院关于当前产业政策要点的决定》，对国家主要产业的发展方向和目标提出了基本要求。1994年颁布了《90年代国家产业政策纲要》，成为产业结构调整政策的总纲。1997年及以后，根据整个社会经济发展状况和宏观调控战略需求，国家先后颁布了多项引导和约束产业行为、推动结构调整的政策措施。

（3）2000年到2012年：结构政策的制定和运用逐步成熟

进入21世纪，我国产业政策的主要目标是实现产业结构的优化升级。"十五"规划和"十一五"规划都把推进产业结构优化升级列为重点目标，并发布了关于农业、工业、部分服务业的结构调整以及改革方向、重点和主要政策措施的重点专项规划。2005年，国务院颁布了《关于发布实施促进产业结构调整暂行规定的决定》，随后，又陆续颁布了《关于进一步加强国家产业政策导向，促进新兴工业化发展的指导目录（试行）》《国务院关于加快推进产能过剩行业结构调整的通知》《国务院关于加快发展服务业的若干意见》等文件。为应对金融危机冲击，解决投资不足、内需不振等问题，我国于2009年陆续发布了钢铁、汽车、船舶、石化、纺织、轻工、有色金属、装备制造业、电子信息以及物流业十个重点产业调整和振兴规划。

（4）党的十八大以来：推进供给侧结构性改革，振兴实体经济

党的十八大报告提出，要坚持走中国特色新型工业化、信息化、城镇化、农业现代化道路，推动信息化和工业化深度融合、工业化和城镇化良性互动、城镇化和农业现代化相互协调，促进工业化、信息化、城镇化、农业现代化同步发展。党中央、国务院研究出台了一系列有关产业结构调整和转型升级的扶持政策。产业政策的制定也开始向有利于实体经济发展的方向倾斜，强化需求导向，推动战略性新兴产业、先进制造业健康发展，加快传统产业转型升级，推动服务业特别是现代服务业发展壮大，合理布局建设基础设施和基础产业。2015年中央经济工作会议提出各地区各部门以推进供给侧结构性改革为主线，全力落实"三去一降一补"，即去产能、去库存、去杠杆、降成本、补短板五大任务，供求关系明显改善，转型升级持续推进，经济运行质量效益不断提高，呈现稳中有进、稳中向好的发展态势，为实现全面建成小康社会战略目标打下坚实基础。

《国民经济和社会发展第十三个五年规划纲要》明确提出，加快转变农业发展方式，着力构建现代农业产业体系、生产体系、经营体系，提高农业质量效益和竞争力，走产出高效、产品安全、资源节约、环境友好的农业现代化道路；围绕结构深度调整、振兴实体经济，推进供给侧结构性改革，培育壮大新兴产业，改造提升传统产业，加快构建创新能力强、品质服务优、协作紧密、环境友好的现代产业新体系；开展加快发展现代

服务业行动，扩大服务业对外开放，优化服务业发展环境，推动生产性服务业向专业化和价值链高端延伸、生活性服务业向精细和高品质转变。

（5）党的十九大提出建设现代化经济体系和现代产业体系

党的十九大明确提出贯彻新发展理念，建设现代化经济体系。围绕高质量发展，以供给侧结构性改革为主线，推动经济发展质量变革、效率变革、动力变革，提高全要素生产率，着力加快建设实体经济、科技创新、现代金融、人力资源协同发展的产业体系，不断增强我国经济创新力和竞争力。加快建设制造强国，加快发展先进制造业，推动互联网、大数据、人工智能和实体经济深度融合，在中高端消费、创新引领、绿色低碳、共享经济、现代供应链、人力资本服务等领域培育新增长点、形成新动能。促进我国产业迈向全球价值链中高端，培育若干世界级先进制造业集群。坚持去产能、去库存、去杠杆、降成本、补短板，优化存量资源配置，扩大优质增量供给，实现供需动态平衡。2018 年 9 月中央全面深化改革委员会第四次会议审议通过《关于推动高质量发展的意见》，提出推动高质量发展是当前和今后一个时期确定发展思路、制定经济政策、实施宏观调控的根本要求，要抓紧研究制定制造业、高技术产业、服务业以及基础设施、公共服务等重点领域高质量发展政策，把维护人民群众利益摆在更加突出位置，带动引领整体高质量发展。

2. 经济周期、产业政策与企业价值

经济周期是国家总体经济活动中的一种波动现象。许多学者对我国经济周期的划分进行了研究。刘树成对新中国成立 60 年的经济增长率（国内生产增长率）波动曲线的分析发现，新中国成立后我国经济从 1953 年大规模工业化建设开始，共经历了十个完整的经济周期。其中，1991 年到 1999 年为第九个周期；2000 年到 2009 年为第十个周期；2010 年，我国经济进入了第 11 轮经济周期。陈武朝（2013）发现，周期性行业公司盈余管理程度总体上大于非周期性行业；盈余管理程度在经济收缩期大于扩张期，但这种差异主要是由周期性行业公司导致的，非周期性行业公司的盈余管理程度在经济收缩期与经济扩张期并无显著差异，而周期性行业公司的盈余管理程度在经济收缩期显著大于经济扩张期。江龙和刘笑松（2011）发现，相对于经济繁荣时期，公司在经济衰退时期具有更高的现金持有水平，并且民营公司的现金持有量显著高于国有公司。同时，在经济衰退时期，上市公司具有较高的现金积累倾向。

影响我国企业融资和经济增长的一个重要因素是政府扶持的产业政策。Chen et al.（2013）通过对 1991 年至 2010 年我国"五年计划"的考察发现，政府支持行业的国有企业首次公开募股增长较快，发行价格较高。此外，它们享受着更多银行贷款，政府的支持带来更多的投资，有更高股市回报率和更多现金流。黎文靖和李耀淘（2014）指出，产业政策的激励有助于民营企业突破行业壁垒和获得更多银行融资支持，从而投资增加，但以行政手段进行的产业政策调控，会使得投资效率下降。陆正飞和韩非池（2013）研究发现，受到产业政策鼓励发展的企业，其持现水平与企业在产品市场上的成长显著正相关；在行业中持现水平较高并受到产业政策支持的企业，其现金持有与企业价值显著正相关。

二、宏观经济政策对企业价值的影响

2018 年中国资产评估协会颁布了《资产评估执业准则 —— 企业价值》，其中第二十三条指出"考虑宏观经济因素、所在行业现状与发展前景，合理确定评估假设，形成未来收益预测"，第二十五条指出"结合宏观政策、行业周期及其他影响企业进入稳定期的因素合理确定详细预测期"。企业价值评估应当充分考虑宏观经济政策对被评估企业及其所在行业的影响。宏观经济政策对于企业价值的影响，集中体现在两个方面：一是各类宏观经济政策形成的宏观调控体系，共同作用成为企业经营的外部环境；二是通过各类宏观经济政策的改变，影响企业的决策，从而影响企业价值。

从宏观经济政策形成企业经营的外部环境角度来说，政府部门通过探索经济发展规律，根据自身职能，形成了各项宏观经济政策，这些宏观政策会对企业产生重要的影响。计划经济体制下，宏观经济政策对企业经营的影响是直接的，宏观经济政策无须中间环节和工具，直接影响企业经营活动的各个环节和部门。这种作用效果非常明显。随着我国国有企业改革的不断深入，企业成为独立自主、自负盈亏的经济实体，由此，企业经营活动通过内部制定的各项制度、措施，从而形成企业财务政策。企业财务政策的主体是企业，企业财务政策是企业内部运营机制有效的保证，每一个企业的财务政策是不同的。

宏观经济政策的变化对微观企业主体的影响至少包括三个途径（姜国华和饶品贵，2011）：一是宏观政策通过改变宏观经济前景预期、行业前景预期影响企业的相应行为（例如投资行为、雇佣行为等）；二是通过改变企业资本成本发挥影响（例如影响企业融资行为、现金管理行为等）；三是宏观政策可能改变了企业经营的信息环境从而影响企业行为（例如信息不确定性增加导致企业财务管理活动变得谨慎等）。经济政策是宏观的，但是它调整的对象是微观企业，政策只有通过改变企业的行为才能达到政策的目标。直接研究宏观政策和经济产出的关系使我们"知其然，不知其所以然"。因此，宏观政策与企业行为（公司治理、商业模式、融资活动、投资活动、财务管理、会计政策、内部控制、税务筹划等）的研究有利于使政府制定经济政策的学术基础更扎实可靠。现在的研究集中于研究企业行为与企业产出（治理结构构成、资本成本、资本结构、盈利能力、盈余质量、企业成长性、审计质量等），但是未来继续扩大企业行为与企业产出的研究成果的一个方向是结合宏观政策对企业行为影响来开展研究。这样的研究可以帮助我们理解企业行为的宏观背景和原因，从而能够更好地理解企业行为和企业产出之间的关系，尤其是预测这些行为和关系未来的走向。宏观经济政策是微观企业行为，是企业产出的先行指标。把先行指标纳入我们的研究能够使我们对现实现象的解释更科学，对企业未来行为与业绩的预测更准确。

第三节 政治、法律、文化与企业价值

一、政治与企业价值

（一）政府干预与政治关联

一般认为，由于政府本身需要追求政治目标，因此，如果政府有能力干预企业的经营活动，无论是民营企业还是国有企业，政府都有动机要求企业帮助其实现政治目标。到目前为止，有关政府的政治目标，学术界主要有两种理论来解释中国政府对企业干预的动机，分别是政府的政策性负担和政府官员的政治晋升目标（Shleifer，1998；潘红波等，2008）。

（1）政府的政策性负担。Shleifer（1998）指出，政府为了维持自己的政治权力会给予支持者一定的利益并要求有所回报。在法国，Bertrand et al.（2008）发现，存在政治关联的私营企业 CEO 会在选举年不必要地创造更多的就业岗位和解雇更少的员工。处于转型期的中国地方政府承担了多重政策目标，如经济发展、就业、社会养老等（Lin et al.，1998），因此，地方政府有动机干预企业以减轻自身的政策性负担，如降低地方失业率（薛云奎和白云，2008）、帮助本地企业"扭亏为盈"（潘红波等，2008）、支持企业的同地并购（潘红波和余明桂，2011）等。

（2）政府官员的政治晋升目标。Shleifer（1998）的研究还发现，不仅仅是政府，政府官员也会为了追求自身政治生涯的发展而向其支持者输送利益。改革开放以来，对地方官员的考核方式逐渐转变为以经济发展绩效为主，导致了不同地方政府官员间形成了一种相互竞争的政治晋升锦标赛格局（周黎安，2004；Li and Zhou，2005）。地方官员为了实现自己的政治晋升目标会促使地方政府推动企业投资（王贤彬等，2010）、限制经济资源跨区域流动（方军雄，2008）以促进地区经济增长，从而进一步加剧了政府对企业的干预。

由于我国国有企业与政府之间存在天然的产权、人事和管理上的联系，政府对国有企业的干预成本较低，因此更倾向于通过影响国有企业来达到自己的政治目标，但是不能忽视了政府干预对民营企业可能带来的影响。从政治关联的角度对政府干预民营企业的具体途径进行探索，研究发现政治关联的存在，有助于民营企业加强其与相关政府部门间的关系和有效沟通，便于获取各种利用政府资源的机会，为公司带来可观的政治及经济效益（周黎安和陶婧，2009），如可帮助民营企业进入管制行业（罗党论和唐清泉，2009），获得政府补贴（Kostovetsky，2015）和融资机会（Piotrosk and Zhang，2014）等。

我国国土辽阔，不同地区之间的资源条件、环境情况、传统文化和国家政策等有所差异，使得各地区的政府干预程度差异较大。基于我国各地市场化程度的差异及制度环境的区别，张玲和刘启亮（2009）发现公司的债务契约会受到制度环境的影响；陈信元和黄俊（2007）认为政府对企业多元性经营的干预导致了企业业绩的降低；王俊秋和江敬文（2012）发现非国有企业的高管变更受到了政治关联的影响，降低了其治理有效性；在市场化程度低、法律环境差的地区，政治关联更是显著削弱了会计信息的债务契约有用性（李四海和陈祺，2013）；李延喜等（2012）则指出政府干预推动了企业进行盈余管理；王文甫等（2014）发现，地方政府为了追求政绩可能导致企业出现投资过度，一定程度上降低了资本配置效率；政府干预还使得不同层级政府控制的企业面临不同的融资约束，政府控制层级越低，其控制企业的融资约束越强（代光伦等，2012）。

（二）政治不确定性

政治不确定性对企业行为的影响已经被 Bernanke（1983）和 Bloom et al.（2007）的研究模型化。当公司面临着经济政策不确定性时，可能会很谨慎地降低投资水平。Gulen & Ion（2016）以世界主要国家的大选为情景，发现在选举年公司的投资将降低4.8%。Julio & Yook（2012）以世界主要国家大选为样本考察了政治不确定性对外商直接投资的影响，他们发现在选举年国家的外商直接投资水平大大低于非选举年，这种影响在选举结果不确定性程度更高的国家更为明显。此外，根据政治风险模型预测，政治不确定性的增加会导致股价下跌，尤其是对政治敏感的公司。

在转轨经济阶段，市场与政府的关系是企业在市场化进程中需要面临的机会与挑战。在市场化的改革实践中，企业的投资行为一直是推动地区经济增长和社会发展的驱动力之一。而企业投资的规模、领域及其质量除了受企业自身的专有性特征影响外，还会受到企业所镶嵌的政治生态环境因素的影响。作为代表地方政府的核心官员，可以通过改变经济政策的延续性和执行力，以影响微观层面企业的资本配置效率。我国地方官员在地方经济治理中一直扮演着极为重要的角色，因此，如何应对和处理与政府之间的关系也成为企业经营战略的一个重要组成部分（张建君和张志学，2005）。各地方政府在公共治理方面体现出来的政府质量水平的高低在很大程度上是核心政府官员治理能力的体现。然而，由于官员自身具有异质性特征，他们对同一政策具有不同的理解和个体偏好，因此，不同官员在政策的理解能力和执行能力方面存在着差异，这些都将显著影响当地企业的经营战略和投资决策行为。

首先，地方主要官员的变更会增加企业资本投资活动面临的外部不确定性。一般来说，每一届地方政府的经济政策特别是对当地投资配置的各项政策都具有某种程度的"个体差异"，受主要领导的影响很大，出于新的发展视角，新任地方主要领导可能会改变之前已经确定了的各类政策，还可能改变地区对不同产业、不同公司的支持力度，在此背景下当地企业的资本配置行为就面临着政策不确定性，从而降低投资效率。其次，在政府主导投资的环境中，企业为了提高资本配置效率，都倾向于与政府建立较为稳定的关系，从而形成具有稳定预期的"政商生态环境"，从而能够使企业在资本配置活动中，与政府各类接触和沟通活动都比较顺畅。然而地方官员更替后，已有的政商环境可能会被打破，对于后任官员的信息不对称也可能会影响当地企业与地方政府之间关系的稳定和持续，从而使企业在面临市场机会时可能会选择放弃或者减少对投资机会的把握。最后，股票市场在帮助外部投资者收集公司原始信息方面发挥着重要的作用，股票价格和投资之间的信息传递视角被广泛研究（Chen et al.，2007）。面对着新政府对未来宏观经济政策实施的不确定性，公司管理层对投资行为会更加谨慎，通常会延缓投资，降低与投资相关的信息质量，增加外部融资成本，增强投资项目未来收益的不确定性。在这种未来政策不确定性的情况下，管理者可能不会将他们的决策建立在股票价格揭示的信息基础上，公司股票价格的信息含量会降低，这会降低投资者对公司专有信息的知情权，进而削弱公司投资对公司股价的敏感度，降低企业资本配置效率。

二、法律与企业价值

（一）法律环境

法律环境对资本市场具有重要影响。我国长期以来致力于建立健全资本市场的法律体系，"依法治国"的精神对资本市场法制建设具有重要指导意义；以法律法规为基础的司法干预机制在我国资本市场中也得到了普遍的认同和使用。上市公司作为资本市场的主要参与者活跃在各类经济往来之中，因此难免发生各类纠纷，纠纷一旦发生，私下调解无效后，上市公司往往会诉诸法律维护自身权益，因此诉讼事项的发生也日益增多。当企业涉及的诉讼案件尚未终审判决时，则形成了会计上称为"未决诉讼"的"或有事项"。未决诉讼作为或有事项的一个重要特征是不确定性，即它是否实际给企业造成有利或不利的影响往往难以确定，因而表现为因企业过去的行为而引起的一种潜在债务或损失。正是由于该不确定性不可完全掌控，企业由于未决诉讼而产生的或有负债很可能转换为真实负债，而或有资产则未必能转换为真实资产，因此无论是或有负债成为真实负债的潜在可能性，还是或有资产潜在流失的可能性，企业面临的诉讼风险都会给企业资金周转造成严重的困扰，悬而未决的诉讼事项会干扰企业资金的合理配置。在这样的情况下，当企业试图从银行获得债务融资时，作为债权人的银行在权衡债务风险时，会考虑企业所面临的未决诉讼事项带来的风险，并因此收取更高的债务利息作为风险补偿（刘慧等，2016）。

（二）法与金融

1. 投资者法律保护

20 世纪 90 年代兴起的法与金融理论开创性地研究了宏观层面的法律制度因素与公司金融的关系。大量文献表明投资者保护法律既与宏观层面的金融发展与经济增长有关，又与微观层面的公司绩效、资本成本及股权结构有关。LaPorta，Lopez-de-Silanes，Shleifer 和 Vishny 四位学者（以下简称 LLSV）（2002）建立理论模型讨论了投资者保护法对公司价值的影响。其研究结论为：一个国家的投资者法律保护越好，控股股东对小股东的侵占程度越低，公司价值越高。通过对世界上 27 个国家 539 家上市公司的横向截面数据分析，LLSV 得出实证结论：投资者保护法律水平越高的国家，其公司价值越高；相反，投资者保护法律水平越低的国家，其公司价值越低。

许多经典文献探讨了投资者保护与股权结构之间的关系。Bebchuk（1999）认为由于分散型所有权结构中经理人员攫取私利的能力受到并购市场的制约，因此分散型所有权结构效率高于集中型所有权结构效率。LLSV（1999）认为控制权分享可以降低控制股东攫取控制权私利的水平，从而对公司价值带来正向效应。另一些文献则探讨了金字塔控股结构对投资者保护的影响。Bebchuk et al.（2000）认为在金字塔结构中，控股股东有动机通过掏空（tunneling）的方式剥夺下层公司的资源。也有文献探讨了机构投资者在投资者保护中的作用。Shleifer & Vishny（1986）的理论模型证明机构投资者的存在可以有效发挥监督职能，提高投资者保护效率。Boyd & Smith（1996）提出机构治理可以替代公司内部治理，机构投资者保持外部独立性，既可以解决小股东激励不足问题，又可以制衡大股东。国内方面，许多学者将中小股东利益被侵占归结为法律对中小股东的保护不力（唐宗明和蒋位，2002；王亚平等，2005）。陈炜等（2007）研究发现随着我国法律保护逐渐发挥作用，控股股东获得的控制权私利正在不断降低。苏启林、朱文（2003）发现家族类上市公司存在所有权层面的控制权和现金流权分离所形成的代理关系，侵害着中小股东的利益。

LLSV 研究发现法律制度的加强能够提高对投资者的保护，从而提高了企业的外部融资水平。此后，投资者法律保护更多地引入到公司财务的研究之中。Leuz et al.（2003）研究认为法律制度完善、对投资者保护强的国家，企业的盈余管理行为较少；反之，公司的盈余管理行为则较为严重。DeFond et al.（2007）研究认为对投资者权利保护程度越高，企业盈余信息披露越充分，会计质量越高。Burgstahler et al.（2006）考察了欧盟国家投资者法律保护制度和法律执行的差异是否影响企业盈余管理的问题，他们发现在法律保护制度不完善和法律执行水平低的国家，公司具有更高的盈余管理水平；相反，他们发现在法律制定和法律执行更完善的国家，公司的盈余管理水平较低。该研究表明法律制度的强度与盈余管理水平之间呈负相关关系。

2. 劳动保护

在理想的状态下，劳动力可以在企业间通过无摩擦的劳动力市场自由流动，企业按照利润最大化的原则决定最优的劳动力规模和工资，并根据劳动力的边际产出决定雇用劳动力的规模，即在边际上一单位劳动力的产出应该恰好等于支付给其的工资。然而，在现实当中，企业雇用或解雇员工会产生成本，并且劳动力市场存在摩擦。由于企业的生产活动具有异质性，企业需要在劳动力市场上投入时间和精力搜寻合适员工，在雇用员工后需要投入人力资本进行培训，在解雇员工时还需要给予经济补偿。这些成本的存在，使得企业难以按照利润最大化的原则进行决策。本着扩大利润和节省成本的目的，企业有可能会做出一些损害劳动者利益的行为。Botero et al.（2004）指出，没有政府干预的劳动力市场是有缺陷的，存在着若干不公平和无效率的问题（例如选择性歧视、支付过低、任意解雇、保险不健全等）。为了有效解决这些问题，扭转市场失灵的状态，需要政府的有效干预。以劳动法的形式规范劳动合同以保护劳动者的合法权益，是政府干预的重要表现形式。

然而，过往研究表明，政府干预下的劳动保护常常会带来事与愿违的结果。Besley & Burgess（2004）以印度为背景的研究发现，劳动保护使得企业投资下降，并带来了经济总产出的下降。Botero et al.（2004）发现，更加严格的劳动保护不但没有促进就业，反而造成失业率上升。在许多国家，劳动保护较强的一大表现形式是广泛活跃的工会组织。诸多国外学者研究了工会活动对企业行为的影响及其经济后果。此外，Atanassov & Kim（2009）的跨国研究发现，劳动保护可能会给公司治理带来负面影响：在投资者保护较弱和雇员保护较强的情况下，表现不佳的经理人有激励和雇员"结盟"，在企业业绩不佳时以兜售企业资产的方式规避裁员，这对雇员起到了保护作用，但损害了股东的利益。基于美国的法律环境和资本市场，Bird & Knopf（2009）用《反不当解雇法》（Wrongful Discharge Law）的实施识别劳动力调整成本的外生冲击，发现劳动成本的增加给企业的利润率带来了负面影响。同样基于《反不当解雇法》的实施，Serfling（2016）研究发现，劳动力调整成本的增加使得企业的经营弹性降低，而破产成本升高，企业会通过减少负债来规避风险。以上的这些证据都表明，过度的劳动保护不能够真正有效地保护劳动者。事实上，政府干预劳动保护的出发点是公平，而市场经济中企业追求的是效率，如何在公平与效率之间达成平衡，是值得政策制定者仔细考虑的问题。

基于我国的制度背景，部分过往研究分析了《劳动合同法》实施带来的经济后果和给企业行为带来的影响。黄平（2012）认为，《劳动合同法》的实施有助于知识密集型产业发展，从而有助于我国产业的转型升级。部分研究关注了《劳动合同法》实施对企业影响的异质性。刘媛媛和刘斌（2014）研究指出，《劳动合同法》的实施加剧了企业的人工成本黏性，并且这一影响对民营企业更为显著。此外，学者们还揭示出，该法实施后，在劳动密集度较高的企业中，更容易出现财务风险增大（陈德球等，2014）、经营弹性下降（廖冠民和陈燕，2014）、投资不足（卢闯等，2015）等现象。不过，上述研究所关心的多为《劳动合同法》的短期影响，还少有研究从企业创新的角度对《劳动合同法》实施在长期中给企业成长和经济发展带来的影响给予关注。倪骁然和朱玉杰（2016）研究结果表明，《劳动合同法》实施后，在劳动密集型企业中，以研发投入衡量的创新投入显著增强。

三、文化与企业价值

文化因素主要包括民族文化差异、亚群体文化、社会资本等，这些因素的变化给市场、产品、服务和消费者带来深刻影响，所有产业中的企业及非营利性组织都会受到这些因素的影响。一方面，不同企业由于历史、地理、宗教、人文等各方面因素的综合作用，形成了各自独特的企业文化，并与地域文化、宗教文化、语言文化等形成合力，通过作用于企业创始人、管理者、员工、投资者、供应商、消费者等利益相关者，最终对企业经营管理、企业绩效和风险产生影响。另一方面，文化因素作为一种非正式制度，区别于已被广泛关注的薪酬激励、晋升制度和监管制度等正式制度，它通过影响价值观和道德规范等无形方式，潜移默化地引导微观个体的行为和选择，特别是在一个法律制度的制定、执行并不完善的国家，非正式制度可能占据着更为重要的地位。

（一）民族文化差异

1967—1973 年，霍夫斯泰德先后两次（1967—1971；1971—1973）对分布在 40 个国家和地区的 11.6 万名 IBM 员工进行文化价值观调查，其目的是想通过对具有相似受教育背景、智力水平和个性特征的 IBM 员工的调查，从他们对相同问题的不同答案中寻求文化上的原因。在此期间，霍夫斯泰德还以同样的问卷对非 IBM 的管理学员进行了一次研究。1980—1983 年霍夫斯泰德又增加了 10 个国家和 3 个地区为研究对象。结合十几年的调查研究，通过对大量问题的因素分析，霍夫斯泰德（1983）总结了四大维度来解释民族文化差异对雇员工作价值观的影响。这四个文化维度分别为：权力距离（power distance）、个人主义/集体主义（individualism/collectivism）、男性化/女性化（masculinity/femininity）和不确定性规避（uncertainty avoidance）。它们的含义如下：

权力距离指某一社会中地位低的人对于权力在社会或组织中不平等分配的接受程度。各国由于对权力的理解不同，在这个维度上存在很大的差异。可接受程度越大，表明权力距离越高，反之，则越小。

个人主义与集体主义是指某一社会总体是关注个人利益还是关注集体利益。在个人主义倾向的文化中人与人之间的关系较为淡薄，人们倾向于关注自己及自己的小家庭；而在集体主义倾向的文化中人与人之间的关系是浓厚的，注重与他人的关系，牢固的族群关系提供持续的保护，同时个人必须对族群绝对忠诚。

男性化与女性化是指某一社会代表男性的品质如竞争性、果断性更多，还是代表女性的品质如谦逊、温柔、关爱他人更多。男性化程度高的文化对自信和获取金钱以及其他物质材料的强调程度高，男性气质突出；而女性化程度高的文化则对工作和生活的质量关注更高，女性气质突出。

不确定性规避是指一个社会受到不确定的事件和模糊情景威胁时是否通过正式渠道来避免和控制不确定性。规避程度高的文化较重视权威、地位、资历、年龄等，并试图以提供较大的职业安全，建立更正式的规则，不容忍偏激观点和行为，相信绝对知识和专家评定等手段来避免这些情景。规避程度较低的文化则对于反常的行为和意见比较宽容，规章制度少，在哲学、宗教方面容许各种不同的主张。

考虑到孔子的儒家思想对东方国家特别是中国的影响之后，霍夫斯泰德在前四个文化尺度的基础上增加了第五个维度——长期取向与短期取向（time orientation），指某一社会中的成员对延迟物质、情感、社会需求的满足所能接受的程度。具有长期取向的文化往往具有坚韧、节俭、先苦后乐、看重长远发展的精神品质；而短期取向的文化则表现为尊重传统和现在，不太注重未来，努力消费，具有某种程度的享乐主义。

这些文化特征会影响企业的现金持有、投资行为、债务期限结构、资本结构、股利政策等。Ramirez & Tadesse（2009）研究了不确定性规避、跨国公司和公司现金持有，发现处在高水平不确定性规避的国家的公司趋向持有更多的现金。Varsakelis（2001）发现国家的权力距离指数越低，国家中 R&D 投资就越多。Anderson et al.（2011）研究文化特征是怎样影响其机构投资者对国内外投资组合的配置。发现不确定性规避指数高的国家更愿意在本土进行投资，当他们进行国际投资时，多元化的程度较低；机构投资者所处国家男性气质与长期取向文化指数高时，会显示出较低的本土偏差，这样的投资者进行国外投资时多元化的程度更高；此外，投资者更倾向于在文化差距较小的目标市场进行投资。Zheng et al.（2012）发现在高不确定性规避水平，高集体主义、高权力距离和高男子气的国家的公司倾向于运用更多的短期债务。Fidrmuc & Jacob（2010）显示个人主义感强、权力距离小、不确定性规避低的文化下，公司发放的股利更多。Bae et al.（2012）发现不确定规避程度高的文化中，只有投资者处于较强的保护下，公司才会发放更多股利，此外长期取向文化下公司倾向更少地发放股利。

（二）亚群体文化

虽然外国学者普遍将文化划分为国家层面、企业层面与个人层面，但针对我国的实际情况，不少国内学者已经在国家文化的范畴之内进行细化，以国内企业为样本数据，进行了一系列的地域文化、方言文化、宗教文化等亚群体文化的研究，实证检验了在中国不同区域的确存在显著的文化差异。

1. 地域文化

我国不同省份人们的文化价值观和决策偏好也存在不同（饶育蕾，2012）。游牧文化和农耕文化也对企业的风险有不同的影响，主要体现在对企业并购决策的影响存在系统性差异（张媛等，2014），受游牧文化影响的上市公司比农耕文化影响的上市公司具有更高的并购频率；高管（董事长和总经理）受游牧文化影响的企业具有更加活跃的并购行为。此外，游牧文化影响下的企业在低风险的现金上投资较少，偏好风险性资产，表现为较少过度持有现金、大量投资无形资产、资本支出整体水平较高、过度投资严重。

2. "老乡"文化

在我国，由"老乡"关系形成的裙带关系比由校友关系或以往同事关系形成的裙带关系更重要（陆瑶和胡江燕，2014）。CEO与董事间的"老乡"关系对企业风险水平有显著正影响，这种影响在非国有控股企业、东北地区企业中表现得更突出。存在较强"老乡"关系的公司更倾向于出现积极的兼并行为，并且公司的综合财务风险也更高。

（三）社会资本

社会资本的基本要义是"能够通过协调的行动来提高经济效率的网络、信任和规范"（Putnam et al.，1993）。信任、规范和网络是社会资本的三个重要特征。LLSV（1997）在总结了 Coleman（1994）、Putnam（1994）和 Fukuyama（1995）等人研究的基础上，提出社会资本是指一个社会中人们的合作倾向，也就是说，在社会资本比较高的社会里，人们倾向于通过信任与合作来获得社会效率的最大化，而不是互相猜疑、互相算计导致"囚徒困境式"无效率的结果。Knack & Keefer（1997）则进一步强调社会诚信、道德规范和团队精神都属于社会资本的经济学定义范畴。社会资本的作用主要体现在其可以提高社会诚信水平，并进而促进人们相互间的合作。Portes（1998）认为，社会资本通过以下两个渠道提高社会诚信：第一，社会道德对人们不守信行为的内在约束；第二，社会舆论对人们不守信行为的外部惩罚。社会资本在经济金融领域起作用的两大机制。第一，社会资本主要强调的是陌生人之间的信任与合作。在社会资本水平较高的社会中，人与人之间比较容易打交道，特别是在陌生人之间，或者在陌生的环境下，互相欺骗的情况较少发生。信任可以建立对彼此诚实守信合作行为的预期，减少不确定性，最终促进合作行为的产生。第二，社会资本通过提高人们的诚信，可以减少商业合同执行过程中的机会主义行为和道德风险问题，从而使得合同可以有效地被执行。例如，Guiso et al.（2004）就认为，不仅法律对合同的强制执行力很重要，诚信对于金融合同的履行也是同样重要的。

社会资本对企业的财务决策具有显著影响。潘越等（2009）发现在中国，社会资本越高的省份，企业越可能对外投资，越愿意与其他企业建立共同控制的合营企业，多元化投资水平更高。Ang et al.（2009）也发现外国投资者更愿意在信任度高的地区投资，研发投资（R&D）也更多。戴亦一等（2009）研究表明，社会资本发展较好的地区，企业更容易获得债务融资，而且可以用更少的抵押物获得债务融资。刘凤委等（2009）则从社会资本的信任这一维度出发研究了信任对商业信用的影响，发现地区信任度越高，企业的签约成本越低，会采用更低成本的商用信用模式。

思考题 ▶

    1. 在企业价值评估中如何量化宏观经济政策的影响？

    2. 在企业价值评估实务中，宏观经济政策分析和运用存在什么问题？有什么改进建议？

    3. 如何量化政府干预对收益法评估参数的影响？

    4.《资产评估法》的出台对企业价值评估有什么影响？

    5. 我国有哪些典型的文化？它们如何影响企业价值？

第三章　影响企业价值评估的内部因素

第一节　资本结构与企业价值

一、资本结构的含义及类型

（一）资本结构的含义

资本结构是指企业各种资金的构成和比例关系，通常是指企业各种长期资金的构成和比例关系。因为短期资金的需要量和筹集是经常变化的，且在整个资金总量中所占的比重不稳定，因此，一般不将其列为资本结构管理范围，而作为营运资本管理。

企业融资方式包括权益性融资和债务性融资，所融得的权益资金和债务资金的比例关系即形成了资本结构。在资本结构中，利用债务性融资，采取一定的财务杠杆比率对企业具有重要影响：（1）利用负债融资，可以降低企业的综合资本成本；（2）负债融资具有财务杠杆效应，可以增加每股收益；（3）负债融资会加大财务风险。

（二）资本结构的类型

企业资本结构的基本类型一般有以下两种：

1. 单一资本结构

单一资本结构是指企业的长期资金仅由单一性质的资金构成，一般是指企业的长期资金均由权益资金构成。这种资本结构的特点是：在无优先股的情况下，企业没有固定还本付息负担，可提高企业的资信和融资能力；但资本成本很高，且不能获得财务杠杆利益。

2. 混合资本结构

混合资本结构是指企业的长期资金由长期债务资金和权益资金构成。这种资本结构的特点是：由于债务资本成本一般低于权益资本成本，因此采用债务融资所形成的资本结构通常具有较低的综合资本成本，在企业资产息税前利润率高于长期债务成本率的情况下，企业可获得财务杠杆利益；但长期债务资金需要定期支付利息，并且有固定的偿还期限，这会形成企业的固定负担，增大财务风险。

二、资本结构理论

企业在确定资本结构时，利用负债融资，并确定其占全部资金比例的重要原因就是负债融资可降低综合资本成本，并具有财务杠杆效应。资本结构理论就是通过研究财务杠杆、资本成本和企业价值之间的关系，来阐述财务杠杆或负债融资对企业的综合资本成本和总价值的影响。在财务管理理论中，关于企业能否通过资本结构的变化（或负债比率的变化）来影响企业的综合资本成本和企业价值存在许多争议，由此形成了若干资本结构理论。从时间顺序看，分为早期资本结构理论、现代资本结构理论、新资本结构理论等。下面主要介绍早期资本结构理论和现代资本结构理论。

（一）早期资本结构理论

早期资本结构理论是指在1958年以前形成的传统资本结构理论，主要包括净营业收益理论、净收益理论和传统理论三种。

1. 净营业收益理论

净营业收益理论认为，不论财务杠杆如何变化，企业的综合资本成本都是固定的，因而对企业的价值没有影响。该理论假设企业利用财务杠杆时，债务成本固定不变，随着负债比率的增加，权益资本风险加大，普通股股东要求的收益率提高，权益成本上升，而负债带来的权益成本上升正好抵消了负债带来的利益，故综合资本成本不变，企业价值保持不变。用图形描述，如图3-1和图3-2所示。

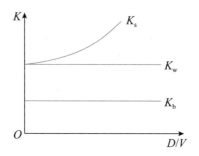

图 3-1　企业的资本成本与财务杠杆

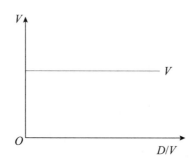

图 3-2　企业价值与财务杠杆

图中，K_b为债务资本成本；K_s为权益资本成本；K_w为综合资本成本；V为企业总价值；D/V为负债比率。

由此可见，这种理论认为企业的综合资本成本与财务杠杆无关，即企业的资本结构变化不影响企业的综合资本成本和总价值。按照这种理论，企业不存在最佳资本结构，融资决策也就无关紧要了。

2. 净收益理论

净收益理论同净营业收益理论相反，认为较高的财务杠杆或较高的负债比率可以降低企业的综合资本成本，从而有利于增加企业价值。换句话说，负债筹资可以降低企业的综合资本成本，负债比率越高，企业的综合资本成本越低，从而企业的价值越大。该理论假设企业的债务成本和权益成本均固定不变，因此，由于债务成本低于权益成本，那么负债越多，企业的综合资本成本就会越低，企业的价值就越大。当负债比率为100%时，企业的综合资本成本最低，企业价值将达到最大值。用图形描述，如图 3-3 和图 3-4 所示。

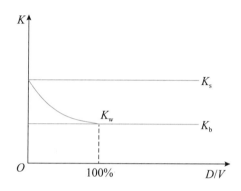

图 3-3　企业的资本成本与财务杠杆

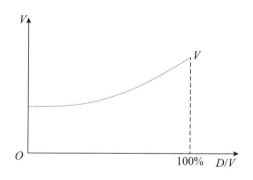

图 3-4　企业价值与财务杠杆

这种理论认为企业的综合资本成本与总价值都受到财务杠杆的影响，即资本结构的变化影响综合资本成本和企业的总价值。但是过分强调财务杠杆作用，而忽视了财务风险。按照这种理论，企业最佳资本结构应是 100% 负债，此时企业的综合资本成本最低，企业价值最大。

3. 传统理论

传统理论是一种介于净营业收益理论和净收益理论两种极端情况之间的折中理论。该理论认为，当企业的负债比率在一定限度内时，随着负债比率的增加不会导致债务成本和权益成本的显著上升，因此，企业的综合资本成本会随着负债比率的增加而逐渐下降，企业价值逐渐上升。但是，负债比率超过一定限度时，由于财务风险加大，债务成本和权益成本均会上升，致使综合资本成本加速上升，企业价值下降。综合资本成本从下降变为上升的转折点（图 3-5 中的 *A* 点），是综合资本成本的最低点，这时的负债比率就是企业的最佳资本结构。用图形来描述，如图 3-5 和图 3-6 所示。

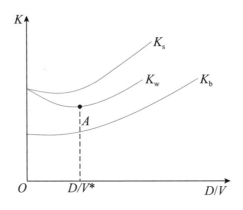

图 3-5　企业的资本成本与财务杠杆

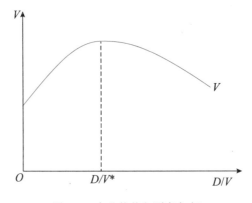

图 3-6　企业价值与财务杠杆

这种理论认为存在一个最佳资本结构。最佳资本结构就是使企业的加权平均资本成本最低并因而使企业价值最大的资本结构。

早期的资本结构理论都是建立在经验和判断的基础上的，缺乏严格的推理证明，虽然传统理论看起来比较符合实际，但也难以令人信服。

（二）现代资本结构理论

1.MM 理论

现代资本结构理论的起点是 MM 理论，由美国学者 Modigliani 和 Miller 在一系列严格假设条件下，通过数学推导而创建。后来的资本结构的深入研究大多是建立在 MM 理论的基础上。目前，该理论仍处于不断发展和完善之中。

MM 理论的假设条件主要包括：（1）完全资本市场，股票和债券的交易无交易成本；（2）投资者和企业可以同等利率借款；（3）所有债务都无风险；（4）投资者对企业的未来收益和收益风险的预期是相同的；（5）企业的增长率为零，即息税前利润固定不变，财务杠杆收益全部支付给股东；（6）企业的经营风险可用息税前利润的方差衡量，有相同经营风险的企业处于同一风险等级；（7）所有现金流量都是固定年金，且持续到永远。这些假设条件在最初研究中提出，其中一些条件在后来的研究中又有所放宽。

最初的 MM 理论在对净营业收益理论研究的基础上，不考虑企业所得税因素的影响，得出结论：企业价值与资本结构无关。而企业所得税是实际存在的，所以后来的研究中加入了所得税因素，得出结论：由于债务利息在税前支付，具有减税作用，所以资本结构中负债比率越大，企业价值越大，当企业负债比率达到100%时，企业价值最大。但这与现实不完全相符。实际上企业为了生存和发展，必须保持一定的财务实力，一般均按照一定的负债比率举债，MM 理论的假设在现实生活中不可能做到。因此，MM 理论应用于实践时必须进行修正。为此，MM 以及后来的研究者通过不断放宽 MM 理论的假设条件，使现代资本结构理论不断得到新发展，形成了许多新的资本结构理论。其中最重要的修正是考虑破产成本和代理成本形成的权衡理论。

2. 权衡理论

权衡理论有狭义与广义之分。狭义的权衡理论是指公司通过平衡债务税收优势与债务导致的财务危机的成本来实现股东价值最大化。在广义的权衡理论中，与债务税盾价值相对的除了财务危机的成本以外，通常还包括债务的代理成本，本章的权衡理论指广义的权衡理论。

（1）公司及个人所得税的影响

考虑了公司所得税的 MM 模型：

$$V_{\mathrm{L}} = V_{\mathrm{U}} + \tau D_{\mathrm{L}}$$

式中，V_{L} 是有负债时的企业价值；V_{U} 是无负债时的企业价值；D_{L} 是负债企业的债务；τ 为企业所得税的边际税率。

Miller（1977）将个人所得税引入以上模型：

$$V_{\mathrm{L}} = V_{\mathrm{U}} + \left[1 - \frac{(1-T_{\mathrm{C}})(1-T_{\mathrm{S}})}{1-T_{\mathrm{D}}} \right] D_{\mathrm{L}}$$

式中，T_{C} 为企业所得税率；T_{S} 为因持有股票获得收入引致的个人所得税率；T_{D} 为因持有债券获得收入引致的个人所得税率。

（2）破产成本的影响

企业因过度负债而陷入财务拮据状态甚至破产的事件时常发生。企业的财务拮据状态一旦发生，无论破产与否，都会给企业带来额外的损失和费用，这些费用就是破产成本。破产成本包括企业破产清算时因所有者和债权人之间意见不一致而延缓资产清偿造成的固定资产破损、存货变质，以及破产清算支付的律师费用、诉讼费用等。这些费用统称为直接破产成本。此外，企业破产还可能造成其他损失，如企业经理和职工因企业将要破产而不细心经营导致机器"带病"运转，或削价变卖重要资产等短期行为造成损失，以及原有客户和供应商取消合同造成销售减少、成本增加等，这些损失称为间接破产成本。

（3）代理成本的影响

Jensen 和 Meckling（1976）将"代理成本"引入资本结构模型，指出资本结构由各方利益冲突引发的代理成本决定。企业负债经营存在着两层代理关系：一是所有者或股东与企业经营者之间的代理关系；二是债权人与企业经营者之间的代理关系。

首先，外部股权融资是现代企业的主要融资方式之一，这引发了所有者或股东与企业经营者之间的代理冲突。由于企业规模常常远远超出经理个人财富，经理一般只持有企业的部分股权，只能享受到企业产生的部分利益，但却承担了相应的全部成本。因此，经理的最优决策是平衡个人管理投入的边际成本与边际收入。边际成本的递增性和边际收入的递减性决定了下述结果：相对于没有外部股权融资的情况而言，外部股权融资将降低经理的管理投入，从而降低企业价值。这就是外部股权融资的代理成本，体现为管理懈怠、奢侈消费、利益侵占和"帝国"建设等。

其次，债务融资会引发债权人与企业经营者之间的代理冲突。一方面，债务融资可能导致公司过度投资，当债务资本比率上升时，管理者倾向于采纳更具风险的投资项目，即使项目 NPV（净现值）为负。这是由于若投资项目取得成功，股票持有者将从股价上升中获益；若项目失败，全部损失由债权人承担。采纳风险投资项目可能导致公司价值降低，从而使一部分福利从债权人转移到股票持有者手中。另一方面，债务融资也可能导致公司投资不足。筹集外部股权资金将导致股东价值向债权人转移，而且股权索偿权等级低于债权，因此杠杆比例越高，价值转移问题越严重。若投资项目净现值能弥补外部股权融资导致的潜在价值转移，股东将愿意筹集外部股权资金；反之，若新项目净现值虽然大于 0，但不足以弥补外部股权融资导致的潜在价值转移，那么股东将不愿筹集外部股权资金。

破产成本和代理成本的存在，一方面降低了企业价值，另一方面增加了债务成本，为最佳资本结构理论提供了有利依据。考虑破产成本和代理成本因素后修正的 MM 理论，称为权衡理论。这一理论可用下述公式和图 3-7 表示。

$$V_L' = V_U + TD - (FPV + TPV)$$

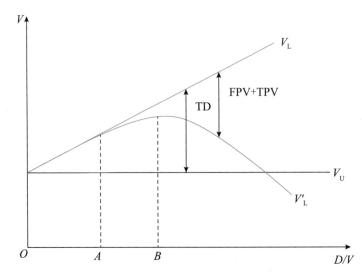

图 3-7　考虑所得税、破产成本和代理成本的企业价值

图中，V_L 为有负债时的企业价值；V_U 为无负债时的企业价值；V'_L 为同时存在负债减税、破产成本和代理成本的企业价值；TD 为利息减税的现值；FPV 为破产成本的现值；TPV 为代理成本的现值。

从图 3-7 可以看出，在负债比率超过 A 点之前，破产成本和代理成本不明显，利息的减税作用对增加企业价值起着明显的支配作用；当负债比率达到 A 点后，破产成本和代理成本逐渐增加，负债利息的减税利益开始被破产成本和代理成本所抵消；当负债比率达到 B 点时，边际负债利息减税利益恰好与边际破产成本和代理成本相等，负债总的净收益最大，企业价值最大，B 点为最佳资本结构点；负债比率超过 B 点后，破产成本和代理成本的增加将超过负债利息的减税利益，导致企业价值开始下降。

权衡理论说明企业存在最佳资本结构，按照此资本结构筹资，企业价值最大，加权平均资本成本最低。但实际上很难用客观的方法精确测算出破产成本和代理成本的大小。

3. 融资优序理论

Myers 和 Majluf（1984）针对企业融资的优先顺序问题，提出了著名的融资优序理论。该理论认为，非对称信息的存在使得投资者从企业融资结构的选择来判断企业的市场价值。通常，经理在股票价格被低估时不愿意为投资项目筹措资本而发行股票，而仅在股票价格被高估时才发行股票。因而，股票融资会被投资者视为企业经营不良的信号，投资者不愿购买该企业的股票，从而低估企业的市场价值。为了避免股票定价过低的损失，企业的融资顺序应为：内部融资＞债权融资＞股权融资。

4. 信号理论

信号理论认为，资本结构是公司内部人向外部投资者传递信息的信号。该理论的研究始于 Ross（1977）与 Leland 和 Pyle（1977）。

Ross（1977）提出资本结构决定的信号激励（signal incentive）理论。该理论认为，公司经理和外部投资者之间存在信息不对称：经理知晓企业未来的收益分布，但投资者对此并不了解。经理的目标是最大化个人利益，其利益与公司的市场价值正相关。在均衡状态下，杠杆比率将作为经理向外界传递的信号，外部投资者可据此获取公司获利能力和风险的相关信息。在 Ross（1977）的模型中，外部投资者会将较高的债务水平看作企业价值较高和盈利能力较好的信号。

Leland 和 Pyle（1977）的研究同样是基于信息不对称理论。其研究认为，企业家为了投资新项目需要筹集资金，企业家知晓项目风险，而外部投资者对此并不了解。企业家以个人效用最大化为目标。由于项目存在风险，公司杠杆比例越高，企业家的持股比例就越大，承担的风险也就越大。因此，企业家的持股比例反映了公司的杠杆比例，这也是他向外部投资者传递的有关项目质量的信号。基于风险厌恶的假设，在均衡状态下，企业家的持股比例越高，公司价值就越大；公司资产的风险越大，杠杆比例就越低。

三、资本结构在企业价值评估中的应用

（一）资本结构在收益法中的应用

评估实践中，收益法评估企业价值的模型包括股利折现模型、股权自由现金流量折现模型、企业自由现金流量折现模型、经济利润折现模型等，这些模型的运用都离不开对折现率的估算，而折现率与企业资本结构息息相关。如股利折现模型、股权自由现金流量折现模型中，所用的折现率通常为股权资本成本，即股权投资者的期望报酬率。测算股权资本成本的常用方法如资本资产定价模型（CAMP）中，反映投资组合相对于市场波动性的 β 系数与财务杠杆有关。

在企业自由现金流量折现模型、经济利润折现模型中，所用的折现率通常为加权平均资本成本（WACC），即股权资本成本和债务资本成本的加权平均值。资本结构的取值对加权平均资本成本至关重要：如果被评估企业在评估基准日的实际资本结构已接近其目标资本结构，或公司会很快调整并维持在目标资本结构，通常可采用目标资本结构计算加权平均资本成本；如果企业未来年度的资本结构变化幅度很大，或企业当前资本结构还没有达到目标资本结构、预期要经过很长时间才能把资本结构调整到目标资本结构的水平，则每年应使用能反映企业当年情形的资本结构计算加权平均资本成本，直至达到目标资本结构后才将资本结构和加权平均资本成本固定下来。

除折现率以外，在使用自由现金流量折现模型或经济利润折现模型时，对企业未来收益期的自由现金流量或经济利润的预测中包括对债务利息成本的估算，这也与企业当前和未来的债务结构和财务杠杆比例有关。

（二）资本结构在市场法中的应用

采用市场法进行企业价值评估最关键的两个因素是可比对象的选择与调整以及价值比率的选择及确定。

可比对象选择的一般标准包括可比对象应当与被评估企业在业务结构、经营模式、企业规模、资产配置和使用情况、企业所处经营阶段、成长性、经营风险、财务风险等方面具备可比性，其中财务风险的可比性与企业的资本结构相关，财务杠杆的高低会显著影响企业的财务风险。

价值比率的选择需要考虑可比对象与目标企业资本结构的差异性，当差异较大时，一般应选择全投资口径的价值比率。应用价值比率时还需要对可比对象和被评估企业间的差异进行合理调整，常用的调整方法如财务绩效调整就包括对偿债能力指标的调整，而资产负债率是偿债能力的重要影响因素。

（三）资本结构在资产基础法中的应用

资产基础法是基于企业历史成本资产负债表，通过调整得出企业资产和负债的现实价值，并以此计算企业所有者权益价值的方法。资产负债表是资产基础法的起点，资产负债表所反映的资本结构会影响资产和负债的评估价值，进而影响资产基础法的评估结果。

第二节　股利政策与企业价值

一、股利分配理论

（一）股利政策无关理论

股利政策理论的研究最早可追溯到 1961 年，哈佛大学教授约翰·林特纳（John Lintner）首次对股利政策行为提出理论模型。此后，虽然一直有学者对股利政策进行研究，但并未取得很大进展，也未引起人们对股利政策重要性的普遍关注。直到 1961 年 Modigliani 和 Miller 两位教授出版《股利政策、增长和股利估价》一书，股利政策才引起人们的重视。由 Modigliani 和 Miller 两位教授首次提出的 MM 股利政策无效理论奠定了股利政策研究的理论基础。

MM 股利政策无效理论（也称为股利政策无关论）的核心内容是公司价值由盈利能力决定，无论公司采用何种股利政策都不会影响公司的市场价值。这一理论建立在信息对称、无摩擦的完美资本市场基础上，认为投资者对公司未来的发展有完全的把握，所有投资者都是理性的。这一理论基于以下几方面前提假设：

（1）不存在税负，即市场中不存在个人所得税和公司所得税，股利和资本利得之间没有税收差异。

（2）不存在交易成本，即没有佣金、证券交易和转让费用。

（3）信息对称，即所有市场参与者都可平等且无成本地获得相同的信息。

（4）每个市场参与者都是理性人，他们关注自身财富数额的增长而并不关心财富增加的形式。因此，对他们而言，通过股利或者是资本利得的方式获得财富并无差异。

（5）公司的股利决策不影响公司的投资决策。公司的投资决策事先已经确定，不会随着股利政策的改变而改变。

（6）股东与公司管理层之间没有利益冲突，即不存在代理问题。

（7）所有投资者对于未来投资、利润和股利具有相同的信念。

以上的假设保证无论公司支付股利与否，无论股利支付多与少，都不会因此影响公司的市场价值。公司的市场价值仅取决于公司的盈利情况，只要公司接受投资回报率为正的投资项目，而且公司可以无成本地获取市场的支持，那么公司就可以支付任何水平的股利给股东，也可以不支付股利给股东。

MM 理论建立在完美资本市场条件下，没有税收差异，没有交易成本，所有的市场参与者在信息的获得上都是对称的。这些假设条件过于理想化，与现实资本市场有很大出入。从交易成本角度来看，股票交易是有成本的，股票持有者转让股票需支付给券商佣金及缴纳印花税；从税收角度来看，资本利得的税率通常会低于股利所得的税率，在很多国家，税收差别是现实存在的；从信息对称的角度来看，投资者与公司在信息获得上并不对称，公司往往比投资者拥有更多关于公司发展、公司经营状况的信息，而且所有投资人对公司经营状况的未来发展情况也是不确定的。MM 理论的中心思想是阐述股利政策不会影响公司的价值，公司的投资决策是事先确定的，不受股利政策的影响。但实际上公司的投资决策不可能全部事先确定，同样不可能不受股利政策的影响，如果公司有值得投资的报酬率为正的投资项目，而又没有更好的筹资渠道，就很有可能不发放或少发放股利，以节约资金进行投资。因此，自 MM 理论诞生之日起，经济学界对这一理论争议不断。但应当承认，MM 理论开创了股利政策研究的新局面，为以后股利政策的研究奠定了理论基础。

（二）股利政策相关理论

1. 一鸟在手理论

一鸟在手理论（bird-in-hand theory）源于谚语"双鸟在林、不如一鸟在手"。该理论认为，由于股票价格波动较大，在投资者眼里股利收益要比用留存收益投资带来的资本利得更为可靠，而且一般投资者都厌恶风险，宁可现在收到较少的股利也不愿意承担较大的风险等到将来收到金额较多的股利。因此，投资者偏好股利而非资本利得。公司股利政策与企业的价值存在密切关系，支付的股利越多，股价越高，公司价值越大。在该理论下，如果公司提高其股利支付率，就会降低投资者的风险，投资者接受较低的必要报酬率，公司股票的价格将会上升；如果公司降低其股利支付率或延付股利，必然增加投资者的风险，投资者将会要求较高的必要报酬率，作为负担额外风险的补偿，从而导致公司股票价格下降。

一鸟在手理论虽然流传时间很久，也被广泛地接纳，但该理论存在一些问题。该理论难以解释为何投资者在接受了公司发放的现金股利之后又购买公司新发普通股的现象，实际上混淆了投资决策和股利决策对股票价格的影响；同时，如果股票市场在较长时期内是一个有效率的市场，就不存在现金股利的风险一定低于资本利得的风险的结论，从而现金股利不一定低于资本利得。

2. 税差理论

Litzenberger 和 Ramaswamy（1979）提出了税差理论。这一理论建立在资本收益和股利收益税率不同的基础上。比如在美国 1986 年税制改革之前，个人投资者的股利收入被视为普通收入，最高税率达到 70%，而资本利得仅按照个人普通收入的 40% 进行征税。由于资本利得的税率较低，而且可以通过持有股票延缓资本利得的实现，从而推迟纳税时间，享受到递延纳税的好处，因此在其他条件不变的情况下，投资者将偏好资本利得而反对派发现金股利。税差理论的核心思想主要有两点：（1）股票价格与股利支付率成反比；（2）权益资本成本与股利支付率成正比。

税差理论成立的前提是资本利得所得税税率必须低于股利所得税税率。但在实际生活中，税率的构成情况非常复杂，不同的投资者可能面临不同的税率标准，机构投资者如退休和养老基金，无须缴纳任何税款，公司投资者所缴纳的股利所得税税率在多数时候会低于资本利得税税率。因此，该理论也存在一些缺陷。比如个人、家庭投资者的现金股利收益可能只需缴纳税率很低的个人所得税，甚至根本不需要缴纳所得税。所以，那些个人所得税税率较低的投资者可能乐于选择现金派发较多的公司进行投资，而那些适用较高税率的投资者可能选择少发或者不发放现金股利的公司进行投资。

3. "追随者效应"理论

该理论从股东的边际所得税率出发，认为股东所处的税收等级不同会导致他们对待股利的偏好不同。边际税率高的股东偏好低股利支付率的股票，而边际税率低的股东则偏好高股利支付率的股票。公司的任何股利政策都不可能满足所有股东的要求，而只能吸引特定的投资者。当市场上偏好高股利的投资者的比例高于发放高股利的公司的比例时，则支付高股利的公司的股票将供不应求，股票价格上涨，直到两者的比例相等，市场处于动态均衡状态。一旦市场处于均衡状态，就没有公司能够通过改变股利政策来影响股票价格，即在市场均衡时股利政策与公司价值是无关的。

4. 股利信号理论

该理论认为，公司的管理层与外部投资者之间存在信息不对称，管理者占有更多的有关企业投资机会、盈利能力、未来现金流量等方面的内部信息。股利是管理当局向外界传递其占有的内部信息的一种手段。如果管理者预计公司发展前景良好，未来盈利将大幅增长时，就会通过增加股利支付这一方式将此利好信息传递给股东和潜在投资者；反之，如果管理者预计公司发展前景不理想时，就会维持甚至降低现有股利水平，这一行为会向股东和潜在投资者传递利差信息。因此，股利政策能传递有关公司未来发展前景的信息，股东及潜在投资者对该信息的解读将影响他们对股票投资价值的判断，从而引起股票价格的调整。当公司提高股利支付水平时，股票价格上升，反之下降。

5. 股利代理理论

股东与管理者间的代理问题（以下简称"代理问题Ⅰ"）和大股东与中小股东间的代理问题（以下简称"代理问题Ⅱ"）是公司存在的两类主要代理问题。大量文献采用这两类代理问题来解释公司的股利支付行为，形成了股利政策的代理理论学派。

根据股东-管理者代理理论，股利支付可以降低代理成本。一方面，股利的支付使管理者可支配的自由现金流量减少，降低了其利用这部分资金进行私人投资或过度投资的程度，从而降低了代理成本。另一方面，高额股利的发放导致现金流出企业，使得公司所需资本由留存收益提供的可能性减少，公司将通过外部融资满足新的资金需求。新的投资者会对公司管理层形成外在的监管压力，迫使公司管理层全力以赴经营企业，从而降低了代理成本。西方财务学文献认为支付股利意味着投资者保护程度好，减少股利支付表明代理问题Ⅱ严重。La Porta 等（2000）认为发放现金股利是降低控股股东代理问题的良好方式，其实证研究发现相较于大陆法系国家的企业，投资者保护程度更高的普通法系国家的企业支付了更多的现金股利；Faccio 等（2001）研究表明控股股东不倾向于向外部股东发放股利，而是将利润留存投资于净现值为负的投资项目以赚取控制权私利。

6. 股利生命周期理论

根据股利生命周期理论，初创期的公司由于其投资机会多而自身资源较少，一般倾向于将收益留存用于投资，不支付股利；而成熟期的公司由于盈利能力更高、投资机会更少，一般都倾向于支付股利。公司的规模越大、盈利能力越强、留存收益占所有者权益的比重越高，其支付股利的可能性越高。

7. 行为股利理论

（1）理性预期理论

理性预期理论认为，市场对管理层所做出决策的反应，不仅取决于决策本身，更取决于投资者对管理层决策的未来绩效的预期。临近管理层宣布下期股利时，投资者通常会预测股利支付水平和支付方式。当股利政策真正宣布时，投资者会将其与预期进行比较。如果二者相同，即使发放的股利比前年度多，股价也不会变化；如果二者存在差异，投资者就会重新评估公司价值及其股票价值，股票价格则可能会发生变化。

（2）自我控制理论

自我控制理论认为，现实中受情绪等心理因素影响，人的行为不可能是完全理性的，有些事情即使会带来不利的后果，人们还是不能自我控制。因此，即使不存在税收和交易成本，股利收入与资本利得也不可能相互完全替代。人们一方面对未来有自己的规划与目标，另一方面又要解决当前需求，这一冲突的解决需要人们通过自己的个体意志力实现自我控制。但由于人们在现实生活中往往缺乏意志力，因此，人们需要借助外在约束进行自我控制。Statman 和 Shefrin（1984）基于自我控制理论，对投资者偏好现金股利的现象给出了解释。他们推断老年人需要定期现金收益以供晚年生活，因此他们会选择股利收益率较高的股票投资组合，而年轻投资者则由于很难自我控制消费，为了强迫自我储蓄，会选择股利收益率较低的股票投资组合。

（3）后悔厌恶理论

后悔就是事后意识到采取某种行动或没有采取某种行动可以获得更好的结果时人的沮丧情绪。为了避免错误决定带来的后悔，人们常常实施许多看起来似乎是非理性的行为。一般来说，胁迫情形下采取行动引起的后悔程度比非胁迫情形下的轻微，没有采取行动引起的后悔程度比采取了错误行动的轻微，在个体需要对行动的最终结果承担责任的情形下引起的后悔程度比无须承担责任时强烈。Shefrin 和 Statman（1984）调查显示，对大多数人来说，出售股票会后悔，因为他们设想本来可以不采取这一行动而获取更高利润。由于投资者一般都是后悔厌恶型的，所以他们偏好现金股利。

（4）股利迎合理论

20 世纪初，国际上出现了"现金股利消失"现象，持续发放现金股利的公司不再受欢迎。在这种情形下，Baker 和 Wurgler（2004a，2004b）提出了股利迎合理论来解释这种现象。他们认为管理者在制定股利政策时，倾向于迎合投资者的需求。当投资者偏好股利而为那些支付股利的股票提供较高的价格时，管理者就宣布支付股利；当投资者不偏好股利时，管理者就宣布停止支付股利。因此，股利政策的改变可反映投资者对支付股利的股票和不支付股利的股票的偏好的改变，公司可以调整股利政策来迎合投资者对公司股票的需求。

二、股利政策

公司在确定股利政策时，既要考虑公司的发展，也要考虑股东的切身利益。公司的股利政策实际上就是要解决公司和股东的当前利益与长远利益、增长与分配之间的矛盾。如何解决好这一矛盾关系到公司的发展，关系到股东投资的积极性。公司要发展，就需要大量的资金投入，投入的资金一方面靠资本市场融资，另一方面需要靠公司自身的积累。分配过高的股利，会影响公司资本积累，在融资渠道不畅或企业财务状况不理想的情况下，会影响公司对那些有良好投资回报率的项目的投资，进而影响公司的发展。股东收益主要来自公司的分红和市场上股价的上涨，分红的股利是股东的一条特别主要的收益渠道，不分配股利会极大地损害股东的利益。股利政策需要持续、平稳，否则不但会影响公司的形象，还会造成公司股价的频繁波动，这对公司的发展也是极其不利的。

公司采用的股利政策主要有剩余股利政策、固定股利支付率政策、稳定增长股利支付政策及低正常股利加额外股利政策。

（一）剩余股利政策

剩余股利（residual dividend）政策就是指公司在进行利润分配、确定股利支付率时，首先考虑盈利性项目的资金需要，将可供分配的税后利润先用于满足投资项目所需的权益性资金，如果还有剩余的税后利润可用于发放股利，如果没有剩余，则不发放股利。采用剩余股利政策的公司，在发布此项政策前，首先要对公司的投资项目进行测定，确定该项目的投资收益是否超过公司最低可接受投资报酬率。然后确定该项投资所需的权益资金量，公司在筹资过程中会尽量使用留存收益，在满足投资需要后的剩余现金，用于对外派发股利。如某公司拥有留存收益100万元，权益资本和债务资本各占50%，公司现有一投资项目，该投资项目的净现值为正，投资于该项目需要资金量为100万元，在采用剩余股利政策的情况下，为保证公司的资产负债率不变，公司必须对外筹资50万元，来满足投资需求。在投资之后，公司仍将剩余留存收益50万元，可用于分配股利。

采用剩余股利政策时，公司应遵循以下步骤：（1）确定企业最佳资本结构，即确定权益资本和债务资本的比率。在此资本结构下，综合资金成本率最低。（2）确定最佳资本结构下的投资项目所需增加的权益资本额。（3）最大限度地使用留存收益满足投资方案所需的权益资本数额，降低筹资的资金成本。（4）投资方案所需的权益资本已经满足后，如果还有剩余，将其作为股利发放给股东。

剩余股利政策的优点是能够保持理想的公司资本结构，有利于降低筹资成本，提升企业价值。但剩余股利政策也存在一些缺点。这主要是因为投资机会较多的公司分派股利较少；投资机会较少的公司分派股利较多。公司的股利政策可能会随着投资机会的变动出现波动，影响股利政策的稳定性。

（二）固定股利支付率政策

固定股利支付率（fixed pay-out ratio）政策是指公司每年都需按固定的支付率支付给股东股利，公司净利润多，支付的股利金额就多；公司的盈利能力下降，支付的股利金额也会相应下降。实行固定股利支付率政策，使股利与公司盈余紧密地结合起来以体现多盈多分、少盈少分、无盈不分的特点，公平对待每一位股东。缺点是由于股利会随公司盈利情况变动，容易给股东造成公司经营不稳定的印象，不利于树立公司形象。

（三）稳定增长股利支付政策

稳定增长股利（steadily increasing dividend）支付政策要求公司在较长的时期内，无论经济状况好坏，都支付固定的股利金额给股东，只有当企业对未来利润持续增长有确实的把握时，才增加每股股利金额。采用此种股利政策的目的是向市场传递公司在任何情况下都经营正常的信息，以便树立良好的公司形象。这种股利政策的优点是股利稳定，缺点是股利的分配与公司盈利状况脱节。公司在资金紧张、利润下降时仍然需要维持支付既定的股利，公司的财务压力较大。

（四）低正常股利加额外股利政策

低正常股利加额外股利（lower normal plus extra dividend）政策介于稳定股利政策和变动股利政策之间。采用此政策的公司每期都支付稳定的、较低的股利金额给股东。当企业经营情况良好，盈利较多时，再根据实际情况给股东发放额外的股利。这种股利政策具有较大的灵活性，公司可以根据自身的经营情况随时调整公司的股利政策，避免产生巨大的财务压力，因此受到越来越多公司的欢迎。

各种股利政策在执行过程中，各有利弊。公司应结合自身的实际情况采取切合实际的股利政策。公司在制定股利政策时，应将股利政策稳定性放在首位，在既保证公司发展所需资金，又要保护股东利益的前提下，选择正确的股利政策。

三、股利政策在企业价值评估中的应用

收益法评估企业价值时，可选用股利折现模型（dividend discounted model，DDM），该模型的应用与企业的股利政策相关。股利折现模型由威廉姆斯（Williams）在 1938 年首先提出，该模型认为股票的投资价值是未来全部股利的现值，用公式表示如下：

$$V = \sum_{t=1}^{\infty} \frac{\text{DPS}_t}{(1+R_e)^t}$$

式中，V 为股票价值；DPS_t 为第 t 年每股预期股利；R_e 为股权资本成本。

股利折现模型有两个基本变量：预期股利与股权资本成本。预期股利取决于对企业未来收益、股利支付率和收益增长率的假设；股权资本成本即股权投资者的期望报酬率，由股票的风险决定。

股利折现模型理论的实质是股利决定股票价值，该理论认为到手的股利比用于再投资的留存收益更有价值，股东投资股票的根本目的在于获取股利，在永久持有股票的条件下，股利是股东投资股票获得的唯一现金流量，因此股利是决定股票价值的主要因素，而盈利等其他因素对股票价值的影响只能通过股利间接地表现出来。因此，股利折现模型的应用，要求标的企业的股利分配政策较为稳定，且能够对股东在预测期及永续期可以分得的股利金额做出合理预测。

第三节　公司治理与企业价值

一、公司治理框架

公司治理机制既包括股权结构、董事会、经理激励以及债权治理等内部机制，也包括法律、产品市场竞争等外部机制。

（一）内部治理

1. 股东治理

对于公司法或公司章程所赋予股东的权利，股东主要通过参与股东大会来行使。股东大会的基本特征：一是公司内部的最高权力机构；二是公司的非常设机构。股东大会只是公司的最高决策机构而不是日常业务执行机关或代表机关。

从法律上说，股东大会在公司治理中起着十分重要的作用。作为公司的最高权力机关，公司的重大事项必须经过它的批准。公司控制权的变更无论是通过代理权竞争还是通过接管，最终都要经过股东大会这一程序。但实际上，股东大会所发挥的作用与法律所赋予的职能相比，存在着很大的差距，以至于被称为"橡皮图章"或"公司圣诞树上的装饰品"。在股权分散的公司，小股东普遍存在"搭便车"现象，几乎没有积极性参加股东大会。这种公司股东大会所决定的事项已基本上由管理层事先定好，只是在股东大会走一个形式。在股权集中的公司，股东大会所决定的事项则被大股东事先定好，也是在股东大会上走一个过场，这样的股东大会也因此被称为大股东会。

2. 董事会治理

在公司治理中，存在股东会、董事会和经理层三者之间的制衡关系，董事会既是股东会的代理人，又是经理层的委托人，同时担负着所有者的委托、公司最高决策和监督经理人员三种责任，在公司治理中处于承上启下的核心地位。对于董事会结构，既有一元制董事会（单层董事会），只有董事会，没有监事会，如英美法系的单层制；也有二元制董事会，既有董事会，又有监事会，如大陆法系的双层制。但是，其治理机制的设计本质是一致的，都必须有决策、监督、评价、奖惩等一系列相互制约机制存在。董事会的治理运作直接关系到公司利益和股东利益，是公司的最高控制系统，也被认为是公司内部最重要的监督机构。建立一个规范、独立、结构合理、富有效率的董事会是完善公司治理的重要内容。

3. 高管治理

优秀的经营者是具有特殊禀赋的人才，属于稀缺资源，其在企业中的特殊地位使得他们的决策不仅会对企业绩效产生很大的影响，而且决定着企业的长期命运。企业的绩效是集体努力的结果，尤其与经营者的努力程度高度相关。

4. 债权治理

债权人可以通过给予或拒绝贷款、信贷合同条款安排、信贷资金使用监管、参加债务人公司的董事会等渠道达到实施公司治理的目的，尤其是当公司经营不善时，债权人可以提请法院启动破产程序，此时，企业的控制权即向债权人转移。债务的治理功能主要体现为债务人面临着债权人的压力和破产机制的约束。如果企业经营失败，无力履行债务契约，债权人就可以由债权持有者转化为股权所有者，按照契约或有关法律对债务人进行相关治理，如对企业进行破产清算或重组等。为了避免控制权的丧失，经营者只有努力经营力争保持财务状况良好。

（二）外部治理

1. 投资者法律保护

法律制度通常被视为一种广义的公司外部治理机制，在大股东控制的股权结构中，由于内部治理机制不同程度的失效，法律制度显得尤为重要。La Porta et al.（1998）认为一个国家法律对投资者权利保护的程度是这个国家公司融资市场和公司治理水平发展的决定性因素。法律制度对投资者权利的保护主要有三方面：一是通过法律、制度和准则等来规范公司行为；二是通过强制信息披露制度保证公司披露信息及时、真实、准确；三是通过行政执法或赋予投资者诉讼权，以事后的惩罚给当事人施加威慑。

2. 机构投资者

在成熟的资本市场，机构投资者对其所投资企业往往能施加重要影响。当一个或少数几个大股东持有公司股份达一定比例（如10% ~ 20%）时，他们就有动力去搜集信息并监督经理人员，从而避免了中小股东中普遍存在的"搭便车"现象。机构投资者是上市公司的大股东，往往能够通过拥有足够的投票权对经理人员施加压力，甚至可以通过代理权竞争和接管来罢免经理人员，有效解决代理问题。

3. 产品竞争市场

激烈的产品市场竞争，一方面压缩了公司的盈利空间，极大地影响了公司的内源融资能力；另一方面，处于竞争激烈行业里的企业为了拓展新的业务领域、降低公司的经营风险，可能具有更为迫切的融资需求。在这种情况下，公司为了以较低的成本获取外部资金，必须尽可能地降低资金供需双方的信息不对称，并塑造一个良好的社会形象和市场形象。因此，产品市场竞争将对公司的信息披露产生一定的外部压力，从而促进信息披露质量的提升。即使在那些投资者利益保护较差的国家，只要公司的经营前景较好，而且具有外部融资需求，内部人便会迫于产品市场的压力善待投资者。

4. 中介机构

各类中介机构，尤其是对上市公司财务会计信息进行独立审计的会计师事务所以及在上市公司新股发行中承担主承销责任的投资银行，能否充分履行诚信义务、保证财务信息的真实可靠，对提高上市公司治理水平具有积极意义。

二、国外公司治理研究

（一）内部治理

1. 股东治理

在公司治理机制形成的众多影响因素中，股权结构是最为重要的因素。控股股东既存在治理效应，也存在隧道效应。

控股股东的治理效应：当大股东在公司中拥有更大比例时，他有更强的动机来收集信息，对公司的表现和管理者的行为进行监督。这样，能够一定程度上克服由于股本过度分散造成的监管"搭便车"的问题。从另一方面来看，股本相对集中在少数人手中，能够提升大股东在收购中的谈判地位，提供被收购的溢价。

控股股东的隧道效应：指控股股东凭借对公司的控制权获取隐形收益，降低公司价值的行为。大股东独吞的收益被称为控制权私有收益。隧道效应的主要方式包括关联交易、担保、并购和股利政策等。隧道效应大大侵害了中小股东的利益，打击了中小投资者的积极性，同时也不利于金融市场的发展和降低会计盈余质量。

经典的股权制衡研究认为，股权适度集中且具有一定股权制衡特点的所有权结构，既可以起到对大股东的激励作用（解决股权高度分散的问题），又可以在一定程度上抑制大股东的不良行为（解决一股独大的问题）。因此，股权制衡是一种有效的公司治理机制，公司业绩可能因此而提高。

2. 董事会治理

董事会的作用主要包括指导和监督两个方面。早期研究主要集中在董事会结构（通常为内部董事与外部董事的比例）和董事会规模等基本特征的研究，新近研究转向董事会和经理层的交互作用和董事会关系网络的研究。

首先，是对董事会基本特征及其治理效应研究的进一步细化。在规模较大或者外部董事比例较高的董事会中，管理者的绩效会更高，这主要得益于董事们之间有更多的信息共享，美国最新的实证研究支持了上述观点。2000 年之后尤其是《萨班斯法案》施行以来，各种规模的公司的董事会规模和外部董事的比例都有所上升，董事会的作用日益增强，而 CEO 对董事会的影响在逐渐减弱。

其次，女性董事特征及其对公司治理绩效的影响日益受到关注。近十余年来，董事会构成的性别多元化已经成为公司治理准则的重要议题。董事会的多元化尤其是女性董事的存在对公司价值、公司治理的作用的研究保持增长趋势。如 Adams & Ferreira（2009）利用投资者责任研究中心 1996—2003 年的数据研究了女性董事对公司治理以及公司业绩的影响，发现女性董事的存在会影响董事会出勤、基于业绩的报酬激励以及董事会会议，在控制董事会性别多元化内生性的情况下，没有发现女性董事的增加会对公司业绩产生正向的影响，但会对市场价值和经营业绩产生负向的影响，强调董事会中的性别比例并不能增强董事会的效果，只有在治理较差的公司，性别多元化才会产生积极的效果。

最后，对董事会关系网络的研究受到重视。董事通常会在不同的公司任职，由于有多个董事头衔，董事任职的不同董事会之间相互关联，进而形成了董事关系网络。董事在多个公司任职能够为公司提供更多的资源，增加公司的声誉，但可能造成董事无法保证有足够的精力和时间去监督和评价管理层的行为。

3. 高管治理

关于高管治理的研究，涉及对高管层的激励和约束机制、高管层的关系网络问题以及与其他治理层级的互动影响，但总体来讲，高管层的薪酬问题一直是研究的重点。Walker（2010）的综述回顾了高管薪酬的理论与实证研究，认为最优合约理论、经理层权力理论和团队生产理论可以相互补充以解释高管薪酬问题。

4. 债权治理

Jensen & Meckling（1976）认为公司债务融资增加，内部代理冲突减少，从而代理成本降低。Grossman & Hart（1982）提出债务比例的上升提高了企业破产的概率，经理为了避免破产带来的控制权的丧失，会努力工作，降低自利行为。Jensen（1986）的"自由现金流假说"认为负债的还本付息压力能减少企业的自由现金流，制止经理的盲目扩张行为。Harris 和 Raviv（1990）则提出债权人具有要求企业清算的选择权。因此，债务是一种约束机制。

（二）外部治理

1. 投资者法律保护

针对大小股东的代理问题以及管理者和大股东的侵占问题，LLSV（1998，1999，2000，2002）相继发表了一系列文章，阐述所有权结构、投资者法律保护和公司财务之间的关系，形成了公司财务行为研究的法与金融的方法，向人们展示了一国的法律体系，特别是投资者的保护程度，对公司财务、市场结构、公司治理结构、政府系统的有效性等所具有的基础性影响。

2. 机构投资者

机构投资者有广义和狭义之分。在西方国家，广义机构投资者不仅包括各种证券中介机构、证券投资基金、投资公司、养老基金、社会保险基金、保险公司，还包括各种私人捐款的基金会、社会慈善机构甚至教堂宗教组织等。而狭义的机构投资者则主要是指各种证券中介机构、证券投资基金、养老基金、社会保险基金及保险公司。

对于机构投资者的治理作用，主要形成了两种竞争性观点和结论。第一种观点认为机构投资者会积极参与公司治理实践，限制经理人的代理问题。第二种观点认为，机构投资者是"用脚投票"的短期交易者，它们所实施的监督是有限的，不仅不能对公司治理起到积极的促进作用，反而容易刺激被投资公司行为的短期化。

3. 产品市场竞争

Alchian（1950）认为，来自产品市场的竞争压力可能在约束和激励管理层方面产生积极的作用。Jensen 和 Meckling（1976）则提出相反观点，他们认为消费、偷懒是由管理层自己所享受的，与所有者毫不相干，因此竞争在约束管理层方面不具有任何作用。不过，来自多个国家的经验证据都表明产品市场竞争在降低管理层代理成本方面能够起到积极的作用。

4. 分析师

现有诸多文献探讨了资本市场信息提供者与公司治理不同方面之间的联系。如 Chung & Jo（1996）认为，证券分析师可以通过监督公司管理层和向市场提供公司信息来降低代理成本。监督也可以来自其他市场参与者，特别是那些为机构投资者提供治理分析和投票建议的参与者。因此，一些以服务为导向的主体有可能同时充当企业管理的信息提供者和监督者。

5. 审计师

最近的研究着重考察了公司与其外部审计师之间的关系。Arthur 等一些学者开始探讨公司向外部审计机构支付的非审计服务款项是否会损害审计过程的完整性。Frankel et al.（2002）研究证明，公司所支付的非审计服务费的确会损害审计师的独立性。此外，非审计费用占审计费用总额的比例与可自由支配的应计项目（用于盈余管理的一个指标）正相关。然而，Larcker & Richardson（2004）认为上述结论在公司治理弱的情况下才会成立，而且审计师的声誉将在限制客户公司的非常规会计选择中起到关键的治理作用。

6. 媒体和法律诉讼

Malmendier & Tate（2005）将"明星 CEO"定义为从商业新闻界获得非凡奖项的 CEO，考察了受到媒体关注的 CEO。研究发现，与整体市场和经过匹配后的假设获奖的样本相比，"明星 CEO"在随后的表现不佳，而且"明星 CEO"在获奖后得到了更高的报酬，更少的时间参与到公司内部的管理，上述结果在公司治理差的公司中更为明显。这意味着，那些拥有"明星 CEO"的企业或许存在更广泛的治理问题。

法律诉讼也是治理环境的一个重要因素。最近一些文献研究了欺诈和赔偿之间的关系，其他的文献则集中探讨了欺诈和诉讼的前因后果（Aggrawal et al.，1999；Farber，2005；Ferris et al.，2005）。以上文献针对欺诈造成的后果得出了相互不一致的结论。如 Aggrawal et al.（1999）的研究没有发现公司涉嫌欺诈后更换 CEO 的证据。然而，Farber（2005）的研究发现，相对于其他公司而言，因涉嫌欺诈受到证券交易委员会处罚的公司往往治理不善，而在受到处罚后的 3 年内该公司的平均治理有所改善。同样地，Ferris et al.（2005）的研究考察了反垄断、违约、劳动相关、专利侵权和股东集体诉讼，发现从股东财富的角度来看，诉诸法庭似乎是解决诉讼的主要方式（即使公司败诉）。此外，他们发现公司治理越差的公司解决诉讼的速度越快，以及当代理成本更高时，市场对解决诉讼后的反应更为消极。

三、我国公司治理研究

（一）内部治理

1. 股东治理

股权结构的研究方面，研究重点从终极产权逐步向治理效应过渡。国外关于股权结构与企业绩效的研究起步很早，研究成果也较为丰富，但当借鉴到中国式公司治理中则存在着不足，比如国外的研究主要从静态的角度来分析股权结构与企业绩效的关系，缺乏对公司股权结构变动路径对企业绩效改进的动态关系研究。

基于中国股权结构较为集中的现实，孙永祥和黄祖辉（1999）认为，与股权高度集中或者股权高度分散的结构相比，有一定集中度、有相对大股东，并且有其他大股东存在的股权结构，最有利于收购兼并、经营激励、代理权竞争、监督机制作用的发挥。

2. 董事会治理

董事会治理方面，董事会的独立性问题成为主要研究主题，同时内生性问题受到重视。为加强董事会的作用，2001年起我国上市公司开始实行独立董事制度，因此检验独立董事的效果成为公司治理研究的重要课题。

初期对独立董事的研究主要是定性研究，随着独立董事制度的发展，对独立董事的实证研究逐步增多。例如，高明华和马守莉（2002）实证分析了中国独立董事制度的缺陷，提出了完善独立董事有效行权制度环境的改进措施，认为仅仅依靠独立董事制度并不能有效提高股东的权益；谭劲松（2003）对以前年度的独立董事薪酬数据进行统计后得出，公司业绩随独立董事薪酬的增加先上升后下降。

王跃堂等（2006）系统地检验了董事会独立性、独立董事背景与公司绩效的关系，在控制内生性问题后发现，独立董事比例、独立董事的声誉与公司绩效显著正相关。随后，独立董事方面的研究侧重于从不同的视角审视独立董事的效果，如叶康涛等（2007）在控制独立董事内生性的情况下研究了独立董事对大股东掏空行为的影响，研究发现独立董事能够显著抑制大股东的掏空行为。

3. 高管治理

高管层薪酬和激励方面，国内的研究主要集中于报酬激励约束机制效果的实证分析上。部分学者沿着经理权力视角分析中国上市公司的高管激励实践，这些研究主要集中于寻找并构建适合衡量中国上市公司管理权力的实证指标，进而从实证层面检测管理权力对中国高管薪酬业绩敏感性、高管团队内部薪酬差距、在职消费、盈余管理以及企业绩效的影响。如王华等考察2001—2004年的经理层股权激励时，发现它与企业价值之间存在倒"U"形曲线关系。

（二）外部治理

作为中国资本市场的里程碑事件，股权分置改革引发了学者的广泛关注，股权分置改革的相关研究在某一时间内成为热点领域。以股权分置改革作为时间点，中国的公司治理研究大致可以分成两个阶段。第一个阶段的研究焦点是国有企业改革、国有股及其治理问题。随着股权分置改革的基本完成，治理环境成为国内公司治理研究的热门话题，法律保护、政府治理、市场竞争等公司治理环境是比公司的内部和外部治理机制更为基础的研究层面。

1. 投资者法律保护

随着政府对经济干预的减弱以及市场化进程的推进，检验制度环境及投资者保护的效果逐渐成为研究的热点。利用市场化指数作为衡量制度环境或者治理环境的代理变量，一些学者研究发现制度环境对公司价值、公司治理结构、管理层薪酬、现金股利、资本市场配置效率、行业竞争、股权分置改革和投资行为会产生重要影响。

2. 产品市场竞争

行业竞争环境对经理人的行为产生了重要影响，所有权结构对公司绩效的影响又受到行业竞争程度的影响。一些学者检验了产品市场竞争与公司治理机制之间的互动关系，如施东晖（2003）以国内制造业上市公司为对象进行的研究显示，激烈的产品市场竞争对公司产出增长的正向影响只有在股权分散和股权高度集中的企业中才较为显著，市场竞争和所有权结构在强化公司治理方面存在互补关系；姜付秀和刘志彪（2005）研究发现，产品市场竞争影响到企业的资本结构，行业特征对两者的关系起到了重要作用；伊志宏等人（2010）利用深交所信息披露考评数据进行的实证研究显示，产品市场竞争对某些公司治理机制产生了互补或者替代作用，表现为产品市场竞争与大股东治理和高管激励治理形成了互补效应，而与董事会治理则形成了完全的替代效应，在当前的制度背景下，提升信息披露质量必须考虑产品市场的竞争情况。

四、公司治理与企业价值评估

（一）公司治理对收益法评估参数的影响

收益法是通过分析判断企业收益期，并预测企业未来收益，然后以反映企业风险程度的折现率或资本化率加以折现来评估企业价值。根据收益和折现率的不同口径，收益法可以划分为股利折现模型、股权自由现金流量折现模型、企业自由现金流量折现模型以及经济利润折现模型等多种形式，而这些模型的应用与企业的公司治理情况息息相关。

对企业未来的收益进行预测是运用收益法评估企业价值的基础。资产评估人员应当对委托人和其他当事人提供的企业未来收益资料进行必要的分析、判断和调整，结合被评估单位的人力资源、技术水平、资本结构、经营状况、历史业绩、发展趋势，考虑宏观经济因素、所在行业现状与发展前景，合理确定评估假设，形成未来收益预测。而一个公司的内部治理机制与外部治理环境将直接影响企业的经营状况，资本结构与发展趋势，从而影响收益预测。

折现率是指将未来各期收益折算成现值的比率。如股利折现模型、股权自由现金流量模型中所使用的折现率为股权资本成本。测算股权成本的常用方法如资本资产定价模型（CAMP），衡量被评估企业与可比上市公司风险差异的企业特定风险调整系数的确定与公司治理情况相关，其中的公司内部管理和控制机制是影响被评估企业的特定风险因素之一。

此外，评估人员采用收益法评估股东权益价值时，需要考虑控制权对评估对象价值的影响，而股权结构作为公司治理的重要影响因素与此相关。

（二）公司治理对市场法参照物选取的影响

企业价值评估中的市场法是指将评估对象与可比上市公司或者可比交易案例进行比较，确定评估对象价值的评估方法。公司治理可能在以下几个方面影响市场法参照物的选取：

首先，运用市场法进行企业价值评估时，需要在公开市场上有足够数量的可比公司或者可比交易案例，并且能够收集到与评估活动相关的，具有代表性、合理性、有效性及可靠性的信息资料，进而可以量化为可供比较和调整的贡献差异指标。那么，在选取可比对象时应该选择公司治理更好的公司，原因在于治理完善的公司能够及时、准确地披露所有与公司有关的实质性事项的信息，包括财务状况、经营状况、所有权结构等，以确保可比企业财务数据的充分性和可靠性。

其次，由于可比对象应当与被评估企业在业务结构、经营模式、企业规模、资产配置和使用情况、企业所处经营阶段、成长性、经营风险、财务风险等方面具备可比性，而不同企业的公司治理模式会显著影响资产配置和使用情况、成长性、经营风险、财务风险等情况。因此，在选取可比公司时，应该将公司治理的可比性纳入考虑。

最后，选择的可比对象的控制权或少数股权的状态应该与被评估企业的控制权或少数股权的状态相同，这表明股权结构作为公司治理机制的重要影响因素，影响可比对象的选择。

（三）公司治理对资产基础法应用的影响

企业价值评估中的资产基础法，是指以被评估单位评估基准日的资产负债表为基础，合理评估表内及可识别的表外各项资产、负债价值，确定评估对象价值的评估方法。

由于资产负债表是企业经营活动的静态体现，反映的是企业历史取得成本。因此，当评估专业人员采用资产基础法进行企业价值评估时，首先要与被评估企业进行沟通，根据其会计政策、企业经营状况等，要求被评估企业采用适当的方法对其各项资产（包括表内表外）进行识别，然后评估专业人员在此基础上进行逐一评估，最后再扣除企业各项负债，最终得到一个净资产价值。而公司治理情况与企业的会计政策、企业经营状况等有关，有助于评估师较好地识别出表外资产或负债，并采用适当的方法得出合理的评估结论。

第四节 管理者特征与企业价值

自从 Hambrick & Mason（1984）提出高层梯队理论以来，国内外研究者对管理者异质性进行了大量研究，发现管理者特征在公司治理、公司财务等方面均具有重大影响，而公司治理、公司财务又与企业价值紧密相关。也就是说，管理者特征的差异，使得他们在企业管理中有不同的认知，在决策上有不同偏好，企业绩效随之不同，这也是不同企业在价值上存在差异的重要原因之一。而在目前的企业价值评估实务中，无论采用资产基础法、收益法还是市场法，都没有对企业管理者特征对企业价值评估的影响予以充分重视。

管理者特征主要包括个体特征、心理特征、个人经历以及人格特征。本章认为，在企业价值评估中充分考虑管理者特征的影响，有助于评估师更好地发现企业价值，提高执业水平。同时，更加准确可信的估值结果也有利于提升社会对评估行业的认可度。

一、个体特征与企业价值

管理者的个体特征主要包括性别、年龄、教育背景，主要通过影响企业风险、公司治理水平和公司财务影响企业价值。

（一）个体特征与企业风险

1. 性别

女性通常比男性更加厌恶风险。一方面是出于天性，女性所具有的生育和保护后代的责任使她们更难以容忍风险；另一方面是社会文化的作用，男性通常被认为在社会活动中承担更高的责任和风险（何瑛和张大伟，2015）。现有研究发现女性参与董事会的银行具有更高的呆账损失准备金与贷款损失准备（Gulamhussen & Santa，2015），在金融危机期间，女性董事比例高的公司投资水平下降更快（祝继高等，2012），表明女性对风险的态度更为谨慎。同时，女性 CEO 管理的公司具有更低的资产负债率，盈余波动性更弱（Faccio et al.，2011），她们在降低股价崩盘风险方面也有显著作用（李小荣和刘行，2012），也就是说女性具有更高的风险规避程度。

2. 年龄

年龄通常与风险规避程度正相关。年轻的上市公司高管团队具有更强的学习能力，对新事物具有浓厚的兴趣，急于在事业上做出成就，因而在经营决策上具有更强的风险承担能力，愿意开拓创新并承担风险（何瑛和张大伟，2015）。而年龄较大的管理者在精力、体力、信息整合能力等方面均有所下降，并且希望保持已经获得的社会地位与退休之后的生活水平，因而更偏好风险较低的经营决策（Hambrick & Mason，1984），也更不可能发生财务重述这种风险较大的行为（何威风和刘启亮，2010）。

3. 教育背景

受到良好教育的管理者对风险收益有更深刻的认识，在战略决策上更为理性，对风险更为敏感，具有财经类专业背景的管理者对自身决策能力更为自信，在投资决策上有更高的风险承担水平（姜付秀等，2009）。

（二）个体特征与公司治理

1. 性别

女性管理者更加重视风险管理，在提高公司治理水平、降低代理成本上表现较好。研究发现女性管理者对企业提高审计水平具有促进作用（况学文和陈俊，2011）。Jurkus et al.（2011）的研究直接表明，当市场竞争程度低时，董事会女性比例与代理成本负相关。

2. 年龄

年龄越大的管理者更加厌恶风险，倾向于采取更为严格的风险管理措施，内部控制质量更高（池国华等，2014）。

3. 教育背景

董事长、总经理与财务总监的教育背景均与内部控制质量显著正相关（池国华等，2014）。金融、会计或者经济管理类的专业背景使高管更好地理解内部控制的重要性和必要性，对内部控制的实施更为重视，内部控制质量更高（张继德等，2013）。而具有海外留学经历的 CEO 受欧美市场流行的市场化职业经理人精神影响，难以迅速与国内企业文化相融，当他们用海外公司治理方式来处理中国企业管理问题时，很可能会与企业股东层与董事会发生矛盾（付超奇，2015）。

（三）个体特征与公司财务

1. 性别

女性管理者更厌恶风险，倾向于选择更为保守的投资策略（Peng & Wei，2007），同时女性高管在保护股东利益方面做出更多努力，董事会中女性比例越高的公司股利支付率越高（Byoun et al.，2013）。

2. 年龄

年龄较大的管理者已经在以往的管理生涯中积累了良好的声誉和社会地位，处于职业生涯末期的他们希望保证自身职业生涯安全结束，因而在企业经营决策上更为保守谨慎。高管年龄越大，投资规模小，投资效率越低，对企业过度投资的抑制作用越大，也会加剧企业投资不足的问题（李焰等，2011）。

3. 教育背景

从教育背景来看，受到良好教育的管理者通常具有更强的学习能力、分析处理能力，更擅长使用先进的管理技术和方法来提高公司业绩，张建军和李宏伟（2007）发现高学历与高的销售额、资产额、资产增长率和净资产增长率等企业指标显著正相关。同时高学历管理者在企业经营中更为理性，对过度投资有抑制作用（姜付秀等，2009）。有金融学、会计学或经管类专业教育背景的管理者通常对自己的管理水平更为自信，倾向于过度投资（姜付秀等，2009）；有技术学历背景的 CEO 在投资于研究开发活动方面有显著优势，对企业绩效有提升作用（Barker & Mueller，2002）；有 MBA 学位的 CFO 能够更熟练地使用各种管理技术（Graham & Harvey，2002）；有海外学习经历的管理者，一方面能引进更先进的管理理念与管理方法，帮助企业更好地参与国际竞争，但另一方面也难以迅速与本国企业文化相融，可能对企业绩效产生一些负面影响（何韧等，2010）。

二、心理特征与企业价值

（一）过度自信与企业风险

管理者在心理上的自信程度、风险偏好程度直接影响了他们对不同风险战略决策的选择。过度自信的管理者通常高估自身的领导能力和项目决策能力，导致高估决策成功的概率，忽略可能的风险，他们更偏好创新性、挑战性的风险投资项目，期望从高风险高收益的投资机会中获得高于平均收益的超额回报，因而具有更高的风险偏好（余明桂等，2006）。余明桂等（2013）研究发现，管理者过度自信与企业风险承担水平显著正相关，过度自信管理者更少放弃高风险但预期净现值为正的投资机会，他们估计项目收益时通常过度乐观，具有激进的负债行为，增大了企业陷入财务困境的可能性（Hackbarth，2008）。姜付秀等（2009）研究了管理者过度自信、企业扩张与企业财务困境之间的相互关系，发现过度自信的管理者在企业扩张过程中往往过于重视扩张规模和速度，快速扩张可能会增大企业风险，加大企业陷入财务困境的可能性。另外，企业上期的财务困境状况对管理者的过度自信心理影响很小，他们通常只关注上期的投资规模，说明过度自信管理者的风险规避程度较低，企业风险较大。

（二）过度自信与公司治理

虽然过度自信的管理者偏好高杠杆的资本结构，增大了企业的财务风险，但是负债融资也能够相对提高管理者持股比例，激励管理者在经营上做出更多努力，从而减轻管理者的自利行为，降低代理成本，提高企业价值。同时由于负债所带来的还本付息压力减少了管理者能够自由支配的现金流，在一定程度上抑制了过度投资，有利于减轻管理者的代理问题，从而对企业价值有正面的治理效应（姜付秀等，2009）。

（三）过度自信与公司财务

投资决策上，过度自信的管理者通常高估自身能力与决策收益，低估风险导致过度投资与内外部扩张（姜付秀等，2009），更容易做出并购决策，尤其是多元化并购，他们的并购决策所带来的投资回报通常低于非过度自信的管理者，且连续并购绩效逐次下降。另外，过度自信的管理者偏好创新性、挑战性的投资项目，能够积极把握高风险高回报的投资机会，从有价值的投资项目中获益（余明桂等，2006）。

融资决策上，过度自信的管理者更偏好债务融资而非股权融资，因为他们通常高估项目收益，且不愿意与新股东分享未来收益。他们往往低估项目风险，低估债务融资使企业陷入财务困境的可能性，因而偏好较高的资产负债率。在债务融资的具体方式上，过度自信管理者又更偏好短期债务融资（余明桂等人，2006），他们认为项目能够带来高于实际收益率的回报，尽管长期债务融资能够减轻各期还债压力，但仍然偏好成本更低的短期债务融资。另外，他们估计的投资回收期通常比实际更短，因此愿意选择期限上与之匹配的短期债务，导致企业债务期限结构较短。

三、个人经历与企业价值

已有研究表明个人早期生活中的重大事件会对其性格养成产生重要影响。参军经历、早期创伤经历、政治经历等作为管理者个人生活中的重大事件，很可能会对管理者性格特征等内在品质产生深远影响，并影响他们对风险的认知和财务政策的选择。

（一）参军经历与企业价值

从企业风险角度来看，国外大量心理学的文献研究了参军经历对个人战后行为的影响，发现领导力、忠诚、风险偏好是参战军人的三大主要品质。有参军经历的 CEO 在经营困境中具有更强的危机解决能力，这使他们对风险的厌恶程度更低（Elder et al.，1991）。Malmendier et al.（2011）的研究发现，有参军经历的 CEO 具有更强的风险承受能力，公司财务杠杆更高。国内的研究结论则与此有所不同。中国军队始终将纪律作为治军的重中之重。付超奇（2015）以中国上市公司为研究对象研究发现担任上市公司 CEO 的中国转业军人深受军队中严明的纪律要求所影响，始终坚持选择风险较低的低杠杆资本结构，以防止可能发生的融资和财务风险。因此，在考察参军经历对企业管理者风险态度的影响时，应当充分考虑管理者所服役军队的特征。

从公司财务和公司治理角度来看，有参军经历的 CEO 通常具有更好的抗压能力和更强的领导能力，能够在公司面临危机时做出更优的经营决策，提高企业收益（Benmelech & Frydman，2015）。在资本结构的选择上，担任上市公司 CEO 的中国转业军人始终坚持选择较低的资本负债率，在公司治理上更为保守（付超奇，2015）。

（二）早期创伤经历与企业价值

从企业风险角度来看，早期创伤经历对管理者的风险认知具有重大影响。沈维涛和幸晓雨（2014）以早年经历过三年困难时期的 CEO 为研究对象，研究发现灾难会增加管理者对风险的不确定感受，使他们表现出更多的风险厌恶并选择更加保守的经营决策，以降低公司风险。国外学者则研究了经济"大萧条"对公司管理者的影响，发现经历过经济"大萧条"的 CEO 具有更高的风险厌恶水平，在融资决策选择上更为谨慎（Malmendier 和 Nagel，2011）。

从公司财务角度来看，经历过三年困难时期的 CEO 在战略决策上更为谨慎，企业投资水平通常较低，投资效率较差，投资不足程度较为严重，并且 CEO 所属地困难程度越严重，企业投资水平越低（沈维涛和幸晓雨，2014）。经历过"大跃进"的上市公司 CEO 能够充分吸取当年片面追求高速发展过度投资最终酿成苦果的教训，因而更加重视公司发展的平稳性，减少不必要的投资项目，其所在公司投资水平显著低于平均水平（付超奇，2015）。国外学者研究发现经历过经济"大萧条"的 CEO 对风险更为厌恶，在企业融资上偏好内部融资，倾向于选择较低的财务杠杆（Malmendier & Nagel，2011）。

（三）政治经历与企业价值

有从政经历的管理者能够帮助企业较为容易地获得政府补助、税收优惠和信息优势等各项政治资源，能够帮助企业在短期内迅速提高信用基础，在获得银行贷款方面优势显著，从而有利于提高企业绩效（何韧等，2010）。但是，由于政府与企业的用人标准不同，两者的工作方式存在差异，短期来看，管理者的从政背景可能会对企业绩效带来一定的负面影响。吴斌等（2011）以风险投资企业为研究对象的研究发现，管理者的政府背景有利于减少行政的过度干预，降低交易成本，获得政府与社会的资金支持，提升声誉，实证研究证实风险投资企业家的政府背景越好，风险投资企业成长能力越高。

（四）财务类工作经历与企业价值

具有金融、会计等工作经历的管理者在以往的工作经历中积累了更多经验，能够显著提高企业的投资规模并提高企业的投资效率，同时对过度投资的风险有了更深的认识，有利于抑制过度投资（姜付秀等，2009；李焰等，2011）。

四、人格特征与企业价值

从企业风险角度来看，责任感较高的管理者在履行企业社会责任方面通常更加积极主动，他们在做出经营管理决策时，不仅会积极维护企业与股东的利益，还会关注对员工、债权人、消费者、生产者、社区等利益相关者群体利益的维护，因此他们在战略决策的选择上更为谨慎，尽量避免增大经营风险，风险承受水平更低（张兆国等，2013）。

从公司财务角度来看，责任感较强的管理者所在企业通常履行较高的社会责任，社会责任的有效履行对提升企业绩效意义重大。除了可以提高企业声誉以外，与各利益相关者保持良好的关系有利于企业从利益相关者处获得各种资源与支持，比如提高消费者忠诚度，降低交易成本与融资成本，提高职员工作效率，获得政府税收优惠等（刘建秋和宋献中，2010），对提升企业价值有显著的正向作用。

五、管理者特征在企业价值评估中的应用

（一）管理者特征在收益法中的应用

收益法是中国企业价值评估实务中特别重要的一种方法，收益法评估企业价值重点在于确定收益额和折现率，期望收益通常是依据历史收益、预期宏观环境与行业状况、

公司经营状况等因素确定，折现率的确定与企业风险直接相关。

管理者特征影响管理者的风险偏好与经营管理决策，进而对企业风险与收益产生重要影响，是影响企业价值评估的重要因素之一。因此，在企业价值评估中，对管理者特征予以充分重视十分必要。采用收益法评估企业价值时，折现率的估算需要考虑管理者自身的风险偏好，未来收益的预测也需要考虑管理者特征对公司治理与公司财务的影响。

（二）管理者特征在资产基础法中的应用

资产基础法是以资产负债表为基础，对企业各单项资产采用适当的方法进行评估，然后加总各单项资产价值得到企业整体价值的方法。管理者作为公司战略、经营和财务决策的主要发起者与主导者，对其所在公司的经营管理状况、财务风险和业绩等具有重大影响，不同的管理者在经营投资、融资决策上的偏好差异显著，并且与管理者不同风格的经营管理决策相适应，各企业的经营风险、财务风险及公司治理情况也将迥然不同，必然影响企业的资产运营。因此，在评估单项资产价值时，不应仅简单地考察资产状况，还应将管理者特征对企业价值的影响纳入考虑范围，以确保评估结果的合理性和可靠性。

（三）管理者特征在市场法中的应用

市场法是通过对可比企业价值进行调整得到待估企业价值的评估方法。市场法在选择参照物时注重选择在行业、经营业务、业绩、规模、成长性等方面相同或相似的公司或交易案例，而缺乏对管理者特征是否相同或类似的考虑。

管理者具有异质性，即使是面对完全相同的技术、生产条件、产品市场条件和制度安排，不同的管理者也会依据自身特征和经验做出不同甚至相反的判断和决策。管理者特征的差异，使得他们在企业管理中有不同的认知，在决策上有不同偏好，企业绩效随之不同，这也是不同企业在价值上存在差异的重要原因之一。因此，在选取可比企业时中应充分考虑管理者特征的影响，有助于评估师更好地发现企业价值。

思考题 ▶

1. 在计算加权资本成本时考虑了企业所得税并未考虑个人所得税，是否合理？为什么？

2. 与西方相比，中国企业的资本结构有什么特殊之处？

3. 中国公司股利支付行为的特殊性会带来什么后果？

4. 在企业价值评估执业准则中是否应该加入公司治理的内容？如果需要加，在企业价值评估执业准则的哪部分加入？

5. 在企业价值评估执业准则中是否应该加入管理者特征的内容？如果需要加，在企业价值评估执业准则的哪部分加入？

第四章 经济分析

　　无论采用哪一种途径进行企业价值评估，都需要对标的企业（或可以视同企业的业务、商业权益等）进行分析。国内外相关评估准则都有相关要求，按照我国《资产评估执业准则——企业价值评估》的要求，企业价值评估报告至少应披露下列情况。如"采用收益法或者市场法进行企业价值评估，通常在资产评估报告中重点披露下列内容：（一）影响企业经营的宏观、区域经济因素；（二）所在行业现状与发展前景；（三）企业的业务分析情况；（四）企业主要产品或者服务的经济寿命情况以及预期替代产品或者服务的情况；（五）企业的资产、财务分析和调整情况；（六）评估方法的运用过程。"即企业价值评估报告要分别对影响标的企业价值的宏观因素、行业因素、企业业务情况、企业资产和财务情况进行披露。另外，资产评估人员在执行企业价值评估业务时，相关评估准则要求，通过各种评估途径确定主要参数时，应该对影响企业价值的相关因素进行分析，这些分析或用来测算参数，或说明选择参数的合理性。

　　由此可见，企业价值评估中的经济分析主要有宏观经济分析、行业经济分析、企业业务分析、企业财务分析。鉴于企业财务分析在其他教材有详细介绍，本章主要介绍前三种经济分析，以及如何获得（收集、整理）经济分析需要的相关信息。

第一节 经济分析内容

一、评估信息分析的基本要求

　　评估信息分析是对收集到的相关信息进行分析、判断，测算出评估结论的论证过程。信息分析过程应当逻辑严谨、论据充分，论述和表述能够支持评估结论的形成。实务中信息分析应注意的情形主要是相关性和合理性。

（一）相关性

　　评估信息分析的相关性是指分析的观点、内容、推断与评估对象具有较强的关联关系。如宏观分析、区域经济分析、行业分析，应当自上而下，最终落脚在标的企业所在的细分市场、细分产品或服务上；再比如论述的标的企业的优势和劣势，应该与企业未来获利能力的趋势判断相吻合。

（二）合理性

　　企业价值评估和其他资产评估业务一样，价值结论都是在一系列假设和判断的基础上得出的。评估假设的确定应当与评估信息分析的推断结果相一致,评估中参数的选择也应当符合信息分析的结论。如若信息分析判断宏观经济处于下行趋势,煤炭开采产能严重过剩,市场需求萎缩,而被评估的煤炭开采企业产品、销售或其他经营方面没有特别之处,则预测该企业未来销售量逐年较大幅度增长从分析逻辑上就不尽合理。

二、经济分析的内容

不同评估途径下,信息收集和分析内容的侧重点会有所不同。资产基础法信息分析的重点是:标的企业对于各类单项资产的使用情况,各类单项资产对企业整体价值的贡献情况,标的企业账上资产和负债是否包含了对企业价值有影响的全部经济资源和约定义务。

收益法与市场法的信息分析则更多地是根据同类企业的市场状况对企业整体获利能力进行分析。根据中国企业价值评估准则的相关要求,运用收益法和市场法评估时,评估信息分析内容主要包括以下几种。

(一)影响企业经营的宏观、区域经济因素

(1)国家、地区有关企业经营的法律法规。
(2)国家、地区经济形势及未来发展趋势。
(3)有关财政、货币政策等。

(二)所在行业现状与发展前景

(1)行业主要政策规定。
(2)行业竞争情况。
(3)行业发展的有利因素和不利因素。
(4)行业特有的经营模式,行业的周期性、区域性和季节性特征等。
(5)企业所在行业与上下游行业之间的关联性,上下游行业发展对本行业发展的有利和不利影响。

(三)企业的业务分析

(1)主要产品或者服务的用途。
(2)经营模式。
(3)经营管理状况。
(4)企业在行业中的地位、竞争优势及劣势。
(5)企业的发展战略及经营策略等。

(四)企业的资产、财务分析和调整

(1)资产配置和使用的情况。

（2）历史财务资料的分析总结，一般包括历史年度财务分析、与所在行业或者可比企业的财务比较分析等。

（3）对财务报表及相关申报资料的重大或者实质性调整。

在企业价值评估实务中，评估人员通常根据评估对象的特点，选择相关内容进行重点分析。

第二节　宏　观　分　析

宏观分析的目的是对会影响所有企业的经营管理活动的宏观环境因素进行分析。这些外部的、基本不可控的因素会影响到企业的内部实力和经营活动，由此会对企业的发展产生持久、深远的影响，所以在对企业价值进行评估时，要充分考虑到宏观环境对该企业乃至整个行业的影响，这样才能保证评估结论的合理性。分析企业的宏观环境，主要是识别环境给企业带来的机遇和挑战，对于宏观环境的研究，就是要对外部环境进行调查、分析，预测其发展趋势，掌握其变化规律。宏观环境因素主要包括：政治和法律因素、经济因素、社会和文化因素、技术因素。

一、政治和法律因素

政治和法律因素是指一个国家或地区的政治制度、体制、方针政策、法律法规等方面的内容。这些因素常常制约、影响企业的经营行为，尤其是影响企业较长期的投资行为。政治和法律因素对企业产生影响的特点如下：一是直接性，即国家政治法律环境直接影响着企业的经营状况；二是难以预测性，对于企业来说，很难预测国家政治法律环境的变化趋势；三是不可逆转性，政治法律环境因素一旦影响到企业，就会使企业发生十分迅速和明显的变化，而这一变化往往是企业难以改变的。

（一）政治体制与稳定性

政治体制涉及国家的基本制度及国家为有效运转而设立的一系列制度，如国家的政治和行政管理体制、政府部门结构和选举制度、公民行使政治权利的制度等。国家的政治体制决定了政府的行为和效率。而且，政治体制常常制约着宏观经济调控的方式和力度，从而影响企业的经营方式和自身战略选择的灵活度。

政治体制的稳定性包括政局和政策等方面的稳定性。政局的稳定性是指国家领导人的更换是否会导致国家政体和政治主张的变化，以及国家领导人之间的关系、民族关系的稳定等。如果国家政变迭起，国家领导者之间的斗争不断，企业经营环境注定恶劣。政策的稳定性是指国家所制定的各项政策是否会经常发生变动。如果一个国家的政策朝令夕改，缺乏稳定性，那么该国企业就无法正确判断政策的变化方向及对企业经营的有利性，企业不可能形成长远的发展战略。

（二）法律法规

法律对企业的影响方式由法的强制性特征所决定，法律对企业的影响可以从制约和保障两个方面考虑。一方面，法律保护依法成立的公司的合法地位、经营权利、正当竞争行为、合法权益等。法律使企业经济活动被纳入正轨，通过法律来实现国家对企业经济活动的承认和保护。另一方面，执法机关有权依据法律对经济行为主体的违法行为追究其经济责任、行政责任、刑事责任。法律不仅从积极方面对企业的存在和经营进行保护，而且还从消极方面防止违法活动的发生。法律环境可以通过两个角度进行分析：

1. 企业经营涉及的法律法规

法律是国家制定或认可的，由国家强制力保证实施的，以规定当事人权利和义务为内容的具有普遍约束力的社会规范。在我国，广义的法律是指法的整体，包括法律、有法律效力的解释及行政机关为执行法律而制定的规范性文件（如规章）。狭义的法律专指拥有立法权的国家权力机关依照立法程序制定的规范性文件。法律法规与企业的日常经营息息相关，特别是和企业经营密切相关的经济法律法规，我国与企业经营密切相关的法律有《中华人民共和国公司法》《中华人民共和国合同法》《中华人民共和国专利法》《中华人民共和国商标法》《中华人民共和国税法》《中华人民共和国企业破产法》等。

2. 行使司法职能机关

司法机关是行使司法权的国家机关，狭义仅指法院，广义还包括检察机关。行政机关通常简称"政府"，是国家机构的基本组成部分，是依法成立的行使国家行政职权的行政组织，包括政府以及有关职能部门。与企业关系较为密切的行政执法机关有工商行政管理机关、税务机关、物价机关、计量管理机关、技术质量管理机关、专利机关、环境保护管理机关、政府审计机关。此外，还有一些临时性的行政执法机关，如政府的财政、税收、物价检查组织等。

（三）政府的经济管理

政府经济管理也称为经济干预。当今世界的市场经济国家中没有一个符合古典经济学家所描述的"完全竞争"，政府干预在各个国家、地区都不同程度地存在着。政权的性质和稳定程度影响到政府对经济干预的范围、干预方式和干预深度。

政府对经济的管理可以分为宏观和微观两个方面。一般而言，政府干预经济的宏观目标是经济增长、充分就业、通货膨胀和国际收支平衡，微观目标是保障市场公平和提高市场效率。对企业而言，这意味着来自政府的间接和直接的管理，将影响企业经营活动的成果实现。

1. 宏观经济管理

政府的宏观管理主要通过财政政策、货币政策、收入－价格政策等实现。

财政政策涉及政府的支出与收入控制。它的作用就在于利用经济学中的"乘数原理"，在萧条时刺激经济的复苏，在高涨时遏制过度的膨胀。货币政策是指政府通过中央银行调节货币供应来影响利率的变动，从而间接影响总需求，以实现政府的宏观目标。

货币手段通常是与财政手段配合使用的。收入－价格政策是政府常用的一种调控手段，是政府利用法律、行政等强制力，对特定收入群体的工资和特定商品的价格设定上限或下限，以维持宏观经济和市场秩序的稳定。

2. 微观经济管理

政府对企业的直接干预主要作用于国有企业和关乎国计民生的大型、特大型企业。造成这种情况的原因一方面是国有企业的性质决定了它必须承担政府的部分职能，如社会稳定、保持垄断等，另一方面则源于大型企业的某些经营行为可以引发整个行业甚至市场秩序的震动，政府希望对其严格控制。如 1996 年、1998 年由中国彩电"巨无霸"——四川长虹电器集团公司挑起的价格大战，导致了整个彩电行业的整合与震动，1998 年，信息产业部不得不直接出面干预，协调长虹与康佳、TCL 等其他彩电大户的关系。

3. 行业政策

除宏观与微观管理政策外，政府还有一些介于宏观与微观、直接与间接之间的干预手段，主要是行业政策。行业政策包括行业结构政策和行业组织政策两个方面内容。行业结构政策的作用是通过扶植那些具有潜在优势，能够带动整个机构升级的行业部门发展，并帮助那些"夕阳"行业向其他行业转移，使资源配置朝着有利于结构升级的方向倾斜。行业组织政策的作用是通过对企业规模结构、企业之间竞争与协作关系的限制与引导，形成一种有利于竞争但不过度竞争的市场组织结构，使得社会在维持竞争的效率和利用规模经济之间达到某种平衡。

（四）国际环境

目前，越来越多的企业向国际化的跨国经营发展。在这样的背景之下，企业必然要面对国际经济大环境变化的影响。不同的国家有着不同的政治、经济体制和法律规范，还可能存在着一些跨国家的区域性法律规范，如欧盟的法律以及相关组织的缔约条款。在全球化的背景下，国际法所规定的国际法律环境和目标国的国内法律环境势必对企业的经营活动产生一定的影响。

1. 国际政治格局和国际关系

国际政治格局和对外经济关系状况影响着一国对外贸易的发展和参与国际竞争的程度，从而影响本国企业的营销战略和跨国经营战略。例如，某企业本打算生产产品到国外市场销售，如果由于外国政府与本国政府政治关系紧张而对本国实施经济制裁，禁止本国产品进入该国市场，将导致该企业的产品无法外销而造成巨大的经济利益损失。

2. 境外法律环境

境外投资、经营的法律环境主要是指投资目标国的国内法律体系和制度，协调国家间政治、经济实务的国际法律体系。目标国的国内法律环境指的是企业业务所涉及的国家法规规范的总体。国际法是指适用主权国家之间以及其他具有国际人格的实体之间的法律规则的总体。国际法又称国际公法，以区别于国际私法或法律冲突，后者处理的是不同国家的国内法之间的差异。

二、经济因素

企业的经济环境主要由社会经济结构、经济发展水平、宏观经济政策、经济运行状况等方面构成。

（一）社会经济结构

社会经济结构是指国民经济中不同的经济成分、不同的产业部门及社会再生产各方面在组成国民经济整体时相互的适应性、量的比例以及排列关联的状况。社会经济结构主要包括五个方面的内容：产业结构、分配结构、交换结构、消费结构和技术结构。其中，最重要的是产业结构。

1. 产业结构

产业结构是指各产业的构成及各产业之间的联系和比例关系。各产业部门的构成及相互之间的联系、比例关系不尽相同，对经济增长的贡献大小也不同。因此，把包括产业的构成、各产业之间的相互关系在内的结构特征概括为产业结构。产业结构包括产业结构本身，以及技术结构、产业布局、产业组织和产业链五个要素。

在经济研究和经济管理中，按生产活动性质，将产业部门分为物质资料生产部门和非物质资料生产部门两大领域，前者指从事物质资料生产并创造物质产品的部门，包括农业、工业、建筑业、运输邮电业、商业等；后者指不从事物质资料生产而只提供非物质性服务的部门，包括科学、文化、教育、卫生、金融、保险、咨询等部门。根据社会生产活动历史发展的顺序将产业结构划分为三大产业：产品直接取自自然界的部门称为第一产业，对初级产品进行再加工的部门称为第二产业，为生产和消费提供各种服务的部门称为第三产业。这种分类方法成为世界上较为通用的产业结构分类方法。

2. 分配结构

分配结构是国民收入实际使用额的具体去向及其相互之间的构成比例。从总体上考察，可分为基本结构和具体结构两个大的层次。第一层次为基本结构，是指积累基金与消费基金的比例关系。积累基金与消费基金是国民收入使用额的两大基本去向，这二者之间的比例关系显示出国民收入分配最直接、最概括的总体结构状态，属于表层结构。第二层次为具体结构，是指积累基金内部和消费基金内部的分配比例关系。积累与消费内部的这些比例关系之间又呈现出不同的层次性，从而具体反映出国民收入分配极其错综复杂的结构关系。具体结构表明了国民收入使用额最终的具体去向，因而又可看作是国民收入分配的深层结构。

3. 交换结构

交换结构主要是指社会消费构成，包括商品流转结构、价格结构和进出口结构等。交换是指人们相互交换他们的生产活动或劳动产品。人们的需要是多方面的，但他们的生产活动及其产品是单方面的。为了满足多方面的需要，人们必须相互交换自己的生产活动和产品。在商品经济发达的情况下，通常讲的交换结构是指商品交换结构，如商品流转结构、商品价格结构、商品进出口结构等。交换是生产与消费之间的中间环节。生产结构的性质、形式和规模，决定了交换结构的性质、形式和规模，交换结构必须与生产结构衔接，它又反作用于生产结构。

4. 消费结构

消费结构是在一定的社会经济条件下，人们（包括各种不同类型的消费者和社会集团）在消费过程中所消费的各种不同类型的消费资料（包括劳务）的比例关系。有实物和价值两种表现形式。实物形式是指人们在消费中消费了一些什么样的消费资料，以及它们各自的数量。价值形式是指以货币表示的人们在消费过程中消费的各种不同类型的消费资料的比例关系。在现实生活中具体地表现为各项生活支出。消费结构是随着居民总消费支出的增加而变化的。"消费结构"一词虽然被广泛应用，但学界对其概念有不同的认识，具有代表性的观点有：人们在消费过程中所消费的不同类型消费资料的比例关系；在消费行为过程中，各类消费品和劳务在数量上各自所占的百分比及其相互之间配合、替代的比例关系；在需求和供给的矛盾运动中形成的各类消费资料（劳务）在消费支出总额中所占的比例及其相互关系；人们生活消费过程中各种社会因素、自然因素内部，以及社会因素与自然因素之间的相互关系和数量比例的总和。

5. 技术结构

技术结构是指国家、部门、地区或企业在一定时期内不同等级、不同类型的物质形态和知识形态技术的组合和比例。它反映技术水平和状况，影响甚至决定产业结构和经济发展。合理的技术结构是国民经济持续、高速和高效益发展的基础和重要条件。一定时期内，在不同国家或在同一个国家的不同部门、地区和企业中，各类技术的组合和比例各不相同。技术结构和生产力的发展有着密切的相互制约、相互促进的关系。一方面，生产力发展水平是技术结构形成和发展的决定性因素；另一方面，技术结构的状况对生产力发展又有很大影响。在经济发达国家中，尖端技术、先进技术占很大比重，初级技术、原始技术占很小比重甚至没有；一般国家的新兴工业部门也大都如此，这可称为先进型技术结构。在发展中国家中，初级技术、原始技术占很大比重，先进技术，特别是尖端技术占很小比重甚至没有；一般国家的农业部门也多半如此，这可称为后进型技术结构。一个国家的技术结构，是由该国的经济、科学、教育、文化已有水平所提供的物资、资金和人才条件以及社会经济进一步发展需要所决定的。

（二）经济发展水平

经济发展水平是指一个国家经济发展的规模、速度和所达到的水平。反映一个国家经济发展水平的常用指标有国内生产总值、国民收入、人均国民收入和经济增长速度。

经济发展水平是衡量经济发展状态、潜力的标志。如，一般将国内生产总值（GDP）/国民生产总值（GNP）、人均值和变化率，作为衡量经济可持续发展的核心指标。一般认为，当人均GDP/GNP值超过3 000美元/年时，经济发展趋向稳定上升。又如，将科技投资在GDP/GNP中的贡献率作为发展方式衡量指标，科技贡献率越高的，经济可持续发展状态越好。

对一个国家或地区经济发展的水平，可以从其规模（存量）和速度（增量）两个方面来进行测量。经济规模测量是指对一个国家在特定时间范围里能够生产出来的财富总量，包括从基本的生活用品到复杂的生产资料，再到各种文化和精神产品等财富的总量的测量。在对经济规模的测量中最常用的指标是 GDP，它综合性地代表了一个国家或地区在一定时期内所生产的财富（物品和服务）的总和。此外，对经济规模的测量又分为对绝对规模和相对规模的测量。绝对规模只是测量一个国家或地区在特定时期内的 GDP 总量，而不论这一规模的 GDP 是多少劳动力创造出来的。而相对规模指标则要关心一个国家的人口（或劳动力数量）与其 GDP 总量之间的关系。在相对规模指标中，最常用的是"人均 GDP"指标。在经济发展速度方面，最常用的指标是"GDP 年增长率"。

（三）宏观经济政策

宏观经济政策是指国家或政府为了增进整个社会经济福利、改进国民经济的运行状况、达到一定的政策目标而有意识和有计划地运用一定的政策工具而制定的解决经济问题的指导原则和措施。

1. 宏观经济政策的目标

一般认为，宏观经济政策的主要目标有四个：持续均衡的经济增长；充分就业；物价水平稳定；国际收支平衡。在制定经济政策时，必须对经济政策目标进行价值判断，权衡轻重缓急和利弊得失，确定目标的实现顺序和目标指数高低，同时使各个目标能有最佳的匹配组合，使所选择和确定的目标体系成为一个和谐的、有机的整体。

（1）经济增长

经济增长是指在一个特定时期内经济社会所生产的人均产量和人均收入的持续增长。它包括两个方面：一是维持一个高经济增长率；二是培育一个经济持续增长的能力。一般认为，经济增长与就业目标是一致的。经济增长通常用一定时期内实际国民生产总值年均增长率来衡量。经济增长会增加社会福利，但并不是增长率越高越好。这是因为，一方面经济增长要受到各种资源条件的限制，不可能无限地提高增长率，尤其是对于经济已相当发达的国家来说更是如此。另一方面，经济增长可能也要付出代价，如环境污染引起各种社会问题等。因此，经济增长就是实现与本国具体情况相符的适度增长率。

（2）充分就业

充分就业是指劳动力作为生产要素以愿意接受的价格参与生产活动的状态。充分就业包含两种含义：一是指除了摩擦失业和自愿失业之外，所有愿意接受各种现行工资的人都能找到工作的一种经济状态，即消除了非自愿失业就是充分就业；二是指劳动力作为生产要素，按其愿意接受的价格，全部用于生产的经济状态。失业意味着其他稀缺生产要素的浪费或闲置，从而使经济总产出下降，社会总福利受损。因此，失业的成本是巨大的，降低失业率，实现充分就业就常常成为西方宏观经济政策的首要目标。

（3）价格稳定

价格稳定是指物价总水平的稳定。一般用价格指数来衡量一般价格水平的变化。价格稳定不是指每种商品价格的固定不变，也不是指价格总水平的固定不变，而是指价格指数的相对稳定。价格指数又分为消费物价指数、批发物价指数、生产者价格指数和国民生产总值平减指数。物价稳定并不是通货膨胀率为零，而是允许保持一个低而稳定的通货膨胀率，所谓低，一般指通货膨胀率在1%～3%之间，所谓稳定，是指在相当时期内能使通货膨胀率维持在大致相等的水平上。这种通货膨胀率能为社会所接受，对经济也不会产生不利的影响。

（4）国际收支平衡

国际收支平衡具体分为静态平衡与动态平衡、自主平衡与被动平衡。静态平衡，是指一国在一年的年末，国际收支不存在顺差也不存在逆差；动态平衡，不强调一年的国际收支平衡，而是以经济实际运行可能实现的计划期为平衡周期，保持计划期内的国际收支均衡。自主平衡，是指由自主性交易即基于商业动机，为追求利润或其他利益而独立发生的交易实现的收支平衡；被动平衡，是指通过补偿性交易即一国货币当局为弥补自主性交易的不平衡采取调节性交易而达到的收支平衡。

国际收支平衡的目标要求做到汇率稳定，外汇储备有所增加，进出口平衡。国际收支平衡不是消极地使一国在国际收支账户上经常收支和资本收支相抵，也不是消极地防止汇率变动、外汇储备变动，而是使一国外汇储备有所增加。适度增加外汇储备被看作是改善国际收支的基本标志。同时一国国际收支状况不仅反映了这个国家的对外经济交往情况，还反映出该国经济的稳定程度。

（5）目标间平衡

以上四大目标相互之间既存在互补关系，也有交替关系。互补关系是指一个目标的实现对另一个的实现有促进作用。如为了实现充分就业水平，就要维护必要的经济增长。交替关系是指一个目标的实现对另一个有排斥作用。如价格稳定与充分就业之间就存在"两难选择"。为了实现充分就业，必须刺激总需求，扩大就业量，这一般要实施扩张性的财政和货币政策，由此就会引起物价水平的上升。而为了抑制通货膨胀，就必须紧缩财政和货币，由此又会引起失业率的上升。又如经济增长与物价稳定之间也存在着相互排斥的关系。因为在经济增长过程中，通货膨胀是难以避免的。再如国内均衡与国际均衡之间存在着交替关系。这里的国内均衡是指充分就业和物价稳定，而国际均衡是指国际收支平衡。为了实现国内均衡，就可能降低本国产品在国际市场上的竞争力，从而不利于国际收支平衡。为了实现国际收支平衡，又可能不利于实现充分就业和稳定物价的目标。

2. 宏观经济政策工具

宏观经济政策工具是用来达到政策目标的手段。在宏观经济政策工具中，常用的有需求管理、供给管理、国际经济政策。

（1）需求管理

需求管理是指通过调节总需求来达到一定政策目标的宏观经济政策工具，它包括财政政策和货币政策。需求管理政策是以凯恩斯的总需求分析理论为基础制定的，是凯恩斯主义所重视的政策工具。

需求管理是通过对总需求的调节，实现总需求等于总供给，达到既无失业又无通货膨胀的目标。它的基本政策有实现充分就业政策和保证物价稳定政策两个方面。在有效需求不足的情况下，也就是总需求小于总供给时，政府应采取扩张性的政策措施，刺激总需求增长，克服经济萧条，实现充分就业；在有效需求过度增长的情况下，也就是总需求大于总供给时，政府应采取紧缩性的政策措施，抑制总需求，以克服因需求过度扩张而造成的通货膨胀。

（2）供给管理

供给学派理论的核心是把注意力从需求转向供给。供给管理是通过对总供给的调节，来达到一定的政策目标。在短期内影响供给的主要因素是生产成本，特别是生产成本中的工资成本。在长期内影响供给的主要因素是生产能力，即经济潜力的增长。供给管理政策具体包括收入政策、就业政策、经济增长政策和国际经济政策等。

①收入政策

收入政策是指通过限制工资收入增长率从而限制物价上涨率的政策，因此，也叫工资和物价管理政策。之所以对收入进行管理，是因为通货膨胀有时是由成本（工资）推进所造成的。收入政策的目的就是制止通货膨胀。它有以下三种形式：一是工资与物价指导线。根据劳动生产率和其他因素的变动，规定工资和物价上涨的限度，其中主要是规定工资增长率。企业和工会都要根据这一指导线来确定工资增长率，企业也必须据此确定产品的价格变动幅度，如果违反，则以税收形式惩戒。二是工资物价的冻结。即政府采用法律和行政手段禁止在一定时期内提高工资与物价，这些措施一般是在特殊时期采用，在严重通货膨胀时也被采用。三是税收刺激政策。即以税收来控制增长。

②就业政策

就业政策又称人力政策，是旨在改善劳动市场结构，以减少失业的政策。一是人力资本投资。由政府或有关机构向劳动者投资，以提高劳动者的文化技术水平与身体素质，适应劳动力市场的需要。二是完善劳动市场。政府应该不断完善和增加各类就业介绍机构，为劳动的供求双方提供迅速、准确而完全的信息，使劳动者找到满意的工作，企业也能得到其所需的员工。三是协助劳动力进行流动。劳动者在地区、行业和部门之间的流动，有利于劳动的合理配置与劳动者人尽其才，也能减少由于劳动力的地区结构和劳动力的流动困难等原因而造成的失业。对劳动力流动的协助包括提供充分的信息、必要的物质帮助与鼓励。

③经济增长政策

经济增长政策主要有：一是增加劳动力的数量和质量。增加劳动力数量的方法包括提高人口出生率、鼓励移民入境等，提高劳动力质量的方法有增加人力资本投资。二是资本积累。资本的积累主要来源于储蓄，可以通过减少税收、提高利率等途径来鼓励人们储蓄。三是技术进步。技术进步在现代经济增长中起着越来越重要的作用。因此，促进技术进步成为各国经济政策的重点。四是计划化和平衡增长。现代经济中各部门之间协调的增长是经济本身所要求的，国家的计划与协调要通过间接的方式来实现。

（3）国际经济政策

国际经济政策是对国际经济关系的调节。现实中每一个国家的经济都是开放的，各国经济之间存在着日益密切的往来与相互影响。一国的宏观经济政策目标中有国际经济关系的内容（即国际收支平衡），其他目标的实现不仅有赖于国内经济政策，而且也有赖于国际经济政策。因此，在宏观经济政策中也应该包括国际经济政策。

（四）经济运行状况

经济运行状况通常是指国家宏观经济当前的运行状况。经济运行分析是经济决策的核心。正确分析经济形势对于提高决策的前瞻性、科学性和有效性都具有重要的作用。在企业价值评估中，应了解、判断经济周期性变动的大趋势，可以从经济景气分析指标中得到信息。

1. 先行指标

先行指标也叫领先指标，主要用于判断短期经济总体的景气状况和转变情况，因为其在宏观经济波动到达高峰或低谷前，先行出现高峰或低谷，因而可以利用它判断经济运行中是否存在不安定因素以及程度如何，从而进行预警和监测。1961 年，美国商务部公布了国家经济分析局（NBER）景气监测系统结果，经济先行指标体系开始从研究机构的理论探讨进入实际应用阶段。随后，世界许多国家开始致力于本国经济先行指标体系的研究和构建。我国一般采用的先行指标包括轻工业总产值、一次能源生产总量、钢产量、铁矿石产量、10 种有色金属产量、国内工业品纯购进、国内钢材库存、国内水泥库存、新开工项目数、基建贷款、海关出口额、出口成交额、狭义货币 M1、工业贷款、工资和对个人其他支出、农产品采购支出、现金支出、商品销售收入等。

2. 主要国际经济先行指标

2008 年金融危机后，先行指标的运用越来越普遍。经常见诸报端的有波罗的海干散货综合运费指数（BDI）、采购经理人指数（PMI）、人民币远期无交割汇率（NDF）等。

BDI 是国际贸易和国际经济的先行指标之一，集中反映了全球对矿产、粮食、煤炭、水泥等初级商品的需求，与这些初级商品市场的价格正相关。BDI 与全球经济增长变化基本同步。一般来讲，全球经济过热期间，对初级商品的需求增加，BDI 也会相应上涨；全球经济衰退时期，BDI 则会下降。

PMI 综合反映了就业、订单、库存等情况，是一段时期以来广为人们提及的一个指标。这一指标低于 50% 表明经济景气不足，高于 50% 则表明经济正常和活跃。PMI 指数与 GDP 具有高度相关性，且其转折点往往领先于 GDP 几个月时间。中国近两年的数据累计分析证实，PMI 在经济高潮到来之前确实领先于 GDP 等相关指标发生变化。

NDF 向来被视为即期汇率的先行指标。人民币 NDF 市场始于 1996 年 6 月，在新加坡开始交易。从长期看，人民币 NDF 的变化会对人民币汇率变化产生正向影响。人民币 NDF 价格的形成特点决定了其升贴水点数能反映交易双方对人民币的预期升贬值幅度。数据表明，NDF 的波动与各个时期海外市场对人民币汇率的预期是基本一致的。

3. 同步指标

同步指标的变动时间一般与经济情况基本一致，可以显示经济发展的总趋势，并确定或否定先行指标预示的经济发展趋势。这些指标的转折点大致与国民经济周期的转变同时发生，表示国民经济正在发生的情况。我国常采用如下指标作为同步指标：工业总产值、全民工业总产值、预算内工业企业销售收入、社会商品零售额、国内商品纯购进、国内商品纯销售、海关进口额、广义货币 M2 等。

4. 经济景气调查分析指标

与一般调查相比，景气调查的最独特之处在于，问卷中的问题主要以定性判断的选择题形式出现，调查对象只需就调查内容的"好""一般""不好"或"上升""不变""下降"三个答案做出选择即可，最后通过编制成指数将定性判断定量化。也就是说，景气调查通过对定性问题出现的频率进行计算分析比较，从而达到判断宏观经济景气和企业生产经营景气的目的。当前有 50 多个国家都在进行企业景气调查，并把它作为一项重要的统计调查制度。

我国有关部门从 20 世纪 90 年代初期开始借鉴国外的经验开展景气调查，例如中国人民银行、国家统计局、国家信息中心等。以中国人民银行为例，目前已建立的景气调查分析制度有 5 000 户企业问卷调查制度、银行家问卷调查制度、居民储蓄问卷调查制度以及进出口调查问卷制度。

5. 区域经济运行指标

观察区域经济金融运行走势对了解整体经济运行趋势有很大帮助，有助于对宏观政策进行适当的动态微调。我国区域经济发展不平衡以及各区域经济对外依存度存在较大差异，各个国家和地区对经济运行指标的侧重点有所区别。

经济传导的过程异常复杂，即使运用完备的指标分析体系有时也难以准确把握经济变化的趋势。比如，我国对 2008 年国际金融危机影响的认识就经历了一个不断提高和深化的过程。在 2008 年上半年，虽然很多经济体的金融市场综合指数有较大幅度调整，但经济运行常规性指标并没有表现出过度的异常，特别是经济运行的一些先行指标，如 BDI、PMI 及人民币 NDF 等一直保持相对平稳状态，只是到了下半年以后才逐渐发生变化。

三、社会和文化因素

社会和文化因素主要包括人口因素、生活方式和消费趋势、文化传统和价值观等方面，这些因素的变化能给市场、产品、服务和消费者带来深刻的影响，所有产业中的企业及非营利性的组织都会受到这些因素的影响。

（一）人口因素

人口因素是指企业所在地居民的人口总数及地理分布、年龄、性别、密度、教育水平等。人口因素对市场的结构、容量及潜力都有重要影响，在进行企业价值评估时需要考虑人口因素。例如，人口总数是决定市场规模的一个基本要素，人口总数的规模和变化对生活必需品的需求内容和数量影响较大，进而直接影响社会生产总规模。人口的地理分布影响着企业的厂址选择。人口的性别比例和年龄结构在一定程度上决定了社会需求结构，不同年龄的消费者对商品和服务的需求是不一样的，不同年龄结构形成了具有年龄特色的市场；性别差异会给人们的消费需求带来显著的差别，反映到市场上就会出现男性用品市场和女性用品市场，企业可以针对不同性别的不同需求，生产适销对路的产品，制定有效的营销策略，开发更大的市场。人口密度不同，则市场大小和消费需求特性不同。人口的教育文化水平直接影响着企业的人力资源状况，同时受教育程度的不同会导致收入水平的差距，对市场需求也表现出不同的倾向，如收入水平较高的人口对奢侈品及高档商品的需求会增加。家庭是商品购买和消费的基本单位，一个国家或地区家庭单位的多少及家庭成员的多少直接影响到某些消费品的消费数量，家庭户数及其结构的变化与耐用消费品需求和变化趋势密切相关，因而也影响到耐用消费品的生产规模等。

（二）生活方式和消费趋势

生活方式是一个内容相当广泛的概念，它包括人们的衣、食、住、行、劳动工作、休息娱乐、社会交往、待人接物等物质生活和价值观、道德观、审美观，以及与这些方式相关的方面，可以理解为在一定的历史时期与社会条件下，各个民族、阶级和社会群体的生活模式。随着生产力的发展和科学技术的进步，人们生活的空间和时间也随之扩大和增多。人们的主体性在社会发展中的作用越增强，生活方式在社会的生产和再生产中的地位和作用就越重要。

生活方式变化主要包括当前及新兴的生活方式与时尚。生活方式的改变能够给某些行业带来机会，也给某些行业带来风险。因此，在对某些企业价值进行评估时，需要时刻关注人们生活方式的变化。例如网上购物的生活方式现在越来越多地被人们所接受，网购的方式促进了第三产业的发展，但是也使许多实体店的营业额下降严重，如何应对这种生活方式可能是考验企业的难题。生活方式也会进一步影响人们的出行方式、社会交往方式、消费习惯等。随着物质生活水平的不断提高，人们对社交、自尊、求知、审美的需要更加强烈，这也是企业经营面临的认知问题。

消费心理也是企业价值评估时需要考虑的因素。消费心理是指消费者进行消费活动时所表现出的心理特征与心理活动的过程。大致有五种消费心理，即好奇、从众、求异、攀比、求实。消费者心理体现在消费需求上，并对企业生产经营产生影响。好奇心理，即在购物过程中追求有新鲜感的产品多于满足其实际需要；从众心理，即消费行为上的趋同、从俗的心理；求异心理，是与从俗心理相反的一种心理现象，如现代人比较喜欢收集限量版的消费品就是求异心理。攀比心理，也称为同步心理，即相同的社会阶层，在消费行为上有相互学习的倾向，一般追求奢侈品多于普通价格商品；求实心理，也称为便利心理，指消费者主要从功能便利的角度选择商品的心理现象，如快餐店的兴起就是对这一心理的最佳诠释。消费心理受到消费引导、消费环境、消费者购物场所等多个方面因素的影响。生产企业需要掌握消费者心理，生产不同的产品类型来满足消费者的需要，有时候可能会开发出新的商业模式或新产品来满足消费者需求，销售企业则制定相应的营销策略来迎合不同消费心理的需求。

消费习俗是指人们在长期经济与社会生活中形成的消费方式和习惯，具有一定的倾向性，消费习俗反映了人们的消费特征，也折射出人们所具有的独特商品要求。消费习俗具有特定性、长期性、继承性和社会性等特征，一旦形成不易改变。不同的消费习俗，具有不同的商品要求。消费习俗是社会习俗的重要组成部分，约束着人们的消费心理和消费行为，影响着人们日常生活中的消费方式。消费习俗对消费者心理与行为的影响分为两点：第一，消费习俗使消费者形成稳定性的消费心理和普遍性的消费行为。第二，消费习俗使消费心理的变化减慢。研究消费习俗，对于企业认识消费者特点、识别目标市场、制定开发竞争战略都具有非常重要的意义。对于消费习俗的研究，不但有利于组织好消费用品的生产和销售，而且有利于正确、主动地引导健康的消费，对目标市场消费习俗的了解是进行企业价值评估的重要前提。

（三）文化传统与价值观

消费是人类生存的基本条件，是人类社会经济活动的重要组成部分。消费观的养成不仅受到收入水平、物价水平及生活环境的影响，而且受到文化传统和价值观的影响，文化传统与价值观对消费行为产生的影响越来越受到关注。

文化是指人们通过社会实践活动，适应、利用、改造世界客体而逐步实现自身价值的过程。文化蕴含着一个社会的价值观和心理习惯，影响人口、经济、政治法律、技术的变革。不同的国家都有独具特色的文化传统，文化的各个要素对消费行为都有一定的影响，从而影响人们的购买决策和企业经营方式。进行生产经营活动时只有融入当地文化，才能提供符合消费者需求的产品和服务，才能取得成功。

价值观是指人们对社会生活中各种事物的态度和看法。不同的文化背景下，人们的价值观念往往是不同的，价值观促使人们在长期经济与社会活动中形成一种消费方式和习惯，价值观的变化会给企业经营带来机会或威胁。中国文化的核心价值是中华民族在一定历史时期内形成并被广泛持有的居于主导地位的一些基本的价值观念，这些观念很大程度上影响我们现在的消费行为和习惯。企业价值评估应关注研究目标市场社会行业准则、社会习俗、社会道德观念、价值观等因素的变化对企业的影响，准确预测企业的发展前景和收益。

四、技术因素

技术因素是指企业所处环境中的科技因素及与科技因素有关的各种社会现象的集合，科学技术直接影响着市场竞争、市场需求以及政府政策。

（一）科技水平

社会科技水平是构成科技环境的首要因素，包括科技研究的领域、科技研究成果门类分布及先进程度、科技成果的推广和应用三个方面。科技研究领域对企业的发展有重要影响，如我国航天事业的迅猛发展就为钛合金行业的发展起到了推动的作用。科技成果推广应用是一个由科技供给系统、科技需求系统、科技成果推广应用系统和科技环境系统构成的大系统，科技成果推广应用效果取决于科技研发动态地适应市场的程度，市场对科技成果的需求、接纳程度，以及科技成果转移的环境支持程度等诸多因素的综合变化趋势。

在当前经济环境下，世界经济和科技迅速发展，市场结构的基本格局是：需求不足，供给过剩，竞争越来越激烈；科研成果的推广和应用的速度越来越快，在核心产品的生产上创造成本或差异优势的难度越来越大。在高科技、高投入、高变化、高风险的时代，市场推动企业充分利用技术成果去完成自主创新的活动。在对企业价值进行评估时，要充分考虑企业所在地区及目标市场的社会科技水平、科研开发投入、技术或产品开发商业化的效率。

（二）科技力量

社会科技力量是指一个国家或地区的科技研究与开发的实力。研究与开发是指为增加知识总量，以及用这些知识去创造新的应用而进行的系统性创造活动。包括基础研究、应用研究与技术开发三项。基础研究主要是为获得关于现象和可观察事实的基本原理而进行的实验性或理论性工作。其作用主要是为新技术的创造和发明提供理论前提。从长远发展看，基础研究是技术开发的基础工作，同时也是科研实力的重要标志和创新的基础。应用研究是为获取新知识而进行的创造性研究，较之基础研究有明确的目的性，是连接基础研究和技术开发的桥梁。技术开发是指利用从研究和实际经验中获得的现有知识，或从外部引进的技术、知识，为生产新的材料、产品和装置，建立新的工艺和系统，以及对已生成和建立的上述工作进行实质性改进而进行的系统性工作。

（三）科技政策

国家科技政策与科技立法是指国家凭借行政权力与立法权力，对科技事业履行管理、指导职能的途径。政府的直接资助、科技政策实施、政府采购都对市场竞争、市场需求以及科学技术有着重要的影响。政府政策支持会对企业家精神感染力、企业利益驱动力、企业创新保障力、企业文化影响力产生影响。一是政府政策会直接作用于企业家精神。倘若政府对在科技发展方面做出突出贡献的民营企业进行宣传和物质奖励，那么企业家的自主创新精神会大大加强，并会持续弘扬。二是政府政策也直接作用于高技术企业的创新资源。政府的政策支持，如资金的直接提供或担保、人才政策的倾向、科技政策的扶持、科技中介服务的提供等都会直接推动科学技术的不断进步，比如科技部的"863 计划""973 计划"、科技攻关项目，教育部的基本科研业务费等，都大大促进我国科学技术水平的提高。

（四）科技体制

国家科技体制是一个国家社会科技系统的结构、运行方式及其与国民经济其他部门的关系状态的总称，主要包括科技事业与科技人员的社会地位、科技机构的设置原则与运行方式、科技管理制度、科技发展战略等。科技管理制度是科技体制的内在组合，管理是指在特定的环境和客观条件约束下，通过调动各种资源，以优化的策略和方法，达到组织和团体的特定目的的过程。科技管理内涵丰富，而且由于科技活动以知识的生产和应用为其行为特征，具有探索性和创造性、不确定性，因此，科技管理具有其他管理不具备的特殊性。良好的科技管理体制有利于企业积极创新，促进企业发展。国家的政体不同，国家战略的结构、内涵，实现战略的手段也具有较大差异。国家科技发展战略是一个国家为了加速科学技术发展而制定的科学技术发展的总的行动纲领和指导思想框架。国家实行科教兴国的发展战略，积极鼓励企业的自主创新及科技研发活动，为企业尤其是高新技术企业的发展提供了广阔的空间。

第三节 行业分析

行业是指从事国民经济活动中同质的生产或其他经济社会活动的经营单位和个体等构成的组织结构体系，如采矿业、制造业、批发和零售业、金融业、房地产业等都形成了一个行业。行业是根据人为经济活动的经济技术特点划分的，即按照反映生产要素（劳动者、劳动对象、劳动资料）不同排列组合的各类经济活动的特点划分的。

行业分析是指对行业经济特性、行业市场结构、行业生命周期和行业景气程度等内容的分析和预测。评估人员应根据被评估资产的特点，选择以下一个或几个方面进行分析，以支持评估结论的形成。

一、行业经济特性

通过分析行业的主要经济变量，可以对行业整体情况进行刻画，这就是行业经济特性。行业的主要经济变量有：

市场规模：主要产品的年需求或销售总量的绝对值。

市场增长率：市场增长率＝（当年市场需求量－上年市场需求量）／上年市场需求量×100%。

生命周期阶段：一般分为初创、成长、成熟、衰退四个阶段。

竞争范围：一般分为全球性、全国性、地方性三档。

竞争状况：竞争规模、竞争力等。

消费者状况：消费习惯、消费数量、消费能力。

二、行业市场结构

市场结构就是市场竞争或垄断的程度。行业市场结构是指一个行业内部买方和卖方的数量及其规模分布、产品差别的程度和新企业进入该行业的难易程度的综合状态，也可以说是某一市场中各种要素之间的内在联系及其特征，包括市场供给者之间（包括替代品）、需求者之间、供给和需求者之间以及市场上现有的供给者、需求者与正在进入该市场的供给者、需求者之间的关系。

根据各行业拥有的企业数量、产品性质、企业控制价格的能力、新企业进入行业的难易程度、是否存在非价格竞争等各种因素，可以对市场结构类型进行划分。常见的划分依据主要有以下三个方面：

第一，本行业内部的生产者数目或企业数目。如果本行业就一家企业，那就可以划分为完全垄断市场；如果只有少数几家大企业，那就属于寡头垄断市场；如果企业数目很多，则可以划入完全竞争市场或垄断竞争市场。一个行业内企业数目越多，其竞争程度就越激烈；反之，一个行业内企业数目越少，其垄断程度就越高。

第二，本行业内各企业生产者的产品差别程度。这是区分垄断竞争市场和完全竞争市场的主要方式。

第三，进入障碍的大小。所谓进入障碍，是指一个新企业要进入某一行业所遇到的阻力，也可以说是资源流动的难易程度。一个行业的进入障碍越小，其竞争程度越高；反之，一个行业的进入障碍越大，其垄断程度就越高。

根据这三个方面因素的不同特点，将市场划分为完全竞争市场、垄断竞争市场、寡头垄断市场和完全垄断市场四种市场类型。四种市场结构中，完全竞争市场竞争最为充分，完全垄断市场不存在竞争，垄断竞争和寡头垄断市场具有竞争但竞争又不充分。这四种市场类型的比较如表 4-1 所示。

表 4-1　四种市场结构类型特征的比较

市场结构	生产者的数量	单个厂商对价格的控制程度	产品差别程度	进出的难易程度
完全竞争市场	很多	价格的接受者	无差别	容易
垄断竞争市场	较多	有一定程度的控制	有差别	比较容易
寡头垄断市场	少数几个	有较大程度的控制	有一定的差别或者完全无差别	比较困难
完全垄断市场	一个	价格的决定者	无相近替代品	非常困难

三、行业生命周期

从广义上理解，生命周期泛指自然界和人类社会各种客观事物的阶段性变化及其规律。行业生命周期理论认为，通常情况下，每个行业都会经历一个由成长到衰退的发展演变过程，这个过程一般可以分为四个阶段，即初创阶段（幼稚期）、成长阶段、成熟阶段和衰退阶段。

（一）初创阶段

一个行业的产生，最根本的原因是人们的物质文化需求，而资本的支持和资源的供给则是行业不断发展的基本动力。行业的产生有三种方式：分化、衍生和新生。分化是指新行业从原行业中分离出来；衍生是指出现与原有行业相关、相配套的行业；新生是指新行业以相对独立的方式进行，并不依附于原有行业，这种行业的产生往往是科学技术产生突破性进步的结果。

处于初创阶段的行业主要有以下三个特点：

一是资本来源有限，投入不足。在这一阶段，由于新行业刚刚诞生或初建不久，只有为数不多的创业公司投资于这个新兴的产业。

二是收益较低。收益较低，一方面是由于行业刚刚形成，公众对其产品缺乏了解，导致其市场狭小，销售收入较低；另一方面是由于处于这一阶段的行业，产品的研究、开发费用较高，因此这些行业的公司在财务上的盈利极少，甚至出现亏损。

三是风险较大。初创期行业的公司主要面临三大风险：一是高投入、高成本引起的经营风险；二是需求较低、销售渠道不确定带来的市场风险；三是可能由财务困难引起的破产风险。

在初创阶段后期，随着行业生产技术进步、成本降低及市场的扩大，新行业高风险低收益的状况会逐步改善。

（二）成长阶段

处于成长期的行业，随着行业生产技术的进步，公司的生产成本逐渐降低；由于消费者对产品的认可度提升，市场需求不断增加，公司的销售收入和利润率有所增长。虽然财务状况有所好转，但是这一阶段的企业需要更多的外部资金投入人力及固定资产，迅速扩大生产规模并研究开发新产品。

成长期的行业风险主要表现在以下几个方面：

一是由于消费者对产品的要求不断提高以及进入该行业的公司不断增多，引起行业内竞争日趋激烈。

二是公司规模的不断扩大引致对于融资方式及渠道的选择所带来的财务风险。

三是经营风险和财务风险引起的公司破产和兼并风险。

成长期行业内的激烈竞争会持续多年，那些经营策略正确、具备强大的研发及生产能力、融资渠道畅通的企业会在竞争中胜出，并通过并购重组不断扩大规模，使得行业内的企业数量不断减少并稳定下来，整个行业开始走向成熟。

（三）成熟阶段

处于成熟期的行业一般表现出以下几个特点：

一是生产技术和工艺逐渐成熟。即行业内企业普遍采用的是适用的，有一定先进性、稳定性的技术，由此带来的是产品的基本性能、式样、功能、规格、结构等方面都将趋向成熟。

二是市场需求比较稳定。此时期消费者已对产品比较熟悉甚至习惯，对于产品的要求是比较明确的，因此企业之间很难通过价格战达到竞争的目的，从而转向各种非价格竞争手段，如提高质量、改善性能和加强售后维修服务等。

三是利润较高。此时期产业组织比较成熟，行业内企业间建立起了良好的分工协作关系，共同垄断市场，由此带来较高的垄断利润。

四是风险较小。处于成熟期的行业往往达到局部均衡，企业之间的竞争比较有序，使得市场结构非常稳定，而新进入的企业则在资本实力、技术、销售渠道等方面无法与之抗衡。

五是行业增长速度放缓。在行业成熟期，行业增长速度降到一个适度水平。在某些情况下，整个行业的增长可能会完全停止，其产出甚至下降。

（四）衰退阶段

行业的衰退一般都有如下的特征：

一是新产品和大量替代品的出现。

二是原行业的市场需求开始逐渐萎缩，产品的销售量也开始下降。

三是行业企业着手退出，并向其他成长性更强或利润更高的行业转移。

按性质划分，行业衰退可以分为自然衰退和偶然衰退。自然衰退是一种行业本身内在的衰退规律起作用而发生的衰退；偶然衰退是指在偶然的外部因素作用下，提前或者延后发生的衰退。

按程度划分，行业衰退还可以分为绝对衰退和相对衰退。绝对衰退与自然衰退的概念比较接近；相对衰退是指行业因结构性原因或者无形原因引起行业地位和功能发生衰减的状况，而并不一定是行业实体发生了绝对的衰退。

按成因划分，行业衰退可以分为资源型衰退、效率型衰退、弹性降低型衰退、聚集过度型衰退。资源型衰退，即由于生产所依赖的资源的枯竭所导致的衰退；效率型衰退，即由于效率低下的比较劣势而引起的行业衰退；弹性降低型衰退，即因需求－收入弹性较低而衰退的行业；聚集过度型衰退，即因经济过度聚集的弊端所引起的行业衰退。

行业的衰退是客观的、必然的，而且行业衰退所经历的时间比前三个阶段所经历的时间都要长。大量的行业都是衰而不亡，如钢铁业、纺织业虽然在衰退，但是由于其与消费者生活息息相关，因此在较长时间内都会与人类社会共存。

四、行业景气分析

景气分析作为抽象的经济概念时，是指不同层面的总体经济运行状态。行业景气分析是指特定行业总体运行的状况。景气分析是经济周期分析的一种方法，采用统计数据或统计调查数据，通过可比性处理后，编制成指数，描述和监测全球、国家、地区、行业的总体经济状况波动情况。

行业景气分析主要通过对行业景气指数的变动规律进行分析，找出行业经济所处周期性波动的状态，预测未来一个时期行业经济发展趋势。景气指数又称为景气度，它是通过对行业统计数据进行分析和定量处理，或通过对企业景气调查中的定性指标进行定量方法处理，编制出综合反映行业经济状况的一组指数。

对企业进行景气调查，主要目的就是通过对微观企业行为活动的判断调查，来分析把握宏观经济景气状态的变化。在有很长景气调查历史的国家，景气指数首先用于景气分析预测模型，以判断当前行业经济波动中所处的位置，并对下一步走势做出预测。常见的"企业家信心指数"就是一种景气指数，如果按企业家所处行业进行调查和编制指数，"企业家信心指数"就是典型的"行业调查景气指数"。

景气指数一般以100为临界值，范围在0～200之间。景气指数高于100，表明经济状态趋于上升或改善，处于景气状态；景气指数低于100，表明经济状况趋于下降或恶化，处于不景气状态。

行业景气指数还可以通过对行业统计指标的数学处理，分解数据中的趋势因素、周期因素、季节性因素和不规则因素后，编制出不同的行业景气指数。

描述行业发展、变动的指标很多，既有总量指标又有比率指标，不同指标从不同方面描述行业。为了对行业经济有整体把握，同时能分析行业变动状况，行业景气指数通常选择能综合反映行业并能反映行业变动趋势的各种指标来编制。

处于周期波动不同节点的行业的表现有明显差异。处于周期上升期的行业出现需求旺盛、生产满负荷、买卖活跃的景象；反之，处于周期下降期的行业出现需求萎靡、生产能力过剩、产品滞销、应收款增加、价格下跌、多数企业亏损的景象。行业周期波动是行业在市场经济下的必然规律。当需求增加时，促进行业生产规模扩张生产能力增加，供应超过需求，导致行业内竞争加剧，行业周期由上升期转向下降期，下降到一定程度，落后企业被淘汰，供应量减少，价格上涨，行业转向复苏，这样周而复始。

通过行业景气分析，还可以将宏观经济波动、宏观经济周期、上下游产业链的供应需求变动，与标的企业所处行业的波动状况结合起来，对标的企业未来收支预测提供支持资料。

五、波特五力模型

企业价值评估中广泛采用的一种行业分析的框架模型是由美国哈佛商学院教授迈克尔·波特（Michael Porter）提出的五力模型。五力分别是指供应商的议价能力、购买者的议价能力、潜在竞争者进入的能力、替代品的竞争能力和行业内竞争者现有竞争能力（见图4-1）。五力模型反映了一般行业中，潜在进入者、上游供应商、下游买方、替代品和现有同业竞争对手形成的市场结构，影响市场竞争格局的主要力量（即前述五力）及其作用原理。

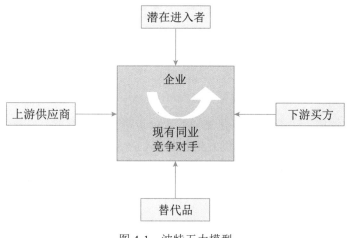

图 4-1　波特五力模型

（一）上游供应商

上游供应商是指标的企业上游产品的提供者。供应商主要通过提高上游产品价格，对标的企业及其所在行业的盈利能力与产品竞争力施加影响。供应商的这一意图能否达成主要取决于以下几方面因素：一是上游产品市场中供应商的集中程度；二是标的企业上游产品是否存在替代品；三是供应商对标的企业的依赖性；四是标的企业对供应商的依赖性；五是标的企业转嫁成本的能力；六是供应商纵向并购的威胁。

（二）下游买方

购买者主要通过压低标的企业及其所在行业产品价格，从而对标的企业及其所在行业的盈利能力与产品竞争力施加影响。购买者的这一意图能否达成主要取决于以下几方面因素：一是下游产品市场上购买者的集中程度；二是标的企业产品是否存在替代品；三是标的企业对购买者的依赖性；四是购买者对标的企业的依赖性；五是购买者转嫁成本的能力；六是购买者纵向并购的威胁。

（三）潜在进入者

潜在竞争者给标的企业所在行业带来新的资源与新的产能，但与此同时，也希望其产品能够在现有市场占有一定的比例，这就有可能会与标的企业在原材料与产品销售方面展开竞争，最终导致标的企业盈利水平降低，甚至产生破产风险。潜在竞争者威胁大小主要受以下几方面因素影响：一是规模经济效应；二是差异产品程度；三是进入资本门槛；四是原材料来源及产品销售渠道；五是政策限制因素。

（四）替代品

所谓替代品，是指具有相同或相似功能的产品，其中一种产品价格的上升会引起另一种产品需求的增加。企业之间，尤其是处于同一行业的企业之间，可能会由于所生产的产品互为替代品而产生竞争行为。替代品及替代品生产企业给标的企业带来的威胁主要取决于以下几方面因素：一是替代品的可替代程度；二是替代品的价格；三是替代品对于其生产企业的重要性。

（五）现有同业竞争对手

在大部分行业中，企业为了争夺更多的市场份额并增加利润，往往会与同行业的其他企业展开竞争，企业间的竞争可以发生在价格、产品质量、售后服务、广告等多方面。行业内竞争者现有竞争能力主要受以下几个因素制约：一是行业内现有竞争者的规模；二是行业成长速度；三是固定成本水平；四是产能释放状况；五是退出障碍。

第四节 企业业务和战略分析

企业分析可以概括为业务分析、战略分析和财务报表分析，是企业价值评估中微观层面的基础分析。企业业务分析是在了解整个行业发展现状及发展趋势的基础上，研究企业现有业务在所处行业中的竞争地位，以便对企业的成长、经营业绩、资本需求做出合理的预测。企业战略分析需要充分把握企业各层级所采取的战略，明确企业未来的经营方向与经营效果，为企业价值评估需要的收益与风险预测进一步提供信息。业务分析、战略分析同财务报表分析密不可分。业务分析与战略分析中获得的信息能够回答财务报表分析中发现的问题；而财务报表分析中获得的数据也为进一步进行业务分析、战略分析提供了方向。财务报表分析的目的不是简单地了解企业的历史情况，而是通过分析历史业绩对未来做出预测，全面地掌握相关信息进行企业价值评估。本章主要对企业业务分析和企业战略分析进行介绍。

一、企业业务分析

（一）盈利模式分析

盈利模式是指企业在市场竞争中逐步形成的赖以盈利的特有商务结构及其对应的业务结构。企业的商务结构主要是指企业外部选择的交易对象、交易内容、交易规模、交易方式、交易渠道、交易环境、交易对手等商务内容及其时空结构；企业的业务结构主要是指企业内部满足商务结构需要而从事的科研、采购、生产、储运、营销等业务内容及其时空结构。换言之，业务结构反映的是企业内部资源的配置情况，决定企业资源配置的效率，而商务结构反映的是企业内部资源整合的对象及其目的，决定企业资源配置的效益。

1. 价值驱动要素

企业盈利模式分析一般包含五个要素，即利润来源、利润产品、利润活动、利润屏障和利润前瞻，几乎所有企业的盈利模式都是以其中一个或多个要素为核心的各种要素的有机组合。

利润来源是指企业提供的商品或服务的购买者和使用者群体，他们是企业利润的源泉。利润来源又分为主要利润源、辅助利润源和潜在利润源。良好的企业利润来源，一般需要满足三个条件：一是要有足够的规模；二是企业对利润源的需求和偏好有比较深的认识和了解；三是企业在挖掘利润源时与竞争对手比较有一定的竞争优势。

利润产品是指企业可以获取利润的产品或服务，反映的是企业的产出。良好的利润产品一般需要满足三个条件：一是能够清晰地满足客户的需求偏好；二是能够为构成利润源的客户创造价值；三是能够为企业创造价值。

利润活动是指企业通过生产产品或提供服务，吸引客户购买和使用企业产品或服务所开展的一系列业务活动，反映的是企业为提高盈利进行的各项投入。

利润屏障是指企业为防止竞争对手掠夺本企业的利润而采取的防范措施，它与利润杠杆同样表现为企业的投入。形象地说，利润杠杆是撬动"奶酪"为我所有，而利润屏障是保护"奶酪"不为他人所动。

利润前瞻是企业内部有人对企业如何盈利具有极强的敏感和预见性，这些通常是企业家本人，但也可能是企业家的盟友或者是职业经理人。

2. 盈利模式特征

由于企业面临的宏观和微观经济环境处于动态变化的过程中，因此，没有一个固定的盈利模式能够保证企业在各种条件下都取得良好的经营业绩。美国埃森哲咨询公司通过对 70 家企业的盈利模式进行研究，发现成功的盈利模式至少具有三个共同的特征：

（1）独特的价值。独特的价值可以是新的思想，但更多时候是产品和服务的独特组合。这种组合或者可以向客户提供额外的价值，或者使客户能用更低的价格获得同样的利益，或是用同样的价格获得更高的利益。

（2）难以模仿。企业能够通过自己的创新管理建立自己的利润屏障，提高行业的进入门槛，从而保证利润来源不受侵犯。

（3）脚踏实地。把盈利模式建立在对客户行为的准确理解和假定之上。如果企业对自己的利润源、利润点等要素缺乏清晰的认识，对于企业利润从何而来以及顾客为什么乐于接受或不接受企业的产品或服务等关键问题都不甚了解，则明显不具备成功的盈利模式。

（二）市场需求分析

市场需求是指在特定的地理区域、特定的时间范围、特定的市场营销环境和市场营销方案下，特定消费者群体对某种商品或服务愿意而且能够购买的数量。市场需求分析主要包括两部分内容：一是明确市场需求的主要影响因素，二是把握市场需求分析的基本步骤。

市场需求的构成要素有两个：一是消费者的购买意愿；二是消费者的支付能力。影响市场需求的因素具体体现在消费者偏好、消费者收入、产品价格、消费者预期等。

1. 消费者偏好

消费者偏好是指，由于性格和爱好不同对商品与服务的需求倾向。消费者的偏好支配着其在使用价值相同或相近的商品之间的消费选择。人们的消费偏好在一系列因素的作用下会慢慢变化，比如收入、年龄的变化等会直接影响消费者的购买偏好。

2. 消费者收入

消费者收入一般是指一个社会的人均收入。收入的增减是影响需求的重要因素。一般来说，消费者收入增加，将引起需求增加；反之亦然。随着经济的迅速增长，消费者的收入水平将不断提高。

3. 产品价格

产品价格包括企业自身产品的价格、替代品及互补品的价格。一般来说，企业自身产品价格和市场需求的变动呈反方向变化；替代品价格降低，将使替代品的需求增加，被替代品的需求减少；一种互补商品价格上升，另一种商品的需求也会随之降低。

4. 消费者预期

消费者预期是消费者对于某一经济活动未来的预测和判断。如果消费者预期价格要上涨，就会提前购买；如果预期价格将下跌，则会推迟购买。消费者偏好、消费者收入、产品价格及消费者预期会直接影响顾客对企业产品或服务的需求量。

（三）竞争能力分析

企业的市场竞争力对其价值会产生直接影响，因此，竞争能力分析是企业价值评估的一个重要环节。竞争能力分析主要包括成本优势、技术优势及质量优势的分析与研究。

1. 成本优势

成本优势是指公司的产品依靠低成本获得高于同行业其他企业的竞争力。在很多行业中，成本优势是决定竞争优势的关键因素。企业一般通过规模经济、专有技术、优惠的原材料和低廉的劳动力取得成本优势，从而在激烈的竞争中处于优势地位，即使竞争对手亏损时企业仍有利可图，经营风险相对较小。同时，低成本的优势，也使其他想利用价格竞争的企业有所顾忌，成为价格竞争的抑制力。

2. 技术优势

技术优势是指企业拥有比同行业其他竞争对手更强的技术实力及研发新产品的能力。这种优势主要体现在企业生产的技术水平和产品的技术含量上。在知识经济时代，企业新产品的研究与开发能力是决定企业竞争成败的关键因素之一。技术优势一般体现在：研制出新的核心技术，开发出新一代产品；研究出新的工艺，降低现有的生产成本；根据细分市场开发出更深层次的细分产品等。

3. 质量优势

质量优势是指企业的产品以高于其他企业同类产品的质量赢得市场，从而取得竞争优势。受企业技术能力及管理水平等诸多因素的影响，不同企业生产的相同产品会存在质量差别。严格管理并不断提高企业的产品质量，是提升企业竞争力的行之有效的方法，具有产品质量优势的企业往往能在行业中占据领先地位，从而具有更高的企业价值。

二、企业战略分析

（一）公司层战略分析

公司层战略也称总体战略，是指一家企业在从事多种业务或在多个产品市场上，为了获得竞争优势而对业务或产品组合进行选择及管理的行为。它所要解决的主要问题是整个企业的经营范围和企业资源在不同经营单位间的分配。公司层战略决定了企业未来的发展方向，直接影响着业务层战略和职能层战略的选择。根据战略的进攻性可以将公司层战略分为稳定型战略、发展型（进攻型）战略、紧缩型战略。

1. 稳定型战略

稳定型战略也可以称为防御型或维持型战略，是指企业受外部环境和内部条件的约束，在战略计划期内使资源配置和经营状况基本保持在目前状态的战略。企业实施稳定型战略不是不发展或不增长，而是稳步地、缓慢地增长。稳定型战略的风险相对较小，一般在宏观经济总体上保持不变或总量低速增长，企业所在行业产业技术相对成熟，技术更新速度较慢，消费者的需求偏好较为稳定，企业处于成熟期，产品需求、市场规模趋于稳定，同时竞争格局也相对稳定的情况下，企业倾向于采取稳定型战略。

稳定型战略的一般表现形式如下：

（1）企业对过去的经营业绩表示满意，决定追求既定的或与过去相似的经营目标。例如，企业在过去的经营中一直处于市场领先者的地位。

（2）企业战略规划期内所追求的绩效按常规意义上的比例增长。例如，保持市场占有率不变的情况下，在产销规模或总体利润水平上保持现状或略有增加。

（3）坚持前期战略对产品和市场领域的选择，并以前期战略所达到的目标作为本期希望达到的目标。

稳定型增长战略对于很多企业来说或许是最有效的战略：第一，企业基本维持原有的产品和市场领域，减少新产品和新市场开发的资金投入，经营风险会相对较低；第二，避免因较大的战略改变而面临改变资源配置的困难；第三，避免由于企业发展过快而忽视潜在危机；第四，战略实施阶段可以给企业一个较好的休整期，以便以后更好、更快地发展。

稳定型战略也存在一些不足之处：第一，企业维持现有产品和市场领域的战略举措可能丧失外部环境提供的快速发展的机会；第二，该战略在外部环境基本稳定下实施才会有好的效果，不利于提高企业对外部环境的适应性；第三，管理者风险规避的态度容易导致企业风险意识淡薄，降低企业抗风险的能力。

2. 发展型战略

发展型战略也称增长型战略、进攻型战略或者扩张型战略，是一种快速增长的战略。从企业发展的角度来看，任何成功的企业都应当经历长短不一的增长型战略实施期，因为本质上只有增长型战略才能不断扩大企业规模，使企业从竞争力弱小的小企业发展成为实力雄厚的大企业。实施发展型战略，需要战略规划期内宏观经济景气度、产业经济状况，以及企业自身的资源获取能力提供相应的支持。

发展型战略有以下特点：

第一，实施战略的企业不一定比经济整体增长速度快，但通常比其产品所在市场的增长速度快，发展型战略体现在绝对市场份额或相对市场份额的增加。

第二，实施发展型战略通常会取得大大超过社会平均的利润率水平。由于发展速度较快，这些企业更容易获得较好的规模经济效益。

第三，采用发展型战略的企业倾向于采用非价格的竞争手段同对手抗衡。该类企业不仅注重开发市场，而且在新产品研发、管理模式上都力求具有竞争优势。

第四，采用发展型战略的企业倾向于主动出击，通过创造以前并不存在的产品或服务来改变外部环境，并使之适合企业自身发展。

发展型战略有以下几种典型的类型：

（1）横向一体化。横向一体化是指企业将绝大部分资源和活动集中于一个业务（产品）或一个行业，以快速增长的方式增加销售额、利润额或市场占有率，从而提高竞争地位。这种战略可以从企业内部采取措施实施，也可以通过与从事同类业务的企业进行联合或对其进行并购来实施。横向一体化战略的最大好处是实现规模经济。

（2）纵向一体化。纵向一体化是指企业向现有经营活动的上游和下游生产阶段扩展。该类扩张使企业通过内部的组织和交易将不同生产阶段连接起来，以实现交易内部化。纵向一体化包括后向一体化和前向一体化。后向一体化是指企业介入原材料供应商的生产活动；前向一体化是指企业控制其原有客户公司的生产经营活动。

（3）多样化。多样化是指同时经营两种以上经济用途不同的产品或服务的一种战略。多样化经营战略期望通过不同业务种类、不同业务周期分散风险，更有效使用企业的资源，产生明显的协同效应，以更低的成本创造出更多价值。

发展型战略可以实现企业市场份额和绝对财富的增加，进一步提升企业价值；可以通过不断变革来创造更高的生产经营效率与效益，获得过去不能获得的崭新机会，避免企业组织老化，使企业充满生机和活力。

发展型战略属于主动型、发展型战略，在实施过程中有可能导致盲目扩张，破坏企业的资源平衡；在快速发展的过程中，如果企业新增机构、设备、人员未能形成一个有机的相互协调的系统，就会降低企业的综合素质，不利于长期发展；如果过多注重投资结构、收益率、市场占有率、组织结构等问题，容易忽视服务或质量，严重影响企业的核心竞争力。

3. 紧缩型战略

紧缩型战略是指企业从现有的战略经营领域和基础水平收缩战线，或放弃部分或全部业务。与稳定型战略和发展型战略相比，紧缩型战略是一种消极的发展战略。一般来说，企业实施紧缩型战略只是短期措施，其根本目的是使企业度过危机后转向其他战略选择。某些情况下，企业只有采取收缩和撤退的战略，才能抵御竞争对手的进攻，避开环境的威胁，迅速实现自身资源的最优配置。当企业竞争地位虚弱、经营状况恶化，或未来存在回报更高的资源配置机会时，企业才可能会暂时实行紧缩型战略。

紧缩型战略有以下表现形式：

一是规模缩小。企业的利润率和市场占有率等一些效益指标也都会有较为明显的下降，这主要是因为企业对现有的产品和市场领域实行收缩、调整和撤退战略。

二是大量裁员。企业暂停购买一些奢侈品和大额资产，因为对资源的运用采取较为严格的控制，只投入最低限度的经营资源，并尽量削减各项费用支出。

三是明显的过渡性。该战略的根本目的并不在于长期节约开支停止发展，而是暂时地为了今后发展积蓄力量。

紧缩型战略有以下几种类型：

（1）转向战略。转向战略是指减少公司在某一特定领域（战略经营单位、产品线、特定产品等）的投资，以削减费用支出和改善现金流量，把资金投入到更需要资金的领域中去。

（2）放弃战略。放弃战略是指当企业转向战略失效，为了减少损失，卖掉公司的部分业务部门、生产线、战略经营单位或者事业部。放弃战略的实施具有一定的难度：①结构或内部依存关系上的障碍；②管理人员的影响形成的障碍；③专用资产的退出障碍。

（3）清算战略。清算战略是指通过拍卖资产或停止经营业务来结束公司的存在。一般只有在其他收缩战略都失灵的情况下才采用。但从挽救损失来看，及早清算是较有利的战略决策。

紧缩型战略能够帮助企业在外部环境恶劣的情况下，节约开支和费用，顺利度过不利处境；能够在企业经营不善的情况下最大限度降低损失；能帮助企业在未来更好地实行资产的最优组合，从而实现企业长远利益的最大化。

紧缩型战略作为消极性策略，其固有的劣势不容忽视：实行的尺度较难把握，盲目使用可能会扼杀具有发展前途的业务和市场，使企业的总体利益受损；对企业员工造成负面影响，裁员和减薪使员工利益受损、情绪低落。

（二）业务层战略分析

业务层战略也称竞争战略，是指在公司层战略的制约下，指导和管理具体战略经营单位的计划和行动。业务层战略对于企业价值评估有着重要意义，因为战略能够直接影响企业未来的收入和成本的预测。根据获取竞争优势的途径，业务层战略可以分为成本领先战略、差异化战略和集中战略。

1. 成本领先战略

成本领先战略亦称低成本战略，其核心是在追求规模经济的基础上，加强内部成本控制，在研发、生产、销售、服务和广告等环节把成本降到最低，成为行业中的成本领先者，并获得高于行业平均水平的利润。

采用成本领先战略具有如下优势：一是价格优势形成的竞争地位；二是对其他潜在竞争者进入市场形成障碍；三是提高企业的议价能力，降低替代品的威胁。

成本领先战略面临的潜在风险：一是显著的技术变革可以消除企业的这种成本优

势；二是容易被竞争者学习模仿；三是将目光集中于成本，可能会忽视消费者偏好的变化。

企业价值评估时，分析企业成本领先战略是否成功，关键在于确定企业是否在满足顾客认为最重要的产品特征与服务的前提下，实现相对于竞争对手的可持续性成本优势。换言之，实施低成本战略的企业只有找出成本优势的持续性来源，并能够形成防止竞争对手模仿的障碍，才可称之为成功的成本领先战略。

2. 差异化战略

差异化战略亦称差别化战略，是指企业向市场提供全行业范围内与众不同的产品和服务，用以满足顾客的特殊需求，从而形成独有的竞争优势。

差异化战略的实现方式有以下几种：一是实物产品差别化，主要包括产品的特征、性能、耐用性、可靠性、易修理性、式样和设计等方面；二是服务差别化，主要包括送货、安装、顾客培训、咨询服务等因素；三是人员差别化，员工应该能够体现出胜任、礼貌、可信、可靠、反应敏捷、善于交流等特征；四是渠道差别化，从渠道策略、渠道设计、渠道建立、渠道管理、渠道维护、渠道创新等方面体现差异化；五是形象差别化，通过名称、颜色、标识、标语、环境、活动等实现公众对产品和企业与众不同的看法和感受。

实施差异化战略的好处在于：一是通过差异化在提高顾客对企业（品牌）忠诚度的同时降低价格敏感性，有效抵御竞争对手的挑战；二是提高企业的边际收益，增强企业对供应商讨价还价的能力；三是通过产品差异化使客户具有较高的转换成本，增强其对企业的依赖性，削弱客户讨价还价的能力。

采用差异化战略也会面临一定风险。例如，如果采用成本领先战略的竞争对手压低产品价格，使其与实行差异化战略的厂家的产品价格差距过大，用户为了大量节省费用，可能会放弃对差异化的选择，转而购买物美价廉的产品。或者当该类型产品发展到成熟期时，技术实力强大的厂家通过模仿，会减少产品之间的差异，降低企业差异化战略的效果。此外，如果过度实行差异化，致使不能被大众消费者接受，就会造成差异化成本高于收益。

企业价值评估时，分析企业差异化战略的实施效果，可以通过三个原则。第一，效益原则。企业实施差异化战略带来的利润应大于形成差异化效果所需要的成本。第二，适当原则。企业差异性形成的产品溢价应适当。第三，有效原则。差异化的重点应放在顾客特别关注或关心的性能、功能等方面，并使之显著改善和提高。

3. 集中战略

集中战略也叫目标聚焦战略，是指把经营战略的重点放在某个特定的目标市场上，集中使用资源，为特定的地区或客户群提供特殊的产品或服务，以较高的增长速度来提高某种产品的销售额和市场占有率的战略。

采用集中型战略的企业可以在目标市场上通过产品差别化或成本领先的方法实施该战略。若选择成本领先，则可以在专用品或复杂产品上建立自己的成本优势；若选择产品差别化，则可以运用所有差别化的方法去达到预期目的，其与差别化战略的不同之处在于只限于特定的目标市场。

集中战略追求的目标不是在较大的市场上占有较小的市场份额，而是在一个或几个特定市场上占有较大的市场份额。因此，该战略的主要优点是适应企业资源有限的特点，由于经营目标集中，管理简单方便，使经营成本得以降低，有利于集中使用企业资源，实现生产专业化和规模经济效益。集中战略也有其自身缺陷，主要表现为对环境的适应能力较差，风险较大。当目标市场发生突变，如价格猛跌、购买者兴趣转移等，企业就可能陷入困境。

企业价值评估时应当全面分析企业当前战略在实施过程中对企业收益及风险的影响，进而判断该战略对企业未来现金流的影响。

（三）职能层战略分析

职能层战略又称职能支持战略，是按照企业总体战略或业务战略对企业内部各项职能活动进行的谋划。与企业价值评估密切相关的职能层战略主要是生产或服务战略、研发战略、营销战略、人力资源战略、财务战略等，这些战略的具体实施，对企业未来成本和收益预测有重要影响。

1. 生产或服务战略

生产战略是企业在生产成本、质量流程等方面建立和发展相对竞争优势的基本途径，它规定了企业生产制造和采购部门的工作方向，为实现企业总体战略服务。对此，企业价值评估时要考虑企业是否有一套有效的生产流程，机器设备是否现代化，生产是否有效率，生产成本是否控制在一个较低的水平，对于机器设备的未来资本性支出有多大等方面的问题，所有这些问题都会影响对企业未来收益或现金流的预测。

2. 研发战略

研发主要涉及技术、产品和生产方面的研究与开发。研发战略的选择常常受企业总体战略和经营战略的影响，根据环境条件不同，企业采取的研发战略通常有三种。第一种是保持企业正常经营的基本型研发战略；第二种是以新技术作为进入新市场主要手段的渗透型研发战略；第三种是竞争对手产生技术威胁时的反应型研发战略。不同的研发战略，会直接影响企业的研发费用支出，进而影响对企业现金流的预测。

3. 营销战略

营销战略涉及市场营销活动过程整体，包括市场调研、预测、分析市场需求、确定目标市场、制定营销战略、实施和控制具体营销战略等活动的方案或谋划，它决定市场营销的主要活动和主要方向。了解企业的营销战略，才能合理预计产品分销环节所发生的各种成本费用。

4. 人力资源战略

人力资源战略是指根据企业总体战略的要求，为适应企业生存和发展的需要，对企业人力资源进行开发，提高员工队伍的整体素质，从中发现和培养优秀人才所进行的长远规划和谋略。企业生存和发展的基础是人力资源，能够持续吸引具有合适技能和经验的员工至关重要。因此，企业价值评估时需要从人力资源的角度分析企业的优势和劣势。

5. 财务战略

财务战略是根据公司战略、竞争战略和其他职能战略的要求，对企业资金进行筹集、运用以取得最大经济效益的方略。资金筹集会直接影响企业资本结构，而资金运用则直接影响收益或现金流，二者均是企业价值评估中需要预测的重要内容。

三、SWOT分析

SWOT是企业分析常用的一种战略分析框架，经常应用于国内外评估报告中，在此单列一小节介绍。SWOT通过对标的企业的优势（strengths）、劣势（weaknesses）、机会（opportunities）和威胁（threats）进行综合评估，清晰地确定标的企业的资源优势和劣势以及所面临的机会和挑战，从而对企业未来增长情况做出合理的预测。

（一）优势

优势（S）是指一个企业超越其竞争对手的能力，或者是指企业特有的能提高市场竞争力的资源条件。企业价值评估过程中对目标企业的竞争优势进行分析，可以从以下几个方面入手，并据此分析各种优势对目标企业未来收益的影响。

（1）技术技能优势：独特的生产技术，低成本的生产方法，领先的革新能力，雄厚的技术实力，完善的质量控制体系，丰富的营销经验，上乘的客户服务，卓越的大规模采购技能等。

（2）有形资产优势：先进的生产流水线，现代化车间和设备，丰富的自然资源储存，有吸引力的办公地点，充足的资金等。

（3）无形资产优势：优秀的品牌形象，良好的商业信用，积极进取的公司文化。

（4）人力资源优势：有丰富经验的高层管理者，强大的研发团队，在关键领域具有专长的员工队伍等。

（5）组织体系优势：高效的内部控制体系，完善的信息管理系统，强大的融资能力。

（6）竞争能力优势：产品开发周期短，强大的经销商网络，与供应商良好的伙伴关系，忠诚的客户群，对市场环境变化的灵敏反应，市场份额的领导地位。

（二）劣势

竞争劣势（W）是指企业缺乏或难以获得的资源或能力，或是会使企业处于劣势的各种因素与条件。竞争劣势除了对企业收益或现金流造成不利影响，还会加大企业的经营风险。企业价值评估时应当充分认识目标企业的竞争劣势，并分析这些竞争劣势对企业价值的影响。可能导致企业竞争劣势的因素有：缺乏具有竞争力的技能或技术；缺乏有竞争力的有形资产、无形资产、人力资源、组织资产等；关键领域里的竞争能力正在丧失。

（三）机会

公司面临的潜在机会（O）是影响公司战略的重大因素，进行企业价值评估时应当确认目标企业目前存在的发展机会，并评价每一个发展机会的成长和利润前景。这些潜在的发展机会可能如下：

（1）客户群的扩大趋势或产品细分市场。

（2）技能技术向新产品新业务转移，为更大客户群服务。

（3）前向或后向整合。

（4）新市场进入壁垒降低。

（5）获得购并竞争对手的能力。

（6）市场需求增长强劲，可快速扩张。

（7）出现向其他地理区域扩张，扩大市场份额的机会等。

（四）威胁

危及公司的外部威胁（T）是指公司的外部环境中存在的某些对企业盈利能力和市场地位构成威胁的因素，企业价值评估时应当及时确认影响目标企业未来收益和风险的不利因素。这些外部威胁可能是：

（1）出现将进入市场的强大的新竞争对手。

（2）替代品抢占公司销售额。

（3）主要产品市场增长率下降。

（4）汇率和外贸政策的不利变动。

（5）人口特征、社会消费方式的不利变动。

（6）客户或供应商的谈判能力提高。

（7）市场需求减少。

（8）可能受到经济萧条和业务周期的冲击等。

由于企业的整体性和竞争优势来源的广泛性，企业价值评估时，优劣势分析必须从整个价值链的每个环节上，将企业与竞争对手做详细的对比，如产品是否新颖，制造工艺是否复杂，销售渠道是否畅通，价格是否具有竞争性等，并据此对企业风险及收益预测等做出合理判断。

第五节 经济分析的信息收集

从某种意义上讲，对企业价值进行评估的过程就是评估人员对与企业价值相关的数据资料进行收集、整理、归纳和分析的过程。不论采用什么样的技术途径和方法，都需要有充分的数据资料作为支持：从什么地方收集数据资料，对收集来的数据资料如何分类整理、归纳与分析，都将决定企业价值评估报告的质量和评估结果的可用性。因此，评估人员应当独立分析、判断评估所需要的信息。由于经济活动纷繁复杂，存在着信息失真、信息扭曲的情况，这更要求在选择待评估企业的数据资料时付出更多的精力，采取必要措施和程序判断所收集信息资料的可靠性和适当性，而采取的必要措施和程序应当符合行业内公认的要求或惯例，以杜绝资料选取上的随意性。

一、收集整理信息的目的

对于企业价值评估相关信息的搜集整理的根本目的，是解决企业价值评估中评估人员和报告使用者、利益相关方信息不对称的问题。这些信息不对称问题表现在：

（1）由于信息传递的方法、路径等原因使相关各方获取信息的程度不一，获得时间也不同，导致信息不对称。

（2）由于影响企业价值的各项因素的复杂性和不确定性，以及这些因素与企业价值之间关系的模糊性，导致信息的不对称。

（3）对于所有者或信息的提供者来讲，其掌握的信息资料比较多，而对于非所有者或信息的收集者而言则知之较少，这样也会形成信息的不对称。

企业价值评估中信息不对称的客观存在，要求评估人员在收集标的企业的信息时，应发现和研究这种不对称，尽可能收集到完整、真实的信息资料，为客观、公正评估企业价值提供保障。

二、评估信息的类型

评估结论的得出，是评估人员根据收集的相关信息，遵循相关准则的原则要求，按照一定的技术路径"推算"出来的专业判断过程。评估结论需要相应的评估信息资料支持，信息资料质量的高低，可能直接影响评估人员的专业判断，影响评估结论的可靠性。按照我国相关准则的要求，企业价值评估一般需要收集的资料包括9个方面：

（1）评估对象权益状况相关的协议、章程、股权证明等有关法律文件，评估对象涉及的主要资产权属证明资料。

（2）标的企业历史沿革、实际控制股东及股东持股比例、经营管理结构和产权架构资料。

（3）标的企业的业务、资产、财务、人员及经营状况资料。

（4）标的企业经营计划、发展规划和收益预测资料。

（5）评估对象、标的企业以往的评估及交易资料。

（6）影响标的企业经营的宏观、区域经济因素的资料。

（7）标的企业所在行业现状与发展前景的资料。

（8）证券市场、产权交易市场等市场的有关资料。

（9）可比企业的经营情况、财务信息、股票价格或者股权交易价格等资料。

上述资料，以标的企业为界考虑可以分为两大类：一类是标的企业内部相关信息，另一类是标的企业外部的相关资料。

（一）企业内部信息

1. 评估对象相关权属资料

哪些资料可以或必须作为权属的依据，依赖于不同司法管辖权内法规的要求。企业价值的评估人员应该了解评估对象所在司法管辖区内的有关法律，关注评估对象的权属依据和存在的瑕疵事项，并在评估报告中披露调查得到的事实和判断的依据。下面以我国的相关法律法规为例进行介绍。

（1）相关权益法律文件

评估对象相关权属资料反映评估对象的权益持有人所享有的权益状况。相关的法律文件通常包括：公司投资协议、公司章程、公司制度、股权买卖协议或回购协议，以及国有资产产权登记证等。评估对象相关权属资料及有关法律文件是确定评估范围的依据，表明评估对象权益的性质、范围、条件等。

（2）主要权属证明

评估对象涉及的主要权属证明资料通常包括标的企业所拥有的重要资产的权属证明资料，它们是标的企业可以进行正常生产经营活动的法律保证。评估人员应当了解、熟悉常见的权属证明式样、主要记载事项及其含义以及可能对评估结果产生直接影响的事项。

常见的权属证明资料主要有以下几类：①不动产相关权属证明资料，如国有土地使用证、房屋所有权证、建筑工程施工许可证等；②车辆等运输设备权属证明，如行驶证；③采掘业企业特有的权属证明，如采矿许可证、勘查许可证等；④森林资源资产特有的权属证明，如林权证；⑤企业知识产权资产特有的权属证明，如专利权证书、商标注册证、著作权（版权）相关权属证明；⑥航空运输企业特有的权属证明，如船舶所有权登记证书、船舶国籍证书、飞机产权登记证、飞机国籍登记证、飞机电台执照等；⑦权益形成的权属证明，如股权出资证明或股份持有证明、债权持有证明、有关产权转让合同等。评估人员可以根据具体项目所涉及的资产类型，有针对性地选择上述资料。

2. 企业产权和经营资料

（1）设立和权益变更

企业设立和权益变更资料，有助于了解标的企业的历史沿革，包括企业成立和经营的时间、企业性质、主要产权所有者、业务类型、生产经营地点等历史发展和变动情况。

主要股东及持股比例是指评估基准日标的企业的主要股权结构情况，包括股东姓名、持股数量和比例、股东简介、特殊权益约定以及股东之间是否存在关联关系等。

通过权益变更资料的收集，还可能了解到评估对象过往评估或交易的情况，有助于评估人员最终确定评估结论时的合理性判断。

（2）主要股权投资情况

了解评估基准日标的企业主要的股权投资情况，有助于准确把握评估的空间范围和选择评估技术路径，如是否采用合并报表基础等。股权投资情况主要包括被投资企业名称、投资日期、投资比例、是否具有控制权、主要经营业务、经营地点、与标的企业之间是否存在业务关系等。

对主要产权进行调查，是评估人员评估长期股权投资需要履行的程序之一，也是合理安排评估报告体例和明确工作范围与工作量的基础。

（3）组织架构

收集、分析经营管理结构资料有助于了解标的企业经营管理流程和职能责任，该资料是制订评估计划与专业人员配备的基础，也是安排标的企业各资产类别对口人员的依据。

标的企业的组织架构情况，通常包括企业的组织架构图及职能说明。从企业的组织架构，有时还能看出标的企业管理效率、风险管理架构的合理性等企业管理方面的问题。

3. 资产和财务资料

任何企业的经营活动，都是通过配置资源、管理利用资源，来取得财务成果。因此，企业的资产配置、经营管理和财务成果三者之间具有内在的逻辑关系。企业的资产、财务、经营管理状况资料涉及的范围十分广泛，在这里仅对一些常见的资料进行举例说明。

（1）资产状况

资产是企业经营管理的资源，是企业赖以生存和盈利的基础。企业价值评估中需要收集并分析企业的资产配置、资产规模、资产利用、资产新旧、资产价值等反映企业资产状况的资料。

例如，固定资产重点收集并分析的资料包括：房屋建筑物的成新度、利用率、账面价值等；机器设备的成新度、技术先进性、利用率、账面价值，以及工艺水平等。在建工程重点收集并分析的资料包括：工程建设可行性报告及政府批文、计划投资额、计划建设周期、建设资金来源、工程投产后的预计效益、工程进度等。无形资产重点收集并分析的资料包括：无形资产的来源、权利状况、账面价值、技术类无形资产的先进性、品牌类无形资产的市场竞争力等。

（2）财务状况

财务管理贯穿企业经营管理的各个环节，企业价值评估需要收集并分析企业的财务报告资料，需要收集并分析企业研发环节、采购环节、生产环节、营销环节、管理环节、投融资环节、税务环节等的状况资料，以及或有事项相关资料等。

例如，采购环节重点收集并分析的资料包括：原材料采购成本、原材料库存情况、关联交易情况、采购活动产生的债权债务等；生产环节重点收集并分析的资料包括：生产能力及利用率、产品单位成本及成本构成、产销比率、存货数量及质量、应付职工薪酬等；销售环节重点收集并分析的资料包括：结算方式与收入确认政策、销售价格与销售数量、关联交易情况、毛利率与营业利润率、营业费用及构成、应收款项及坏账等；投融资环节重点收集并分析的资料包括：投资种类及规模、投资分红或收益、债务融资的规模及结构、债务融资成本等；税务环节重点收集并分析的资料包括：执行的税种及税率、税收优惠、纳税记录等。

（3）管理状况

企业管理表现在不同的方面，主要资料包括公司治理、研发、采购、生产、营销、人力资源等企业经营管理各个方面状况的资料。

例如，公司组织结构、公司内部控制方面的资料；研发模式、核心技术人员、研发激励制度、研发环节的竞争优势或劣势方面的资料；采购模式、原材料的供应及价格的稳定性、关联交易情况、主要供应商及依赖度、采购环节的竞争优势或劣势方面的资料；生产模式、生产工艺与生产技术的先进性、生产质量管理与控制、生产环节的竞争优势或劣势方面的资料；营销模式、营销渠道、品牌宣传、产品市场定位及市场需求、主要客户及依赖度、关联交易情况、营销环节的竞争优势或劣势方面的资料；员工数量与结构、员工素质、劳动工资制度方面的资料等。

4. 经营计划

企业价值评估是对企业未来获利能力的价值判断过程。因此，企业的发展规划、年度经营计划和未来收益预测资料是企业价值评估的重要支持资料，特别是在通过收益法评估企业价值的业务情形。评估人员应当收集并分析企业提供的发展规划（战略规划）、经营计划和未来收益预测资料，并关注企业提供的未来收益预测是否和发展规划、经营计划保持一致，企业编制这些规划和计划是否与所处经济环境相吻合，数据资料是否有理有据。

评估人员在合理确定评估假设的基础上，分析和判断标的企业的资本结构、经营状况、历史业绩、发展前景，并考虑宏观和区域经济因素、所在行业现状与发展前景对企业价值的影响，进而对委托方或者相关当事方提供的企业未来收益预测进行必要的分析、判断和调整，形成价值测算中的未来收益预测。

5. 以往交易情况

在企业基本经营状况没有发生较大变化的情况下，评估对象或标的企业以往的评估及交易资料可以作为评估作价的参考依据或可比交易案例。如果企业发生了较大业务或产权变动，但这些变动可以明确界定时，过往交易的情况对于判断最终评估结论的合理性，也具有间接的验证作用。例如，标的企业近期的股权交易可以考虑作为市场法的可比案例，或作为评估作价的参考依据。标的企业近期的企业价值评估报告也具有一定的参考价值，通过查阅以往的评估资料，可以获取相关的参数信息，帮助发现可能存在的重大遗漏，甚至虚假资料。

（二）企业外部信息

外部信息主要包括影响标的企业经营环境的外部因素的相关资料、评估对象所在市场的类似交易资料等。影响企业经营的外部因素主要有宏观经济状况及其未来前景，区域经济发展的状况及其特点，标的企业所在行业的竞争状况和发展前景；市场交易资料则包括证券市场、产权交易市场的总体情况以及各类市场中可比交易案例的资料。

1. 宏观环境因素

在世界经济日益融合的当今社会，企业价值评估中宏观环境因素通常包括：世界经济和企业所在国家和地区经济现状和发展趋势，经济波动情况；企业所在国家、地区与标的企业经营相关的法律法规；企业所在国家、地区有关财政、金融政策等。对这些资料的收集，是评估人员依照评估准则分析影响企业经营的宏观经济因素的基础。

常见宏观经济分析包括下列部分或全部内容：通货膨胀预测、国民生产总值（GNP）前景、可支配收入和消费者信心、带有地域特色的人口变量、国际经济形势、经济周期分析、国家宏观经济政策、国家和地区经济发展目标等。

2. 区域经济因素

人口流动、产业分工、政策推动等因素，可能使标的企业所在区域经济发展呈现突出的特点，如出现先导产业、产业积聚、特有消费时尚、依靠自然资源竞争等现象。收集这些资料有助于判断标的企业未来获利能力及其预测的合理性，特别是在企业提供的预期不同于历史经营情况的趋势外推时。

3. 行业发展因素

行业内企业情况类比分析是企业价值评估结果合理性判断最容易为报告使用者接受的方式。因此，行业现状和发展前景分析是企业价值评估需要收集的重要资料。通常包括下列内容：行业主要政策规定，行业竞争情况，行业发展的有利和不利因素，行业特有的经营模式，行业的周期性、区域性和季节性特征等，企业所在行业与上下游行业之间的关联性，上下游行业发展对本行业发展的有利和不利影响。在收集分析企业所在行业现状与发展前景的资料时，也应当重点从上述几个方面入手。

4. 证券市场

证券市场是竞争相对充分、同质化交易最高的交易市场。证券市场资料具有规范化、透明度高、公开内容丰富的特点，是企业价值评估，特别是收益法和市场法评估的重要信息来源。在收益法评估中，计算折现率时使用的无风险报酬率、市场风险溢价等，需要从证券市场等资本市场公开披露的相关信息中选取。在市场法评估中，许多的参数都是从证券市场等资本市场公开披露的价格统计资料和企业基本信息中得到的。

5. 产权交易市场

产权交易市场是交易市场多层次的体现，产权市场覆盖了更广泛的交易标的、交易形式、交易区域和交易规则，特别是非标准化的股权、无形资产、债权等资产的交易。因此，对于企业价值评估来说，产权交易市场的有关资料是对于证券市场资料的重要补充，能为非证券市场交易、少数股权交易、单项无形资产交易等评估提供必要的信息。

6. 可比企业资料

可比企业的财务信息、股票价格或者股权交易价格等资料可以为采用市场法和收益法评估企业价值提供必要的信息。在市场法评估中，可比企业或交易案例的选取、可比企业财务报表数据的分析与调整、价值比率的确定和修正计算等都离不开可比企业的相关资料，这些参数也都是从证券市场、产权交易市场等资本市场公开披露的价格统计资料和企业基本信息中得到的。在收益法评估中，计算折现率时使用的可比企业贝塔系数和标的企业特别风险调整系数等，也离不开可比企业的财务信息、股票价格等资料。

三、信息的来源

信息收集的来源可以分为公开信息来源和非公开信息来源。

公开信息包括政府、数据服务机构、专业研究机构、高等院校等在网站、刊物、书籍等出版物发布的信息。这些信息一般具有持续维护和更新的特点，历史数据具有较好的连续性和可比性。特别是收费的商业数据服务项目，比较关注用户的需求，不断进行创新，是企业价值评估很好的信息来源，一般可以作为评估依据进行披露。

公开信息资料的收集可以从行业协会网站、商业化行业分析报告、证券公司行业分析报告、单一行业专业网站、行业专业期刊等处获得，也可以选择知名的金融数据服务商、证券交易所、产权交易中心或著名研究学者的个人网站上发布的相关信息。评估人员在选择证券市场、产权交易市场等市场资料时，要考虑市场的成熟度、证券交易的活跃性和数据的可获得性，通常应当选择具有一定规模且交易比较活跃、管理比较规范的资本市场。

非公开信息来源主要是：企业非公开的财务报告、可行性研究报告、商业计划书、年度计划、战略规划、业务推广计划、工作总结、专项内部研究报告（如市场调研报告、竞争状况分析报告、竞争对手分析报告、媒体及舆情监测报告等）；其他类似评估项目（评估报告、评估说明、工作底稿等）、价值咨询报告；企业提供的第三方专项调查报告（财务尽职调查、法律尽职调查、市场调查报告等）。还有一类重要的非公开信息，即评估人员针对评估项目进行的现场访谈、市场调查等。这些信息来源有时对评估项目具有较强的适用性，如现场访谈记录、第三方专项调研报告等；有时带有很强的主观倾向或企业领导的意愿，如企业的发展规划纲要、年度工作总结等。应按照信息筛选原则进行挑选。

四、信息收集整理的原则

企业价值评估是一项基于数据分析的工作，对获取的市场信息和非市场信息，经过识别、判断、分析、处理，并采用行业公认或可接受的方法，推断出评估结论。企业价值评估结论的客观性和准确性直接影响着委托方对价值评估服务提供方专业能力的认可程度。而数据资料可靠，是评估结论具有说服力的基础。在进行企业价值评估信息搜集整理时，一般应遵循以下原则。

（一）可靠性原则

可靠性原则是指：对于外部获取的资料，其可靠性与提供信息资料的专业机构的专业水平、专业经验，以及社会公信力有关，因此应当尽可能从具有社会公信力的规范专业机构处获取相关信息资料。在我国，对于标的企业直接提供的资料，虽然相关法律和准则明确规定保证所提供资料的真实性、合法性、完整性是委托方和相关当事方的责任，信息收集来源有较充分保障，评估人员仍需对其进行核查验证。另外还应当认识到，上述信息不能构成企业价值评估的唯一信息来源，评估人员可能仍然需要进行其他独立的信息调查，如通过询问、函证、核对、监盘、勘查、检查等方式进行调查，获取评估业务需要的基础资料，了解评估对象现状，关注评估对象法律权属。

另外，信息收集还要关注引用数据涉及的法律问题，如是否有版权限制（得到许可使用授权），是否要承担保守相关当事方商业秘密的要求，引用许可使用的专业机构的信息的责任划分等。

（二）信息收集和筛选的原则

在进行信息的收集和筛选时，应把握相关性、有效性、客观性、经济性四个原则。

1. 相关性

收集的资料应与标的企业所属行业相关。具体的行业所需要的数据资料是有特定范围的，有针对性的数据资料才能转化为企业价值评估支持评估结论的有用信息。切忌从网络等公开渠道收集行业覆盖过宽的信息，这些信息不能从逻辑上推断企业价值评估过程中需要的分析结论。如某城市污水处理厂股权转让项目，仅仅收集全国和本地的宏观经济情况，不收集本地污水处理的历史情况、相关规定，信息的相关性就相对较弱。

可比企业的信息资料与标的企业具有相关性。可比企业应与标的企业属于同一行业，或者受相同经济因素的影响，这是考虑资料来源相关性首先要考虑的内容。同时根据数据来源计算可比企业各种风险溢价、资本结构、价值比率时，应当关注其业务结构、经营模式、企业规模、资产配置和使用情况、企业所处经营阶段、成长性、经营风险、财务风险等因素与标的企业的相关性。

2. 有效性

企业价值评估报告一般有明确的基准日和报告日，而企业所处的经营环境在不断地变化，因此，只有在充分接近评估基准日的数据和资料的基础上，才有可能得到客观、准确的评估结论。同时，评估期后可能影响评估结论的事实和事件信息，也应尽可能接近评估报告日，以便报告使用者充分了解环境变化对评估结论的影响。

为保证信息的有效性，对数据来源中的部分资源还必须定期更新，更新的频率也应符合企业价值评估业务的需要。如对于可比公司的基本资料，应保证有实时监测和定期的财务报告；各类风险溢价、宏观经济数据、经济政策动向等应至少保证季度或月度的内容有所更新。

3. 客观性

高质量的数据资料必须具有客观性，能真实、准确地反映各类市场经济主体的各项活动。如对于经济政策的发布应该准确，政策解读应该权威，体现管理部门和特定群体、投资人的利益诉求。整理的公开上市公司和产权交易平台挂牌交易的信息披露资料和市场表现反映资料，应该全面详实。非公开交易特别是私募股权交易的交易背景与成交情况应为第一手资料。市场交易数据直接来自于交易平台，数据使用转换接口方便易用，能够有效避免数据引用过程中产生的差错。

4. 经济性

经济性是指获取评估需要的数据资料所花费的代价或费用要尽可能地少，并符合成本收益原则。价值评估应在服务收入、服务成本和风险判断之间权衡，如在权威专业数据服务商资料和自行或委托调研之间按成本差异进行取舍。一般宏观经济、产业政策和资本市场等可采用专业数据服务商的数据，细分市场、特殊专业技术、关键交易案例、关键参数等，可以采用自行访谈或聘请外部专家的方式取得。

五、信息收集的基本程序

企业价值评估中的信息收集是一项有步骤、有计划、连续性很强的工作。实务中一般根据项目的复杂程度来安排信息收集的工作量，但基本遵循下列程序。

（一）确定满足目标需求的收集内容

对标的企业的有关信息进行收集是为了满足信息的需求以达到一定的评估目标。收集目标是指信息收集所最终要解决的问题，而需求则是为解决这一问题所需要的信息。需求是在目标的基础上产生的。因此，评估人员可以根据项目资料需求，制订资料收集计划，以指导整个信息收集工作。完整的信息收集计划一般有如下三方面的内容：

（1）收集信息的内容。要确定信息收集的内容，明确收集的方法，有目的地进行下一步的收集工作。

（2）选择资料的来源。即信息收集、获取的出处。

（3）信息的收集方法。信息收集方法明确，这有助于在收集信息的过程中少走弯路，达到事半功倍的效果。

（二）按计划进行信息收集工作

对于典型企业价值评估项目，信息收集计划的实施一般包括以下几个方面的内容：

1. 评估信息申报

根据评估业务委托合同中的约定，评估所需信息资料，特别是有关评估对象、资产和负债的清单，包括企业资产负债表账面的资产和负债等内容，一般由委托方或资产占有方向评估机构"申报"，即资产评估人员评估的标的和内容以委托方和资产占有方申报的为准。对于申报的重要评估信息，评估人员一般要求委托方和资料提供方以适当的方式确认，或履行必要的送达和接受手续。

2. 现场访谈

现场访谈是评估人员针对企业的具体特点和资产状况，就需要进一步了解或核实的信息，与标的企业相关人员进行面对面交谈的一种信息收集方式。现场访谈的内容有助于后续资产价值估算参数的确定以及对资产价值变动性质等做出专业判断；现场访谈记录也是评估人员整理评估档案资料的重要内容，以便于机构内外部的复核、检查和取证。

对于典型企业价值评估业务，评估人员一般应在进入评估现场前编写访谈提纲，将预期需要了解的事项列入问题清单，以便标的企业相关人员进行分工准备。评估工作的现场安排（评估计划）应该对现场访谈对象、调查内容、参加人员等做出安排。

3. 外部调研

根据对评估需要资料的收集情况，评估人员可能需要在标的企业所在城市进行其他的调查。如到相关权属管理部门、登记机关等查看企业注册登记的最新资料，核实不动产权属证明及瑕疵事项等；在保守标的企业有关商业秘密的前提下，走访政府监管部门、行业协会、工业园区管委会、外部专家等，调查当地政府相关政策，行业发展情况，园区规划和管理政策，企业面对市场、技术的状况等；查看类似资产的状况（如可比不动产项目）、类似企业经营情况、标的企业重要关联方企业情况、重要供货方或销售客户的经营情况等。

（三）补充和追踪信息

除了从委托方和资产占有方获得的以及评估人员在评估现场调查的资料外，评估人员还需要从公开的社会资料或商业性数据服务商处获取所需资料。

另外，在信息收集过程中，往往会出现新问题、新情况，例如，信息收集计划不完全、不准确；又如，在评估项目，特别是大型、复杂项目的执行过程中，由于工作时间较长，标的企业的有关信息可能发生了变化，这就要求评估人员进行信息的补充收集或追踪收集。

（四）信息分类与分析

对收集的信息进行分类，有利于分析、判断信息收集是否系统、完整，能否满足形成评估结论和工作底稿的需要。

信息分类和分析的过程，就是对收集到的信息进行整理的过程。访谈资料经过整理，可以作为评估档案予以保存。在我国，对于国有资产评估、证券相关业务资产评估，评估人员应当按照有关部门的监管要求，组织、编辑、整理访谈资料，作为支持评估结论的工作资料，并便于接受行业协会或监管部门的执业质量检查。

思考题 ▶

1. 如何做到行业分析与企业价值评估参数确定紧密相关？
2. 信息收集整理的原则有哪些？
3. 现有企业价值评估中业务分析存在的问题有哪些？
4. 举例说明公司战略对企业价值创造的重要性。
5. 如何收集经济分析相关的数据？

第五章　企业价值评估的收益法

收益法是企业价值评估的基本方法之一，也是目前我国企业价值评估实践中广泛应用的一种定价方法。本章中的内容包括两个部分：一是收益法的基本知识，即收益法及其形式、收益额、折现率和各种折扣与溢价；二是收益法的选择和应用，即收益法的评估程序、收益法的适用性和局限性。

第一节　收益法及其形式

一、收益法的概念

企业价值评估中的收益法，是指将预期收益资本化或者折现以确定评估对象价值的评估方法。收益法是从企业未来收益创造的角度衡量企业的价值，是基于效用价值论的定价方法，并且与风险投资理论密切相关。

（一）收益法理论基础

1.效用价值论

早期的效用价值论认为效用是价值的基础，物品的价值是由它的效用决定的。边际效用价值论进一步指出，价值是人们对商品效用的主观评价，有用性和稀缺性是价值形成的两个条件，边际效用量即最后增加一个单位的某种物品所获得的效用，其决定商品的价值量。[①]

根据效用价值理论，商品的效用越大，价值就越高。由于获取收益是企业持续经营的基础和企业所有者投资企业的主要目标之一，所以企业的效用主要表现为预期的未来获利能力。企业的盈利能力越强，企业价值也就越高。

2.风险投资理论

经济学中的风险通常是指收益或损失的不确定性。期望值风险理论认为市场主体在不确定性条件下对风险的态度是中立的，不考虑对风险的偏好，只会根据风险期望值的大小对资产的价值进行判断。[②]在风险投资领域，通常来说高风险必须有高收益才能吸引投资者。

企业所有者投资企业的行为，可以理解为一项风险投资。企业价值的高低不仅与企业预期的收益水平正相关，还与投资者为获取该等收益所必须承担的风险负相关。在收益水平相同的情况下，风险越高，投资者需要的补偿就越多，或者期望的投资报酬率就

---

① 张家伦.企业价值评估与创造[M].上海：立信会计出版社，2005.
② 贺邦靖等.中国资产评估理论与实践[M].北京：中国财政经济出版社，2013.

越高，企业价值就越低。

（二）收益法评估思路

埃尔文·费雪（Irving Fisher，1867—1947）在《资本与收入的性质》这本书中分析了资本价值的形成过程，指出资本价值是收入的资本化或折现值。约翰·布·威廉姆斯（John Burr Williams，1902—1989）在《投资估值理论》这本书中介绍了股票投资分析的方法，认为股东权益的当前价值等于其未来所获得的股利的现值与未来股票现值之和，提出了以股利折现为基础的估值模型。

收益法的评估思路就是通过分析判断企业收益期，并预测企业未来收益，然后以反映企业风险程度的资本化率或折现率进行折现，进而得到企业价值。以资本化率进行折现的方法又称收益资本化法，以折现率进行折现的方法又称收益折现法。资本化率是一种特殊的折现率。如果一项投资的收益恒定不变且永续存在，则该项投资的现值即等于年度收益除以折现率，此时的折现率即为资本化率。

收益资本化法是将企业具有代表性的相对稳定的未来预期收益按照资本化率转换成企业价值。常见的收益资本化评估模型通常是以单一年度的收益预测额进行折现。此时企业的年收益额相当于一笔稳定不变的年金。收益资本化法一般适用于收益比较稳定的企业价值评估。

相比于评估模型简单明了的收益资本化法，收益折现法则更为复杂些。收益折现法通常需要逐年预测企业的未来收益，直到企业经营达到稳定状态或终止经营。企业价值评估中，更多的是使用收益折现法。

二、收益法的形式

收益法是通过对未来收益加以折现来评估企业价值。根据收益和折现率的不同口径，收益法可以划分为股利折现模型、股权自由现金流量折现模型、企业自由现金流量折现模型以及经济利润折现模型等多种形式。

（一）股利折现模型

股利折现模型是以股利为收益口径，并采用适当的资本化率或折现率进行折现求取股东全部权益价值的模型。股利是企业向投资者分配的利润。股利对应的资本化率或折现率是股权资本成本。

1. 基本公式

股利折现模型的基本公式如下：

$$V = \sum_{t=1}^{\infty} \frac{\text{DPS}_t}{\left(1+R_e\right)^t}$$

式中，V 为股东全部权益价值；DPS_t 为第 t 年每股预期股利；R_e 为股权资本成本。

股利折现模型中的收益指标采用期望股利。期望股利取决于对企业未来收益、股利支付率和收益增长率的假设。资本化率或折现率采用股权资本成本，即股权投资者的期望报酬率。

2. 基本公式的演化

按照未来股利的发展趋势，股利折现模型在基本公式的基础上可以演化出不同的表现形式。常见的股利折现模型包括零增长模型和固定增长模型等。

（1）零增长模型。零增长模型也称为固定股利模型，该模型假设企业的收益期无限且企业收益期中各年的股利固定不变。公式如下：

$$V = \frac{\mathrm{DPS}_t}{R_e}$$

零增长模型常用于对优先股或处于成熟阶段的企业的价值评估。

（2）固定增长模型。固定增长模型也称为戈登模型，该模型假设企业的收益期无限且企业收益期中各年的股利按照固定比例增长。公式如下：

$$V = \frac{\mathrm{DPS}_1}{R_e - g}$$

式中，DPS_1 为下期期望股利；R_e 为股权资本成本；g 为持续稳定的股利增长率，且 $g < R_e$。

固定增长模型要求股利增长率保持永久不变，适用于收益期无限且稳定成长的企业价值评估。预测股利增长率时应当保持必要的谨慎，综合考虑企业自身的发展规划、企业所处宏观和区域经济环境以及所在行业的未来发展状况。

【例 5-1】评估基准日 A 公司每股股利为 2 元，股权资本成本为 8%。假设 A 公司能永续经营，未来年度持续稳定的股利增长率为 3%，股权资本成本维持不变，计算 A 公司股票的每股价值。

解：下期期望每股股利 $\mathrm{DPS}_1 = \mathrm{DPS}_0 \times (1 + 股利增长率) = 2 \times (1 + 3\%) = 2.06（元）$

股票价值 $V = \dfrac{\mathrm{DPS}_1}{R_e - g} = \dfrac{2.06}{8\% - 3\%} = 41.20（元）$

（二）股权自由现金流量折现模型

股权自由现金流量折现模型是以股权自由现金流量为收益口径进行折现求取股东全部权益价值的模型。股权自由现金流量（free cash flow of equity，FCFE）可被理解为股东可自由支配的现金流量。股东是企业股权资本的所有者，拥有企业产生的全部现金流量的剩余要求权，即拥有企业在满足了全部财务要求和投资要求后的剩余现金流量。股权自由现金流量对应的折现率为股权资本成本。

1. 基本公式

（1）假设企业未来收益期的股权自由现金流量是在每期的期末产生或实现的，即进行年末折现，则股权自由现金流量折现模型的基本公式如下：

$$EV = \sum_{t=1}^{n} \frac{FCFE_t}{\left(1+R_e\right)^t}$$

式中，EV 为股东全部权益价值；R_e 为股权资本成本；$FCFE_t$ 为第 t 年的股权自由现金流量。

（2）假设企业未来预期股权自由现金流量在一年当中是均匀产生的，即进行年中折现，则股权自由现金流量折现模型的基本公式如下：

$$EV = \sum_{t=1}^{n} \frac{FCFE_t}{\left(1+R_e\right)^{t-0.5}}$$

如无特殊说明，本书相关案例均假设企业的股权自由现金流量在年末产生，即按照年末折现法进行折现。

2. 基本公式的演化

按照未来股权自由现金流量的发展趋势，股权自由现金流量折现模型在基本公式的基础上可以演化出不同的表现形式。常见的股权自由现金流量折现模型包括两阶段增长模型和三阶段增长模型等。

（1）两阶段模型。如果被评估企业的未来收益预计会在一定时间内快速波动，然后进入稳定发展阶段且稳定发展阶段的收益期是无限的，则适用于两阶段模型。两阶段模型的计算公式如下：

$$EV = \sum_{t=1}^{n} \frac{FCFE_t}{\left(1+R_e\right)^t} + \frac{FCFE_{n+1}}{\left(R_e-g\right)\left(1+R_e\right)^n}$$

$$= \sum_{t=1}^{n} \frac{FCFE_t}{\left(1+R_e\right)^t} + \frac{FCFE_n \times \left(1+g\right)}{\left(R_e-g\right)\left(1+R_e\right)^n}$$

式中，$FCFE_t$ 为预计第 t 年的股权自由现金流量；$FCFE_{n+1}$ 为第 $n+1$ 年的股权自由现金流量。

【例 5-2】A 企业预计未来 3 年的预期股权自由现金流量为 1 000 万元、1 500 万元和 2 000 万元，股权资本成本为 10%。根据以下假设，分别评估 A 企业股权的价值：

①假定 A 企业从第 4 年开始，每年的股权自由现金流量维持在 2 000 万元，股权资本成本维持在 10%；

②假定 A 企业从第 4 年开始，每年的股权自由现金流量增长率为 1%，股权资本成本维持在 10%。

解：①A 企业股权的价值

$$EV = \sum_{t=1}^{n} \frac{FCFE_t}{\left(1+R_e\right)^t} + \frac{FCFE_{n+1}}{\left(R_e-g\right)\left(1+R_e\right)^n}$$

$$= \frac{1\,000}{\left(1+10\%\right)^1} + \frac{1\,500}{\left(1+10\%\right)^2} + \frac{2\,000}{\left(1+10\%\right)^3} + \frac{2\,000}{\left(10\%-0\right)\times\left(1+10\%\right)^3}$$

$$=18\,678 \ （万元）$$

② A 企业股权的价值

$$EV = \sum_{t=1}^{n} \frac{FCFE_t}{(1+R_e)^t} + \frac{FCFE_n \times (1+g)}{(R_e - g)(1+R_e)^n}$$

$$= \frac{1\,000}{(1+10\%)^1} + \frac{1\,500}{(1+10\%)^2} + \frac{2\,000}{(1+10\%)^3} + \frac{2\,000 \times (1+1\%)}{(10\% - 0) \times (1+10\%)^3}$$

$$= 18\,828 \quad （万元）$$

（2）三阶段模型。三阶段模型包括初始高增长阶段、增长率下降的过渡阶段和稳定增长阶段。股东全部权益价值是三个阶段的股权自由现金流量的现值之和。在稳定增长阶段的收益期为无限时，三阶段模型的计算公式如下：

$$EV = \sum_{t=1}^{n_1} \frac{FCFE_t}{(1+R_e)^t} + \sum_{t=n_1+1}^{n} \frac{FCFE_{t-1} \times (1+g)}{(1+R_e)^t} + \frac{FCFE_n \times (1+g_n)}{(R_e - g_n)(1+R_e)^n}$$

（三）企业自由现金流量折现模型

企业自由现金流量折现模型是以企业自由现金流量为收益口径进行折现求取企业整体价值，或在此基础上减去付息债务的价值，得到股东全部权益价值的模型。企业自由现金流量（free cash flow of firm，FCFF）可理解为全部资本投资者共同支配的现金流量。全部资本投资者包括普通股股东、优先股股东和付息债务的债权人。企业自由现金流量对应的折现率为企业加权平均资本成本。

1. 基本公式

企业自由现金流量折现模型的基本公式如下：

$$OV = \sum_{t=1}^{n} \frac{FCFF_t}{(1+WACC)^t}$$

$$EV = OV - D = \sum_{t=1}^{n} \frac{FCFE_t}{(1+R_e)^t} - D$$

式中，OV 为企业整体价值；EV 为股东全部权益价值；D 为付息债务；$FCFF_t$ 为第 t 年的企业自由现金流量；WACC 为加权平均资本成本。

如无特殊说明，本书相关案例均假设企业自由现金流量在年末产生，即按照年末折现法进行折现。上述企业自由现金流量折现模型的基本公式，就是假设企业未来收益期的企业自由现金流量是在各年年末实现的。假设被评估企业未来预期企业自由现金流量并非在每年年末产生和实现，则应当对模型中的折现年数进行调整。比如，假设企业自由现金流量在年度中是均匀产生的，则使用年中折现法进行折现。

2. 基本公式的演化

按照未来企业自由现金流量的发展趋势，企业自由现金流量折现模型在基本公式的基础上可以演化出不同的表现形式。常见的企业自由现金流量折现模型也包括两阶段增长模型和三阶段增长模型等。

（1）两阶段模型。如果被评估企业的企业自由现金流量预计会在一定时间内快速波动，然后进入稳定发展阶段，且稳定发展阶段的收益期是无限的，则适用于两阶段模型。两阶段模型的计算公式如下：

$$OV = \sum_{t=1}^{n} \frac{FCFE_t}{(1+WACC)^t} + \frac{FCFF_{n+1}}{(WACC-g)(1+WACC)^n}$$

式中，$\dfrac{FCFF_{n+1}}{WACC-g}$ 为永续价值。

永续价值的计算公式也可以演化为

$$永续价值_t = \frac{NOPAT_{t+1} \times \left(1 - \dfrac{g}{ROIC}\right)}{WACC - g}$$

因为：

新增投资净额 = 营运资金增加额 + 资本性支出 − 折旧和摊销

再投资率（IR）= 新增投资净额 ÷ 税后净营业利润（NOPAT）

收益增长率（g）= 新投入资本回报率（ROIC）× 再投资率（IR）

则：

FCFF = NOPAT − 新增投资净额 = NOPAT −（NOPAT × IR）

$$= NOPAT \times（1-IR）= NOPAT \times \left(1 - \frac{g}{ROIC}\right)$$

式中，$FCFF_{n+1}$ 是指预测期下一年度的企业自由现金流量。预测 $FCFF_{n+1}$ 时，若永续增长率 g>0，需要企业持续追加投入资本以维持预计的增长率，即新增投资净额通常大于 0。也就是说，需要在企业自由现金流量中扣除相应的资本性支出和营运资金净增加额。

（2）三阶段模型。三阶段包括初始高增长阶段、增长率下降的过渡阶段和稳定增长阶段，企业整体价值是三个阶段的企业自由现金流量的现值之和。在稳定增长阶段的收益期为无限时，三阶段模型的计算公式如下：

$$OV = \sum_{t=1}^{n_1} \frac{FCFF_t}{(1+WACC)^t} + \sum_{t=n_1+1}^{n} \frac{FCFF_{t-1} \times (1+g)}{(1+WACC)^t} + \frac{FCFF_n \times (1+g_n)}{(WACC-g_n)(1+WACC)^n}$$

式中，g 为增长率下降过渡阶段的增长率，g_n 为稳定增长阶段的增长率。

（四）经济利润折现模型

经济利润折现模型是以经济利润为收益口径进行折现求取企业价值的模型。经济利润也称为经济增加值（EVA），是指企业税后净营业利润减去资本成本后的余额。经济利润对应的折现率为加权平均资本成本。

1. 基本公式

经济利润折现模型的基本公式如下：

$$OV = IC_0 + \sum_{t=1}^{n} \frac{EVA}{(1+WACC)^t}$$

式中，OV 为企业整体价值；IC 为投入资本，其中 IC_0 指评估基准日投入资本；EVA 为经济利润；WACC 为加权平均资本成本；t 为收益年期。

2. 基本公式的演化

（1）两阶段模型。在企业收益期限内，不同阶段企业的经济利润可能呈现不同的特征，根据各阶段经济利润的变化规律，可以将经济利润折现模型的基本公式演化为两阶段模型。用于计算企业整体价值的两阶段经济利润折现模型公式如下：

$$OV = IC_0 + \sum_{t=1}^{n} \frac{EVA_t}{(1+WACC)^t} + \frac{EVA_{n+1}}{(WACC-g)\times(1+WACC)^n}$$

【例 5-3】A 企业评估基准日的债务资本为 2 000 万元，权益资本为 7 000 万元，加权平均资本成本为 8%。预测期第 1 年至第 3 年的期末投入资本、税后净营业利润和经济利润如表 5-1 所示。假设 A 企业从第 4 年起进入稳定增长的永续期，永续期第一年经济利润为 216 万元，永续期经济利润年增长率为 3%。采用经济利润折现模型对 A 企业于评估基准日的股东全部权益价值进行评估。

表 5-1　预测数据统计表　　　　　　　　　　　单位：万元

项　　目	预测期第 1 年	预测期第 2 年	预测期第 3 年
期末投入资本	9 700	10 500	10 800
税后净营业利润	900	970	1 050
经济利润	180	194	210

解：评估基准日投入资本 = 债务资本 + 权益资本 =2 000+7 000=9 000（万元）

永续价值 =216/（8%-3%）

　　　　=4 320（万元）

企业整体价值 =9 000+180/（1+8%）+194/（1+8%）^{2}+210/（1+8%）^{3}+4 320/（1+8%）^{3}

　　　　=12 929.05（万元）

股东全部权益价值 =12 929.05-2 000

　　　　=10 929.05（万元）

（2）三阶段模型。若企业的经济利润在收益期限内依次划分为高速增长阶段、增长率下降的过渡阶段和稳定增长阶段，则可以将经济利润折现模型的基本公式演化为三阶段模型。用于计算企业整体价值的三阶段经济利润折现模型公式如下：

$$OV = IC_0 + \sum_{t=1}^{n_1} \frac{EVA_t}{(1+WACC)^t} + \sum_{t=n_1+1}^{n} \frac{EVA_{t-1}\times(1+g_a)}{(1+WACC)^t} + \frac{EVA_{n+1}}{(WACC-g)\times(1+WACC)^n}$$

式中，g_a 为增长率下降转换阶段的增长率；g 为稳定增长阶段的增长率。

第二节　收益法的评估程序

一、收益法评估的基本程序

采用收益法评估企业价值，首先需要确定评估思路，选择评估模型，然后在实施现场调查和收集整理评估资料的基础上，分析确定各项评估参数并形成评估结论。收益法评估的基本程序如下：

（一）确定评估思路，选择评估模型

采用收益法对企业价值进行评估，首先需要区分评估对象是缺乏控制权的股权还是具有控制权的股权，并且判断是直接评估股权价值还是通过先评估企业整体价值，再减去付息债务来间接求取股权价值，然后结合收益法评估模型的应用条件选择相应的模型。

（二）分析和调整历史财务报表，识别并评估非经营性资产、负债和溢余资产

为了对未来收益进行合理预测，需要对企业历史财务报表进行分析，了解企业各项收入、费用、资产、负债等会计要素的构成状况以及各项指标随时间变化的规律及发展趋势，进而推断出影响企业历史收益的各类因素及其影响方式和影响程度等。同时，为了使企业未来收益预测与企业历史收益具有相同的比较基础，提高收益预测的可靠性，还需要对企业历史财务报表进行必要的调整。分析和调整事项通常包括：

（1）财务报表编制基础。

（2）非经常性收入和支出。

（3）非经营性资产、负债和溢余资产及其相关的收入和支出。

如果被评估企业在评估基准日拥有非经营性资产、非经营性负债和溢余资产，评估人员应当根据相关信息获得情况以及对评估结论的影响程度，确定是否单独评估。

（三）确定收益期和详细的预测期

通过考虑国家有关法律法规、被评估企业所在行业现状与发展前景、协议与章程约定、经营状况、资产特点和资源条件等的影响，合理确定收益期，并在对企业收入成本结构、资本结构、资本性支出、投资收益和风险水平等进行综合分析的基础上，结合宏观政策、行业周期及其他影响企业进入稳定期的因素合理确定详细的预测期。

（四）预测未来收益

收益预测内容主要包括收入预测、成本及费用预测、折旧和摊销预测、营运资金预测、资本性支出预测、负债预测等。评估人员应当根据所选择的评估模型，结合被评估单位的人力资源、技术水平、资本结构、经营状况、历史业绩、发展趋势，考虑宏观经

济因素、所在行业现状与发展前景，合理确定评估假设，形成被评估企业的未来收益预测表。

（五）估算折现率

通过综合考虑评估基准日的利率水平、市场投资收益率等资本市场相关信息和所在行业、被评估企业的特定风险等相关因素，对折现率进行估算。

（六）测算收益现值，形成评估结论

根据未来收益预测结果和折现率测算结果，计算得到被评估企业基于经营性资产及负债范畴的营业价值。在此基础上加上单独评估的非经营性资产、非经营性负债和溢余资产的价值，得出股东全部权益价值或企业整体价值。

如果运用企业自由现金流量折现模型或经济利润折现模型对股东全部权益价值进行评估，还需将企业自由现金流量或经济利润折现得到的企业整体价值减去企业的付息债务价值，进而得到股东全部权益价值。

二、现场调查

现场调查是收益法不可或缺的评估程序。评估人员应当对评估对象进行现场调查，获取评估业务需要的资料，了解评估对象现状，关注评估对象法律权属。采用收益法评估企业价值，需要重点关注企业的业务经营情况、财务状况、资产状况和未来发展规划等。

（一）现场调查内容

（1）被评估企业的产权架构、股东权利与义务、以往的产权交易情况。

（2）被评估企业历史沿革、发展战略、组织架构和工商登记注册情况。

（3）被评估企业的业务范围、主要产品、盈利模式、主要供应商和客户、近3年的销售规模、市场占有率、核心竞争力、市场竞争地位和主要竞争对手的情况。

（4）被评估企业资产配置情况、主要资产权属、使用和维护状况和未来5年的投资计划。

（5）被评估企业人员规模及构成、薪酬制度等人力资源管理政策。

（6）被评估企业主要负债、还本付息情况和未来5年的筹资计划。

（7）被评估企业执行的会计准则和主要会计政策、合并报表范围、近3年主要财务数据和指标。

采用收益法对具有多种业务类型、涉及多种行业的集团性企业进行企业价值评估时，还应当分别调查企业集团内各被评估单位或业务单元的具体情况。

（二）现场调查方式和手段

评估人员可以根据重要性原则采用逐项或者抽样的方式进行现场调查。现场调查手

段通常包括询问、访谈、核对、监盘、勘查等。采用收益法评估企业价值，最常用的现场调查手段是对被评估企业管理层及相关人员进行访谈。

1. 访谈程序

首先，要做好前期准备工作。评估人员应当做好充足的访谈准备，先对企业基本情况和所在行业情况进行充分了解，并针对不同的访谈对象形成不同的问题清单。

其次，与被访谈人进行预约。将访谈问题清单告知被访谈人，并预约访谈的时间和地点，协商访谈的基本流程。

最后，实施和记录访谈。访谈通常由两名以上评估人员共同完成。评估人员可以根据现场交流情况补充发问，并记录访谈过程，妥善保存访谈记录。

2. 访谈对象及问题清单

访谈对象通常涉及被评估企业管理层以及战略发展部门、财务部门、生产部门、销售部门、研发部门、人力资源部门等相关负责人员。访谈内容因人而异，应当结合被评估企业特点，根据收益法评估需要灵活确定问题清单。比如，对管理层的访谈通常以公司治理和发展战略为主，对生产部门的访谈通常以企业生产工艺、生产能力和环境保护等情况为主。

评估人员对被评估企业管理层的访谈，常见的问题清单如下：

（1）公司的股权结构、董事会的组成是什么样的？

（2）公司目前涉足的业务领域有哪些？公司业务的发展战略是什么？

（3）公司在市场上的地位是什么样的？有哪些成功与不足之处？

（4）公司主要的竞争对手是谁？公司的核心竞争力是什么？

（5）未来五年行业的发展方向如何？影响行业发展的重要因素有哪些？

（6）公司的短、中、长期的战略规划是什么？公司未来的市场定位和业务组合是什么样的？

评估人员对被评估企业生产部门的访谈，常见的问题清单如下：

（1）公司的生产模式、生产流程是怎样的？生产的关键环节是什么？

（2）公司制造部门的设置情况是怎样的？与其他部门之间如何实现业务衔接？

（3）公司生产人员的组织情况是怎样的？

（4）公司主要产品近三年的产能、产量、产能利用率是怎样的？

（5）公司生产是否具有明显的季节性？是否存在生产瓶颈？

（6）客户对生产工艺、技术是否存在特殊要求？公司在产品的弹性制造能力如何？

（7）公司的生产技术在行业中的领先程度如何？

（8）公司厂房的取得方式及产权情况是怎样的？

（9）主要生产设备的购买渠道及其先进程度、使用状况是怎样的？

（10）公司在生产过程中如何进行品质控制和成本控制？

（11）公司的安全生产、环境保护情况如何？有哪些行业监管政策？

三、资料收集和整理

采用收益法评估，应当收集与评估对象相关的资料，并对相关资料进行分析、归纳和整理，形成评定估算的依据。

（一）评估资料内容

收益法评估不仅需要获取来自被评估企业内部的与评估对象有关的权属证明资料、财务会计信息，还需要评估人员从政府部门、各类专业机构以及资本市场等收集与评定估算相关的外部资料。收益法评估所需资料通常包括：

（1）评估对象权益状况相关的协议、章程、股权证明等有关法律文件，评估对象涉及的主要资产权属证明资料。

（2）被评估企业历史沿革、控股股东及股东持股比例、经营管理结构和产权架构资料。

（3）被评估企业的业务、资产、财务、人员及经营状况资料。

（4）被评估企业经营计划、发展规划和收益预测资料。

（5）评估对象、被评估单位以往的评估及交易资料。

（6）影响被评估企业经营的宏观、区域经济因素资料。

（7）被评估企业所在行业现状与发展前景资料。

（8）证券市场、产权交易市场等市场的有关资料。

（9）其他相关资料。

评估人员应当确信作为评估依据的相关资料是真实、准确和完整的，只有这样才能形成可靠的评估结论。比如，对于企业的财务会计信息，最好收集经审计的财务报表数据。又比如收益预测资料，通常是由被评估企业提供未来一定期限的收益预测表，评估人员需要结合被评估企业的人力资源、技术水平、资本结构、经营状况、历史业绩、发展趋势，考虑宏观经济因素、所在行业现状与发展前景，对企业提供的盈利预测进行分析和判断，必要时应当做出相应调整。当被评估企业不能直接提供收益预测表时，评估人员需要收集和利用形成未来收益预测的相关资料，编制收益预测表。

（二）评估资料的整理和利用

评估人员应当对收集的资料进行必要的分析、归纳和整理，以形成评定估算的依据。

1. 资料的整理

收益法评估需要收集的资料种类繁多，评估人员首先需要按照一定的逻辑关系对评估资料进行分类和归集，然后结合被评估企业的特点，按照评定估算的需要对各项资料进行相关性和可靠性分析，甄别其是否适用。经过整理的评估资料一般会形成评估工作底稿。收益法评估工作底稿通常按照评估参数构成项目和评估顺序进行分类和排序，工作底稿目录和索引号可以反映评估资料间的勾稽关系。

2. 资料的利用

对于与收益法评估相关的资料，可以按照需要加工处理的程度划分为直接依据和间接依据。直接依据是指不需要评估人员进行再加工处理的评估资料，比如，企业的公司章程和投资协议可以成为评估人员确定股东权益构成和持股比例的依据，企业财务报表可以成为评估人员分析企业历史经营业绩和财务状况的依据。间接依据是指需要评估人员进行再加工处理的评估资料，比如，评估人员收集到的行业协会出版的行业分析报告，可以为评估人员分析判断企业未来盈利水平提供参考，但是评估人员也许需要按照收益法评估的统计口径对其中的相关数据进行重新计算，或者结合其他专业机构的行业预测观点、政府部门发布的行业发展规划等资料，综合分析判断资料的可用性和使用方式。

第三节　收益额及其估算

一、收益额的分类及选择

企业收益的统计口径很多，主要有净利润、股利、企业自由现金流、股权自由现金流、经济利润等。根据企业收益的直接享有主体，可以将企业收益分为全投资资本收益指标和权益资本收益指标。全投资资本收益指标是指由权益资本（股东）和债务资本（付息债务）所共同拥有的收益，权益资本收益指标是指由权益资本（股东）所拥有的收益，全投资资本收益减去债务资本（付息债务）的利息后即可得出权益资本收益。股利、净利润、股权自由现金流量属于权益资本的收益指标；息前税后利润、企业自由现金流量、经济利润则属于全投资资本的收益指标。

1. 净利润

利润是指企业收入减去费用后的净额，是反映企业日常活动业绩的重要指标。收益法评估中常用的净利润指标计算公式如下：

$$净利润 = 利润总额 - 所得税费用$$

$$= 营业收入 - 营业成本 - 税金及附加 - 销售费用 -$$

$$管理费用 - 研发费用 - 财务费用 - 所得税费用$$

$$税后净营业利润 = 净利润 + 利息费用 \times （1 - 所得税税率）$$

$$息税前利润 = 利润总额 + 利息费用 \times （1 - 所得税税率）$$

2. 股利

股利的获得要通过企业的利润分配过程来实现。利润分配是企业按照国家有关法律、法规以及企业章程的规定，在兼顾股东与债权人及其他利益相关者的利益关系基础上，将实现的利润在企业与企业所有者之间、企业内部的有关项目之间、企业所有者之间进行分配的活动。对公司制企业来说，企业的税后利润在按规定提取法定公积金、任意公积金后，按照公司制定的股利分配政策向投资者分配，分配形式可以是现金、股票。

利润分配决策是股东当前利益与企业未来发展之间权衡的结果，将引起企业的资金存量与股东权益规模及结构的变化，也将对企业内部的筹资活动和投资活动产生影响。企业的股利分配政策主要包括剩余股利政策、固定或持续发展红利政策、固定股息支付率政策、低正常红利和附加股利政策等，具体由公司章程决定。

3. 股权自由现金流量

股权自由现金流就是在扣除经营费用、偿还债务资本对应的本息支付和为保持预定现金流量增长所需的全部资本性支出后的现金流量。

（1）计算公式

股权自由现金流量＝（税后净营业利润＋折旧及摊销）－（资本性支出＋营运资金增加）－税后利息费用－付息债务的净偿还

其中，

税后净营业利润＝净利润＋利息费用×（1－所得税税率）

税后利息费用＝利息费用×（1－所得税税率）

付息债务的净偿还＝偿还付息债务本金－新借付息债务

因此，上式还可表示为：

股权自由现金流量＝［净利润＋利息费用×（1－所得税税率）＋折旧及摊销］－
　　　　　　　　　（资本性支出＋营运资金增加）－利息费用×（1－所得税税率）－
　　　　　　　　　（偿还付息债务本金－新借付息债务）
　　　　　　　　＝净利润＋折旧及摊销－资本性支出－营运资金增加－偿还付
　　　　　　　　　息债务本金＋新借付息债务

（2）主要项目的计算

①折旧和摊销。折旧和摊销尽管属于税前列支的费用，但是与其他费用不同，折旧和摊销属于非现金费用，是将企业以前购建的固定资产和无形资产等长期资产的成本在当期进行分摊，以反映当期对这些固定资产和无形资产的损耗，是权责发生制原则的体现。因企业以前购建固定资产和无形资产时已产生相应的现金流出，在计提折旧和摊销时并不会产生现金流出，只是会计核算上的一种成本费用分摊过程。因此，在计算股权自由现金流量过程中，需要在净利润的基础上加计折旧和摊销金额。

②资本性支出。资本性支出是企业用于购建固定资产和无形资产等长期资产的支出金额。企业的持续经营往往伴随着资本性支出的发生，这是因为企业的生产经营活动会消耗或损耗企业的固定资产和无形资产等长期资产，而这些长期资产往往是形成企业生产或服务能力的基础资产，为维持或扩大企业的生产或服务能力，必须保持或增加这些长期资产。因此，资本性支出通常由两部分组成：一是为维持企业的生产或服务能力，对消耗或损耗的固定资产和无形资产等长期资产进行弥补，以实现这些长期资产的更新和改造；二是当企业需要增加生产或服务能力时，需要追加投入形成企业生产或服务能力的长期资产。

③营运资金增加额。在财务管理领域，通常将营运资金表述为企业流动资产减流动

负债后的余额。在采用收益法对企业价值进行评估的过程中，通常需要将企业的价值区分为经营性资产价值、非经营性资产和非经营性负债价值、溢余资产价值。对非经营性资产、非经营性负债和溢余资产，应根据相关信息获得情况以及对评估结论的影响程度，确定是否单独评估。非经营性资产、非经营性负债和溢余资产的价值，与经营性资产价值相加，得到企业价值评估结果。收益法在企业价值评估中的运用，其实仅针对经营性资产。因此，在企业价值评估领域，营运资金其实是经营营运资金的简称，经营营运资金是指经营性流动资产与经营性流动负债的差额。

经营性流动资产包括经营性现金和其他经营性流动资产。经营性现金是指经营周转所必需的现金，不包括超过经营需要的金融资产（有价证券等）。其他经营性流动资产包括存货和应收账款等经营活动中占用的非金融流动资产。

经营性流动负债是指应付职工薪酬、应交税费、应付账款等依据法规和惯例形成的负债。它们是在经营活动中自发形成的，不需要支付利息，也称为自发性负债。经营性负债虽然需要偿还，但是新的经营性负债同时不断出现，具有不断继起、滚动存在的长期性，因此被视为一项长期资金来源。经营性负债可以抵减公司对于经营性流动资产的投资额。

营运资金增加额是指当期营运资金减去上期营运资金的余额。在预测期，首先计算各年度所需的营运资金，然后以当期营运资金减上期营运资金，得出当期营运资金增量。当某年度营运资金增量为正数时，表示该年度的经营活动需占有更多的现金，相应减少当期的自由现金流量；当某年度营运资金增量为负数时，表示该年度的经营活动可节约现金占用，这些节约的现金加计至自由现金流量中，相应增加当期的自由现金流量。企业营运资金的需要量在很大程度上取决于被评估企业所在的行业类型以及被评估企业的资产和经营规模的增长情况、生产效率及信用政策等因素。

企业除了资本性支出以外，还要投资于营运资金。在企业业务规模处于快速变化的周期中或当企业的信用政策、生产周期发生显著改变时，相应年度的营运资金增加额的波动幅度很大，会对相应年度的自由现金流量产生重大影响，在这样的情况下，营运资金计算的可靠性和准确性在很大程度上决定着自由现金流量的准确性。

4. 企业自由现金流量

企业自由现金流量是可由企业资本的全部提供者自由支配的现金流量。全部资本提供者包括普通股股东、优先股股东和付息债务的债权人。

企业自由现金流量 =[净利润 + 利息费用 ×（1- 所得税税率）+ 折旧及摊销]-（资本性支出 + 营运资金增加）

=（税后净营业利润 + 折旧及摊销）-（资本性支出 + 营运资金增加）

【例 5-4】A 企业在评估基准日的付息债务账面余额为 2 000 万元，期末营运资金为 26 000 万元，企业所得税税率为 25%。假设 A 企业在预测期第 1 年没有到期付息债务需要偿还，其他相关预测情况如表 5-2 所示。

表 5-2　A 企业预测期第 1 年的盈利预测情况表　　　　单位：万元

项　　目	预测值
主营业务收入	130 000
净利润	7 800
利息费用	160
折旧	300
摊销	4
当期营运资金	30 000
资本性支出	3 000
付息债务的年末余额	3 500

根据上述已知条件，A 企业预测期第 1 年的企业自由现金流量、股权自由现金流量和债权现金流量计算过程及计算结果如表 5-3 所示。

表 5-3　A 企业预测期第 1 年自由现金流量计算表　　　　单位：万元

项　　目		计算过程	预测值
企业自由现金流量的计算过程	净利润		7 800
	税后利息支出	160×（1−25%）	120
	折旧及摊销	300+4	304
	营运资金增加额	30 000−26 000	4 000
	资本性支出		3 000
	企业自由现金流量	7800+120+304−4000−3000	1224
债权现金流量的计算过程	税后利息支出	160×（1−25%）	120
	偿还付息债务本金		0
	新借付息债务	3 500−2 000	1 500
	债权现金流量	120+0−1500	−1 380
股权自由现金流量的计算过程	净利润		7 800
	折旧及摊销	300+4	304
	资本性支出		3 000
	营运资金增加	30 000−26 000	4 000
	偿还付息债务本金		0
	新借付息债务	3 500−2 000	1 500
	股权自由现金流量	7800+304−3000−4000−0+1500	2 604

5. 经济利润

经济利润是基于权益资本和债务资本视角定义的利润指标，在企业经济收入基础上，不仅要减去债务资本成本，而且还要减去股权资本成本，衡量企业为全部资本方创造的经营业绩。经济利润早期主要是作为企业经营绩效考核指标而被提出和得以推广的。

（1）计算公式

①经济利润＝净利润－股权资本成本

②经济利润＝税后净营业利润－投入资本的成本

其中，

税后净营业利润 = 净利润 + 利息费用 × （1− 所得税税率）

　　　　　　　= 息税前利润 × （1− 所得税税率）

投入资本 = 债务资本 + 权益资本

投入资本的成本 = 债务资本成本 + 股权资本成本

　　　　　　　= 利息费用 × （1− 所得税税率）+ 股权资本成本

③经济利润 = 投入资本 × （投入资本回报率 − 加权平均资本成本率）

　　　　　= 税后净营业利润 − 投入资本 × 加权平均资本成本率

其中，

投入资本回报率 = 税后净营业利润 ÷ 投入资本

税后净营业利润 = 投入资本 × 投入资本回报率

投入资本的成本 = 投入资本 × 加权平均资本成本率

【例 5-5】用上述三种方法计算企业 A、B、C 的经济利润（数据见表 5-4）。

表 5-4　运用三种方法计算经济利润　　　　　　　　　　单位：万元

项　　　目		计算过程	数值
已知条件	净利润		2 000
	债务资本		4 000
	权益资本		9 000
	债务资本回报率（%）		5
	权益资本回报率（%）		10
	企业所得税税率（%）		25
第一种计算方法	净利润		2 000
	股权资本成本	9 000×10%	900
	经济利润	2 000-900	1 100
第二种计算方法	税后净营业利润	2 000+4 000×5%×（1−25%）	2 150
	投入资本成本	4000×5%×（1−25%）+ 9 000×10%	1 050
	经济利润	2 150−1 050	1 100
第三种计算方法	投入资本	4 000+9 000	13 000
	投入资本回报率（%）	2 150/13 000	16.54
	加权平均资本成本率（%）	5%×（1−25%）×4 000/13 000 +10%×9 000/13 000	8.08
	经济利润	13 000×（16.54%-8.08%）	1 100

（2）主要项目的计算

①投入资本。投入资本是资本提供方（包括权益资本提供方和债务资本提供方）投入企业的资本数额，投入资本在企业中将被运用于生产经营活动中，因此，对投入资本可以从资金来源和资金运用两个方面分别进行计算。

从资金来源的角度计算投入资本，投入资本等于权益资本和债务资本的和，计算过程简单而直观。从资金运用的角度看,企业的资本提供方投入的资本通常有两大用途——购建生产经营所需的长期资产(非流动资产)以及补充企业运营所需的营运资金。

在不考虑非经营性资产、非经营性负债和溢余资产的前提下,投入资本等于非流动资产与营运所需资金的和,且从资金来源和资金运用两个方面计算的投入资本数额是相等的,因此,以下恒等式成立:

权益资本 + 债务资本 = 非流动资产 + 营运所需资金

上式中,营运所需资金是指流动资产减去非付息债务的余额,则:

权益资本 + 债务资本 = 非流动资产 + 流动资产 – 非付息债务

若企业存在非经营性资产、非经营性负债和溢余资产等情形,且在企业价值评估过程中对这些非经营性资产、非经营性负债和溢余资产是单独进行分析和评估的,则在计算投入资本时应剔除这些项目的影响,即:

投入资本 = 权益资本 + 债务资本 – 非经营性资产、非经营性负债和溢余资产的净额

②投入资本回报率。将税后净营业利润除以投入资本得到的值即为投入资本回报率。计算投入资本回报率,应注意税后净营业利润和投入资本的口径相匹配。如果某项资产包含在投入资本中,则该项资产带来的收益也应含在税后净营业利润中。如果某项债务在计算投入资本时需要从经营资产中减去,则在计算税后净营业利润过程中,该项债务的费用也应该从收益中扣除。若在计算投入资本时扣除了非经营性资产、非经营性负债和溢余资产,则相应地,在计算税后净营业利润过程中,也应相应扣除非经营性资产、非经营性负债和溢余资产所产生的收入和支出,以保证税后营业利润和投入资本计算口径的一致。

将投入资本回报率与投入资本成本率进行比较,能够揭示企业价值是正在被创造还是被破坏。因此,投入资本回报率是衡量企业绩效的重要指标之一,投入资本回报率也是企业价值的关键驱动因素之一。每一元获得的投资回报较高的企业比投资回报较低的企业更有价值。在投入资本回报率相同(且高于资本成本)时,增长较快的企业更有价值。如果企业的投入资本回报率与资本成本相同,则不论企业的业绩规模如何变化,企业价值是恒定不变的。如果投入资本回报率大于资本成本,则企业价值随着企业规模的扩大而增长;如果投入资本回报率小于资本成本,则企业价值随着企业规模的扩大而下降。

鉴于投入资本回报率对于企业价值的重要作用,为管理和提高投入资本回报率,在企业绩效衡量过程中,可以将投入资本回报率的影响因素进行分解。比如,通过以下分解过程,可以将投入资本回报率的决定因素分拆为经营利润率和平均资本周转率,还可进一步对经营利润率和平均资本周转率的决定因素进行分解,逐级深入,建立投入资本回报率影响因素树状图。

$$投入资本回报率 = \frac{税后净营业利润}{投入资本}$$

$$= \frac{息税前利润}{收入} \times \frac{收入}{投入资本} \times (1 - 企业所得税税率)$$

$$= 经营利润率 \times 平均资本周转率 \times (1 - 企业所得税税率)$$

（二）收益口径的选择

选择什么口径的企业收益作为收益法评估企业价值的基础，首先应对比各类收益指标本身的可靠性及收益指标与企业价值的相关性，然后要结合收益法评估计算过程，对比采用各类收益指标进行折现过程的有效性，最后应基于企业的行业特点和所处发展阶段，分析对比各类收益指标对企业价值进行衡量的适用性。

1. 对比收益指标本身所具有的特征

不同的收益指标，其本身的可靠性及其与企业价值的相关性方面往往存在差异。现以净利润和自由现金流量的对比为例，分析说明净利润和自由现金流量在计算指标本身的可靠性及其与企业价值的相关性方面的具体差异：

第一，现金流量比净利润具有更高的可靠性。虽然从企业的全生命周期看企业收益期的股权自由现金流量和净利润的累计数是一致的，但在短期内，基于会计处理的原因，现金流量与净利润往往不一致。现金流量很少受到会计处理方式的影响，但会计处理方式的不同可能使净利润不同，比如，折旧方法的选择影响着净利润，但对现金流量并不产生影响。企业的现金流量是企业实际收支的结果，不容易被更改，而企业的净利润则要通过一系列复杂的会计程序进行确定，而且可能由于企业管理当局的利益而被更改。

第二，从与企业价值的相关性看，现金流量比净利润具有更高的相关性。有实证研究表明，企业价值最终由其现金流量决定而非由其利润决定。对于投资者来说，企业经营的最终目的是形成更多的现金流量，而不是获得更多的会计收益。如果会计收益很高而现金流量很低，企业的价值也不大。

2. 对比收益折现过程的效率和效果

对收益指标进行对比，还应将收益指标置于具体的评估折现模型当中进行分析。在对不同的收益指标进行折现求取企业价值的过程中，计算步骤可能存在差异，所需要计算的参数及其计算难度也可能存在差异，进而影响评估的效率和效果。

不同口径的收益额，其折现值的价值内涵和数量是有差别的。在假设折现率口径与收益额口径保持一致的前提下，净利润或股权自由现金流量折现或资本化为企业股东全部权益价值（所有者权益价值）；净利润或股权自由现金流量加上扣税后的长期负债利息折现或资本化为企业投资资本价值（所有者权益价值和长期负债之和）；净利润或股权自由现金流量加上扣税后的全部利息（企业自由现金流量）折现或资本化为企业整体价值（所有者权益价值和付息债务之和）。

选择不同口径的收益额都能殊途同归地评估出股东全部权益价值，但评估时应对以股权自由现金流量和企业自由现金流量进行折现求取企业价值的过程进行对比分析，分析其在提高评估效率、减少评估误差方面的差异，从而选出更能客观反映出企业获利能力的自由现金流量指标。

3. 对比收益指标与企业的适用性

虽然不同的收益指标其本身的可靠性存在差异，但并不能因此而摒弃那些可靠性较低的收益指标，还需要将收益指标与企业的实际情况相结合做出判断。企业所在行业的特点或企业所处的发展阶段，可能制约或限制某项收益指标的运用。比如，在银行、保险公司、证券公司的控股性产权变动业务中，通常选择股权自由现金流量，一般不宜选择企业自由现金流量作为其收益指标。

二、收益范围与调整

1. 收益范围

在对企业收益范围进行具体界定时，应首先注意以下两个方面。一是从企业价值决定因素的角度上讲，虽由企业创造和收取但并非由企业权益主体所拥有的收入，并不能作为企业价值评估中的企业收益。比如税收，不论是流转税还是所得税都不能视为企业收益。二是凡是企业权益主体所拥有的企业收支净额，都可视为企业的收益。无论是营业收支、资产收支，还是投资收支，只要形成净现金流入量，就应纳入企业收益范围中。

2. 收益的调整

对于任何一家企业，其不同年度之间的财务报表编制基础可能不同；其资产负债表可能既包括经营性资产、经营性负债，又包括非经营性资产、非经营性负债和溢余资产；其利润表可能既包括与经营性资产相关的营业收入和支出，又包括与非经营性资产、非经营性负债和溢余资产相关的收入和支出，还可能包括一些非经常性收入和支出。运用收益法对企业价值进行评估，在基于企业历史财务报表进行财务分析和收益预测时，如果企业财务报表编制基础和报表口径不具有连续性和可比性，有可能会影响收益预测的合理性，进而对评估结果产生影响。例如，在运用收益法进行企业价值评估时，如果企业历史年度财务报表编制基础不一致，或者由于非经常性收入和支出，非经营性资产、非经营性负债和溢余资产及其相关的收入和支出的影响，可能导致总资产报酬率、净资产收益率、营业收入增长率、毛利率、营业利润率等一些关键的财务指标出现大幅波动，从而导致根据趋势分析得出的预测推断有失公允。因此，在对企业收益进行预测前，需要对企业历史财务报表进行必要调整，使企业未来收益预测与企业历史收益具有相同的比较基础，以提高对企业未来收益进行预测的可靠性。具体调整事项如下：

（1）财务报表编制基础。需要对同一企业不同历史年度之间的财务报表编制基础进行调查了解，如果财务报表编制基础存在差异，则需要根据同一编制基础调整财务报表。要求不同历史年度之间企业财务报表编制基础相同，主要是为了使不同时期的财务报表具有可比性。如果不同年度之间企业财务报表编制基础存在差异，则这些差异可能会影响当期损益并相应地反映到企业收益中，使得不同年度之间财务报表所体现的企业收益的变化情况并不完全反映企业实际经营状况的发展走势。

（2）非经常性收入和支出。非经常性收入和支出的发生具有偶然性，一般不具有持续性且无法预测，并不能代表企业正常的盈利能力，因此对企业历史财务状况进行分析比较时，需要将非经常性收入和支出从利润表中调整出去。需要注意的是，其他业务收入和支出并不一定是非经常性收入和支出。按照企业所从事日常活动的重要性，可将收入分为主营业务收入、其他业务收入等，企业的其他业务收入可进一步区分为经常性收入和偶然性收入，只有偶然性的其他业务收入才属于非经常性收入。

（3）非经营性资产、负债和溢余资产及其相关的收入和支出。根据资产负债经营属性的不同，可以将资产区分为经营性资产、非经营性资产和溢余资产，将负债区分为经营性负债和非经营性负债，非经营性资产、非经营性负债和溢余资产与企业日常经营活动没有必然联系，企业日常经营活动产生的收益中也未反映非经营性资产、非经营性负债和溢余资产的贡献。因此，为准确测算企业经营性资产、经营性负债所产生的收益情况，一方面需要将非经营性资产、负债和溢余资产从资产负债表中调出，另一方面需将与非经营性资产、负债和溢余资产相关的收入和支出从利润表中调出。

三、收益期的确定与划分

收益期是收益法评估的重要参数之一。采用收益法评估企业价值，既要明确收益期的长短，也要结合评估模型的需要，将收益期进行合理划分。

（一）收益期的确定

收益期是指资产具有获利能力的期间。在企业价值评估中，企业的收益期是指企业未来获得收益的年限，即从评估基准日到企业收益结束日的时间长度。企业的收益期包括有限年期和永续年期两种情况，对于大多数正常经营的企业，在没有信息证明其企业经营有年限的限制时，均适用于永续经营假设，收益期限为无限期；对于生产经营受到一些因素的制约、无法维持永续经营的企业，其收益期限为有限期。在企业价值评估实务中，对企业收益期的确定，通常应考虑法律法规的规定、协议和章程的约定、企业主要资产的使用期限以及企业经营状况等因素的影响，具体分析如下：

1. 法律法规对企业收益期的影响

对企业收益期的确定，应首先考虑国家有关法律法规、产业政策、行业准入政策、企业所在行业现状与发展前景等因素。通常情况下，对于国家鼓励的产业，可以理解为企业的收益期不会因为行业产业政策而受到影响；对于国家限制的产业，应慎重考虑企业的收益期限制；对于国家禁止的行业，企业的收益期会受到限制或影响。目前，在供给侧改革的要求下，国家限制或禁止的产业主要集中在高能耗、高污染、产能过剩的行业。例如，国务院于 2015 年 4 月 2 日颁布的《水污染防治行动计划》规定："2016 年年底前，按照水污染防治法律法规要求，全部取缔不符合国家产业政策的小型造纸、制革、印染、染料、炼焦、炼硫、炼砷、炼油、电镀、农药等严重污染水环境的生产项目。"若评估人员对不符合国家产业政策的上述"十小"企业进行评估，则应根据上述文件规定确定企业收益期。

企业开展多种经营活动且某项经营活动受法律法规或产业政策的影响而被限制发展或禁止发展的，应将企业各种经营活动对应的收益进行区分，分别确定各类经营活动对应的收益期。若企业整体受到限制或禁止，则企业的收益期限应不长于相关法律法规所规定的可经营期限。

2. 公司协议和章程对企业收益期的影响

企业投资者在协议或章程中对企业收益期做出具体约定的，通常不能仅根据这些协议或章程中的约定做出企业收益期为有限期的认定，还应考虑协议或章程中约定的期限届满后是否可以延长经营期限以及企业投资者的经营规划等因素，合理确定企业收益期。例如，某中外合作企业的公司章程中有如下条款："公司合作期限为自合作公司获工商行政管理部门签发营业执照之日起二十五年。经合作双方同意并经合作公司董事会通过，合作公司可在合营期满六个月前向原审批机关申请延长。"通过分析企业经营状况及与投资者进行沟通，若企业投资者并无延长合作期的意愿和打算，则应以公司章程中规定的年限作为企业收益期；若企业投资者计划延长合作期，企业目前正常经营且预计其未来能够保持正常运营，则企业的收益期可视为无限期。

3. 企业主要资产的使用期限对企业收益期的影响

企业收益来源于企业的生产经营活动，而企业的生产经营活动需依赖或使用企业的资产。企业主要资产的可使用或利用期限为有限期，且无法通过更新换代使这些资产持续为企业所使用或利用的，企业收益期将受这些资产使用期限的影响或制约。企业主要资产的使用期限对企业收益期产生影响或制约的情形主要有以下三种：

（1）企业生产经营所必需的主要生产资料能否持续取得具有不确定性，则该类企业的收益期通常为评估基准日企业已取得生产资料的可使用或可供利用期。此类企业中最有代表性的是房地产开发企业，受开发土地供给方式的影响，房地产开发企业持续获得开发用地具有较大的不确定性，因此，对房地产开发企业收益期的确定，通常结合评估假设确定为有限期限，其收益期至评估基准日所拥有的全部土地资源开发完毕为止。对于兼营房地产开发和销售、房地产自营业务的房地产企业，由于租赁等房地产自营业务可视为永续经营，该企业收益期可视为无限期，但其中的房地产销售业务应在评估基准日所拥有的全部土地资源开发完毕时截止。

（2）企业经营依赖于耗竭性的、不可再生的自然资源的，应根据其所依赖的自然资源的可利用期限确定企业的收益期。依赖于耗竭性资源进行生产经营的企业主要包括矿产资源采选企业和以耗竭性资源为主要原料的生产企业。矿产资源采选企业（采掘企业、采选联合企业）的功能是开发矿产资源，矿山企业的收益源于对矿产资源的开发利用，当矿产资源开采完毕，矿山闭坑，基于开发利用矿产资源的企业收益途径就会丧失。因此，采掘企业或采选联合企业的收益期，直接取决于资源储量的大小，资源储量大，矿山服务年限长，企业收益期长。以耗竭性资源为主要原料的生产企业（如金属冶炼企业、石化企业等），其收益期应考虑原料采购途径、资源的可回收性以及资源储量是否丰富等因素后进行合理确定。对于以耗竭性资源为主要原料的生产企业的生产消耗数量来说，该耗竭性资源的储量丰富，生产企业受资源的制约较小，其未来经营期相对较长，可近似认为该生产企业可永续经营。

（3）企业主要资产的可经营期受法律法规或合同规范或制约的，企业的收益期取决于该主要资产的可经营期。在某些领域，因法律法规的规定或协议的约定，企业主要资产的可经营期为有限期，资产可经营期届满后，需要将这些资产移交给另一方，则企业的收益期应根据主要资产的可经营期进行确定。这类企业的典型代表是政府与社会资本合作（PPP）、特许经营的项目公司，这些项目公司往往是基于政府与社会资本合作协议或特许经营协议而设立，而协议通常会对项目的可经营期限及经营期届满后项目设施的移交方式做出明确约定，这些项目公司的收益期与项目设施的可使用年限并无必然联系（协议往往会约定项目经营期限届满并移交时项目设施要达到的可使用状态，此时的项目设施仍是可使用的），而是取决于相关法律法规的规定以及协议的约定。例如，自 2015 年 6 月 1 日起施行的《基础设施和公用事业特许经营管理办法》规定："基础设施和公用事业特许经营期限应当根据行业特点、所提供公共产品或服务需求、项目生命周期、投资回收期等综合因素确定，最长不超过 30 年。"因此，对于基础设施和公用事业特许经营企业，其收益期应根据签署的特许经营协议确定且不超过30 年。

4. 企业所处生命周期及其经营状况对企业收益期的影响

采用收益法对企业价值进行评估隐含着一项基本假设，即企业能够持续经营，但企业持续经营并不意味着企业永续经营，任何企业都有其生命周期，应在分析企业生命周期的基础上，结合企业经营状况，合理确定企业收益期。一个企业的生命周期通常包括初创、成长、成熟和衰退这几个阶段，而不同企业的生命周期长短可能差异巨大，有些企业成为"百年老店"，而有些企业在初创期便因经营不善而倒闭。若企业已进入衰退期，或企业的经营状况每况愈下、经营业绩逐年恶化，则企业收益可能不可持续，其收益期一般为有限期。

当企业收益期为有限期时，不仅要对详细预测期里每年持续经营所产生的现金流量进行逐年预测，还需预测企业经营到期时残余资产的价值，作为收益结束日当年可回收的现金流量。

（二）收益期的划分

考虑到企业在收益期的不同阶段其经营状况和收益水平会不断变化并呈现不同的阶段性特点，不论企业的收益期是有限期还是无限期，通常需要将企业收益期划分为详细预测期和稳定期。详细预测期也称为明确的预测期，是指从评估基准日到企业达到稳定状态的收益期限。在详细预测期，企业的投资回报率、财务杠杆水平及企业面临的风险大小与行业或市场平均水平存在差异，企业各项财务指标尚不稳定，有必要对企业收益逐年进行预测。稳定期是指从企业达到稳定状态开始直至企业收益结束日的期间。

详细预测期和稳定期划分的理论基础是竞争均衡理论。竞争均衡理论认为，一个企业的增长速度不可能永远高于宏观经济增长速度，如果一个行业的投资资本回报率较高，就会吸引更多的投资者进行投资从而加剧竞争，导致成本上升或价格下降，使得投资资本回报率降低至社会平均水平；反之亦然。

在评估实务中，评估人员应当在对企业产品或者服务的剩余经济寿命以及替代产品或者服务的研发情况、收入结构、成本结构、资本结构、资本性支出、营运资金、投资收益和风险水平等进行综合分析的基础上，结合宏观政策、行业周期及其他影响企业进入稳定期的因素合理确定详细预测期。详细预测期应该足够长，以消化企业经营发展的不确定或非典型因素。企业收益的不稳定时期有多长，详细预测期就应当有多长。评估实务中较多地采用 5 年的详细预测期，但这一做法并非是一个固定的模式，有些企业的详细预测期可能比 5 年更长，甚至超过 10 年，而有些企业的详细预测期可能短于 5 年。对处于周期性行业的企业来说，详细预测期通常与净现金流量到达整个业务周期的期望平均净现金流量时所需要的年度数量或者期间数量一致。若企业已进入平稳期，详细预测期可淡化周期性的影响，但对尚处于波动期的企业，通常需要适当延长详细预测期，使详细预测期结束时企业的经营状况能达到稳定状态。此外，应注意的是，企业从详细预测期过渡至稳定期通常是一个平滑或平稳的过程，若详细预测期最后一年的收入或收益增长率还很高，而稳定期的收入或收益却按零增长考虑，如无足够的理由（如产能受到限制、企业规模扩大存在瓶颈等）支持这样的判断，则详细预测期与稳定期的划分就存在不合理之处。

企业达到稳定状态，通常应同时具备以下五项特征：一是企业收入成本的结构较为稳定且基本接近行业平均水平；二是企业的资本结构逐渐接近行业平均水平或企业目标资本结构水平；三是企业除为维持现有生产能力而进行更新改造的资本性支出以外，不再有新增投资活动；四是企业的投资收益水平逐渐接近行业平均水平或市场平均水平；五是企业的风险水平逐渐接近行业平均水平或市场平均水平。

尽管详细预测期时间长度的选择非常重要，但从本质上看，详细预测期时间长度的选择并不影响企业的价值，只影响企业价值在详细预测期和稳定期的分布。

四、收益预测假设

收益法的核心问题是对未来变量的概率估计，有的变量是无法确定概率的，这就产生了假设；有的变量是可以确定其发生概率的，这就产生了预测。假设和预测都是对未来变量的处理。假设还有一个功能是支持预测和预测结果，不同的假设有不同的预测结果。换言之，任何一项预测都是建立在一定的预测假设或预测基准之上的，假设在很大程度上决定了预测和结果。因此，从这个意义上讲，所谓的预测是根据对被评估企业未来可能发生事项或所采取行动的假设编制的财务信息。要确信企业预测结论是否合理，必然首先要分析预测假设是否合理。评估人员对评估结果的合理性承担责任，客观上也应保证假设的合理性。

企业未来收益预测的假设条件主要包括以下几种：

一是国家的政治、经济等政策变化对企业未来收益的影响，除已经出台未实施的以外，通常假定其将不会对企业未来收益构成重大影响。

二是不可抗拒的自然灾害或其他无法预期的突发事件，不作为企业收益的相关因素考虑。

三是企业经营管理者的个人行为也不在预测企业收益时考虑。

评估人员对企业未来收益预测的假设条件设定必须符合法律法规的规定并具有合理

性，否则这些假设条件不能构成合理预测企业未来收益的前提和基础。

五、收益预测方法

预测的方法很多，归纳起来，可分为两大类，即定性预测方法和定量预测方法。定性预测方法是指建立在经验、逻辑思维和推理基础上的预测方法。定性预测主要通过社会调查，采用少量的数据和直观材料，结合人们的经验加以综合分析，对预测对象做出判断和预测。定量预测方法是建立在统计学、数学、系统论、控制论、信息论、运筹学及计量经济学等学科基础上，运用方程、图表、模型和计算机仿真等技术进行预测的方法。

（一）定性预测方法

定性预测方法主要包括一般调查预测法、因素分析预测法、对比类推预测法和主观概率预测法等。

1. 一般调查预测法

一般调查预测法是指通过向社会有关专家进行调查而作出预测的方法，也称为直接归纳预测法。一般调查预测法采用的调查方式多样，有会议调查、采访调查、表报调查、典型调查、联系网调查及咨询调查等。这些调查方式各有利弊，通常是交叉使用或综合使用，这样做可以将各方有经验的主观判断集中起来，经过科学加工，做出正确预测。

一般调查预测法的具体步骤如下：确立调查目的，明确调查原则和准则；成立调查工作小组；制定调查方案，设计调查问题与表格；实地调查，并研究和处理调查过程中出现的各种问题；整理调查资料；提出调查成果或调查报告。

2. 因素分析预测法

因素分析预测法是凭借经济理论和实践经验，通过分析影响预测目标的各种因素的作用的大小与方向，对预测目标未来的发展变化做出推断的方法。因素分析预测法具体包括因素列举归纳法、相关因素推断法和因素分解推断法。

（1）因素列举归纳法是指将影响预测目标变动的因素逐一列举，并分析各种因素对预测目标作用的大小和方向，区分经济因素与非经济因素、可控因素与不可控因素、内部因素与外部因素、有利因素和不利因素，然后加以分析、综合、归纳，推断预测目标未来的变化趋向。因素列举归纳法的基本程序如下。第一步，列举能观察到的影响预测目标变化的各种主要因素，并搜集有关资料。第二步，分析评价各种因素作用的大小、方向和程度，区分各种因素的性质。第三步，归纳、推断预测目标未来变化的趋向。当有利因素居主导地位时，则未来前景看好；当不利因素居主导地位时，则未来前景暗淡。

（2）经济现象之间的相互变动关系，在时间上有先行、后行关系与平行关系之分，在变动方向上有正相关关系与负相关关系之分。相关因素推断法是根据经济现象间的相互联系和相互制约关系，由相关因素的变动方向推断预测目标的变动趋向的一种预测方法。相关因素推断法又可分为正相关关系判断法和负相关关系判断法。正相关关系是指两个现象间的变动方向为同增或同减的关系。负相关关系是指两个现象间的变动方向表现为此长彼消或一增一减的关系。

（3）因素分解推断法是指将预测目标按照一定的联系形式分解为若干因素指标，然后分别研究各种因素未来变动的方向和程度，最后综合各种因素变动的结果，推断预测目标的变动趋势和结果的方法。预测目标与影响因素之间的关系一般有乘积和相加两种。

3. 对比类推预测法

对比类推预测法是利用预测目标与类似事物在不同时间、地点、环境下具有相似的发展变化过程的特点，把已发生事物的表现过程类推到后发生或将发生的事物上去，从而对后继事物的前景做出预测的一种方法。对比类推预测法包括产品类推法、地区类推法和局部总体类推法。

（1）产品类推法。有许多产品在功能、构造技术等方面具有相似性，因而这些产品的市场发展规律往往又会呈现某种相似性，人们可以利用产品之间的这种相似性进行类推。

（2）地区类推法是依据其他地区（或国家）曾经发生过的事件进行类推。这种推算方法是把所要预测的产品同其他地区（或国家）同类产品的发展过程或变动趋向相比较，找出某些共同、相类似的变化规律性，用来推测目标的未来变化趋向。

（3）局部总体类推法是指以局部普查资料或抽样调查资料为基础，进行分析判断、预测和类推。

4. 主观概率预测法

主观概率是指根据分析者的主观判断而确定的事件发生的可能性的大小，反映个人对某件事的信念程度。所以，主观概率是对经验结果所做主观判断的度量，也是个人信念的度量。主观概率也要符合概率论的基本定理：所确定的概率必须大于或等于零，而小于或等于1；经验判断的全部事件中，各个事件的概率之和必须等于1。在实际中，主观概率与客观概率的区别是相对的，因为任何主观概率总带有客观性。分析者的经验和其他信息是现实客观情况的具体反映，因此不能把主观概率看成纯主观的东西。另外，任何客观概率在测定过程中也难免带有主观因素，因为在实际工作中所取得的数据资料很难达到大数定律的要求。所以，在现实中，既无纯客观概率，又无纯主观概率。

主观概率预测法是分析者通过对现实事件发生的概率做出主观估计，或者对事件变化的动态做出一种心理评价，然后计算其平均值，以此作为事件发展趋势分析结论的一种定性预测方法。主观概率预测法又分为主观概率加权平均预测法和累计概率中位数预测法。

主观概率加权平均预测法是以主观概率为权数，对各种预测意见进行加权平均，求得综合预测结果的预测方法。其基本步骤如下。第一步，以事件发生的主观概率为权数，计算每人预测的最高值、最低值和最可能值的加权算术平均数，作为个人预测期望值。第二步，根据每人预测期望值的主观概率，计算综合预测值。第三步，计算平均偏差程度，校正预测结果。

累计概率中位数预测法是根据累计概率，确定不同预测意见的中位数，对预测值进行点估计和区间估计的方法。累计概率中位数预测法首先通过对预测对象未来各种结果的概率及累计概率进行主观估计，建立概率分布函数，然后根据概率分布函数来进行预测。

（二）定量预测法

定量预测方法众多，以下主要介绍时间序列预测法和回归分析预测法。

1. 时间序列预测法

时间序列预测法主要有平均预测法、指数平滑预测法和趋势外推法。

1）平均预测法

平均预测法包括简单平均预测法和移动平均预测法，简单平均预测法又包括算术平均预测法、加权算术平均预测法和几何平均预测法，移动平均预测法包括一次移动平均预测法（简单移动平均预测法、加权移动平均预测法）及二次移动平均预测法等。

（1）算术平均预测法

算术平均预测法是以观察期内时间序列数据的简单算术平均数作为下期预测值的预测方法，计算公式为

$$\hat{Y}_{n+1} = \overline{Y} = \frac{1}{n}\sum_{i=1}^{n} Y_i$$

式中，$\hat{Y}_{n+1}$ 为 $n+1$ 期的预测值；$\overline{Y}$ 为简单算术平均数；i 为时间序列中观察值的顺序号（$i=1，2，3，\cdots，n$）；Y_i 为观察期内第 i 期的观察值；n 为观察期内总期数或观察值的个数。

当时间序列中观察值有集中趋势时，可用算术平均数作为下期预测值，观察值的标准差越小，表示数据越集中，平均数的意义越强。当观察值呈上升或下降趋势时，不能用算术平均数作为下期预测值。

（2）加权算术平均预测法

加权算术平均预测法，就是为观察期内的每一个数据确定一个权数，计算出观测值的加权算术平均数，以这一数字作为预测未来期间该变量预测值的一种趋势预测方法，计算公式为

$$\hat{Y}_{n+1} = \overline{Y} = \frac{\sum_{i=1}^{n} W_i Y_i}{\sum_{i=1}^{n} W_i}$$

式中，W_i 为观察期内第 i 期的权数。

若观察期每个观察值的重要性不同，加权算术平均预测法优于算术平均预测法。

（3）几何平均预测法

几何平均预测法又称比例预测法。当预测对象各期的环比发展速度（增长速度）大致接近时，可用这种方法进行预测。计算公式为

$$\hat{Y}_{n+1} = \overline{Y} = Y_n M_g$$

式中，Y_n 为第 n 期的观察值；M_g 为平均发展速度。

平均发展速度，根据不同的资料可分别采用不同的方法。比如，采用简单几何法计算平均发展速度的公式为

$$M_g = \sqrt[n-1]{\left(Y_2 / Y_1\right) \cdot \left(Y_3 / Y_2\right) \cdots \left(Y_n / Y_{n-1}\right)} = \sqrt[n-1]{Y_n / Y_1}$$

（4）移动平均预测法

移动平均预测法包括简单移动平均预测法和加权移动平均预测法。

简单移动平均预测法是指直接用移动平均数作为下期预测值。计算公式为

$$\hat{Y}_{t+1} = \overline{Y}_t^{(1)} = \frac{Y_t + Y_{t-1} + \cdots + Y_{t-n+1}}{n}$$

式中，$\overline{Y}_t^{(1)}$ 为第 t 期的以 n 个连续观察值数据计算的一次移动平均数，Y 右上方角码表示一次移动平均，右下方角码表示第几期。

【例 5-6】A 企业 2××1 年至 2××6 年的销售额分别如表 5-5 所示，假设移动跨越期为 3 年，用简单移动平均法预测 A 企业的销售额。

表 5-5　简单移动平均法计算　　　　　　　　　　　　　　单位：万元

年　　份	销售额	三期简单移动平均预测值
2××1	6 000	
2××2	7 200	
2××3	6 600	
2××4	7 200	（6 000+7 200+6 600）÷3=6 600
2××5	7 800	（7 200+6 600+7 200）÷3=7 000
2××6	7 500	（6 600+7 200+7 800）÷3=7 200
2××7		（7 200+7 800+7 500）÷3=7 500

加权移动平均预测法，就是在计算移动平均数时，对新旧不同或远近不同时期的数据，给予大小不同的权数，然后再计算移动平均数。一般情况下，距离预测当期最近时期的新数据权数最大，距离当前最远时期的旧数据权数最小。加权移动平均预测法的计算公式为

$$\hat{Y}_{t+1} = \overline{Y}_t^{(1)} = \frac{W_1 Y_t + W_2 Y_{t-1} + \cdots + W_n Y_{t-n+1}}{W_1 + W_2 + \cdots + W_n}$$

【例 5-7】A 企业 2××1 年至 2××6 年的销售额分别如表 5-6 所示，假设移动跨越期为 3 年，最近 1 年的数据权数为 3，中间 1 年的数据权数为 2，最远 1 年的数据权数为 1，用加权移动平均法预测的销售额见表 5-6。

表 5-6　加权移动平均法计算　　　　　　　　　　　　　　单位：万元

年　　份	销售额	三期加权移动平均预测值
2××1	6 000	
2××2	7 200	
2××3	6 600	
2××4	7 200	（6 000×1+7 200×2+6 600×3）÷6=6 700

续表

年　份	销售额	三期加权移动平均预测值
2××5	7 800	（7 200×1＋6 600×2＋7 200×3）÷6＝7 000
2××6	7 500	（6 600×1＋7 200×2＋7 800×3）÷6＝7 400
2××7		（7 200×1＋7 800×2＋7 500×3）÷6＝7 550

2）指数平滑预测法

指数平滑预测法是一种特殊的加权平均法，其加权的特点是对离预测期较近的历史数据给予较大的权数，对离预测期较远的历史数据给予较小的权数，权数由近到远按指数规律递减，所以，这种预测方法被称为指数平滑预测法。指数平滑预测法按时间数列资料被平滑的次数，可分为一次指数平滑法、二次指数平滑法和二次以上的多次指数平滑法。一次指数平滑法适用于水平型时间数列，二次指数平滑法适用于线性趋势型时间数列，二次以上的多次指数平滑法可以用于非线性时间数列的预测，但计算比较烦琐，实际运用也比较少。

3）趋势外推法

趋势外推法也叫趋势延伸法。它是根据时间序列数据的变化规律（或趋势）加以延伸，对市场未来状况做出预测的方法。运用趋势外推法进行市场预测，必须满足两个条件。第一，预测对象的过去、现在和未来的客观条件基本保持不变，过去发生过的规律会延续到未来。第二，预测对象的发展过程是渐变的，而不是跳跃式的、大起大落的。趋势外推法包括直线趋势外推预测法和曲线趋势外推预测法。

直线趋势外推预测法是指当预测对象随着时间的推进基本上呈直线发展趋势时，通过拟合直接模型而进行预测的方法。在预测活动中，当某一变量的时间序列在长时期内呈连续增长或减少的变动趋势，且其逐期增减量大致相同时，常用直线趋势外推预测法进行预测。曲线趋势外推预测法的运用关键是识别数列是否呈曲线趋势变动，以及如何从多种曲线方程中进行选择，其运用过程较为烦琐。

2. 回归分析预测法

回归分析预测法就是从各种经济现象之间的相互关系出发，通过对与预测对象有联系的现象变动趋势的分析，推算预测对象未来数量状态的一种预测法。所谓回归分析，就是研究某一个随机变量（因变量）与其他一个或几个变量（自变量）之间的数量变动关系，由回归分析求出的关系式通常称为回归模型（或回归方程）。

回归分析预测法有多种类型。可根据自变量的个数分为一元回归分析预测法、二元回归分析预测法和多元回归分析预测法。根据自变量和因变量之间是否存在线性关系，可分为线性回归预测和非线性回归预测。线性回归预测法中变量之间的关系表现为直线型，非线性回归预测法中变量之间的关系主要表现为曲线。根据回归分析预测模型是否带虚拟变量，可分为普通回归分析预测模型和带虚拟变量的回归分析预测模型。普通回归分析预测模型的自变量都是数量变量。在带虚拟变量的回归分析预测模型中，自变量既有数量变量又有品质变量。此外，根据回归分析预测模型是否用滞后的因变量作自变量，又可分为无自回归现象的回归分析预测模型和自回归预测模型。

六、主要项目的预测

对企业未来的收益进行预测是运用收益法评估企业价值的基础。资产评估人员应当对委托人和其他相关当事人提供的企业未来收益资料进行必要的分析、判断和调整，结合被评估单位的人力资源、技术水平、资本结构、经营状况、历史业绩、发展趋势，考虑宏观经济因素、所在行业现状与发展前景，合理确定评估假设，形成未来收益预测。

1. 营业收入的预测方法及注意事项

不论是始于资金来源还是始于资金运用的预测，企业未来收益预测的关键目标均是合理预测出企业的营业收入。通常是在预测出企业营业收入的基础上，开展各项成本费用的预测，因此，营业收入的预测十分重要，营业收入预测的误差会对收益预测结果造成影响。

营业收入预测，主要包括对被评估企业未来的产品或服务的类别和结构、销售方式、销售数量、销售单价等参数做出估计。在营业收入预测中，一般有以下两种不同的预测顺序：一是自上而下法，就是通过预测市场总量的大小，确定企业能够占有的市场份额，然后再预测销售单价，得出营业收入预测值，该方法是从市场总量入手预测市场渗透率、价格变化和市场份额；二是自下而上法，以企业现有客户的需求、客户流失率和潜在新客户的发展情况进行预测，该方法是将企业新增客户与现有客户结合起来进行预测的方法。不论采用哪一种预测顺序，对营业收入预测所涉及的各项参数的估计和预测，均可分别选择定性预测方法或定量预测方法。

对于企业产品或服务的销售数量的预测需结合企业自身的成长阶段和所处行业的性质。比如，对于处在成熟行业的稳定阶段的企业，其市场份额的增长潜力较为有限，其产品或服务的销售数量可能在预测期内保持相对稳定或与消费者数量大体一致的增长率；对于处在高预期增长行业的成长阶段的企业，其产品或服务销售数量可结合行业增长率、预计销售数量增长时企业产能的潜在增长率等因素进行预测。在预测销售单价时，需要考虑宏观经济因素和行业发展状况等因素，这些因素可能影响企业产品或服务的需求和价格弹性（如原材料过剩、短期产能过剩或不足、产品或服务功能的替代、生产技术的升级换代）。如果一家企业所处行业未来几年产能不足且该行业具有一定的进入壁垒，则企业产品或服务未来销售单价上升的可能性将会增加；相反，如果企业处于产能过剩或新产能将很快投产的行业中开展经营活动，其产品或服务未来销售单价上升的可能性就很小，甚至可能出现下降。此外，企业在生命周期中由成长阶段转向成熟阶段的过程中，或企业在产品或服务的提供过程中有显著技术改进，可能的情况是其产品或服务的销售数量上升，但销售单价下降。当然，如果企业已经在市场中奠定了自己的核心竞争力，该企业就可能更具提价或避免价格下滑的潜力。

对营业收入预测应重点关注企业产品或服务的销售数量、销售单价及未来走势情况。具体注意事项列举如下：企业产品或服务的市场需求情况及未来变化趋势情况；消费群体的构成及未来变化情况；影响消费者消费的主要因素；企业产品或服务的生产要素情况（包括劳动力、资金、技术、生产或服务设施、原材料、能源供应情况等）及其与未来销售量变化的匹配关系；企业的产品开发和营销策略；企业产品或服务的定价方式；供需关系及未来变化趋势；价格需求弹性对企业营业收入的影响情况；企业未来销售价格的预测依据及同类企业竞争情况；企业营业收入预测值及增长率与企业未来经营状况趋势的对比情况；企业未来引入新产品或采取新的策略或淘汰老产品情况；企业预期的营业收入增长与行业增长率的对比情况；企业目前的市场份额及预测的变化趋势情况等。

2. 成本费用的预测方法及注意事项

成本费用预测，主要包括对营业成本、税金及附加、销售费用、管理费用、研发费用、财务费用、所得税费用等内容做出估计。对成本费用预测所涉及的各项参数的估计和预测，均可分别选择定性预测方法或定量预测方法。

预测企业成本费用的具体方法很大程度上取决于各类成本费用项目中包含固定或变动成分的程度。如果某项成本费用随产量、销量、营业收入或其他相关参数的变化而变动，且两者之间的关系是相对稳定的，则该项成本费用属于可变成本费用。对可变成本费用的预测，通常基于企业历年及当期该成本费用项目与产量、销量、营业收入或其他相关参数之间的比例，选择恰当的定量预测方法进行预测。如果某项成本费用在一定时期和一定范围内，不受产量、销量、营业收入或其他相关参数的增减变动影响而能保持不变，则该项成本费用属于固定成本费用。对固定成本费用的预测，通常以该固定成本费用在评估基准日的水平为基础，并经必要的调整（如非经营性资产对应的支出）。值得注意的是，固定成本费用只是在一定时期和一定范围内保持不变，超过一定时期或范围，固定成本费用将会发生变化。比如，当企业实际产量发生变化但未超过企业现有产能时，企业生产厂房的折旧费用保持不变；但当企业实际产量增长且超过了企业现有产能时，企业需要追加投资（如构建新的厂房等）以扩大产能，则企业的生产厂房折旧费也随之改变。

通常不宜基于企业总成本费用与企业营业收入之间的比例关系笼统地对企业成本费用进行预测。企业成本费用与企业收入之间的比例可能随着时间的改变而发生变化。第一，成本费用发生了变化，而企业收入保持不变。比如，在企业收入保持不变时，企业通过提高生产效率而降低了成本费用。第二，成本费用没有发生变化，而企业收入发生了变化。比如，企业保持成本费用的相对稳定，而面临着市场竞争的加剧，被迫降低产品的销售价格，使得企业收入下降。第三，两者同时发生同向变化，但两者变化幅度有明显差异。比如，在规模效应和充分利用现有产能等因素的影响下，企业营业收入和总成本费用虽然同时上涨，但总成本费用的涨幅可能小于营业收入的涨幅。第四，二者同时发生反向变化。比如，销售增加而成本费用减少（这可能会出现在一家从初创期向成长期过渡的企业），或者销售减少而成本费用增加（这可能出现在处于经营困境中的企业）。

对成本费用预测应重点关注企业成本费用变化的规律及其与营业收入的关系。具体注意事项列举如下：预测产品或服务的成本费用结构（人工成本、材料成本、制造费用、变动成本、固定成本）与历史数据的对比情况；预测的毛利率与历史毛利率的对比情况；

预测的毛利率与行业中其他企业的毛利率水平的对比情况；企业未来产品结构的变化情况及其对成本结构的影响；企业历史及未来各项变动成本费用占收入的比例的对比情况；企业未来收益与企业未来实行的会计政策和税收政策保持一致的情况等。

3. 资本性支出的预测方法及注意事项

资本性支出的目的，是形成、保持或扩大企业的生产或服务能力，相应地，资本性支出包括两类：一是为了弥补企业现有生产能力对应资产的损耗而作出的维修或以旧换新等投资，称作存量资本性支出或更新资本性支出；二是为了扩大企业生产能力而新增的投资，称作增量资本性支出或新增资本性支出。对这两类资本性支出，一般是以资本性支出的时点为界限进行划分的。比如，详细预测期第一年为扩大生产能力而追加了一笔投资，相对于评估基准日而言，该笔追加投资属于增量资本性支出，但该笔追加投资完成后，企业为保持其产能（即该笔追加投资后的企业总产能）而作出的维修或以旧换新的投资，则属于存量资本性支出。

资本性支出的预测，主要包括对固定资产、无形资产和非流动资产等投资项目的购建项目及其数量、购建价格等参数做出估计。购建项目及其数量的预测，应基于生产能力对应的资产规模、资产结构以及资产配置，并考虑企业设计能力和生产管理水平等因素的影响。购建价格的预测，可通过可行性研究投资估算、初步设计概算或施工图预算等资料进行测算；也可通过市场途径，即在参照项目实际购建成本基础上，根据资产规模、资产结构等差异以及价格指数变化等情况进行必要修正后得出。

对资本性支出预测应重点关注企业未来的资本性支出与企业生产能力、企业预计产量之间的匹配关系。在详细预测期，若企业预计产量高于评估基准日的企业生产能力，则资本性支出不仅包括存量资本性支出，也包括增量资本性支出；若企业预计产量低于评估基准日企业生产能力，则资本性支出仅包括存量资本性支出，不包括增量资本性支出。在稳定期，若企业的收益预计按一定金额或一定比例持续增长且该增长有赖于企业生产能力的不断扩大，则资本性支出不仅包括存量资本性支出，也包括增量资本性支出；若企业的生产能力和收益均预计保持平稳，则资本性支出仅包括存量资本性支出。若企业收益期为无限年期，该企业稳定期的资本性支出，不宜简单采用详细预测期最后一年的预测值，而一般可通过年金化法进行测算。

对资本性支出的预测，还需注意以下事项：预测的资本性支出的具体构成情况（用于扩大再生产的资本性支出、用于更新现有固定资产的资本性支出）；预测的资本性支出的预测依据和测算过程（总投资额、投资明细、分年度投资额、投产时间和投产后的收益等的预测依据以及审核批准情况）；预测用于更新现有固定资产的资本性支出所采用的经济寿命年限与行业惯例的对比情况；企业为满足资本性支出所需要准备的资金情况等。

4. 营运资金的预测方法及注意事项

在企业价值评估领域，营运资金其实是经营营运资金的简称，经营营运资金是指经营性流动资产与经营性流动负债的差额。对营运资金的预测，通常有两种途径，即综合分析途径和分项预测途径。运用这两种途径对营运资金进行预测过程中，对涉及的相关参数，可分别选择定性或定量预测方法进行预测。

综合分析途径，是指基于营运资金与营业收入之间的比例关系来预测营运资金的途径，一般是通过建立以营业收入为自变量、以营运资金为因变量的回归方程，通过营业收入的变化来推测营运资金的变化情况，这种方法的前提是营运资金与营业收入高度相关。

分项预测途径，是指分别对经营性流动资产和经营性流动负债的各组成项目进行预测，进而测算营运资金的途径。运用分项预测途径，主要包括对应收票据及应收账款、存货、应付票据及应付账款、最佳现金持有量以及其他相关参数做出估计。对这些参数进行预测，可采用周转模式。比如，以营业收入预测值除以应收账款周转率预测值得出应收账款预测值，以营业成本预测值除以存货周转率预测值得出存货预测值，以营业成本预测值除以应付账款周转率预测值得出应付账款预测值，以付现成本预测值除以现金周转率预测值得出最佳现金持有量预测值。各类周转率预测值，可在企业历年及当期周转率水平基础上，采用定性或定量预测方法做出估计。此外，最佳现金持有量的预测方法，除运用周转模式以外，还可以采用成本分析模式、存货模式和随机模式。成本分析模式是通过分析持有现金的机会成本、管理成本和短缺成本，寻找使总成本最低的现金持有量。存货模式将现金视为一项特殊的存货，假定企业的现金流入和流出稳定并且可以预测，在需要现金时可以通过出售有价证券迅速变现取得，通过分析机会成本与交易成本，寻找使这两者总成本最低的现金持有量。随机模式是在现金需求量难以预知的情况下进行现金持有量控制的方法。对企业来讲，现金需求量往往波动大且难以预知，但企业可以根据历史经验和现实需要，测算出一个现金持有量的控制范围，即制定出现金持有量的上限和下限，将现金量控制在上下限之内。当现金量达到控制上限时，用现金购入有价证券，使现金持有量下降；当现金量降到控制下限时，则抛售有价证券换回现金，使现金持有量回升。若现金量在控制的上下限之内，便不必进行现金与有价证券的转换，保持它们各自的现有存量。

对营运资金预测应重点关注营运资金与企业生产和销售规模的关系。具体注意事项列举如下：预测营运资金水平与企业经营预测情况（业务经营模式、结算方式、信用账期）的匹配关系；企业营运资金涉及项目（存货、应收账款、应付账款）的周转天数计算方法；最佳现金持有量的计算方法；详细预测期营运资金水平与预测的企业增长情况的相关关系；企业为满足营运资金增加额所需要准备的资金情况等。

七、收益预测的合理性分析

考虑到对企业未来收益进行预测是一项非常复杂的工作，需要考虑企业内外部影响因素，又容易受到评估人员能力和主观判断的影响，而收益预测结果又直接影响或决定着企业价值的评估结果，因此，评估人员在对企业未来收益做出初步预测后，应该对该初步预测结果进行检验和分析，以判断所做预测的合理性。

对企业未来收益的初步预测结果进行检验和分析，通常可以从以下几个方面进行：

第一，将详细预测期企业收益的发展方向和变化趋势与企业历史收益进行对比。如预测的结果与企业历史收益的平均趋势明显不符，或出现较大变化又无充分理由加以支持，则该预测的合理性值得怀疑。

第二，对影响企业价值的敏感性因素进行严格检验。敏感性因素通常具有两方面的特征：一是该类因素未来存在多种变化；二是该类因素的小幅变化就会对企业价值产生明显影响。

第三，对所预测的企业收入与成本费用变化的一致性进行检验。成本费用中的可变成本与收入之间往往呈现较强的相关性，成本费用中的固定成本虽与收入之间并无明显的相关性，但也并非一成不变的，也会受企业规模的影响。若企业未来的收入变化而成本费用并无变化，则该预测值不合理。

第四，将收益法评估结果与其他方法的评估结果进行比较，进而对收益预测值的合理性做出检验。

第四节　折现率及其估算

一、折现率的分类及选择

折现率是指将未来各期收益折算成现值的比率。从本质上讲，折现率是一种期望投资报酬率，是投资者在投资风险一定的情况下对投资所期望的回报率，即投资者要求的报酬率。回报率是资金所有者由于放弃当前收益、承担未来收益风险而获得的一种补偿。资本成本是资金使用者由于使用他人资金而付出的代价。因此，回报率和资本成本是同一事项的两面，资金使用者付出的资金成本也就是资金提供者获得的回报，通常可以用资本成本来衡量回报率。

（一）折现率的种类

1. 全投资口径折现率与权益口径折现率

按照资本的不同来源和统计口径，折现率可以划分为全投资口径折现率与权益口径折现率。企业资本主要有两个来源，一是企业所有者，即公司制企业中的股东，另一个是债权人。全投资口径折现率是将企业股东和债权人视作一个整体而对应的投资报酬率水平，即加权平均资本成本。权益口径折现率是指企业股东期望的投资报酬率，即股权资本成本。

2. 税前折现率与税后折现率

按照所得税对收益的影响，企业收益有税前和税后不同的统计口径，折现率也相应地可以划分为税前折现率与税后折现率。税前折现率是与税前收益相对应的折现率，包括根据税前权益回报率和税前债务回报率计算的税前企业加权平均资本成本、税前股权资本成本等。税后折现率是与税前收益相对应的折现率，包括根据税后权益回报率和税后债务回报率计算的加权平均资本成本即税后企业加权平均资本成本、税后股权资本成本等。

（二）折现率的选择

折现率与收益口径应当保持一致。扣除了所得税影响后的全体投资者的收益即全投资形成的税后收益，包括息前税后利润、企业自由现金流量等。没有扣除所得税影响的全体投资者的收益即全投资形成的税前收益，包括息税前利润、息税折旧摊销前利润等。扣除了所得税影响后的权益投资形成的税后收益，包括净利润、股权自由现金流量。没有扣除所得税影响的权益投资形成的税前收益，如利润总额。折现率与收益口径的匹配关系如表 5-7 所示。

表 5-7　折现率与收益口径的匹配关系

收益口径	匹配的折现率	收益现值的价值内涵
权益投资形成的税后收益	税后股权资本成本	股东全部权益价值
全投资形成的税后收益	税后加权平均资本成本	企业整体价值
权益投资形成的税前收益	税前股权资本成本	股东全部权益价值
全投资形成的税前收益	税前加权平均资本成本	企业整体价值

二、股权资本成本

测算股权资本成本的常用方法有资本资产定价模型、套利定价模型、三因素模型和风险累加法。

（一）资本资产定价模型

资本资产定价模型（capital asset pricing model，CAPM）是美国学者夏普、林特尔、莫森等在现代投资组合理论的基础上发展起来的，它是现代金融市场价格理论的支柱，广泛应用于投资决策和资产评估领域。

1. 资本资产定价模型的计算公式

资本资产定价模型将风险溢价和风险通过数学模型有机地联系起来，具体是以 β 值表示市场整体的波动给单个资产带来的系统性风险，将资产的期望收益率表示为无风险报酬率和 β 值的函数，计算公式如下：

$$R_e = R_f + \beta \times (R_m - R_f) + R_s$$

式中，R_e 为股权资本成本；R_f 为无风险报酬率；β 为企业风险系数，指相对于市场收益率的敏感度；R_m 为市场的预期报酬率；$(R_m - R_f)$ 为市场风险溢价；R_s 为企业特有风险调整系数。

1）无风险报酬率

无风险报酬率是投资无风险资产所获得的投资回报率，表示即使在风险为零时，投资者仍期望就资本的时间价值获得的补偿。无风险（或风险为零）必须具备两个条件：

一是没有违约风险或违约风险可以忽略，投资者可以毫无损失地获得投资本金和投资收益；二是没有投资和再投资风险，能够在特定时间内按预期完成投资或再投资。因此，所谓的无风险报酬率（或风险为零）投资是指既没有违约风险也没有投资和再投资风险的投资。

无风险报酬率一般是参考不存在违约风险的政府债券利率确定。政府债券有很多种期限，利率也不同，究竟应该选择何种期限的政府债券利率作为无风险报酬率呢？由于企业未来收益由未来多期现金流量甚至无限期现金流量组成，以短期政府债券利率来衡量无风险报酬率与收益期限不匹配，因此，进行企业价值评估时，通常不宜选择短期债券利率作为无风险报酬率。理想的做法是对每一个现金流量使用一个到期日与之相同的政府债券利率，但在评估实践中这个理想状况较难实现，通常选用中长期政府债券利率代替，如 10 年期政府债券利率。更长期的债券，由于缺乏流动性，其价格和回报溢价具有一定的滞后性。

债券利率有票面利率和到期收益率，那么应选择哪种利率作为无风险报酬率呢？不同时间发行的长期政府债券，其票面利率不同，有时相差很大。长期政府债券的付息期不同，有半年期或一年期等，还有到期一次还本付息的。因此，不适宜选用票面利率。应当选择上市交易的政府长期债券的到期收益率作为无风险报酬率的代表。不同年份发行的、票面利率和计息期不等的上市债券，根据当前市价和未来现金流量计算的到期收益率只有很小的差别。各种长期政府债券的到期收益率与票面利率会有很大区别。目前，在我国企业价值的评估实务中，无风险报酬率通常选取与企业收益期相匹配的中长期国债的市场到期收益率。收益期在 10 年以上的企业通常选用距评估基准日 10 年的长期国债到期收益率，收益期在 10 年以下的企业选用距评估基准日对应年限的长期国债到期收益率。

2）β 系数

β 系数是衡量一种证券或一个投资组合相对于总体市场的波动性的一种风险评价工具。风险是实现未来收益的不确定性，资本市场理论把风险分为系统风险和非系统风险。系统风险由综合因素导致，个别企业或投资者无法通过多样化投资予以分散。非系统风险由单个的特殊因素所引起，这些特殊因素的发生是随机的，因此可以通过多样化投资来分散。若投资者采用了足够数量的、分散性极好的组合投资并消除了非系统风险，则这样的投资组合只需承担系统风险，资本市场整体便具备了这样的特征。而 β 系数是衡量系统风险的指标，可以将资本市场整体的 β 系数定义为 1。投资一家公司的股票，如果该股票的 β 系数为 1.2，则说明其波动率是股市平均波动率的 1.2 倍，也就是该股票风险比整个股市平均风险（即系统风险）高 20%；相反，如果该股票的 β 系数为 0.8，则说明其波动率是股市平均波动率的 0.8 倍，也就是该股票风险比整个股市平均风险（即系统风险）低 20%。一般来说，一个公司 β 系数的大小取决于该公司的业务类型、经营杠杆和财务杠杆等因素。通常，在其他因素相同的情况下，周期性公司的 β 系数高于非周期性公司，经营杠杆较高的公司的 β 系数高于经营杠杆较低的公司，财务杠杆较高的公司的 β 系数也高于财务杠杆较低的公司。

对于公开交易股票（即上市公司股票），可以采用回归方法计算 β 系数，即用历史上一定时期个别股票的收益率相对于市场收益率进行回归分析，回归曲线的斜率就是个别股票的 β 系数，表示个别股票的风险。股票 i 的 β 系数计算公式为

$$\beta_i = \frac{\text{Cov}(R_i, R_m)}{\sigma_m^2}$$

式中，$\text{Cov}(R_i, R_m)$ 表示一定时期内股票 i 的收益率和市场收益率的协方差；σ_m^2 表示一定时期内市场收益率的方差。

采用上述回归分析方法计算 β 系数，影响 β 系数的因素主要有三个：

第一，反映股票市场整体价格水平的指数种类的选择。用于反映股票市场价格水平的指数有很多，大多数情况下，所估算的 β 系数对所选择的市场指数并不特别敏感，但由于不同指数所包含的样本股以及样本股的权重不同，根据不同的市场指数计算出来的 β 系数还是有一些差别的。因此，选择的市场指数应该具有充分的代表性，以保证反映整个市场的价格动向。

第二，观察间隔期的选择。股票收益可能建立在每年、每月、每周甚至每日的基础上。理论上讲，对回报率的预测越频繁，对协方差的估算以及对 β 系数的测算就会越准确，但当某种股票很少交易时，在没有成交或停牌期间的收益率为 0，由此引起的偏差会降低股票收益率与市场收益率之间的相关性，也会降低该股票的 β 系数。使用每周或每月的收益率就能显著降低这种偏差，因此被广泛采用。年度收益率较少采用，因为对年度收益率进行回归分析需要使用很多年的数据，在此期间资本市场和企业都发生了很大变化。

第三，样本期间长度的选择。一般情况下，公司风险特征无重大变化时，可以采用 5 年或更长的样本期间长度；如果公司风险特征发生重大变化，应当使用变化后的年份作为样本期间长度。此外，样本的期间长度还应与观察间隔期的长度相关，选择月作为观察间隔期时的样本期间长度，要明显长于选择日作为观察间隔期时的样本期间长度。

在采用收益法对非上市公司进行评估时，由于非上市公司并无连续成交的历史交易数据，因此无法直接采用上述回归分析方法计算出非上市公司的 β 系数。评估实务中，一般是通过在公开交易市场中选择与被评估企业类似的公司作为可比公司，用可比公司的 β 系数并经一定的调整后间接地得出非上市公司的 β 系数，主要步骤如下：

首先，估算可比上市公司的原始 β 系数。在筛选出与被评估企业类似的可比公司后，采用上述回归分析法计算可比公司的 β 系数，也可以在一些专业财经资讯平台、证券投资机构、投资咨询机构所发布的数据产品中查询可比公司的 β 系数。

其次，对可比上市公司的原始 β 系数进行必要的调整，得出可比上市公司调整后 β 系数。上述回归分析方法计算的 β 系数，采用的是上市公司一定时期的历史数据，因此，估算得出的 β 系数应该是上市公司股票的历史 β 系数，但是采用资本资产定价模型求取的折现率应该是未来预期的折现率，要求估算的 β 系数也是未来预期的 β 系数。这就面临着这样一个问题：采用历史数据估算出的 β 系数能否作为未来的 β 系数。将过去的 β 系数用于反映现在或将来的风险，则必须要求估算出来的 β 系数要有一定的稳定性。因此，有必要对可比上市公司的原始 β 系数进行必要的调整。比如，彭博资讯（Bloomberg）

公布的调整后的 β 系数，假设随着时间的推移，β 系数将向市场整体 β 系数接近，所以用历史 β 系数占 2/3、市场 β 系数（假设为 1）占 1/3 的平均方式，对基于历史数据的原始 β 系数进行平滑调整。调整后的 β 系数计算公式如下：

调整后的 β 系数 = 原始 β 系数 $\times 67\% + 1 \times 33\%$

再次，将可比上市公司调整后的 β 系数去财务杠杆，得出可比上市公司调整后无财务杠杆 β 系数。由于财务杠杆高低会影响 β 系数的取值，具有不同资本结构的可比公司会有不同的 β 系数，因此，需要将可比上市公司调整后有财务杠杆的 β 系数换算成可比上市公司调整后无财务杠杆的 β 系数，换算公式如下：

$$\beta_{\mathrm{u}} = \frac{\beta_{\mathrm{l}}}{1+\left(1-T\right)\times\dfrac{D_i}{E_i}}$$

式中，β_{u} 表示可比上市公司调整后无财务杠杆 β 系数；β_{l} 表示可比上市公司调整后有财务杠杆 β 系数；T 表示企业所得税税率；D_i 表示可比公司的付息债务；E_i 表示可比公司的权益资本。

最后，根据可比上市公司调整后无杠杆 β 系数和被评估企业的资本结构，计算得出被评估企业的有财务杠杆 β 系数。计算公式如下：

$$\beta_{\mathrm{e}} = \beta_{\mathrm{u}} \times [1+(1-T) \times D_{\mathrm{m}}/E_{\mathrm{m}}]$$

式中，β_{e} 表示被评估企业有财务杠杆 β 系数；D_{m} 表示被评估企业的付息债务；E_{m} 表示被评估企业的权益资本。

【例 5-8】被评估企业 A 公司的资本结构为付息债务占 40%，权益资本占 60%，所得税税率为 25%。可比上市公司 B 公司的 β 值为 1.16，资本结构为付息债务占 30%，权益资本占 70%，所得税税率为 25%。根据以上资料，求被评估企业 A 公司的 β 值。

解：可比上市公司 B 公司的无财务杠杆 β 值为

$$\beta_{\mathrm{u}} = \frac{\beta_{\mathrm{l}}}{1+\left(1-T\right)\times\dfrac{D_i}{E_i}} = \frac{1.16}{1+\left(1-25\%\right)\times\dfrac{30\%}{70\%}} = 0.88$$

被评估企业 A 公司的 β 值为

$$\beta_{\mathrm{e}} = \beta_{\mathrm{u}} \times \left[1+\left(1-T\right)\times\frac{D_{\mathrm{m}}}{E_{\mathrm{m}}}\right] = 0.88 \times \left[1+\left(1-25\%\right)\times\frac{40\%}{60\%}\right] = 1.32$$

被评估企业的资本结构通常不宜直接采用被评估企业的历史或评估基准日的资本结构，而应选择目标资本结构。主要原因在于历史或现行的资本结构可能并不稳定，企业管理层可能在未来不断进行调整，因此，最终确定的资本结构应能反映企业整个收益期内的综合预期水平，并且还要考虑债务取得途径及债务金额是否可实现等因素，因为随着债务金额的增加，违约风险增加，债务取得的难度也会加大。

3）市场风险溢价

市场风险溢价（equity risk premium，ERP）也称为股权超额风险回报率，是对于一个充分风险分散的市场投资组合，投资者所要求的高于无风险报酬率的回报率。而股票交易市场通常被认为是充分风险分散的市场，因此，市场风险溢价也可理解为股票市场所期望的超过无风险报酬率的部分。

作为资本资产定价模型中的一个重要参数，市场风险溢价也是前瞻性的概念，无法事先观测到。目前，国际上对于市场风险溢价的估算方法主要包括三类。一是面向未来的方法。面向未来的方法主要有贴现现金流量法，包括单阶段和多阶段法，实质上是根据已知估值结果反向推算市场风险溢价的方法，但不同的预测方法往往会产生很大的差异。二是基于当前的方法。基于当前的测算方法通常是把当前的市场变量（如股息额-股价比）彼此联系起来进行回归分析，以预测市场风险溢价。三是基于历史的方法。基于历史的方法主要为收益变现法，是运用历史收益来估计未来收益，运用投资者在一些持有期已经实现的平均收益溢价来计算。

在评估实务中，上述计算市场风险溢价的三类方法中，基于历史的收益变现法运用较为普遍，该方法的理论假设为：过去的市场行为提供了未来行为的基础，投资者的预期受市场历史表现的影响。如果周期性收益（如年度性收益）是相互独立的（不相关），并且在一定时期呈稳定状态，则历史收益的平均值提供了未来期望收益。历史证券价格反映了可观测到的证券的收益，通过分析历史上的市场风险溢价，可以合理地估计同样价格水平上的风险溢价。应注意以下两个问题：

第一，时间跨度的选择。由于股票收益率非常复杂多变，影响因素很多，因此，较短的期间所提供的风险溢价比较极端，无法反映平均水平，应选择较长的时间跨度。例如，用过去几十年的数据计算权益市场平均收益率，其中既包括经济繁荣时期，也包括经济衰退时期，要比只用最近几年的数据计算更具代表性。

第二，权益市场平均收益率是选择算术平均数还是几何平均数。算术平均数是在这段时间内年收益率的简单平均数，而几何平均数则是同一时期内年收益率的复合平均数，两种方法算出的风险溢价往往存在差异。主张使用算术平均数的理由是：算术平均数更符合资本资产定价模型中的平均方差的结构，因而是下一阶段风险溢价的一个更好的预测指标。主张使用几何平均数的理由是：几何平均数的计算考虑了复合平均，能更好地预测长期的平均风险溢价。多数人倾向于采用几何平均法。一般情况下，几何平均法得出的预期风险溢价比算术平均法要低一些。

【例 5-9】某证券市场最近三年的相关数据如表 5-8 所示，分别计算最近两年该证券市场的算术平均收益率和几何平均收益率。

表 5-8　各期的市场收益率

日期	价格指数	市场收益率
2××1 年 12 月 31 日	3 600	
2××2 年 12 月 31 日	2 800	（2 800-3 600）/3 600=-22.22%
2××3 年 12 月 31 日	4 000	（4 000-2 800）/2 800=42.86%

算术平均收益率 =（-22.22%+42.86%）/2=10.32%

$$几何平均收益率 = \sqrt{4\,000 \div 3\,600} - 1 = 5.41\%$$

4）企业特定风险调整系数

企业特定风险调整系数是衡量被评估企业与可比上市公司风险差异的一个指标。在计算被评估企业的 β 系数时，要基于可比上市公司调整后无杠杆 β 系数和被评估企业的资本结构，计算得出被评估企业的有财务杠杆 β 系数，这一计算过程量化了被评估企业和可比上市公司在财务杠杆方面的差异对风险所产生的影响。但不同企业之间 β 系数的差异，不仅受财务杠杆差异的影响，而且也会受到不同企业在业务类型、企业发展阶段、行业竞争地位、经营杠杆等其他因素方面存在差异的影响。

如果市场上存在足够多的可比上市公司，并且这些可比上市公司与被评估企业有类似的风险特性，可比上市公司的股票交易价格中已反映了这些风险特性，则通过可比上市公司股票交易价格计算的 β 系数已反映了被评估企业的风险特性，就无须再对被评估企业进行特定风险调整。然而，现实中经常没有足够多的可比上市公司，或者可比上市公司与被评估企业的风险特性往往存在差异，在这种情况下，就应当对公司特定风险进行调整。

对被评估企业的特定风险进行调整，具体通过在调整前的资本资产定价模型得出的报酬率基础上，加上调整系数或减去调整系数来实现。与可比上市公司相比，被评估企业的特定风险因素主要包括企业规模、企业所处经营阶段、主要产品所处的发展阶段、企业经营业务或产品的种类及区域分布、企业历史经营状况、企业内部管理和控制机制、管理人员的经验与资历、对主要客户及供应商的依赖等。

【例 5-10】被评估企业 A 公司的 β 值为 1.2，企业特定风险调整系数为 1%，市场无风险报酬率为 3%，市场组合的预期收益率是 10%，计算 A 公司的股权资本成本。

$$R_e = R_f + \beta（R_m - R_f）+ R_s = 3\% + 1.2 \times（10\% - 3\%）+ 1\% = 12.4\%$$

2. 资本资产定价模型的适用性

资本资产定价模型通过 β 系数的引入，能够衡量企业的超额收益对于市场超额收益的敏感程度，较好地解释了企业风险与其未来收益之间的关系。但资本资产定价模型的基本假设主要包括市场的信息是完全充分的和对称的、金融市场是完全有效的、理性预期成立、投资者属于风险厌恶等内容，这些基本假设在整体市场、特定企业中难以完全满足，使得资本资产定价模型受到一定的挑战。

尽管如此，资本资产定价模型仍然提供了估计股权资本成本的合理框架，包含了风险种类和风险测度的思想，是企业价值评估理论的一个突破性发展，为股权资本收益率的计量提供了一条有效途径。目前，资本资产定价模型是估计股权资本成本时被最广泛使用的方法，当企业所属经济环境内的资本市场数据充分，且可找到与目标企业可比的上市公司数据时，可选用资本资产定价模型测算股权资本成本。不过，评估人员有必要认识到该模型本身存在的局限性，以便在评估实务中加以改进。

（二）套利定价模型

1. 套利定价模型的计算公式

套利定价模型（APT）是由罗斯（Stephen A. Ross）于 1976 年提出的，该模型以收益率形成过程的多因子模型为基础，认为证券收益率与一组因子线性相关，这组因子代表资产收益率的一些基本因素，且假设均衡中的资产收益取决于多个不同的外生因素。套利定价模型拓展了更多影响风险资产收益的因素，并根据无套利原则，得到风险资产均衡收益与多个因素之间存在线性关系的结论。

当资产的期望收益率与按照套利定价公式确定的收益率不符时，人们就可以通过低买高卖赚取差价，直至市场均衡无套利存在。当且仅当期望收益率是敏感性的线性函数时，不存在套利机会，这时市场达到均衡。则有

$$E(r_i) = \lambda_0 + \beta_{i1}\lambda_1 + \beta_{i2}\lambda_2 + \cdots + \beta_{ik}\lambda_k$$

式中，$E(r_i)$ 表示资产 i（$i=1, 2, \cdots, n$）的预期报酬率；λ_0 表示零系统风险（$\beta_{i1}=\beta_{i2}=\cdots=\beta_{ik}=0$）资产或零 β 组合的期望收益率；λ_j，$j=1, 2, \cdots, k$，表示 k 个相互独立的因子风险溢价；β_{ij} 表示第 j 个风险溢价和资产 i 之间的定价关系，反映资产 i 对于第 j 个影响因素的敏感度。

如果市场有无风险资产，则上式即为套利定价模型。即套利定价模型的公式如下：

$$E(r_i) = r_f + \beta_{i1}\lambda_1 + \beta_{i2}\lambda_2 + \cdots + \beta_{ik}\lambda_k$$

或

$$E(r_i) = r_f + \beta_{i1}(\delta_1 - \lambda_f) + \beta_{i2}(\delta_2 - \lambda_f) + \cdots + \beta_{ik}(\delta_k - \lambda_f)$$

式中，r_f 表示无风险报酬率；δ_j，$j=1, 2, \cdots, k$，表示因素 j 对应的因素资产收益率。

从上述套利定价模型可以看出，资产的期望收益率是建立在资产的因子敏感系数和因子的风险溢价之上的，每项资产 i 的期望收益率都可以表示成无风险报酬率和该资产对 k 个共同因子风险溢价的线性组合。

建立套利定价模型的关键在于因素的筛选。套利定价模型虽然较为全面地解释了收益率，在形式上能更好地依靠数理统计，但该模型并没有指出影响证券的具体因素及数量。在实务中，套利定价模型的因素筛选通常采用以下两种方法：一是采用因素分析或主成分分析的统计方法求解真正独立的理想状态的共同因素；二是人为设定一组宏观经济变量，用这些变量对资产收益率进行回归，并通过拟合程度的显著性检验确定最终的共同因素。

2. 套利定价模型的适用性

不论是套利定价模型，还是资本资产定价模型，均假设投资者面临着不可避免的系统性风险。但两者考虑的变量和因素不同：资本资产定价模型实质上是一种单变量模型，通过市场来判断系统性风险；而套利定价模型是一个多因素回归模型，通过一组经济要素来判断系统性风险，在该模型中，一项投资的股权资本成本根据投资对于每一个风险因素的敏感度而改变。在某种意义上，套利定价模型是资本资产定价模型的多变量扩展形式，它可以识别一项投资预期收益率中多种风险因素，资本资产定价模型中的市场风

险也通常包含在其中。因而，套利定价模型和资本资产定价模型不是相互排斥的，资本资产定价模型可看成套利定价模型的特例。

目前，套利定价模型在评估实务中尚未被广泛采用，其原因主要有以下两点：首先，套利定价模型虽然指出了通过多种因素判断系统风险的思路，但并没有归纳出具体的变量或因素，也没有指出哪些变量或因素是最有效的，系统性风险因素的选择并无有说服力的理论依据，而必须根据经济条件的变化和实证研究来做出选择和调整；其次，套利定价模型的运用过程较为复杂，因为不同因素的 β 系数比单因素的 β 系数更难确定。

（三）三因素模型

1. 三因素模型的计算公式

三因素模型也称 Fama-French 三因素模型，是由法玛（Fama）和弗兰奇（French）于 1992 年提出的，该模型认为，一个投资组合（包括单个股票）的超额回报率按照以下三个因素进行回归计算得出：市场的超额回报率、期望的规模风险溢价、期望的价值风险溢价。三因素模型的计算公式如下：

$$E(r_i)=r_f+(B_i\times ERP)+(s_i\times SMBP)+(b_i\times HMLP)$$

式中，$E(r_i)$ 表示证券 i 的预期报酬率；r_f 表示无风险报酬率；B_i 表示公司 i 的 β 系数（不等同于资本资产定价模型中的 β 系数）；ERP 表示市场风险溢价；s_i 表示股票的预期报酬率对于公司大小的敏感程度；SMBP 表示期望的规模风险溢价，用小规模股票市值组合与大规模股票市值组合的历史年回报率的差额进行估计；b_i 表示股票的预期报酬率对于账面价值市值比的敏感程度；HMLP 表示期望的价值风险溢价，高账面价值市值比相对于低账面价值市值比的超额回报率。

2. 三因素模型的适用性

三因素模型是实证性驱动模型，法玛和弗兰奇是在检验了许多因素之后才发现能够解释目标证券期望回报率的三个因素。相比于套利定价模型在变量选择方面的随意性和主观性，三因素模型明确指出了公司收益率的决定因素，运用历史数据，根据目标公司的收益率以及市场收益率、规模因素模拟组合收益率、账面价值市值比因素模拟组合收益率，就可以回归求出相应的 β 系数。

（四）风险累加法

1. 风险累加法的计算公式

风险累加法求取股权资本成本的思路是股权资本成本等于无风险报酬率加上各种风险报酬率，其计算公式为：

$$R_e=R_f+R_r$$

式中，R_e 为股权资本成本；R_f 为无风险报酬率；R_r 为风险报酬率。

无风险报酬率的确定方法与资本资产定价模型中的无风险报酬率的确定方法相同。运用风险累加法估算股权资本成本，关键在于企业所面临的各种风险报酬率的确定。

企业在其持续经营过程中可能要面临许多风险，包括行业风险、经营风险、财务风险以及其他风险，将企业可能面临的风险量化在回报率上并累加，便可得到股权资本成本中的风险报酬率。用数学公式表示为

风险报酬率 = 行业风险报酬率 + 经营风险报酬率 + 财务风险报酬率 + 其他风险报酬率

行业风险主要是指企业所在行业的市场特点、投资开发特点，以及国家产业政策调整等因素造成的行业发展不确定性给企业未来收益带来的影响。

经营风险是指企业在经营过程中，由于市场需求变化、生产要素供给条件变化以及同类企业间的竞争给企业的未来收益带来的不确定性影响。

财务风险是指企业在经营过程中的资金融通、资金调度、资金周转可能出现的影响企业未来收益的不确定性因素。

其他风险是指除行业风险、经营风险、财务风险以外的其他个别风险。

2. 风险累加法的适用性

无风险报酬率和风险溢价是资本成本的两个主要构成成分，因此，风险累加法比较直观地反映了资本成本的组成内容。目前，由于各项风险报酬率的量化主要依赖经验判断，其粗略性和主观性明显。只有在评估人员充分了解和掌握国民经济的运行态势、行业发展方向、市场状况、同类企业竞争情况以及被评估企业的特征的基础上，对风险报酬率的经验判断才可能较为合理。

风险累加法与资本资产定价模型的最大不同之处在于：资本资产定价模型在某一特定股票中引入市场（系统性）风险作为对一般股权风险溢价的调整。因此，资本资产定价模型可理解为是在风险累加法基础上通过引入 β 系数进行扩展得到的模型。

三、加权平均资本成本

（一）债务资本成本

债务资本成本是被评估企业融资时所发行债券、向银行借款、融资租赁等所借债务的成本，也是被评估企业的债权投资者投资被评估企业所期望得到的投资回报率。债务资本成本主要受即期利率水平、企业违约风险以及贷款期限的长短等因素的影响。同一时期的不同企业，由于企业的经营状况不同、资本结构不同，企业的偿债能力也会有所不同，企业债权人承担的投资风险也不尽相同，因此，债权投资者所期望的投资回报率也不尽相同。同一企业在不同时期，不仅企业的偿债能力可能会改变，贷款利率的市场行情和债权投资者自身的资金成本也可能发生变化，这些因素均可能导致债权投资者所期望的投资回报率发生变化。对债务资本成本进行估算主要有基于银行贷款利率进行估算、基于企业债券利率进行估算以及风险调整法这三种方法。

1. 估算债务资本成本的主要方法

对债务资本成本进行估算主要有以下三种方法：

（1）基于银行贷款利率估算债务资本成本。这是以评估基准日现行的银行贷款利率市场行情，结合被评估企业的偿债能力，进而估算债务资本成本的一种方法。这种方法较为直观、简便，目前在国内运用较为广泛。

需要注意的是，在基于银行贷款利率估算债务资本成本过程中，不宜直接将贷款市场利率报价作为被评估企业的债务资本成本。经国务院批准，自 2013 年 7 月 20 日起全面放开金融机构贷款利率管制，贷款利率已全面市场化，银行向被评估企业发放贷款，其贷款利率不仅受即期利率水平、贷款期限的影响，还会受被评估企业经营业绩、资本结构、信用等级、抵质押情况及第三方担保等因素的影响，在多种因素共同作用下按市场机制形成借贷双方均可接受的贷款利率。当然，贷款利率虽已全面市场化，但中国人民银行授权全国银行间同业拆借中心公布的贷款市场利率报价仍然具有较强的导向和信号作用。因此，在基于银行贷款利率估算债务资本成本的过程中，通常可在全国银行间同业拆借中心公布的贷款市场利率报价基础上，考虑被评估企业的贷款期限、经营业绩、资本结构、信用等级、抵质押情况及第三方担保等情况后，综合进行分析和判断。

（2）基于企业债券利率估算债务资本成本。这是以评估基准日企业发行债券的到期回报率为基础估算债务资本成本的一种方法。运用这种方法，通常要求具有较为发达的债券交易市场，因此，目前该方法在成熟市场经济国家运用较为广泛。

在成熟市场经济国家，其债券交易市场比较发达，有很多不同类别的债券在市场上公开交易。另外，也都有专业的债券评级机构根据债券发行主体偿债能力等因素，对市场上公开交易的债券进行评级。比如，目前在美国主要有标准普尔公司和穆迪投资服务公司提供评级服务。标准普尔公司信用等级标准由高到低划分为 AAA 级、AA 级、A 级、BBB 级、BB 级、B 级、CCC 级、CC 级、C 级和 D 级；穆迪投资服务公司信用等级标准由高到低划分为 Aaa 级、Aa 级、A 级、Baa 级、Ba 级、B 级、Caa 级、Ca 级、C 级和 D 级。随着级别的降低，债券发行人偿债的能力降低，投资风险随之增加，债券投资者期望的债券收益率也相应提高。

如果企业目前有上市的长期债券，则可使用到期收益率法计算税前债务资本成本。如果企业没有上市债券，通常需要在债券市场上找到与被评估企业类似的债券发行主体企业发行的债券作为参照，计算参照债券的到期回报率，并经适当修正后，得出被评估企业债权的期望投资回报率。与被评估企业类似的债券发行主体，是指债券发行主体的信用等级与被评估企业的信用等级类似。如果被评估企业没有进行信用等级评价，可根据被评估企业的偿债能力分析估计可以达到的信用等级。对于具有持续经营能力的企业，企业偿债能力主要表现为已获利息倍数，即企业息税前利润除以当期企业应支付的债务利息总额所得的倍数。

（3）风险调整法。使用风险调整法估计债务资本成本，就是在同期国债到期收益率的基础上加上企业的信用风险补偿率。

$$债务资本成本 = 国债到期收益率 + 企业的信用风险补偿率$$

企业的信用风险补偿率的大小可以根据信用级别来估计。具体做法如下：

①选择若干信用级别与被评估企业相同的上市公司债券。

②计算这些上市公司债券的到期收益率。

③计算与这些上市公司债券同期的国债到期收益率。

④计算上述两个到期收益率的差额，即信用风险补偿率。

⑤计算信用风险补偿率的平均值，作为被评估企业的信用风险补偿率。

2. 估算债务资本成本的注意事项

企业向银行和非银行金融机构借款、发行债券，都要支付利息，有时还需要支付一定的手续费，发行债券也要支付一定的发行费，这样债务资本成本率就高于银行贷款利率或债券票面利率。因此，在估算债务资本成本时，应考虑企业融资过程中需要支付的各项成本费用，避免遗漏。

债务资本成本作为财务费用在税前进行列支，因此，债务的税后成本是税率的函数。利息的抵税作用使得债务的税后成本低于税前成本。由于所得税的作用，债权人要求的收益率不等于企业的税后债务资本成本。从企业层面看，按债务资本成本是否考虑抵税作用的影响，可以将债务资本成本区分为税前债务资本成本（不考虑节税效应）和税后债务资本成本（考虑节税效应），两者的转换公式为

税后债务资本成本＝税前债务资本成本×（1－企业所得税税率）

在运用收益法的过程中，究竟要选择税前债务资本成本还是税后债务资本成本，取决于对应的利息支出额的口径。若对企业支付给债权投资者的利息金额进行折现，应采用税前债务资本成本；若对企业承担的税后利息费用进行折现，则应采用税后债务资本成本。

（二）优先股资本成本

为满足具有不同偏好的投资者多样化的投资需求，股份有限公司可发行普通股和特别股。特别股是指公司发行的设有特别权利、特别限制的股份。特别股股东权利的内容一般在公司章程中予以确定，通常是指其股东在公司盈余分配、公司剩余财产分配以及表决权行使等方面不同于普通股股东的权利。其中，在公司某些事项上享有特别权利即优先权的特别股，称为优先股。具体而言，优先股是指依照公司法，在一般规定的普通种类股份之外，另行规定的其他种类股份，其股份持有人优先于普通股股东分配公司利润和剩余财产，但参与公司决策管理等权利受到限制。

1. 估算优先股资本成本的主要方法

优先股股东按照约定的票面股息率，优先于普通股股东分配公司利润。公司应当以现金的形式向优先股股东支付股息，在完全支付约定的股息之前，不得向普通股股东分配利润。因此，优先股资本成本主要根据其股息率进行测算，具体公式如下：

$$R_{\text{p}} = \frac{D}{P_0(1-f)}$$

式中，R_{p}为优先股的资本成本率；D为每年支付的优先股股利；P_0为优先股的筹资总额；f为优先股的筹资费率。

【例 5-11】A 公司溢价发行优先股，股票面值 100 元，发行价为 110 元，筹资费率为发行价的 5%，年股息率为股票面值的 6%，计算 A 公司发行的优先股的资本成本。

$$R_p = \frac{D}{P_0(1-f)} = \frac{100 \times 6\%}{110 \times (1-5\%)} = 5.74\%$$

优先股股东在公司的利润和剩余财产分配方面优于普通股股东，优先股股东获得回报的风险较低，按风险与收益对等的原则，相应地，优先股资本成本通常也低于普通股资本成本。当然，优先股的表决权通常处于劣后于普通股的地位，这多少会对优先股在利润和剩余财产分配方面的优先权形成一定的"抵消"作用。因此，优先股资本成本一方面体现了优先股股东可以优先分配公司利润和剩余财产所对应的收益风险水平，另一方面也要体现对优先股股东因参与公司决策管理等权利受到限制而应当给予的补偿。

2. 估算优先股资本成本的注意事项

从估算优先股资本成本的上述方法可以看出，优先股资本成本通常用优先股的市场利率表示，对于无法直接获取优先股市场利率的企业进行评估时，可通过与被评估企业具有可比风险的上市公司进行对比，参考具有可比风险的上市公司的优先股收益率，并经必要修正后，测算被评估企业的优先股资本成本。但应特别注意的是，不同企业优先股的权利内涵可能是不同的。按照优先权所针对事项的不同，可以将优先股进一步区分为表决权优先股、公司盈余分配优先股以及公司剩余财产分配优先股等。因此，在对比过程中，应注意区分具有可比风险的上市公司的优先股权利内涵与被评估企业的优先股权利内涵之间的差异，并在优先股资本成本的测算过程和测算结果中体现这些差异。

（三）加权平均资本成本

加权平均资本成本（weighted average cost of capital，WACC）是指将企业来自各种渠道的资本成本，按照各自在总资本中的比重进行加权平均。企业的总资本也称为企业的全投资，包括企业权益资本和债务资本。因此，加权平均资本成本也称为全投资折现率，等于企业权益资本的回报率与债务资本的回报率的加权平均值。

1. 加权平均资本成本的计算公式

加权平均资本成本通常被当成企业全投资的投资回报率或者折现率。比如，对企业自由现金流量采用加权平均资本成本进行折现，得到企业整体价值。现以对企业自由现金流量进行折现得出企业整体价值的过程为例，推导加权平均资本成本的计算公式：

企业的全部投资 = 权益资本 E + 债务资本 D

企业自由现金流量（FCFF）= 净利润 + 债务利息 × （1 - 企业所得税税率 T）+ 折旧与摊销 - 资本性支出 - 营运资金增加

则，在资本化方式下：

$$企业整体价值 = \frac{FCFF}{WACC}$$

$$WACC = \frac{FCFF}{企业整体价值}$$

企业整体价值等于权益资本价值和债务资本价值的合计数，所以：

$$\text{WACC} = \frac{\text{FCFF}}{D+E}$$

$$= \frac{\text{FCFF}-债务利息\times(1-T)+债务利息\times(1-T)}{D+E}$$

$$= \frac{\text{FCFF}-债务利息\times(1-T)}{D+E} + \frac{债务利息\times(1-T)}{D+E}$$

$$= \frac{\text{FCFF}-债务利息\times(1-T)}{D+E}\times\frac{E}{E} + \frac{债务利息\times(1-T)}{D+E}\times\frac{D}{D}$$

$$= \frac{\text{FCFF}-债务利息\times(1-T)}{E}\times\frac{E}{D+E} + \frac{债务利息\times(1-T)}{D}\times\frac{D}{D+E}$$

$$= \frac{D}{D+E}\times R_e + \frac{D}{D+E}\times R_d\times(1-T)$$

因此，加权平均资本成本的计算公式为

$$\text{WACC} = \frac{E}{D+E}\times R_e + \frac{D}{D+E}\times R_d\times(1-T)$$

式中，R_e 为权益资本的投资回报率；R_d 为债务资本的投资回报率；FCFF－债务利息 ×（$1-T$）＝净利润＋债务利息 ×（$1-T$）＋折旧与摊销－资本性支出－营运资金增加－债务利息 ×（$1-T$）

假设债务资本不变时：

FCFF－债务利息 ×（$1-T$）＝净利润＋折旧与摊销－资本性支出－营运资金增加
＝股权自由现金流量（FCFE）

因此，$\dfrac{\text{FCFF}-债务利息\times(1-T)}{E}$ 实际就是权益资本的投资回报率 R_e。

【例 5-12】A 公司投入资本为 10 000 万元，其中银行贷款为 4 000 万元，所有者权益为 6 000 万元。A 公司 β 值为 1.2，银行贷款年利率为 6%，所得税税率为 25%，市场风险报酬率为 10%，无风险报酬率为 3%，计算 A 公司的加权平均资本成本 WACC。

解：计算权益资本成本 R_e：

$$R_e = R_f + \beta\times(R_m - R_f) = 3\% + 1.2\times(10\% - 3\%) = 11.4\%$$

计算加权平均资本成本 WACC：

$$\text{WACC} = \frac{E}{D+E}\times R_e + \frac{E}{D+E}\times R_d\times(1+T)$$

$$= \frac{6\,000}{10\,000}\times 11.4\% + \frac{4\,000}{10\,000}\times 6\%\times(1-25\%) = 8.64\%$$

当企业的权益资本由普通股和优先股构成时，加权平均资本成本计算公式可扩展如下：

$$WACC= \frac{C}{D+C+P} \times R_c + \frac{P}{D+C+P} \times R_P + \frac{D}{D+C+P} \times R_d \times （1-T）$$

式中，C 为普通股股本；P 为优先股股本；R_c 为普通股的投资回报率；R_P 为优先股的投资回报率。

推广到一般情况，加权平均资本成本的计算公式为

$$WACC= \sum R_j W_j$$

式中，R_j 表示第 j 种个别资本成本；W_j 表示第 j 种个别资本占全部资本的比重。

个别资本成本可以采用税前或税后成本，但应与企业自由现金流量的口径匹配。评估实务中，个别资本成本和企业自由现金流量多采用税后口径。

2. 资本结构对加权平均资本成本的影响

1）目标资本结构

根据收益口径与折现率口径相匹配的要求，加权平均资本成本匹配于企业自由现金流量等全投资口径的收益指标。在企业自由现金流量不变的前提下，企业价值最大化的目标要通过加权平均资本成本最小化来实现。通常情况下，债务资本成本要低于股权资本成本，在企业资本结构中，降低股权资本、增加债务资本可以降低加权平均资本成本，但与此同时，债务资本在总资本中的比重上升将提高企业的财务风险，债务资本成本将随之上升，企业风险的加大也将推高企业的 β 系数，在两种趋势共同作用下，在某一资本结构下，加权平均资本成本将达到最小，这一资本结构就是目标资本结构。

资本结构的取值对加权平均资本成本至关重要。当被评估企业在评估基准日的实际资本结构已经接近其目标资本结构，或公司会很快调整并维持在目标资本结构时，通常可采用目标资本结构计算加权平均资本成本，且收益期各年的资本结构和加权平均资本成本均相同。

企业未来年度的资本结构变化幅度很大，或企业当前资本结构还没有达到目标资本结构，预期要经过很长时间才能把资本结构调整到目标资本结构的水平，则每年应使用能反映企业当年情形的资本结构计算加权平均资本成本，直至达到目标资本结构后才将资本结构和加权平均资本成本固定下来。在这种情况下，若初始资本结构就直接采用目标资本结构会导致企业价值评估结果的错误。如果预测期企业债务的占比会随着时间的推移而逐年下降，直至达到目标资本结构，则初始资本结构就直接采用目标资本结构会使企业价值的评估结果被低估；反之，如果预测期企业债务的占比会随着时间的推移而逐年上升，直至达到目标资本结构，则初始资本结构就直接采用目标资本结构会使企业价值的评估结果被高估。

在对非上市的企业进行评估时，被评估企业目标资本结构的确定应综合考虑评估基准日的资本结构、管理层的融资理念、企业的融资能力和融资成本等因素。不同的细分行业，其资本结构呈现出不同的特征，比如在有形资产上投资比较大的行业，通常债务比率较高，而一些高成长性的行业，特别是无形资产较多的行业，其债务比率通常较低。因此，也可通过与可比企业的资本结构或行业平均资本结构进行对比，判断被评估企业的目标资本结构。通常不宜直接将可比企业的资本结构或行业平均资本结构作为被评估

企业的目标资本结构，而应分析被评估企业与可比企业或行业在融资能力、融资渠道、融资成本等方面的差异后，进行修正得出被评估企业的目标资本结构。在其他条件相同的情况下，上市公司通常比非上市公司具有更强的融资能力和更低的融资成本。

2）权益资本市场价值和债务资本市场价值的比例

在计算资本结构的过程中，权益资本和债务资本的价值通常是指市场价值。如果企业的权益和负债都是公开交易的，只需把每种证券的数量与其市场价格相乘便可以得到各自的市场价值。但对于非上市公司而言，计算资本结构的过程较为复杂。对一家非上市公司进行企业价值评估，通常是因为该企业评估基准日的股权价值未知，评估企业股权价值的过程中需要确定资本结构，而确定资本结构的前提是要知晓企业股权价值。因此，资本结构与企业股权价值互为条件，形成循环推导问题。

对该循环推导问题，可以通过迭代法来解决。首先，对股权资本选定一个初步估计的市场价值，计算资本结构和加权平均资本成本，对企业自由现金流量进行折现后，求取企业整体价值，扣除债务价值后，得到股权资本的价值，据此修正股权资本的权重；其次，利用修正的权重，重新计算资本结构和加权平均资本成本，据此进一步求得股权资本的价值，再修正股权资本的权重；最后，再次计算股权资本的权重，并重复上述步骤，直到所得出的股权资本结构与计算资本结构所采用的股权资本结构的差异小于一定的数额，此时，便可停止计算并确定评估基准日的资本结构。运用 Excel 计算时，可以通过建立循环计算解决迭代计算问题。

第五节　收益法评估中的溢价与折扣

一、控制权溢价与缺乏控制权折扣

评估人员采用收益法评估股东权益价值，需要根据评估模型和评估参数的性质，在切实可行的情况下考虑控制权对评估对象价值的影响。

（一）控制权溢价与缺乏控制权折扣产生的原因

控制权是指掌控企业经营和决策的权力。由于拥有控制权的股东享有一系列少数股权股东无法享有的权利，如任命或更换公司管理层的权利、达成重大投融资项目的权利、达成重大并购重组的权利等。拥有控制权的股东可以通过实施控制权改变目标企业的经营与政策，提升目标企业的价值，因此，控制权具有价值。在采用收益法评估股东权益价值的过程中，由于现金流量和折现率分别存在控制权和非控制权的不同口径，所以，这样得到的评估值也分别代表的是具有控制权或不具有控制权的股东权益价值水平。

不同的收益法评估模型或者在不同渠道取得或计算的收益法评估参数分别可以代表具有控制权或不具有控制权的权益。股利折现法是将预期股利进行折现以确定评估对象价值的具体方法。由于股利是企业税后分配形成的收益，通常不涉及企业的生产经营决策行为，所以采用股利折现模型得到的股东权益价值通常理解为是缺乏控制权的股东权益价值。相反，现金流量折现法需要对被评估企业的现金流入量和现金流出量进行预测，对投资者期望的报酬率进行估算，这些预测数据和估算结果与企业生产经营的重大决策密切相关，所以采用股权自由现金流量模型和企业自由现金流量模型得到的股东全部权益价值通常理解为是具有控制权的股东权益价值。如果评估对象是不具有控制权的股东部分权益，此时股东部分权益价值并不必然等于股东全部权益价值与股权比例的乘积。对于确实存在的缺乏控制权的股东部分权益，评估人员应当在具有控制权的股权价值的基础上给出一定的价值折扣，即考虑缺乏控制权折扣。

（二）控制权溢价与缺乏控制权折扣的评估

企业价值评估中的控制权溢价是针对不具有控制权的股权价值而言的，缺乏控制权折扣是针对具有控制权的股权价值而言的。控制权溢价，是指因具有控制权，在同一企业内按照等比例分配的不具有控制权的权益价值基础上价值增加的百分比。缺乏控制权折扣，是指因缺乏部分或全部控制权，在同一企业内按照等比例分配的 100% 股东权益价值基础上扣除的价值百分比。由于控制权溢价和缺乏控制权折扣比较的基数不同，所以这两个比率在数值上通常是不相等的。两者之间的关系如下：

$$缺乏控制权折扣 =1-1/（1+控制权溢价）$$

【例 5-13】A 公司是一家汽车制造企业，公司三名股东甲、乙和丙持股比例分别为 65%、20% 和 15%。经全体股东协商同意，股东乙拟将其持有的 20% 股份转让给股东丙。假设 A 公司股东全部权益价值为 10 000 万元，行业平均控制权溢价为 30%，计算股东乙所持 20% 的股权价值。

解：计算缺乏控制权折扣：

缺乏控制权折扣 =1-1/（1+控制权溢价）

=1-1/（1+30%）=23.08%

股东乙所持 20% 的股权价值 =A 公司股东全部权益价值 ×20%×（1-缺乏控制权折扣）

=10 000×20%×（1-23.08%）=15 38.40（万元）

1.控制权价值的影响因素

被评估企业的财务与经营状况是决定控制权价值的基本因素。例如，对于一家投资收益率出众且经营稳健的企业，如果大多数控制权已经被现有股东充分行使，和控制权相关的许多权利可能没有或者很少有经济上的价值，则不存在明显的控制权溢价。

其他影响控制权价值的因素则决定了改变被评估企业财务与经营状况的可能性，主要影响因素如下：

（1）法律法规规定。例如，我国《公司法》规定：股份有限公司股东大会做出决议，必须经出席会议的股东所持表决权过半数通过。但是，股东大会做出修改公司章程、增加或者减少注册资本的决议，以及公司合并、分立、解散或者变更公司形式的决议，必须经出席会议的股东所持表决权的 2/3 以上通过。在上述规定的不同情形下，即便是拥有超过 50% 的多数股权，可能也只拥有相对而非绝对的公司控制权。

（2）公司章程与协议规定。在不违背法律法规的情况下，一些公司的章程与协议中针对不同的股东权益可能设置有不同的保护性条款或限制性条款，如分红限制条款、担保限制条款、反收购保护条款、少数股东权益收购保护条款等。当需要量化某一特殊股东权益的控制权溢价或缺乏控制权折扣时，应该理解公司文件中的任何影响控制权程度的条款。

（3）产业管制强度的影响。对于管制严格的产业，即便是 100% 的独资企业，可能也需要考虑缺乏控制权折扣。因为受行业管制的限制，公司股东无法享有应有的控制权，这些缺失的控制权被政府所享有。例如，在一些强管制产业，企业的收购、兼并、分支机构的设立与关停、清算、产品定价等需要政府批准。

（4）潜在的股权稀释。潜在的股票发行或股票回购引起的股权结构变化将会影响控制权或缺乏控制权程度。许多公司发行有股票期权，上述期权的执行可能影响控制权的平衡，类似的还有员工持股计划的影响。

（5）公司控制权的分散程度。如果存在较多拥有相对均等股权的股东，例如，一家拥有几十个股东的咨询公司，股东控制权可能会很分散。在上述情形下，缺乏控制权折扣通常小于别的情形，因为所有股东享有相对均等的股权，企业价值受单一股东行为的影响较小，各个股东享有的经济利益也相对均等。

（6）公司的运营透明程度。即便没有公开证券发行，一些非上市公司也像上市公司一样运营管理，并且遵照上市公司应当执行的法律法规和会计准则等，拥有独立董事，向全部股东充分公开公司信息。在上述情形下，缺乏控制权折扣通常小于别的非上市公司。

2. 控制权溢价的评估途径

对控制权溢价的评估主要采用实证方式。目前评估控制权溢价的途径主要是通过收集整理企业并购案例，将其中具有控制权的并购交易中的 P/E 倍数与不具有控制权的并购交易中的 P/E 倍数进行比较，从而得到控制权溢价比率。比如，美国 Mergerstat 从 1981 年开始，每年公布美国和其他国家和地区的企业并购案例数据，并根据控制权实际并购案例中的 P/E 倍数与市场一般并购案例中的 P/E 倍数的差异来研究控制权溢价问题。中国评估师借鉴该思路，根据中国 CVSource 数据库中截至 2011 年底统计的我国非上市公司股权收购案例数据，测算出我国并购市场上控制权溢价的平均值大约为 17.9%，相应的缺乏控制权折扣大约为 15.2%[①]。

二、流动性溢价与缺乏流动性折扣

评估人员采用收益法评估股东权益价值，需要根据评估模型和评估参数的性质，在切实可行的情况下考虑流动性对评估对象价值的影响。

---

① 赵立新，刘萍，等.上市公司并购重组市场法评估研究[M].北京：中国金融出版社，2012.

（一）流动性溢价与缺乏流动性折扣产生的原因

不同股权之间的流动性可能具有明显的差异，一般而言，上市公司的股票流动性较强，私人持有公司的股权流动性较弱。对于除流动性之外其他方面均相同的两项股权，投资者通常愿意为流动性较强的股权支付较高的价格，为流动性较弱的股权支付较低的价格。流动性对股权价值的影响主要表现在交易成本上。较低的流动性通常会产生较高的交易成本，从而降低股权价值。因此，交易成本也可视为缺乏流动性成本。

流动性是相对的，流动性溢价或缺乏流动性折扣也是相对的。流动性对股权价值的影响程度与评估人员所采用的评估方法和评估参数的选取方式密切相关。企业价值评估中对缺乏流动性折扣的考虑途径主要有三种：一是在企业价值基础上直接扣除预期交易成本；二是将非流动性评价为期权；三是对期望投资报酬率作非流动性调整。采用收益法评估企业价值时，一般不涉及前两种情形，常见的流动性调整发生在第三种情形。当评估对象是非上市公司股权时，由于估算股权资本成本时通常需要参照可比上市公司的风险程度来确定被评估企业的贝塔系数，在切实可行的情况下，需要考虑被评估企业与可比上市公司之间因流动性差异而导致的期望投资报酬率的调整。

（二）流动性溢价与缺乏流动性折扣的评估

衡量流动性的主要指标是交易成本。评估流动性溢价或缺乏流动性折扣的实质是考虑因流动性差异而导致的交易成本的大小。由于流动性与非流动性并不是一个绝对的概念，即便是大规模上市公司流通股票的交易成本也不可能为零。正是由于流动性的相对性与连续性特点，在评估实践中对于如何衡量不同股权的交易成本并不存在统一的标准。

1. 流动性折扣的影响因素

影响流动性折扣的因素主要有：

（1）卖出权利。能够减少或消除缺乏流动性折扣的最有力因素是卖出权利。卖出权利是通过合同约定的，授予股权持有人的一项期权，股权持有人可以在特定的情形下或特定的时点，以特定的价格（或定价机制）卖给特定的对象。

（2）股利分配政策。一般来说，没有股利分配或股利分配很低的股票要比高股利分配的股票流动性差。相应地，有股利分配的股票要比没有股利分配的股票的缺乏流动性折扣低。

（3）潜在的买家。如果存在较多的可能买家或一家强有力的潜在买家，能够减少缺乏流动性折扣。潜在买家的多少和卖出时机密切相关，当某一时期某一产业的并购市场比较活跃时，潜在的买家就多。

（4）交易股权的规模。经验证据表明，在排除控制权影响的条件下，大规模的股权交易要比小规模的股权交易流动性折扣多。因为大规模的股权交易潜在的买家少，而且大规模的股权交易融资难度大。

（5）上市预期及出售前景。预期上市日期临近或出售前景较好，能够降低缺乏流动性折扣。但是这种预期往往不确定性很强。反之，如果预期一家企业将来一直保持非上市公司形式，以及目前的控制权保持不变，则倾向于提高缺乏流动性折扣。

（6）股权转让限制。许多非上市公司规定有严格的股权转让条款。此类条款的规定提高了缺乏流动性折扣。在一些情况，甚至规定了股权转让的定价或定价上限。

（7）公司规模、绩效和风险。经验证据表明，公司的财务状况和缺乏流动性折扣密切相关。历史年度经营不佳、财务杠杆较高，主营业务不突出的公司流动性折扣一般高于经营稳健的公司。基于上述情形，大规模公司的流动性折扣可能较小。

2. 缺乏流动性折扣的评估途径

对流动性溢价和缺乏流动性折扣的评估主要采用实证方式。目前估算流动性折扣的主要途径有三种：（1）上市公司流通受限股票的折扣研究，主要研究流通受限股成交价格和同一公司非流通受限股市场价格的差异；（2）新股发行定价估算方式，主要是通过研究国内上市公司新股 IPO 的发行定价与该股票正式上市后的交易价格之间的差异来研究缺乏流动性折扣；（3）非上市公司并购市盈率与上市公司市盈率对比方式，主要是对非上市公司少数股权的并购案例的市盈率（*P/E*）与同期的上市公司的市盈率（*P/E*）进行对比分析，根据上述两类市盈率的差异来估算缺乏流动性折扣。

上述评估途径和估算结果很难直接用于股权资本成本的调整。因此，目前评估实务界在确定股权资本成本的企业特有风险调整系数时，会综合考虑缺乏流动性折扣的影响因素，统一进行修正调整。

第六节　收益法的适用性和局限性

一、收益法的适用性

收益法所体现的价值理念，不仅得到了企业价值评估理论研究者和实践人员的广泛认同，也被广大投资者所接受。收益法是企业价值评估的基本方法之一。但是，收益法并非适用于企业价值评估的任何情形。运用收益法评估企业价值，需要具备一定的前提条件。

（一）被评估企业满足持续经营假设

被评估企业满足持续经营假设是收益法适用的基本前提。根据收益法的基本原理，一项资产的价值等于该资产在未来所产生的全部现金流量现值的总和。企业作为一个投入产出系统，其价值源泉是持续的经济活动，即通过有效率的生产经营，将各种生产要素转换成一定的产品和服务，并获取盈利。一般来讲，收益法评估都是假设企业的生产经营活动是一个持续的过程。企业未来发展趋势，要么按照现状保持不变，要么按照某个特定的状态保持不变，只有满足这些发展状态的企业才可以使用收益法。如果被评估企业马上面临清算，则一般不适于采用收益法进行企业价值评估。

（二）被评估企业未来的收益和风险可以合理预测

收益法是通过对企业未来收益加以折现来衡量企业价值。收益法需要预测被评估企业的未来收益，及其对应的风险程度，即作为折现率的期望投资报酬率。被评估企业未来收益可预测情况是决定能否运用收益法进行企业价值评估的关键因素。

企业未来收益预测的内容，既包括对预测期收益额的估计，也包括对未来收益期的判断。同时，由于任何收益都是建立在一定的风险基础之上的，高风险通常对应高期望报酬率，所以企业未来收益预测还包括对收益风险的量化。采用收益法评估企业价值，要结合被评估企业的实际情况，分析企业未来收益的可预测性。特别是在遇到以下特殊情况时，需要慎重考虑收益法的适用性。

1. 在建期或初创期的企业

处于在建期或初创期的被评估企业，往往没有可以参考的历史数据。在分析判断收益法的适用性时，通常需要对企业的核心资源进行分析，如核心技术商业化可行性、部分产品或服务是否有准入门槛限制、核心团队是否有成功的历史经营业绩、是否有长期采购供应合同等，同时参考同行业可比公司的发展情况，并据此判断企业规划数据或可行性研究报告数据的可靠性。

2. 历史年度连续亏损的企业

被评估企业历史年度连续亏损，特别是未来持续经营存在较大不确定性的情况下，更加需要关注采用收益法的理由是否充分。对处于亏损状态的企业，要分析企业产生亏损的原因，关注企业净利润与自由现金流量的差异，同时还要判断该亏损是暂时性的、周期性的，还是长期性的、趋势性的。如果是后者，则通常不适于采用收益法评估企业价值。如果被评估企业提出将在预测期通过转换经营模式、上新项目调整产品结构等方式实现扭亏为盈，应当结合企业内外部条件，谨慎分析企业扭亏为盈的可能性，进而判断收益法是否适用。

3. 评估资料的收集存在困难

评估方法的运用需要以评估资料的支撑作为前提。如果缺乏必要的评估资料也会影响收益法的适用性。另外，评估资料质量的高低，也会影响评估人员的专业判断，进而影响评估结论的可靠性。在企业价值评估实务中，由于评估资料的缺乏或质量不高进而限制评估方法使用的情形经常发生。例如，被评估企业内部管理基础薄弱，未来发展规划不清晰，不能提供盈利预测所需的投资计划和筹资计划；评估人员无法获取被评估企业所在行业的相关信息，不了解行业发展现状，不能准确把握行业发展前景。

二、收益法的局限性

（一）无法考虑企业未来发展方案的改变

企业未来盈利和风险水平是收益法的重要参数，是基于企业特定的发展规划而得到的估计值。由于企业所处的经营环境变化多端，企业的发展规划不可能是一成不变的。

随着时间的推移，企业可以审时度势及时修正或调整原有的投资方案。一旦企业改变投资方案，可能形成新的企业价值。例如，停止已有投资项目避免出现新的亏损，或者新增投资项目以产生更多收益。但是收益法通常无法考虑企业改变既定的经营方案，按照新的发展规划去运营的不同情形，不能涵盖选择权的价值。

（二）评估参数的可观测性较弱，评估结论不够直观

运用收益法评估企业价值，不仅需要预测企业的收益期、未来收益额，还要量化企业面临的风险水平。这些数据往往不可能从市场上直接找到，需要评估人员在考虑可比性、重要性、替代性等原则的基础上，对相关市场数据进行必要的加工处理。例如，评估人员在估算股权资本成本时，通常不仅要收集中长期国债的到期收益率，还要参照股票交易市场投资组合的投资报酬率和股价的波动率，并运用调整后的资本资产定价模型才能测算出来。如果模型选择不当或运用不当，计算得出的股权资本成本就无法准确反映企业收益的风险水平。另外，收益法的运用也是基于一定的评估模型，涉及的评估参数众多，计算过程相对复杂，导致评估结论不够直观。

（三）评估结论对部分评估参数非常敏感，评估难度更大

根据收益法的评估实践，折现率、长期增长率等评估参数对企业评估结果的影响很大，这些参数的微小变化可能引起评估结果的大幅波动，因此其准确性就显得尤为重要。折现率、长期增长率等评估参数的敏感性，对其测算准确性提出了更高的要求，而这些关键参数的取值往往需要以企业内部资料或外部信息为基础，由评估人员进行测算和判断而得出，具有较高的测算难度，且需要评估人员进行专业分析和判断，这在一定程度上会降低收益法评估结果的可靠性。

思考题 ▶

1. 如何评价股利折现模型和现金流折现模型？
2. 除了本书中介绍的几种收益预测方法，是否还有新的更好的收益预测方法？
3. 如何理解流动性溢价折价？
4. 目前实务或理论研究中关于控制权溢价和少数股东折价的确定存在什么问题？
5. 收益法除了本书中讲的局限性外，还有什么局限性或不足？

第六章 企业价值评估的其他方法

收益法、市场法、资产基础法是从三种途径对企业价值进行评估的手段，三种方法各有侧重点和优劣势，也具有各自应用的前提条件。

根据本书的章节安排，本章包括两部分内容：一是资产基础法的基本原理、实施步骤、基本要素、现场调查，各项资产的具体评估方法介绍，资产基础法的适用性和局限性分析等；二是市场法评估模型、两种具体方法的介绍，流动性折扣的考虑，市场法的适用性和局限性分析等。

第一节 资产基础法

一、资产基础法的基本原理

企业价值评估中的资产基础法，是指以被评估单位评估基准日的资产负债表为基础，合理评估企业表内及可识别的表外各项资产、负债价值，确定评估对象价值的评估方法。

资产负债表是反映企业在某一特定日期（如月末、季末、年末）全部资产、负债和所有者权益情况的会计报表，其编制格式一般有两种：报告式资产负债表和账户式资产负债表。报告式资产负债表是上下结构，上半部列示资产，下半部列示负债和所有者权益。具体排列形式又有两种：一是按"资产＝负债＋所有者权益"的原理排列；二是按"资产－负债＝所有者权益"的原理排列。账户式资产负债表是左右结构，左边列示资产，右边列示负债和所有者权益。我国采用的是账户式资产负债表。无论采取什么格式，都要满足"资产＝负债＋所有者权益"这一平衡公式。

由于资产负债表是企业经营活动的静态体现，反映的是企业历史取得成本。因此，当评估专业人员采用资产基础法进行企业价值评估时，首先要与被评估企业进行沟通，根据其会计政策、企业经营状况等，要求被评估企业采用适当的方法对其各项资产（包括表内表外）进行识别，然后评估专业人员在此基础上进行逐一评估，最后再扣除企业各项负债，最终得到一个净资产价值。这个净资产价值就是企业所有者所能享有的权益价值。

根据"资产＝负债＋所有者权益"这一平衡公式，采用资产基础法进行企业价值评估，其计算公式可表示为

股东全部权益价值＝表内外各项资产价值－表内外各项负债价值

二、资产基础法的实施步骤

根据上述原理，采用资产基础法进行企业价值评估，其实施步骤包括：明确评估目

的、确定评估对象与评估范围、选择价值类型及评估假设、现场调查与资料收集、评估各项资产及负债、形成评估结论。

三、基本要素的确定

（一）明确评估目的

评估目的通常由委托方确定，且同一个评估报告只能用于唯一的评估目的，评估结论服务于评估目的。除此之外的其他评估要素均要和评估目的保持一致，并支撑评估结论的合理性。

采用资产基础法评估企业价值，所涉及的评估目的一般包括：

（1）企业改制。

（2）企业并购。

（3）企业清算。

（4）以税收为目的的评估。

（5）以财务报告为目的的评估。

（6）其他评估目的。

（二）评估对象与评估范围的确定

评估对象与评估范围不仅是评估业务的基本事项，也是重要的评估要素。采用资产基础法评估企业价值，评估对象是由委托方根据具体的经济行为确定的，可以是企业整体价值，也可以是股东全部权益价值和股东部分权益价值。评估对象一经确定，就应当在资产评估委托合同中进行明确约定。

评估对象明确之后，评估范围也应当是明确的。无论评估对象是企业整体价值，还是股东全部权益价值或股东部分权益价值，当采用资产基础法评估企业价值时，评估范围均为被评估企业资产负债表表内和表外各项资产和负债。评估专业人员应当以被评估企业评估基准日的资产负债表为基础，根据会计政策、企业经营状况等，与被评估企业充分沟通并要求其对可能存在的资产负债表表内及表外各项资产、负债进行识别，并将识别出来的表外资产及负债纳入评估范围，填报评估申报表并盖章确认，同时在资产评估委托合同中进行明确约定。评估范围的确定应当遵循以下原则：

1. 评估范围与经济行为的一致性

评估范围的确定从本质上说是由评估目的决定的，评估范围应当与评估目的所涉及经济行为文件的相关决策保持一致。如涉及改制重组项目时，评估范围可能是按照企业改制方案或重组方案进行资产及负债剥离后确定的，相应资产负债表也是模拟的，对于此类情形，评估专业人员应特别关注纳入评估范围的资产是否与经济行为一致，是否符合经济行为文件、改制重组方案或者拟剥离资产处置方案等文件要求。

采用资产基础法评估企业价值，经常会涉及引用单项资产评估报告的事项。即委托方聘请资产评估机构进行企业价值评估时，对反映在资产负债表中的无形资产，如土地使用权、矿业权等，往往会单独聘请其他中介机构进行评估。资产评估机构则根据法律、行政法规的要求，对这些无形资产的评估采取引用其他评估机构出具的单项资产评估报告的形式。此时，企业价值评估报告关于评估范围的披露，应重点说明哪些资产涉及引用其他机构出具的单项资产评估报告结论。因此不能笼统地将评估范围描述为"经审计后的资产负债表所反映的全部资产及负债"，而应将引用土地估价报告或者矿业权报告情况，按照《资产评估执业准则——利用专家工作及相关报告》的规定在资产评估报告中进行必要披露，并在资产评估委托合同中明确约定。

2. 重要资产和负债的完整性

企业价值评估是将企业作为一个整体来看的，因此理论上讲，只要是对企业价值有贡献的一切要素均应纳入评估范围。即采用资产基础法评估企业价值时，评估范围除了资产负债表上列示的资产与负债，还应涵盖表外资产及负债。但是，从资产评估实践来看，并非所有的资产及负债都可识别并用恰当的方法进行单独评估。因此，资产评估专业人员应当与被评估企业进行充分沟通，并要求企业对资产负债表表内及表外资产进行识别，确保评估范围包含被评估企业表内及表外各项可识别的重要资产及负债。

1）表外资产的识别

根据评估实践，表外资产既包括有形资产也包括无形资产。有形资产一般为企业在以前年度费用化而形成的资产及账外盘盈资产；无形资产一般为未被确认及计量在资产负债表中但又构成股东权益价值的专利、专有技术、合同权益等，这些资产往往是高新技术企业、文化传媒企业等轻资产公司的核心竞争力。如果被评估企业存在上述表外资产，评估专业人员首先要判断其是否可识别、可计量，法律权属是否清晰，其次还应取得相关当事方的共同认可，在此基础上建议审计师做相关调整，评估专业人员核实后与委托方沟通确认纳入评估范围。

2）表外负债的识别

表外负债是与表内负债相对应的一个概念，它主要是指那些已经成为或有可能成为公司的负债，但按照现行的企业会计准则和制度规定以及受其他因素的影响而未能在公司资产负债表中得到反映的负债。在评估实务操作中，表外负债一般是指或有负债，对那些存在未决诉讼、税务争议或环境治理要求等情形的企业，或有负债对企业的经营风险有重要影响且能够合理量化的，应当纳入评估范围。

3. 财务报表数据口径的恰当性

按照财务报表会计主体的不同，资产负债表可以分为母公司口径的个别资产负债表和集团口径的合并资产负债表。采用资产基础法评估企业集团的价值，一般采用母公司口径的个别资产负债表，长期股权投资作为其中的单项资产进行单独评估。

（三）价值类型的确定

价值类型是指资产评估结果的价值属性及其表现形式，不同的价值类型从不同的角度反映评估价值的属性和特征。同一资产不同属性的价值类型所代表的评估价值不仅在性质上是不同的，而且在数量上也存在较大差异。

国内评估界将价值类型分为市场价值和市场价值以外的价值类型，其中市场价值以外的价值类型又包括投资价值、在用价值、清算价值、残余价值等。IVS（国际评估准则）定义的价值类型包括市场价值、市场租金、公平价值、投资价值、协同价值、清算价值以及其他价值类型，如公允价值（国际财务报告准则，IFRS）、公允市场价值（经济合作与发展组织，OECD）、公允市场价值（美国国税局）、不同司法辖区中的公允价值（法律/法令）。

采用资产基础法评估企业价值，应当根据评估目的、市场条件、评估对象自身条件及评估假设等因素，恰当选用市场价值、在用价值、清算价值、投资价值等价值类型。

【例6-1】某国内企业拟收购一家总部位于美国的a公司，a公司有一家注册在英国的全资子公司（b公司）。应如何选择价值类型？

该交易是国内的企业收购境外公司股权，由于该案例没有提及要考虑特定的买方与卖方的投资偏好或特定目标，故应选择市场价值。但由于本案例中的a、b两家公司分别位于美国、英国，虽然都是市场价值，但其属于不同的市场。a公司位于美国，故选择美国市场。而b公司是在英国注册的公司，理论上讲，可以在英国市场转让其股权，也可以在美国市场转让其股权，且这两种转让方式均存在可能性。因此，对b公司评估时，应按照最有利原则选择，即评估b公司在美国市场和英国市场中最有利市场的市场价值。

（四）评估假设的选择

资产评估假设是依据现有知识和有限事实，通过逻辑推理，对资产评估所依托的事实或前提条件做出的合乎情理的推断或假定。资产评估假设也是资产评估结论成立的前提条件。

采用资产基础法评估企业价值，首先要对评估外部环境进行假设，其次对评估前提及各项资产的具体状态进行假设。

（1）评估外部环境假设主要包括评估所依托的国家宏观环境、行业及地区环境条件假设，通常会涉及汇率、利率、税赋、产业政策、行业准入、行业规划等，以及受国家和行业条件影响的地区相关环境条件的假设。

（2）评估前提假设主要包括交易假设和公开市场假设。交易假设是资产评估的基本假设前提，它是假定所有评估标的已经处于交易过程中，评估专业人员根据被评估资产的交易条件模拟市场进行评估。公开市场假设是指资产可以在充分竞争的市场上自由买卖，其价格高低取决于一定市场的供给状况下独立的买卖双方对资产的价值判断。所谓公开市场，是指一个有众多买者和卖者的充分竞争性的市场，在这个市场上，买者和卖者的地位都是平等的，双方都能对资产的功能、用途及其交易价格等作出理智的判断。

（3）各项资产的具体使用状态假设是按照评估目的及评估操作要求针对评估对象的特点所具体使用的评估假设，一般包括最佳使用假设、持续使用假设以及清算假设。

最佳使用假设是指市场参与者实现一项资产的价值最大化时该资产的用途。具体是指，如果一项资产存在多种用途，其中必定存在一种用途能使该资产价值最大化。使用最佳使用假设时需要考虑资产确定其最佳用途的限定因素，如该种用途不违反法律、法规的规定，不侵害社会公众利益；该资产用途在目前社会技术状态下是可能的，不存在暂时无法克服的技术障碍；该资产用途在经济上是可行的、合理的、可接受的等。

持续使用假设主要包括现状使用假设、原地续用假设、异地使用假设。现状使用是指资产按照其目前的使用目的、使用状态持续下去，在可预见的未来不会改变；原地续用是指资产还会在原地继续被使用，但是使用目的、状态等可能发生变化；异地使用是指标的资产可能还会被使用，不会被报废，但是需要将其从原安装的地点转移到一个新的地点使用。

清算假设包括有序变现假设和强制变现假设。有序变现是指相关企业不再使用标的资产，需要将该资产转让给其他方，并且这种转让是在资产所有者控制下，在公开市场上有序进行的。与有序变现相比，强制变现的不同点在于资产所有者无法实际控制资产的变现过程，通常由法院或者债权人等实际控制，这个变现过程通常有时间限制，因此有时也称之为快速变现。

采用资产基础法评估企业价值，由于各项资产是企业整体资产的有机组成部分，因此其价值一定是与其他资产一起发挥作用，共同创造价值。每项资产的利用方式都取决于企业整体运营的需要，有别于其作为独立个体单独存在的情形。比如，同样是最佳用途的假设，一项资产在特定企业的使用方式可能有别于其单独存在时可以使用的方式，即企业价值评估中某项资产的最佳用途可能与其作为单项资产时的最佳用途不完全一致。

【例6-2】某企业以代加工为主营业务，土地、厂房均为租赁，固定资产账面只有5条生产线(该生产线由若干台设备组成)，股东甲持有80%股权，股东乙持有20%股权，甲拟转让10%的股权给丙，采用资产基础法评估企业价值时，对该企业的主要资产——生产线如何选择评估假设？

根据案例介绍，甲转让部分股权给丙，仅仅是公司股东层面发生变化，而该变化并不影响企业的具体生产经营方式，也就是说该企业的主要资产生产线仍然以原状态在原地继续使用，因此评估假设应当选用现状使用假设。

【例6-3】某企业进入破产清算程序。经清算组制定并报债权人会议表决通过了清算方案，要求在限定时间内处置完可变现资产。对可变现资产评估，采用何种评估假设？

由于该案例已进入破产清算程序，且清算方案明确规定要在限定期限内处置完成，故该案例应采用强制变现评估假设。

如果该企业为经营期限到期且经股东会同意解散，在这种情形下进行企业清算时，应关注该清算过程完全掌握在企业股东手里，资产变现以收益最大化为原则，且变现时间没有硬性规定，那么该清算事宜属于有序清算，应采用有序变现假设。

四、现场调查、资料收集并核查验证

采用资产基础法评估企业价值，现场调查与资料收集是非常重要的评估程序。

（一）现场调查

现场调查是针对评估对象在法律允许的范围内，由评估专业人员通过勘查、询问、核对等手段，收集资产状况相关的信息，对影响资产价值的物理、技术、法律、经济等因素进行客观、全面的了解，为判断资产整体情况、估算资产价值提供合理依据。

评估专业人员在进行现场调查时，应根据不同的资产类型采用恰当的现场调查方式。

对货币资金、债权债务类资产，可采用函证、核对、询问、复核等方式了解资产的存在性及现实状况。采用函证时，应关注回函情况，对未回函或回函金额不符的，应视具体情况判断是否采用其他程序，同时将该事项记录在工作底稿中。

对实物类资产，可采用访谈、监盘、勘查、核对等方式了解资产的存在性、现实状况及其法律权属状态。其中勘查主要是指对实物资产的数量、质量、分布、运行和利用情况等所做的调查，对相关技术检测结果的收集、观察，对其运行记录和定期专业检测报告的收集和分析工作。对价值量较大的机器设备、房屋建筑物等应进行逐项清查，无法或不易进行逐项清查的，可以采用抽样调查的方式进行现场调查。此外，对特殊资产实施勘查可以聘请行业专家协助完成，但应当采取必要的措施确信专家工作的合理性。

对股权类资产，可采用访谈、核对、复核等方式了解资产的存在性及现实状况。核实股权投资发生时间、原始投资额及持股比例，调查了解被投资单位在评估基准日的经营情况等，其中获取的营业执照、公司章程、投资协议等文件应为最新的。

现场调查应当在评估对象所在地进行。但是实务操作中，经常会遇到因客观原因无法进行实地勘查的情形，即评估受限。此时，评估专业人员应当在不违背资产评估准则要求的前提下，采取必要的替代程序，并保证程序和方法的合理性。对于评估受限事项，评估专业人员应当重点考虑以下因素，判断是否继续执行或中止评估业务：一是所受限制是否对评估结论造成重大影响或者无法判断其影响程度；二是能否采取必要措施弥补不能实施调查程序的缺失。如果无法采取替代措施对评估对象进行现场调查，或者即使履行替代程序，也无法消除其对评估结论产生重大影响的事实，评估机构应当终止执行评估业务。如果通过实施替代程序后，受限事项并不会对评估结论产生重大影响，评估机构可以继续执行评估业务，但是评估专业人员应当在工作底稿中予以说明，分析其对评估结论的影响程度，并在资产评估报告中以恰当方式说明所受限制情况、所采取的替代程序的合理性及其对评估结论合理性的影响。

（二）资料收集并核查验证

评估专业人员应当根据资产评估业务的具体情况，收集、整理评估所需资料，包括委托人或者其他相关当事人提供的涉及评估对象和评估范围的资料，以及评估专业人员从政府部门、各类专业机构以及市场等渠道获取的其他资料，并依法对评估活动中使用的资料进行核查验证。核查验证对象既包括评估对象企业股东权益的相关资料，也包括评估范围中各单项资产和负债的相关资料。核查验证的方式通常包括观察、询问、书面审查、实地调查、查询、函证、复核等，评估专业人员根据各类资料的特点，选择恰当的方式进行核查验证。

对权属证明资料的核查验证，可采用书面审查、查询、函证、复核等方式进行；对财务会计信息资料的核查验证，可采用询问、书面审查、实地调查、查询、函证、复核等方式进行；对其他相关资料的核查验证，可采用实地调查、查询、多渠道复核等方式进行。

对超出评估专业人员专业能力范畴的核查验证事项，评估专业人员应当委托或要求委托人委托其他专业机构或者专家出具意见。因法律法规规定、客观条件限制无法实施核查验证的事项，评估专业人员应当在工作底稿中予以说明，分析其对评估结论的影响程度，并在资产评估报告中予以披露。如果上述事项对评估结论产生重大影响或者无法判断其影响程度，资产评估机构不得出具资产评估报告。

五、各项资产的具体评估方法

企业的资产通常包括流动资产、固定资产、无形资产等。采用资产基础法进行企业价值评估，各项资产的价值应当根据具体情况选用适当的方法进行评估。

（一）企业价值评估中的单项资产与作为独立资产存在的单项资产

采用资产基础法进行企业价值评估，单项资产或者资产组合作为企业资产的组成部分，其价值取决于企业整体价值和其贡献程度，整体价值按贡献度在构成要素中分配。如某条生产线能够单独核算收益和成本，其投入成本一般由工艺条件和生产能力决定，如果企业对生产线上的某些单台机器设备进行了更换，能够达到设计的功能要求。按照台套单独评估机器设备时，更换的设备如果价值量远大于原设计要求，但作为持续经营前提下，生产线整体价值加和的一部分，其价值和原设计功能的设备的重置价值是一样的。

（二）长期股权投资的评估

长期股权投资是一种特殊的单项资产，其本身也反映了一个企业的价值。采用资产基础法进行企业价值评估，应当对长期投资的特点、盈利情况和相对企业总体价值的比重等情况进行分析，确定是否将其单独评估。这里所说的单独评估，是指履行企业价值评估程序对被投资企业进行整体评估。

1.需要进行单独评估的情形

（1）对于具有控制权的长期股权投资，应对被投资企业履行完整的企业价值评估程序。

（2）对于不具有控制权的长期股权投资，如果该项资产的价值在评估对象价值总量中占比较大，或该项资产的绝对价值量较大，也应当进行单独评估。

2. 可以不进行单独评估的情形

（1）对被评估企业缺乏控制权。

（2）该项投资的相对价值和绝对价值不大。

（3）对于投资时间不长，被投资企业资产账实基本相符，不存在重要的表外资产的，可以考虑按经审计后账面净资产比例计算长期股权投资的评估价值。

（4）对多年经营稳定、分红持续、持股比例不大的"小股权"进行评估时，可以采用股利折现模型计算长期股权投资的评估价值；

（5）对于从长期股权投资获取收益的控股型企业，应当根据控股型企业的具体情况，如资料的可获取性、成本分摊的可能性等，权衡考虑总部成本和效益的处理方式。可能的几种处理方式：

①长期股权投资项目主要采用收益法或市场法确定评估结果的，可以对总部也采用收益法评估，其结果一般是负数。资产加和汇总时，总部的负数与长期股权投资项目中由于未考虑总部服务成本而高估的部分进行了冲抵。

②将总部为各长期股权投资单位提供的服务成本分摊到下属企业的收益法成本预测中。

③以合并报表为基础，对控股型企业总体进行收益预测，其中折现率应考虑企业总体的平均回报率。

（三）资产组的评估

根据表内、表外资产和负债项目的具体情况，可以将各项资产和负债采用资产组合、资产负债组合的形式进行评估，如企业生产经营的产品单一，超额收益主要来自于企业的专利、专有技术和商标。采用资产基础法评估企业价值时，可将企业的专利、专有技术和商标作为无形资产组合，并采用超额收益法或利润分成法进行评估。

六、利用专家工作

由于我国资产评估行业按专业领域实行分类管理体制，为满足监管要求，评估实务中往往涉及利用审计报告或引用土地、矿业权等单项资产评估。

（一）利用审计报告

采用资产基础法评估企业价值，评估专业人员应当尽可能获取被评估企业经审计后的财务报表。评估专业人员利用审计报告作为评估依据时，通常应当判断其作为评估依据的时效性和可靠性，关注审计报告披露的、对审计报告结论存在重大影响的事项。

利用审计报告时，应当注意审计意见类型，并分析判断审计后的财务报表能否作为评估依据。按照审计意见类型，审计报告可以分为标准审计报告和非标准审计报告，其中非标准审计报告包括带强调事项段的无保留意见的审计报告、保留意见的审计报告、否定意见的审计报告和无法表示意见的审计报告。评估实务中，对企业提供的保留意见、否定意见及无法表示意见的审计报告，均不能直接使用，上述类型审计报告可能会强烈地影响评估结论的可靠性。对于带强调事项段的无保留意见的审计报告，评估专业人员应当对强调事项段披露的重大事项进行必要的了解，并分析判断其对评估结论是否存在重大影响。涉及国有资产评估业务的，按照国有资产评估的相关规定，应当提供与经济行为相对应的标准审计报告。

采用资产基础法评估企业价值，无论财务报表是否经过审计，评估专业人员都应当对所采用的被评估单位于评估基准日的资产及负债账面值的真实性进行分析和判断，但对相关财务报表是否公允反映评估基准日的财务状况和当期经营成果、现金流量发表专业意见并非评估专业人员的责任。

（二）引用单项资产评估报告

采用资产基础法评估企业价值，资产评估机构应当根据法律、行政法规等要求，确定是否需要引用单项资产评估报告。引用单项资产评估报告应当与委托人事先约定。

引用单项资产评估报告，不是简单地将单项资产评估价值汇入资产评估结果汇总表中，而是应当关注如下事项：

（1）关注拟引用单项资产评估报告的基本要素与资产评估报告是否一致，如评估目的、评估基准日、评估对象等，同时还要关注拟引用的单项资产评估报告的参数选取、假设前提、使用限制等是否能够满足资产评估报告的引用要求。

（2）关注拟引用单项资产评估报告披露的特殊事项说明，判断其是否可以引用及其对资产评估结论的影响。

（3）关注并客观分析拟引用单项资产评估报告评估增减值情况。评估专业人员应当对所引用单项资产评估报告的评估结论与账面价值的变动情况进行客观分析，不得发表超出自身执业能力和范围的意见，关注所引用单项资产评估报告披露的特殊事项说明，判断其是否可以引用及其对资产评估结论的影响。

（4）关注拟引用单项资产评估报告是否为正式出具的评估报告。评估专业人员应当全面理解单项资产评估报告及其附件，并核实单项资产评估机构资质，同时将所引用的单项资产评估报告作为工作底稿。

（5）关注并取得相关备案审核文件。对于需要进行备案审核的单项资产评估报告，资产评估专业人员需要检查拟引用单项资产评估报告的相关备案审核文件，分析其可能对拟引用单项资产评估报告评估结论产生的影响。

引用单项资产评估报告的评估结论，其实质就是资产评估报告评估结论的组成部分，是资产评估报告评估结论的支撑。因此，评估专业人员应当对拟引用的单项资产评估报告的评估结论进行分析判断，对于账面无记录的单项资产，应当考虑引用或者确认的资产类型是否符合相关规定，分析是否存在相关负债，并予以恰当处理。

七、评估结论的形成

对企业各项资产及负债分别进行评估后，应当按照资产基础法的基本公式分析计算得出企业价值。在汇总各项资产和负债评估价值的过程中，应当关注表外资产及负债，对构成企业价值的所有可识别且可量化的要素进行评定估算，确保股东全部权益价值不重不漏。

八、评估结论的合理性分析

对资产基础法评估结论合理性的分析，主要是分析其是否较好地识别出了表外资产或负债，并采用适当的方法得出合理的评估结论。此外，在采用资产基础法得出企业价值后，还应当结合其他评估方法得出的评估价值，分析、判断资产基础法评估结论的合理性。

（一）对表外资产和负债的检验

采用资产基础法进行企业价值评估，重点和难点就是对表外资产及负债的分析、判断。常见的表外资产主要以无形资产为主，可能包括：

（1）专利或专有技术。

（2）未在账面记录的自创无形资产。

（3）特许经营权。

（4）销售网络。

（5）客户关系。

（6）知名商标（可能被冠以驰名商标、著名商标）。

（7）企业毛利率明显高于同行业平均水平。

（8）协议约定的企业获益形式，如优惠贷款利率、优厚供应条件等。

常见的表外负债可能包括：

（1）法律明确规定的未来义务，如土地恢复、环保要求。

（2）与其他经济体以协议形式明确约定的义务。

评估专业人员应当知晓，并非所有的表外资产及负债都是可以识别及计量的。如果定性判断不能用恰当的方法单独评估的表外资产价值量占企业整体价值比重较大，则应当考虑采用资产基础法的适用性。

（二）与其他评估方法初步结果的比较分析

鉴于资产基础法中表外资产和负债项目往往难以穷尽，同时也并非所有的表外资产和负债都能单独进行评估，因此，对于持续经营企业，一般不宜只采用资产基础法一种方法评估其价值。采用两种以上的评估方法进行评估时，可以对不同评估方法得到的评估结论进行比较，并分析产生差异的原因，进而检验评估结论的合理性。

【例6-4】某企业主要以研发为主，其账面资产包括货币资金、开发支出（主要为研发人员工资及部分开发用原材料）、电子设备等，没有无形资产。该企业拟增资扩股，需要对其进行评估。A公司接受委托后，分别采用资产基础法及收益法进行了评估，其中资产基础法评估值为6 000万元，收益法评估值为11 000万元，两种方法评估结果相差5 000万元。经评估专业人员分析后，认为资产基础法评估结论中虽然包括了该企业所拥有的但未反映在账面的专利（已取得专利证书）及专有技术价值，但并未包括研发团队、管理团队、著作权及域名等账面未记录的无形资产，故资产基础法的评估结论不能全面反映该企业的企业价值。所以，该项目最终采用了收益法评估值作为评估结论。

九、资产基础法的适用性和局限性

（一）资产基础法的适用前提

根据资产基础法的特点，一般情况下，资产基础法适用于以下情形：

1. 历史资料较为充分，账务记录清晰完整

根据资产基础法的基本原理，采用资产基础法进行企业价值评估是以被评估单位的资产负债表作为基础，然后采用具体的评估方法对各项资产和负债进行评估，最终将其评估值汇总得到被评估企业价值。在采用具体方法评估时，需要收集被评估企业主要资产的历史资料及数据，如采用成本法评估房屋建筑物，需要取得竣工图样、工程结算资料等。如果缺乏必要的历史资料，评估专业人员很难按照资产基础法估算出被评估企业的价值。

2. 不同类型企业资产基础法的适用性

通常来讲，进行企业价值评估收益法一般是首选评估方法，但如果对被评估企业未来盈利状况无法合理判断，那么收益法就无法使用；当市场上无法找到与被评估企业相似的可比案例时，市场法的运用也受到限制。此时，只能从成本途径入手了。

从评估实践来看，以下情况较为适用资产基础法：

（1）重资产企业。该类企业无形资产较少，构成企业价值的主要资产均通过资产负债表进行了反映，采用资产基础法可以估算出企业各单项资产的市场价值，所以应优选资产基础法。

（2）投资公司。该类企业无主营业务，资产基础法已对下属各长期股权投资分别选用资产基础法、收益法和市场法中的两种方法进行了评估并确定了最终的合理评估结果，故在母公司层面优选资产基础法。

（3）改制企业。此类业务的评估目的一般是将评估结果用于核实出资额，或者作为公司改制后企业建账的基础，资产基础法已包含企业经营活动产生贡献且符合非货币出资条件的各项无形资产价值，同时还直接引用了土地或矿业权评估机构单独出具的评

估报告的结果，因此应优选资产基础法。

（4）矿山企业。这类企业的特点是采矿权、探矿权占总资产的比重非常大，采用资产基础法评估时，已经直接引用了矿业权评估机构单独出具的评估报告的评估结果，完整地体现了被评估企业的价值，因此应优选资产基础法。

（5）进入清算状态的企业。企业进入清算状态往往是因为失去了整体获利能力、出现资不抵债情况或因其他原因不能持续经营下去了，这种情况下的企业价值评估一般是评估企业的清算价值，采用资产基础法可以估算出企业各单项资产的清算价值，便于被评估企业进行处置。

（6）新成立企业。如果被评估企业成立时间不长，企业各要素资产的配合尚未达到最佳状态，难以判断企业是否可以产生组合效应，这种情况下采用资产基础法评估企业价值，会使评估结果更为客观。

（二）资产基础法的局限性

企业价值评估是将企业作为一个经营整体并依据其未来获利能力进行评估，因此企业价值评估强调的是从整体上计量企业全部资产形成的整体价值，而非各单项资产评估结果的简单汇总。对于一些高科技企业，由于存在虽然有价值但未在资产负债表中反映的资产项目，如账外无形资产、商誉等，若对这类企业采用资产基础法进行评估则显得尤为不合适，主要体现在：

1. 采用资产基础法难以体现企业整体获利能力

分析判断企业的整体获利能力是企业价值评估的关键，企业的获利能力通常是指企业在一定时期内获取利润或现金流量的能力，是企业生产能力、营销能力、经营能力等各种能力的综合体，而企业未来所能获得的收益将直接影响企业的现时价值。而采用资产基础法评估企业价值，只是简单地将单项资产及负债的价值加和作为评估结果，很难反映出各项资产组合产生的整体效益，也就难以体现企业作为一个持续经营和持续获利的实体的实际价值，不能很好地体现企业价值的全部内涵。

2. 采用资产基础法难以发掘某些无形资产对企业价值创造的作用

企业价值是一个整体概念，它所体现的是将企业的人力、物力、财力等生产经营要素整合在一起的现在和未来的获利能力。因此，企业价值评估涵盖了被评估企业所拥有的全部资产及负债，其中既包括资产负债表上反映的有形资产，还包括如企业盈利能力等不可确指的无形资产。因此，采用资产基础法评估企业价值，往往仅包含了有形资产和可确指的无形资产价值，作为不可确指的无形资产——商誉，却无法反映和体现出来。

正因为资产基础法在评估企业价值时存在的上述不足，国内外有关企业价值评估准则中都明确规定，以持续经营为前提对企业价值进行评估时，资产基础法一般不应当作为唯一使用的评估方法。

第二节 市 场 法

一、市场法评估基本原理

企业价值评估中的市场法是指将评估对象与可比上市公司或者可比交易案例进行比较，确定评估对象价值的评估方法。市场法也被称为相对估值法，是国际上广泛运用的一种评估方法。

市场法所依据的基本原理是市场替代原则，即一个正常的投资者为一项资产支付的价格不会高于市场上具有相同用途的替代品的现行市价。

二、市场法常用的两种具体评估方法

（一）上市公司比较法

上市公司比较法是市场法评估的一种具体操作方法。该方法的核心是选择上市公司作为标的公司的"可比对象"，通过将标的企业与可比上市公司进行对比分析，确定被评估企业的价值。

上市公司比较法的关键点和难点是选取可比上市公司、选择恰当的价值比率以及确定流动性对评估对象价值的影响。

1. 可比公司的选择

评估专业人员应当根据被评估企业自身的业务特点、市场情况、经营绩效以及其所在行业同类公司的特点，确定合适的可比公司。

2. 价值比率的确定

价值比率的确定是市场法应用的关键。评估专业人员应当运用恰当的方法选择价值比率，并保证价值比率分子、分母口径的匹配，同时还要对所应用的价值比率进行调整，以降低可比公司与被评估企业在成长性和风险性等方面存在的差异。

3. 缺乏流动性因素的影响

采用上市公司比较法进行企业价值评估，所选取的可比公司均为在证券市场上挂牌的公众公司，而被评估企业则是非上市公司，二者的股权在流动性上存在一定的差异，需进行调整。目前国内外对缺乏流动性折扣的研究主要有限售股交易价格法、IPO 前交易价格法、新股发行定价法、期权定价法以及非上市公司并购市盈率与上市公司市盈率对比法等。

（二）交易案例比较法

交易案例比较法是市场法评估的另一种具体操作方法。该方法的核心是选择交易案例作为标的公司的"可比对象"，通过将标的企业与交易案例进行对比分析，确定被评估企业的价值。其原理与上市公司比较法类似，只是可比对象是并购案例或本企业近期的股权买卖案例。

运用交易案例比较法时，应当考虑评估对象与交易案例的差异因素对价值的影响。

1. 交易情况差异的调整

可比公司一般为非上市公司，在流动性方面比较接近，故不对流动性进行调整，但由于其交易时间及交易条件不同，所以应当对交易情况的差异进行调整。

交易情况差异调整主要包括交易条款和交易方式调整。通常来讲，一项交易的完成必定附带若干交易条款，而不同的交易条款对交易价格影响很大，虽然实务中对交易条款的全面获取非常困难，但评估专业人员应当尽可能获取相关信息并对其进行分析调整。

此外，案例的交易方式包括公开交易和非公开交易两种，一般认为公开交易方式更可能产生公平交易价格，但也可能是对特定投资者的投资价值，此时评估专业人员应当对交易案例进行深入分析，并调整协同效应可能带来的影响；对于非公开的协议交易方式，则更可能会存在某些其他因素影响交易价格的公允性，因此需要对交易方式进行调整。

最后，交易时间可能与评估基准日相距时间较长，需要进行时间因素调整。时间因素调整可以参考市场相关价格指数。

2. 案例获取渠道

采用交易案例比较法的难点是交易信息的获取渠道有限，且主要交易信息披露不充分。目前国际上的信息获取渠道主要有汤森路透、彭博、CapitalIQ 和 Dealogic 等服务商，其内容主要集中于并购交易动态资讯、宏观经济与具体行业数据、市场与交易数据等。

国内交易信息目前主要是来源于各产权交易市场，但由于其披露的财务、经营信息不够全面，且大量交易不公布最终成交价格，所以产权交易所信息对市场法评估发挥的作用有限。相比较之下，上市公司的收购案例对收购对象的披露较为全面，评估专业人员可通过上市公司披露的公告获取收购案例的财务、经营及行业数据，同时也可获取交易背景、协议安排等其他相关资料。

三、市场法评估基本操作步骤

采用市场法评估企业价值，主要包括的基本操作步骤见图 6-1。

四、可比对象的选择

采用市场法评估企业价值时应当确信所选择的可比对象与被评估企业具有可比性。可比对象的选择标准分为两个层次：一是一般标准，即可比对象应当与被评估企业属于同一行业，或者受相同经济因素的影响，并且在业务结构、经营模式、企业规模、企业所处经营阶段、成长性、经营风险及财务风险等方面具备可比性；二是上市公司比较法和交易案例比较法对于可比对象的选择有各自需要进一步关注的要点。

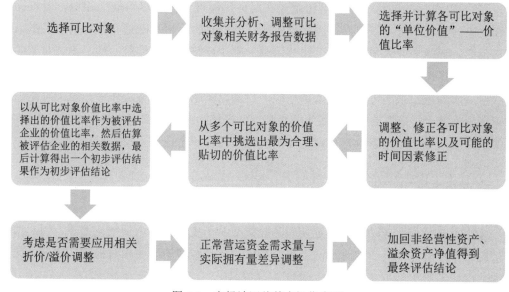

图 6-1　市场法评估基本操作步骤

（一）一般标准

（1）行业的可比性。应当关注可比企业是否与被评估企业处于相同或相似的行业。从评估实践来看，可比企业与被评估企业具有严格可比性的情况非常少见，因此评估专业人员可扩大范围，在受相同经济因素影响的行业中寻找。

（2）业务结构的可比性。应当关注可比企业与被评估企业在主营业务收入的结构、利润的结构上是否相似。

（3）经营模式的可比性。同行业企业即使从事同一业务，其中也会存在多种经营模式，而不同的经营模式可能导致财务指标上的巨大差异和经营风险的差异，因此评估专业人员应当寻找经营模式最接近的可比企业进行比较。

（4）企业规模的可比性。企业规模的大小可以按照销售收入、资产总额、从业人数或产能等指标来判断。但评估专业人员应当知晓，如果在规模上存在重大差异，则被评估企业和可比企业之间实质上体现出来的不仅仅是规模上差异，还会在业务结构、资产配置及使用情况等方面存在差异，可比性就会变弱。

（5）企业所处经营阶段的可比性。一般来讲，企业的经营阶段可分为四个阶段，即初创、成长、成熟、衰退阶段，不同阶段的发展速度不同，因此，应尽可能地寻找与被评估企业处于同一发展阶段的可比公司。

（6）成长性的可比性。成长性是指公司实现可持续成长的能力。对于高成长性公司，其市场占有率、主营业务收入增长率及利润增长率指标均呈持续增长。因此，在比较价值比率时，现实和历史的经营指标不能充分反映其价值，选择前瞻性指标可能更为恰当。

（7）经营风险的可比性。经营风险是指企业在经营过程中，由于市场需求变化、生产要素供给条件变化以及同类企业间的竞争给企业的未来预期收益带来的不确定性，在选择可比公司时重点考察可控风险因素的差异。

（8）财务风险的可比性。可比企业在财务风险度量上应尽可能地相似。对可比企业和被评估企业的财务报表进行调整，使其基于相似的编制基础是非常重要的工作。

因此，评估专业人员在选择可比公司时，应注意筛选标准的统一性、筛选对象的全面性。在选择可比企业时应当根据上述一个或几个可比因素制定统一的筛选标准。标准越严格，所筛选出来的可比企业就越相似，数量也就越少。实务操作中，对于可比公司的筛选应本着"质量"重于"数量"的原则，可先把筛选标准放宽，然后逐渐提高标准，以保证筛选出来的可比企业具有可比性，同时还具有一定数量。

（二）上市公司比较法选择的关注要点

1. 有一定的交易历史，数据充分

采用上市公司比较法需要一定期间的股票交易历史数据并进行统计处理，因此选择的可比对象一般需要有一定时期的上市交易历史，且经营情况要相对稳定。建议可比对象的上市交易历史至少在 24 个月（2 年）为好。

2. 股票交易活跃程度

可比公司应当为股票市场上交易活跃的上市公司，上市公司股权交易活跃表明其股价是在竞价机制基础上对内在价值的反映，一旦股价偏离内在价值，则能够迅速向内在价值回归。因此，可比公司应当从那些交易活跃的上市公司中选取。

3. 业务活动地域范围

一般来讲，可比公司均为具有一定规模，且经营业务的区域范围较大的上市公司。不同区域范围经营业务，其面临的经营风险、客户群体、政策优惠、行业壁垒等均有较大差异。因此，业务活动区域范围也是可比公司选择的重要标准之一。

4. 经营业绩相似

要求可比对象与被评估企业在经营业绩方面相似主要是考虑对于投资者而言，盈利企业的投资风险与亏损企业的投资风险是有较大差异的，因此在选择可比对象时，最好减少这方面差异所产生的影响。

（三）交易案例比较法选择的关注要点

1. 交易日期应当尽可能与评估基准日接近

收集的交易案例的交易日期可能并不是评估基准日，因此会存在由于上述两个日期差异所产生的交易价格差异，因此，在选择交易案例比较法的评估对象时，应该尽量选择交易日期与评估基准日接近的可比交易案例。

2. 交易案例的控制权状态与被评估企业的控制权状态相同

不同的控制权状态直接影响评估结论，因此在选择可比对象时应当考虑到交易案例的控制权或少数股权的状态，也就是说，选择的可比对象的控制权或少数股权的状态应该与被评估企业的控制权或少数股权的状态相同。

3. 关注可比交易案例资料的可获得性和充分性

收集可比交易案例资料时，评估专业人员应当注意案例相关财务资料的可获得性以及

资料的充分性。不同交易案例在企业经营、交易条款等方面可能与被评估企业存在较大差异，如果未能充分收集案例资料，可能会无法消除相关差异的影响，引起价值判断上的偏差。

4. 经营业务相同或相似

要求可比对象的经营业务与被评估企业相同或相似是指资产功效相同或相似，这是选择可比对象所必需的。

五、价值比率的选择与确定

（一）价值比率的概念和种类

价值比率是指以价值或价格作为分子，以财务数据或其他特定非财务指标等作为分母的比率，是确定市场法应用的关键。价值比率可以按照分母的性质分为盈利比率、资产比率、收入比率和其他特定比率；也可以按照分子所对应的权益划分为权益比率和企业整体价值比率。常用的价值比率如表 6-1 所示。

表 6-1　常用的价值比率

	权益价值比率	企业整体价值比率
盈利比率	P/E（市盈率）	EV/EBITDA
	PEG	EV/EBIT
	$P/FCFE$	EV/FCFF
资产比率	P/B（净资产账面值）	EV/TBVIC（总资产或有形资产下账面值）
	托宾 q 系数（价格 / 净资产的重置成本）	EV/ 重置成本
收入比率	P/S	EV/S
其他特定比率		EV/ 制造业年产量
		EV/ 医院的床位数
		EV/ 发电厂的发电量
		EV/ 广播电视网络的用户数
		EV/ 矿山的可采储量
		等等

注　P：price 企业股权价值

P/E：price-earnings ratio 企业股权价值 / 利润 = 股价 / 每股收益

PEG：市盈率相对盈利增长比率，PEG=PE/（企业年盈利增长率 ×100）

FCFE：free cash flow to equity 股权自由现金流

P/B：price-book ratio 企业股权价值 / 净资产价值 = 股价 / 每股净资产

S：sales 销售收入

EV：enterprise value 企业整体价值

EBITDA：earnings before interest，taxes，depreciation and amortization 企业息税折旧摊销前利润

EBIT：earnings before interest and taxes 企业息税前利润

FCFF：free cash flow for the firm 企业自由现金流

TBVIC：total book value of invested capital 总资产或有形资产账面价值

在上述四类价值比率中，盈利基础和资产基础的价值比率相对较为常用，第四类价

值比率则更多地适用一些特殊行业的企业价值评估,因此,通常称为行业特定价值比率。

(二)价值比率的选择原则

价值比率种类众多,且每个价值比率各有优缺点,所以通常需要选用多类、多个价值比率分别进行计算,然后进行综合对比分析判断,才能够选择出最适用的价值比率。

评估专业人员在选择价值比率时一般需要考虑以下原则:

(1)对于亏损企业,优选资产基础比率。

(2)对于可比对象与被评估企业资本结构存在重大差异的,优选全投资口径价值比率。

(3)对于轻资产公司(无形资产较多),优选收益基础价值比率。

(4)如果被评估企业的各类成本和销售利润水平比较稳定,优选收入基础价值比率。

(5)如果可比对象与被评估企业税收政策存在较大差异,优选税后的收益基础价值比率。

(6)无论选择何种价值比率,应当保持价值比率的分子、分母口径一致。

(三)价值比率的选择方法

价值比率的选择方法一般包括:基本因素方法、统计方法及常规方法。

1. 基本因素方法

主要考虑运用与公司价值相关性最高的变量,例如,如果被评估企业的价值与其收益相关度最高,而该企业的收益预测也比较可靠,则选择盈利类价值比率进行评估将会比较准确、可行。

2. 统计方法

可以将各种价值比率进行回归,其中相关性最高的就是可以进行最佳解释的价值比率。通常情况下,资产比率相关因素主要有预期增长率、股息支付率、风险和净资产收益率;收入比率相关因素有预期增长率、股息支付率、风险和净利润。

3. 常规方法

所谓常规方法就是根据多年来的实践和总结,评估某些行业常用的价值比率。具体如表 6-2 所示。

表 6-2 评估某些行业常用的价值比率

行 业		通常选用的价值比率
金融业	银行	P/B、P/E
	保险	财险:P/B
		寿险:P/EV
	证券	经纪:P/E、营业部数量、交易活跃账户数量
		自营:P/B
	基金	P/AUM(资产管理规模)

续表

行　　业		通常选用的价值比率
采掘业		EV/Reserve（储量）、EV/Resource（资源量）、EV/Annua /Capability（年生产能力）
房地产业		*P*/NAV（净资产价值）、*P*/FCFE
制造业	钢铁行业	*P*/*B*、EV/ 钢产量
	消费品制造业	*P*/*E*
	机械制造业	*P*/*E*
	生物制药业	PEG
基础设施业		EV/EBITDA、*P*/*B*
贸易业		批发：*P*/*E*
		零售：EV/*S*
信息技术业		处于初创阶段：EV/*S*、*P*/*B*
		处于成长阶段：*P*/*E*、PEG
		处于成熟阶段：*P*/*E*

注　EV：embedded value 内在价值（保险行业特有）

　　AUM：asset under management 资产管理规模

　　NVA：net asset value 净资产价值

　　其他释义见上表注。

由于各类价值比率都有自身的优点，同时也存在一些不足，因此，通常应该选用多类、多个价值比率分别进行计算，然后综合对比分析判断才能够选择出最适用的价值比率。

（四）价值比率的修正

1.价值比率的修正内容

由于每个可比企业与被评估企业在成长性和风险性等方面都存在一定的差异，因此在应用市场法对企业价值进行评估时，其中一项重要的工作就是对价值比率进行修正。修正的内容包括对财务指标、规模及其他风险因素差异以及预期增长率（成长性）差异的修正等。

财务指标的修正具体包括如下各项。（1）盈利能力：销售净利率、营业利润率、主营业务净利率、总资产报酬率、净资产收益率、主营业务收入、EBIT、EBITDA。（2）运营能力：总资产周转率、流动资产周转率、总资产、净资产。（3）偿债能力：资产负债率、速动比率、流动比率、风险控制能力（净资本 / 各项风险资本准备之和，评估对象为证券公司）。（4）成长能力：营业收入增长率、资本扩张率、股东权益增长率。

规模及其他风险因素差异的修正，主要是指对规模偏小的企业在管理深度、产品多样性、融资渠道、研发能力及市场资源等方面存在的局限性进行修正。同时，高负债也会增加企业的经营风险及财务风险。因此，需要对被评估企业及可比对象在风险因素方面存在的差异进行调整。具体可以采用可比对象和被评估企业的相关数据估算折现率来进行必要的调整。

预期增长率（成长性）差异的修正，主要是由于被评估企业与可比对象可能处于企业发展的不同期间，对于进入相对稳定期的企业来讲，其未来发展相对比较平稳，而处于发展初期的企业可能会有一段发展相对较快的时期。因此，需要调整预期增长率的差异。

采用交易案例比较法进行企业价值评估时，还会受到交易条款、交易方式及交易时间等因素的影响，因此，还应对上述影响因素进行修正。对于有资料表明存在交易附加条款的或者有交易不公允的案例，可以将其从可比对象中剔除。此外，还可以选择尽可能多的可比对象，以充分稀释个别对象中由于交易条款和交易方式所产生的影响。

2. 价值比率的修正方式

每个可比企业与被评估企业在成长性和风险性等方面都会存在差异。采用波特的五力分析模型、SWOT 分析模型以及财务分析模型对可比企业和被评估企业进行定性分析和定量分析，据此对价值比率进行适当修正。

1）主观修正

在比较了各公司的价值比率之后，应该考虑影响价值比率的主要因素，看看是否可以解释其中的差异。对于大多数公司来说，至少有一个因素可以解释价值比率为什么比行业均值高或低。例如，当采用资产比率（P/B）比较时，就需要关注资本报酬率（ROE）与 P/B 之间的关系，合理解释为什么修正。

2）矩阵法

在矩阵法中可以把分析的价值比率根据因变量分成四块。例如，应用资产比率（P/B），我们根据资本报酬率（ROE）将比率分块，如图 6-2 所示。

高 P/B 低 ROE	高 P/B 高 ROE
低 P/B 低 ROE	低 P/B 高 ROE

图 6-2　评估某些行业常用的价值比率

矩阵左下方和右上方均属合理区域，但如果处于左上方或右下方，则可能存在过高或过低估价。需要注意的是，上述判断是基于 ROE 与 P/B 基本上是保持线性关系的假设，如果风险因素等存在很大的差异，矩阵法就不一定完全正确。

3）回归法

矩阵法的特点在于很容易识别极端值，但对于并没有过分高估或低估的公司不容易分辨。而回归法则是区分公司间差异更具有说服力、更通用的方式。回归法是通过采集一定数量的可比对象价值以及对价值比率有重大影响的独立变量，采用数理统计方法寻找它们之间的关系，据此判断公司是否存在高估或低估，并对被评估企业的价值比率进行修正的另一种方法。

（五）价值比率的确定

1. 价值比率计算的时间区间的选择

价值比率的计算一般可以选择评估基准日前 12 个月或前几年（3 年或 5 年）价值比率的平均值。在计算价值比率时可以采用时点型价值比率，也可以采用区间型价值比率。

若选择评估基准日前 12 个月为基础进行计算，对于时点型价值比率可以选择评估基准日可比对象股票交易价值为基础计算价值比率的分子，以评估基准日前 12 个月的相关财务数据为基础计算价值比率的分母；对于区间型价值比率可以以评估基准日前若干日的交易均价为基础计算价值比率的分子，以评估基准日前 12 个月的相关财务数据为基础计算价值比率的分母。考虑到上市公司的财务报告是按季度披露的，当价值比率的选择时间超过 90 天时，可能会使价值比率包含因为上市公司新财务数据的披露对股票价格造成的系统性影响，因此，建议价值比率的选择日期为 30 天或 60 天。如果在此期间可比对象发生突发事件，造成上市公司股价异常波动，则需要考虑是否应该相应调整日期，剔除可比对象股票价值异动的影响。

若选择评估基准日前几年（3 年或 5 年）价值比率的平均值为基础进行计算，可以分别选择评估基准日、评估基准日前第一个会计年度末、前两个会计年度末、前三个会计年度末等分别计算时点型或区间型的价值比率，然后将上述若干个时点的价值比率采用平均、加权平均或其他合理方式进行均值处理后作为一个 3 年或 5 年的价值比率平均值。采用这种方法时，应当结合评估对象股票价格的时效性以及可比对象股票价格由于非正常因素扰动可能产生的影响，选择合适的计算区间。

2. 价值比率的分析确定方法

（1）平均值法

选取各可比对象的价值比率的平均值或加权平均值作为被评估企业的价值比率。

（2）调和平均值法

调和平均值法是算术平均的一种变形，是倒数的算术平均值的倒数。调和平均值法在实务中不常用且易受极端值的影响，但是在计算利润率或价值比率时不失为一个有益的方法。

（3）中位数法

鉴于我国股票市场上的许多微利企业，其股票价格较高，而据此计算出来的市盈率也奇高。如果可比对象的价值比率包含该类极端数据，那么采用平均数计算就会产生较大偏差，而采用中位数可以很好地避免极端值对价值比率的影响。

（4）变异系数法

变异系数法反映观察值对于平均值的离散程度，也称为标准差系数，计算方法是用样本的标准差除以样本平均值。变异系数法可以用来比较不同价值比率样本的离散程度，可以以此为依据选择最适合的价值比率。

由于各类价值比率都有自己的优势和缺陷，因此通常需要计算多类、多个价值比率，然后在各类价值比率中分析确定出最合理的价值比率。

六、流动性折扣的考虑

采用上市公司比较法进行企业价值评估，可比对象都是上市公司，交易的市场价格采用的也是证券市场上成交的流通股交易价格，因此这个价格是具有流动性的价格。而被评估企业通常是非上市公司，也就是其股权是缺少流动性的，与可比对象存在流动性的差异，而这个流动性差异对企业本身的价值是有影响的。因此，在采用上市公司比较法确定评估结论时，应当考虑缺乏流动性的因素影响，并对评估结论进行调整。

（一）国际缺少流动性折扣的定量估算

目前国际上定量研究缺少流动性折扣的主要方式或途径包括：

1. 限制性股票交易价格研究

该类研究的思路是通过研究存在转让限制性股票的交易价格与同一公司没有转让限制的股票交易价格之间的差异来定量估算缺少流动性折扣。从该研究结论中可以看出，利用 20 世纪 90 年代前限制期为 2 年的限制股交易价格研究得出的缺少流动性折扣大约为 30%，利用 90 年代后的数据研究得出的缺少流动性折扣为 20% 左右，这个差异主要是由于限制股的限制期由 2 年变为 1 年。

2.IPO 前交易价格研究

该类研究的思路是通过公司 IPO 前股权交易价格与后续上市后股票交易价格对比来研究缺少流动性折扣。IPO 前研究主要是 RobertW. Baird & Company 的研究，该研究包含了 1980 年到 2000 年超过 4 000 个 IPO 项目以及 543 项满足条件的 IPO 前交易案例的数据。研究结果表明，从 1980 年到 2000 年缺少流动性折扣的中位值和平均值分别为 47% 和 46%。[①]

美国的分析人员认为 IPO 前研究缺少流动性折扣率与限制股交易研究相比，对于非上市公司，可以提供更为可靠的缺少流动性折扣率的数据。原因是 IPO 前的公司股权交易与实际评估中的非上市公司的股权交易情况更为接近，因此按 IPO 前研究得出的缺少流动性折扣率更为适合实际评估中的非上市公司的情况。

（二）国内缺少流动性折扣的定量估算

借鉴国际上定量研究缺少流动性折扣率的方式，结合国内实际情况，国内缺少流动性折扣的定量估算主要有以下两种方式：

1. 新股发行定价估算方式

新股发行定价估算是指通过研究国内上市公司新股 IPO 的发行定价与该股票正式上市后的交易价格之间的差异来研究缺少流动性折扣的方式。新股 IPO 的发行价不是在"市场交易机制"下形成的价格，因此它不是股票市场的交易价。当新股上市后这种

---

①   Emory Sr, J. D., & ASA III, F. R. (2002). Discounts for Lack of Marketability, Emory Pre-IPO Discount Studies 1980—2000, As Adjusted October 10, 2002. Business Valuation Review, 21(4), 190-191.

有效的交易市场机制就形成了，因此可以认为在这两种情况下价值的差异就是由于没有形成有效市场交易机制造成的。因此，可以通过研究新股发行价与上市后的交易价之间的差异来定量研究缺少流动性折扣率。

2. 非上市公司并购 *P/B* 与上市公司 *P/B* 对比方式

非上市公司并购 *P/B* 与上市公司 *P/B* 对比方式估算缺少流动性折扣率的思路是收集分析非上市公司少数股权的并购案例的 *P/B*，然后与同期的上市公司的 *P/B* 进行分析对比，通过上述两类 *P/B* 的差异来估算缺少流动性折扣。

根据对发生在 2020 年的 900 多个非上市公司的少数股权并购案例和截至 2020 年年底的 3 000 多家上市公司的 *P/B* 数据进行对比分析，可以看出每个行业中非上市公司的平均 *P/B* 与上市公司的平均 *P/B* 相比存在一定差异，这个差异应该可以认为主要是缺少流动性因素造成的。

通过上述两种方式估算的 2020 年国内缺少流动性折扣率平均值为 31.7%。

七、控制权溢价的调整

当采用上市公司比较法评估企业股权价值时，由于可比对象都是上市公司，并且交易的市场价格采用的是证券交易市场上成交的流通股交易价格，上市公司流通股一般都是代表小股东权益的。而被评估企业的股权则可能是具有控制权的或者不具有控制权，对于不具有控制权的可以不进行调整，而对于具有控制权的需进行控制权溢价的调整。根据国内截至 2020 年年底的近 1 000 例非上市公司股权收购案例分析，得出控制权溢价的平均值在 18.27% 左右，缺少控制权折扣大约在 15.45%。

实务操作中，若难以合理确定评估对象由于具有控制权或者缺乏控制权可能产生的溢价或者折价，则应在评估报告中明确披露评估结论未考虑控制权对评估对象价值的影响。

当采用交易案例比较法评估企业股权价值时，控制权溢价 / 缺少控制权折扣等在选择可比对象时已经考虑，因此在确定最终评估结果时不需要进一步做控制权溢价 / 缺少控制权折扣调整。

八、市场法的适用性和局限性

（一）市场法的适用性

1. 充分活跃、成熟、有效的资本市场

资本市场发育比较活跃、成熟、有效是采用市场法进行企业价值评估的重要条件之一。有效的市场一般具有如下特征：

（1）存在大量的理性投资者，以追求利润最大化为目标，且不能单独对定价造成影响。

（2）市场信息充分披露和均匀分布，投资者所获得的信息是对称的。

（3）获取信息不存在交易成本。

（4）投资者对信息变化会做出全面、快速的反应，且这种反应会导致市场定价的相应变化。

2. 可比企业财务数据的充分性和可靠性

运用市场法进行企业价值评估，需要在公开市场上有足够数量的可比公司或者可比交易案例，并且能够收集到与评估活动相关的，具有代表性、合理性、有效性及可靠性的信息资料，进而可以量化可供比较和调整的各项差异指标。因为被评估企业评估结果的高低在很大程度上取决于参照企业的成交价格水平，可比对象成交价格不仅是其内在价值的市场体现，还受买卖双方的交易地位、交易动机、交易时限等因素的影响，足够多数量的可比对象可以避免个别交易中的特殊因素和偶然因素对成交价格和最终评估结果的影响。

（二）市场法的局限性

1. 资本市场不稳定

市场法的局限性在于其对资本市场有严格要求，所在的资产市场应充分有效或接近有效。但是目前我国资本市场尚不完善，股票市场波动较为剧烈。在这样的资本市场中，运用市场法的前提条件受到限制，市场法的适用性受到影响。

2. 合适的可比对象难以获取

我国并购市场起步较晚，市场规模有限，尤其是信息透明度比较欠缺，评估人员难以寻找与被评估企业相同或相似的可比对象。

3. 评估结果可能存在偏差

采用上市公司比较法或交易案例比较法都是以财务经营指标为计算基础的，而财务经营指标只是反映企业经营过程中的某些方面，不能代表企业的全部。因此如果仅以财务经营指标为基础，而没有更多地考虑企业在核心竞争力、营销策略等方面的个体差异，评估结果将会与企业实际价值存在较大偏差。

4. 市场法自身灵活性较大，难以进行有效监管

市场法在企业价值评估中具有一定的灵活性，这种灵活性体现在，评估人员在评估过程中可以根据被评估企业的具体情况选择可比对象及价值比率并进行适当调整。但从另一方面看，这种灵活性也会造成市场法容易被误用或操纵，相关监管部门对资产评估的监督也会遇到一定的困难。

思考题 ▶

1. 资产基础法的基本原理是什么？

2. 什么情况下采用资产基础法评估较好？

3. 可比公司的选择标准除了本书中所提到的，还有哪些标准应该考虑？为什么？

4. 交易案例比较法在我国使用是否广泛？如何评价这种方法？

5. 价值比率如何修正？

第七章　企业价值评估报告

　　资产评估报告是指资产评估机构及其评估人员遵守法律、行政法规和资产评估准则，根据委托履行必要的评估程序后，由资产评估机构对评估对象在评估基准日特定目的下的价值出具的专业报告。评估人员应当根据评估业务的具体情况，提供能够满足委托人和其他评估报告使用人合理需求的评估报告，并在评估报告中提供必要信息，使评估报告使用人能够正确理解和使用评估结论。资产评估报告应当按照一定格式和内容进行编写，反映评估目的、假设、程序、标准、依据、方法、结果及适用条件等基本信息。

　　资产评估报告可以按不同的分类标准进行分类，例如按法律定位，法定评估业务所出具的评估报告为法定评估业务评估报告，比如国有资产评估报告。除此以外开展的评估业务所出具的评估报告为非法定评估业务评估报告。根据评估基准日的不同选择，评估报告可以分为评估基准日为现在时点的现时性评估报告，评估基准日为未来时点的预测性评估报告，评估基准日为过去时点的追溯性评估报告。例如，某法院委托进行司法诉讼评估，法院欲了解诉讼标的在三年前某一时点的市场价值，委托评估机构进行评估，此时出具的评估报告即是追溯性评估报告。按资产评估对象，资产评估报告可分为整体资产评估报告和单项资产评估报告。对（企业、单位或业务等）整体资产进行评估所出具的资产评估报告称为整体资产评估报告。对一项资产，或若干项以独立形态存在、可以单独发挥作用或以个体形式进行交易的资产进行评估所出具的资产评估报告称为单项资产评估报告。

第一节　企业价值评估报告的基本要求

　　企业价值评估报告是按照评估对象分类的，是当评估对象是企业整体和股东权益时，对其进行评估出具的评估报告。就要求而言，所有的评估报告并无不同。对评估报告的规范要求，一直是评估准则的重要规范内容之一。在已颁布的评估准则体系中，都有针对评估报告方面的内容，这些准则涵盖了对评估报告各层次的具体要求，其中，影响较大的准则体系有国际评估准则理事会（International Valuation Standards Council）制定颁布的《国际评估准则》（*International Valuation Standards*，以下简称 IVS）、美国评估促进会（The Appraisal Standards Board of The Appraisal Foundation）编纂的《美国专业评估执业统一准则》（*Uniform Standards of Professional Appraisal Practice*，以下简称 USPAP）、英国皇家特许测量师学会（Royal Institution of Chartered Surveyors）制定颁布的《评估与估价手册》（*RICS Valuation Standards*，以下简称 RICS）以及我国财政部颁布的《资产评估准则》。不同国家或组织的评估准则对评估报告的规范角度和重点不同。《国际评估准则》（IVS）、美国《专业评估执业统一准则》（USPAP）

以及英国皇家特许测量师学会评估准则（RICS 红皮书）对资产评估报告的规定主要都是对评估报告的要素和内容进行规范。中国资产评估协会 2007 年发布的《资产评估准则——评估报告》，以及先后于 2017 年、2018 年两次修订和发布的《资产评估执业准则——资产评估报告》，主要是从基本遵循、报告内容、制作要求等方面对评估报告进行规范。2008 年发布的《企业国有资产评估报告指南》及 2010 年发布的《金融企业国有资产评估报告指南》，均于 2017 年予以修订，是从国有资产评估报告的基本内容与格式方面，对评估报告的标题、文号、目录、声明、摘要、正文、附件、评估明细表和评估说明等进行规范。

但是，对于评估报告的基本要求，一般均涉及三个方面，即评估报告信息数量和质量方面的要求、评估报告格式和详略程度的要求、评估结论限定性方面的要求。

（一）评估报告信息数量和质量方面的要求

对信息数量方面，其基本底线是能够使资产评估报告使用人正确理解和使用评估结论，所以一般把握信息的"必要性"原则，即应当提供必要信息。如果评估报告披露的信息的范围和程度不能够使资产评估报告使用人正确理解和使用评估结论，则被认为没有提供必要信息。换句话说，判定一份评估报告是否提供了必要的信息，就要看评估报告使用人在阅读评估报告后能否对评估结论有正确的理解。这虽然是一个原则性的外部标准，但对于评估报告是一个合理的要求。只有这样，才能体现评估人员是否尽到了勤勉尽责的义务。

对信息质量方面，其基本底线是所有信息应当清晰、准确，没有有误导性的表述。对资产评估而言，这一点极其重要。评估人员应当以清楚和准确的方式进行表述，而不致引起报告使用人的误解，评估报告不得存在歧义或误导性陈述。由于评估报告将提供给委托人，评估委托合同中约定的其他评估报告使用人和法律、行政法规规定的使用人使用，除委托人以外，其他评估报告使用人可能没有机会与评估人员进行充分沟通，而仅能依赖评估报告中的文字性表述来理解和使用评估结论，所以评估人员必须特别注意评估报告的表述方式，不应引起使用者的误解。同时，评估报告作为一个具有法律意义的文件，用语必须清晰、准确，不应有意或无意地使用存在歧义或误导性的表述。

USPAP 和 IVS 两个不同的评估准则对评估报告信息的数量和质量要求是一致的，即评估报告应清晰、准确地说明评估事项，不得误导；包括足够的信息，使评估报告预期使用者能够正确地理解评估报告；清晰、明确地披露评估业务中使用的所有假设、特别假设、非真实性条件和限制条件。RICS 红皮书除满足上述要求外，还要求在评估报告中尽量使用简单便于理解的语言，以便于没有专业知识的报告使用者阅读报告。

（二）评估报告格式和详略程度方面的要求

对评估报告的格式，各国评估准则差异较大。IVS 对评估报告的格式和详略程度未做明确要求，只要评估报告便于使用者正确理解评估结论即可，但应以书面形式出具评估报告。USPAP 也未规定评估报告的形式和格式，但明确了评估报告的形式和格式应根据评估的实质性内容决定，并与评估师和报告预期使用者的需求相关。准则中虽未对报告格式提出明确要求，但对不同业务评估报告的详略程度做了较为细致的划分。要求评估报告必须是完整、简明、限制使用三种类型之一，并且必须在评估报告中明确列示所采用的报告类型。RICS 红皮书中也未对此方面提出特殊要求，只是规定了报告中至少应包含的满足最低需求层次的信息，评估报告的格式和细节由评估师决定，但评估报告应以书面形式出具。

我国资产评估起源具有特殊性，对资产评估报告的管理一直是以行政方式，强调评估报告格式的一致性和规范性。即使是目前，我国评估行业的主体业务仍然是国有资产评估，因此评估报告格式应当按照专门的企业国有资产评估报告指南的规定格式编写和出具。例如，资产评估报告标题一般采用"企业名称＋经济行为关键词＋评估对象＋资产评估报告"的形式。资产评估报告摘要应当采用下述文字提醒资产评估报告使用人阅读全文："以上内容摘自资产评估报告正文，欲了解本评估业务的详细情况和正确理解评估结论，应当阅读资产评估报告正文。"绪言一般采用包含下列内容的表述格式："×××（委托人全称）：×××（资产评估机构全称）接受贵单位（公司）的委托，按照法律、行政法规和资产评估准则的规定，坚持独立、客观和公正的原则，采用×××评估方法（评估方法名称），按照必要的评估程序，对×××（委托人全称）拟实施×××行为（事宜）涉及的×××（资产——单项资产或者资产组合、企业整体价值、股东全部权益、股东部分权益）在××××年××月××日的××价值（价值类型）进行了评估。现将资产评估情况报告如下。"

评估报告的详略程度较为复杂，不但与评估对象本身有关，也与经济行为有关，在很多情况下，也与委托人的要求有关。但评估报告的详略程度是以评估报告中提供的必要信息为前提的。委托人和其他评估报告使用人是评估报告的服务对象，因此评估报告内容的详略要考虑报告使用人的合理需求。随着市场经济体制的逐步完善，市场主体对评估专业服务的需求也日趋多样化，这与以往评估报告单纯为国有企业和国有资产管理部门服务的状况有着较大区别。作为理性的评估报告使用人，可能会要求评估人员在评估报告中不仅提供评估结论，还要提供形成评估结论的详细过程，或者要求在评估报告中对某些方面提供更为详细的说明。对于服务会计计量的评估业务，更应当以满足会计计量要求为出发点，在评估报告中对计量方面的技术要求提供更为详细的说明。因此，资产评估报告的详略程度应当根据评估对象的复杂程度、委托人的合理需求和经济行为的要求等来确定，而不是简单地单方面强调评估本身的规范要求。

（三）评估结论限定性方面的要求

不同评估报告准则对评估报告陈述和提供信息以及报告形式、格式和详略程度方面的基本要求相对比较一致。而对评估报告中其他方面的基本要求特别是评估结论限定性方面的要求，各评估报告准则中或对其要求的程度不同，或对其要求的侧重点不一致。

1. 签字印章要求

评估报告的签字签章制度是评估师及评估机构确认评估结果并承诺对评估结果负责

的一种有效方式。各国或地区不同的评估报告准则中都提出了对评估报告签字签章的要求，各准则中都明确了评估师必须对最终评估报告进行签字签章确认，但在对签字签章方式的具体要求方面存在差异。IVS 中规定评估报告中应当包含评估师或者评估机构的签字签章，即两者可选其一。USPAP 要求评估师可亲自或合法授权他人在所出具的评估报告中签字，并规定签字可以是手写、带有个人识别符号的数字化图示或其他介质的方式，但评估师需对签名拥有完全的个人控制权。RICS 红皮书中则强调评估报告必须由对其承担责任的评估师签名。我国评估报告规定和准则对评估报告签字签章的要求更为严格，资产评估报告应当由至少两名承办该项业务的评估人员签名并加盖资产评估机构印章。法定评估业务的资产评估报告应当由至少两名承办该项业务的资产评估师签名并加盖资产评估机构印章。

2. 语言及汇率要求

带有法律文本性质和货币金额的评估报告，语言和汇率的规定十分重要。欧美主要国家的官方语言为英语，因此 IVS、USPAP 和 RICS 红皮书中并未对评估报告应当使用的语言做明确要求，其默认语言为英语。而我国则不同，评估报告准则中则规定："资产评估报告应当使用中文撰写。同时出具中外文资产评估报告的，中外文资产评估报告存在不一致的，以中文资产评估报告为准。"而对于评估过程和结果所用币种，USPAP 中并未明确表述，其默认使用币种为美元，这与美元在货币体系中举足轻重的地位有关。IVS 中则规定评估结果应由合适的币种表示并应在评估报告中说明。RICS 红皮书中也明确，"在某些情况下，如果可能需要将估价结果转换为物业所在国的本地货币之外的一种货币，则需就汇率基准达成一致"。我国评估报告准则中则要求评估报告一般以人民币为计量币种，使用其他币种计量的，应当注明该币种在评估基准日与人民币的汇率。

3. 评估结论的使用有效期

评估报告中一般有两个重要时点：评估报告日和评估基准日。评估报告日是评估报告的出具日，评估基准日是最终评估结果所对应的时点，应当精确到日。评估报告日、评估基准日和报告有效期之间存在着密切的关系。针对评估报告日与评估基准日间的相互关系，USPAP 划分了三种类型的评估：（1）现时性评估。指评估基准日与评估报告日相同或接近的评估，大多数评估项目属于此类。（2）追溯性评估。评估基准日早于评估报告日，评估中需要确定被评估资产过去的价值。在涉及财产税、遗产或继承税、财产征用、损害赔偿诉讼及类似情形时常见此类评估。（3）预测性评估。需要评估资产的未来价值。例如，对正在开发项目（如房地产开发）的评估。国外报告准则未明确规定报告的有效使用期是基于如下考虑：理性的报告使用者会根据评估基准日后外部市场的变化情况决定报告是否有效，而不是人为地规定一个有效期。我国的评估报告准则中也规定评估基准日可以是现在时点，也可以是过去或者将来的时点。在我国，由于有大量的评估业务服务于国有资产，国有资产管理部门往往要求原则上要规定一个评估结论使用的有效期限，以便于对国有资产的交易行为进行监督管理。所以，我国的，评估报告准则中要求应当明确评估报告的有效使用期，并规定在通常情况下只有当评估基准日与经济行为实现日相距不超过 1 年时，才可以使用评估报告。

理论上，评估结论反映评估基准日的价值判断，仅在评估基准日成立。在基准日后的某个时期经济行为发生时，如果市场环境未发现较大变化，资产价格也未发生重大变化进而不影响经济行为实施，评估结论有效期的概念成立。一旦市场价格标准出现较大波动，则评估结论失效。通常，只有当评估基准日与经济行为实现日相距不超过1年时，才可以使用资产评估报告，这一要求的假设前提是市场环境未发现较大变化，资产价格也未发生重大变化进而不影响经济行为实施。当然，有时评估基准日至经济行为发生日尽管不到1年，但市场条件或资产状况发生重大变化，评估报告的结论不能反映经济行为实现日价值，这时也应该重新评估。

为进一步规范资产评估报告管理，更好地维护委托人和资产评估机构的合法权益，提升资产评估行业社会公信力，2018年11月30日，中国资产评估协会印发了《中国资产评估协会资产评估报告统一编码管理暂行办法》（中评协〔2018〕44号），并在部分地区开展了工作试点。2019年8月29日，中国资产评估协会印发的《关于在全国范围内开展资产评估报告统一编码管理工作的通知》要求，2019年10月1日起，所有资产评估机构出具的资产评估报告（以资产评估报告日为准），均应严格按照《中国资产评估协会资产评估报告统一编码管理暂行办法》要求，在向委托人提交资产评估报告前，使用"资产评估报告统一编码系统"进行统一编码。资产评估报告统一编码管理工作，将与资产评估机构评价、执业质量自律检查等工作相结合，定量定性纳入相关指标考核体系。中评协将对资产评估报告统一编码管理工作情况进行不定期检查，对于未按《中国资产评估协会资产评估报告统一编码管理暂行办法》要求填报的，将按照有关规定给予自律惩戒。资产评估机构在出具资产评估报告时，必须将编码回执列装在资产评估报告的扉页位置。

第二节 企业价值评估报告的基本内容

在我国资产评估领域，无论从形式上还是本质上，企业价值评估报告都是资产评估报告的一种类型，而各种类型资产评估报告基本内容并没有实质性的差异。

依据《资产评估执业准则——资产评估报告》，编制的资产评估报告的基本内容包括标题及文号、目录、声明、摘要、正文、附件。根据国有资产评估管理有关规定和《资产评估执业准则——资产评估报告》制定的《企业国有资产评估报告指南》和《金融企业国有资产评估报告指南》规定，评估报告由标题及文号、目录、声明、摘要、正文、附件、评估明细表和评估说明构成。显然，国有资产评估报告除标题及文号、目录、声明、摘要、正文、附件外，还需要编制评估明细表和评估说明。国有资产监管相关部门或机构对评估项目的管理，也相应要求有评估报告、评估明细表和评估说明三个部分。非国有资产评估项目，资产评估说明、资产评估明细表和相关测算表格是否对外提供的问题，一直困扰资产评估机构，各种说法莫衷一是。但是，由于资产评估市场竞争以及其他原因，实际上无论是国有资产评估项目还是非国有资产评估项目，资产评估机构对外提供的都是资产评估报告、评估明细表和评估说明三个部分。因此，下面介绍这三部分内容。

一、资产评估报告

根据《资产评估执业准则——资产评估报告》，编制的资产评估报告的基本内容包括标题及文号、目录、声明、摘要、正文、附件。上面已经提到，评估实践中，标题及文号、目录、声明、摘要、正文、附件也就是资产评估报告（册）的内容。对于标题及文号、目录、声明、摘要、附件，国有资产评估项目管理比较规范、严格，也都有相关的审核指引。这里主要介绍正文的内容。

评估报告正文，包括委托人及其他资产评估报告使用人、评估目的、评估对象和评估范围、价值类型、评估基准日、评估依据、评估方法、评估程序实施过程和情况、评估假设、评估结论、特别事项说明、资产评估报告使用限制说明、资产评估报告日、评估人员签名和资产评估机构印章 14 个部分。

1. 委托人及其他资产评估报告使用人

评估报告使用人通常在评估委托合同中约定，并在评估报告中明确说明委托人以外的其他报告使用人。否则，任何得到评估报告的第三方都不应被视为评估报告使用人。评估机构和资产评估师也不对该等第三方因误用评估报告而产生的损失承担任何责任。在国有资产评估领域，各级国资监管机构及其出资企业等相关单位通常会作为委托人，同时也可以根据国有资产的相关法律法规成为法律、法规规定的评估报告使用人。除此之外，国有资产评估项目，同时涉及国有资产评估经济行为的相关监管部门或机构，如证券监管、保险监管、工商、税务、法院等。

关于被评估单位（或者产权持有单位）的完整表述为"评估对象的产权持有单位"，它是为了满足国有资产评估项目备案的需要，根据现行国有资产评估项目备案文件格式，在《企业国有资产评估报告指南》中明确的，目的是方便国有资产评估报告出具后的备案文件的制作。在企业价值评估中，"被评估单位"和"产权持有单位"并不绝对是一个单位，如评估 A 公司持有 B 公司 70% 股权价值时，评估对象是 70% 股权，被评估单位是 B 公司，企业价值成本法评估明细表、收益法预测等，均针对 B 公司进行。因此，该部分需要介绍的是 B 公司的相关情况。国有资产评估项目备案表应填写 B 公司的评估结果。

需要指出的是，该部分描述内容应当与评估价值判断衔接。所有描述应客观、真实，并有依据来源。例如一些经营统计资料、获奖情况、行业地位、名次、排位等数据，应当与确定的评估参数相衔接。也不得带有任何诱导、恭维和推荐的陈述，例如"是某地区最大的钢铁企业""市场占有率达到 90%"等内容。

2. 评估目的

资产评估是为满足特定资产业务的需要而进行的。这里资产业务是指引起资产评估的特定经济行为。引起资产评估的特定经济行为（资产业务）决定了资产评估的特定目的。它对评估结果的性质、价值类型等有重要的影响。资产评估特定目的贯穿资产评估的全过程，影响着评估人员对评估对象的界定、价值类型的选择等。它是评估人员在进行具体资产评估时必须首先明确的基本事项。因此，评估目的总是依托于具体的经济行为。在资产评估实践中，引起资产评估的资产业务主要有三大类，一是交易类，二是计量类，三是管理类。如评估实践经常遇到的资产转让、企业兼并、企业出售、企业联营、股份经营、中外合资（合作）、企业清算、担保、企业租赁、债务重组等，都属于资产评估领域广义的交易类业务。最近几年大量的商誉减值测试评估以及购并成本分摊，都属于计量类业务。

值得指出的是，国有资产评估项目对应的经济行为要依法实施审批，相应的经济行为文件大多是国有资产监督管理机构的批复文件。因此，资产评估师应当在评估报告中清晰、明确地说明评估目的、评估所对应的经济行为以及该经济行为获得批准的相关情况。如《企业国有资产评估管理暂行办法》（国资委令第12号）规定，企业提出资产评估项目核准申请时，应当向国有资产监督管理机构报送与资产评估项目相对应的经济行为批准文件；资产评估项目备案需报送与评估目的相对应的经济行为批准文件或有效材料。财政部第14号令中有关的规定与此类似。资产评估报告依据要求列示相对应的经济行为批准文件；评估报告附件，也要求附经济行为批复文件。

3.评估对象和评估范围

企业价值评估的评估对象可以分为两类，即企业整体价值和股东权益价值（全部或部分），与此对应的评估范围是评估对象涉及的资产及负债。将股东全部权益价值或股东部分权益价值作为评估对象，股东全部权益或股东部分权益对应的法人资产和负债属于评估范围，本身并不是评估对象。

《企业国有资产评估报告指南》要求在最终分析确定评估结论时，考虑国有资产评估项目管理对审计的要求、引用其他专业评估机构评估结论的情况，以及被评估企业申报的账面记录中未记录无形资产、表外资产等具体情况。例如，被评估企业账面未记录的无形资产或者账面有记录，根据资产重组方案或类似文件不纳入评估范围，而采用收益法评估时收益预测中难以分割的经营性资产，在分析确定评估结论时，应当考虑选择与资产重组方案或类似文件相一致的评估范围的评估结论。

特别注意两点：

（1）评估对象应当由委托人依据法律法规的规定和经济行为要求提出，并在评估委托合同中明确约定。在评估对象确定过程中，评估机构和评估人员应当关注其是否符合法律法规的规定、满足经济行为要求，必要时向委托人提供专业建议。

（2）评估对象和评估范围与经济行为应当一致，这是国有资产监督管理机构的基本要求。企业价值评估报告应当说明"委托评估对象和评估范围与经济行为涉及的评估对象和评估范围是否一致，不一致的应当说明原因"。但是，委托评估对象和评估范围与经济行为涉及的评估对象和评估范围的一致性，一般不应由资产评估师来判断并确认，而是由委托方和相关当事方根据其经批准拟实施的经济行为确认并提供给评估机构，资产评估师一般应要求委托方和相关当事方在申报表或申报材料上签名盖章，确认评估对象和评估范围。

4.价值类型

资产评估报告应当说明选择价值类型的理由，并明确其定义。一般情况下可供选择的价值类型包括市场价值、投资价值、在用价值、清算价值和残余价值等。对于价值类型的选择、定义，可以参考《资产评估价值类型指导意见》。《企业国有资产评估报告指南》明确规定，企业国有资产评估项目应采用市场价值类型，选择市场价值以外的价值类型时，应当说明选择理由及其定义。处于被迫出售、快速变现等非正常市场条件下的价值评估，机器设备、房屋建筑物或者其他有形资产等的拆零变现价值估计，一般认为是可以采用市场价值以外的价值类型。

5.评估基准日

评估基准日的确定在资产评估实务中影响重大，评估基准日应根据经济行为的性质确定，并尽可能与评估目的的实现日接近。评估基准日由委托方确定，注册资产评估师可以根据专业经验提供建议。《企业国有资产评估报告指南》要求披露评估基准日本身（含格式）以及确定评估基准日所考虑的主要因素。

在评估实务操作中，资产评估报告需要引用其他专业报告的结论或数据，并且这些专业报告也是具有时效性的，如矿业权评估报告、土地估价报告，也具有评估基准日（或估价期日、价值时点）。当资产评估报告引用这些专业报告时，评估人员应当关注这些专业报告的时效日与评估基准日的一致性。

6.评估依据

资产评估报告应当说明资产评估采用的法律法规依据、准则依据、权属依据及取价依据等。

（1）法律法规和准则依据

法律法规依据应包括资产评估的有关法律、法规等，如《资产评估法》《公司法》《证券法》《拍卖法》《国有资产评估管理办法》《资产评估行业财政监督管理办法》等。准则依据主要包括财政部发布的《资产评估基本准则》，以及中国资产评估协会发布的《资产评估职业道德准则》和《资产评估执业准则——资产评估报告》《资产评估执业准则——资产评估程序》《资产评估执业准则——资产评估委托合同》等一系列程序性准则和《资产评估执业准则——企业价值》《资产评估执业准则——无形资产》等一系列实体性准则、指南和指导意见。评估人员应当根据与评估项目相关的原则，在评估报告中说明执行资产评估业务所采用的具体法律和准则依据。

（2）权属依据

资产法律权属状况本身是个法律问题，对资产的所有权及其他与所有权相关的财产权进行界定或发表意见需要履行必要的法律程序，应当由具有相应专业能力与专业资质的人士（如律师）或部门（如产权登记部门）来进行。由于资产的价值与其法律权属状况有着密切关系，资产评估执业准则要求评估人员在执业过程中关注评估对象法律权属，并对核查验证情况予以披露。权属依据通常包括国有资产产权登记证书，投资人出资权益的证明文件，与不动产、知识产权资产、资源性资产、运输设备等动产相关的权属证书或其他证明文件，债权持有证明文件，从业资质或经营许可证书等。一些权属证明文件如房屋产权证明上注明的房产面积、结构等仍是评估人员重要的取价依据，这时产权证明材料可以作为取价依据对待。

（3）取价依据

取价依据应包括资产评估中直接或间接使用的、企业提供的财务会计和经营方面的资料，国家有关部门发布的统计资料和技术标准资料，以及评估机构收集的有关询价资料和参数资料等。企业提供的取价依据相关资料一般包括企业本身的财务会计和经营，资产购建、使用及管理等资料；国家有关部门发布的取价依据相关资料一般包括统计资料、技术标准和政策文件等资料；评估机构收集的取价资料，应当是除国家有关部门发布和企业提供的资料外，评估机构自行收集并依据的市场交易、专业资讯、研究分析等资料。

由于统计口径不同等原因，不同部门发布同一指标的统计资料其结果可能存在差异，国家有关部门发布的政策文件，也可能存在多次调整标准的情况，因此评估取价依据应当列示相关资料的名称、提供或发布的单位及时间等信息。

评估依据的披露应掌握以下原则：

（1）评估依据的表述方式应当明确、具体，具有可验证性。任何评估报告阅读者可以根据报告中披露的评估依据的名称、发布时间或文号找到相应的评估依据。例如，取价依据应披露为"《××省建筑工程综合预算定额》（××年）"，而不是"××省及××市建设、规划、物价等部门关于建设工程相关规费的规定"。

（2）评估依据具有代表性，且在评估基准日是有效的。作为评估依据应满足相关、合理、可靠和有效的要求。相关是指所收集的价格信息与需做出判断的资产具有较强的关联性；合理是指所收集的价格信息能反映资产载体结构和市场结构特征，不能简单地用行业或社会平均的价格信息推理具有明显特殊性质的资产价值；可靠是指经过对信息来源和收集过程的质量控制，所收集的资料具有较高的置信度；有效是指所收集的资料能够有效地反映评估基准日资产在模拟条件下可能的价格水平。

7. 评估方法

根据《资产评估基本准则》《资产评估执业准则——评估方法》《资产评估执业准则——企业价值》，确定资产价值的评估方法包括市场法、收益法和成本法三种基本方法及其衍生方法。评估人员应当根据评估目的、评估对象、价值类型、资料收集等情况，分析上述三种基本方法的适用性，合理选择评估方法。对于适合采用不同评估方法进行企业价值评估的，评估人员应当采用两种以上评估方法进行评估。

企业价值评估报告披露评估方法的运用过程时，通常包括下列内容：

（1）评估方法的选择及其理由。

（2）评估方法的运用和逻辑推理过程。

（3）主要参数的来源、分析、比较和测算过程。

（4）考虑的控制权和流动性影响。

（5）对测算结果进行分析，形成最终评估结论的过程。

国有资产评估报告评估方法内容披露，首先需简要说明总体思路和主要评估方法及适用原因；其次按涉及的资产（含负债）顺序逐项说明其具体评估方法。采用成本法的，应介绍估算公式，并对所涉及的资产的重置价值及成新率的确定方法做简要说明。采用市场法的，应简要介绍参照物（交易案例）的选择原则、比较分析与调整因素等。采用收益法等方法的，应介绍估算公式或模型，并对估算的预测方法与过程、折现率的选择和确定情况做简要说明。采用收益法的，评估报告对评估方法说明的内容应包括介绍采用收益法的技术思路，主要测算方法、模型或计算公式；明确预测收益的类型，并根据评估对象，区分企业整体价值、股东全部权益价值和股东部分权益价值；说明选择收益法的合理性和必要性，揭示方法使用与评估对象、评估目的、价值类型、评估条件之间的合理内在逻辑关系。

采用两种方法进行企业价值评估，应当分别说明两种评估方法选取的理由以及评估结论确定的方法。这包括两个方面的内容：

（1）企业价值评估报告应说明的是整体企业价值评估的两种方法及其选取的理由。其主要内容是评估方法选取的依据和理由，以及方法的总体思路和基本模型。与此相对应的是最终确定评估结论的方法，其主要内容是要说明在两个初步结论的基础上是如何得出最终评估结论的。评估实践中，有一种做法是在综合考虑不同评估方法和初步评估结论的合理性及所使用数据的质量和数量的基础上，确定其中一个评估结果作为评估报告评估结论。

（2）以资产基础法评估企业价值时，采用两种以上评估方法对所涉及的长期股权投资的评估，也应当说明两种方法选取的理由以及评估结论确定的方法。同时，按长期股权投资清单，列示各股权两种评估方法以及确定最终评估结论的方法。

8. 评估程序实施过程和情况

资产评估报告应当说明资产评估程序实施过程中现场调查、收集整理评估资料、评定估算等主要内容，一般包括：

（1）接受项目委托，确定评估目的、评估对象与评估范围、评估基准日，拟订评估计划等过程。

（2）指导被评估单位清查资产、准备评估资料、核实资产与验证资料等过程。

（3）选择评估方法、收集市场信息和估算等过程。

（4）评估结论汇总、评估结论分析、撰写报告和内部审核等过程。

评估人员应当在遵守相关法律、法规和资产评估准则的基础上，根据委托人的要求，遵循各专业准则的具体规定，结合报告的繁简程度恰当考虑对评估程序实施过程和情况的披露的详细程度。

9. 评估假设

资产评估报告应当披露所使用的资产评估假设。企业价值评估假设也就是收益预测设定的假设，十分重要，特别是针对具体收益指标所做的假设，直接决定收益指标预测处理结果。换句话说，预测假设与预测密不可分。《资产评估执业准则——企业价值》要求评估人员应当对委托人和其他相关当事人提供的企业未来收益资料进行必要的分析、判断和调整，结合被评估单位的人力资源、技术水平、资本结构、经营状况、历史业绩、发展趋势，考虑宏观经济因素、所在行业现状与发展前景，合理确定评估假设，形成未来收益预测。

评估人员应当合理使用评估假设，在具体的评估项目中使用的评估假设，需要与资产评估目的及其对评估市场条件的宏观限定情况、评估对象自身的功能和在评估时点的使用方式与状态、产权变动后评估对象的可能用途及利用方式和利用效果等相联系和匹配。同时，还应当按照资产评估报告的披露要求在资产评估报告中披露所使用的资产评估假设，以使评估结论建立在合理的基础上，并使评估报告使用人能够正确理解和使用评估结论。

在评估报告中也应当说明如果评估报告所披露的评估假设不成立，将对评估结论产生重大影响。

10. 评估结论

《资产评估执业准则——资产评估报告》规定，资产评估报告应当以文字和数字形式表述评估结论，并明确评估结论的使用有效期。评估结论通常是确定的数值。经与委托人沟通，评估结论可以是区间值或者其他形式的专业意见。其中，引入区间值或者其他形式专业意见的表达形式是考虑到评估行业不断发展的业务多元化需求。

采用两种方法进行企业价值评估，不但要求单独说明评估价值和变动幅度，还需要说明两种以上评估方法结果的差异及其原因以及最终确定的评估结论及其理由。

国有资产评估项目中，关于不同评估方法结果的差异原因以及最终确定评估结论的理由，可从以下几方面获得支持：

（1）因不同方法的评估路径不同，对同一资产的评估，特别是对企业价值的评估难以做到评估对象和范围精确一致。成本法是基于会计的资产负债表进行的。资产负债表是依会计准则关于资产定义和确认计量标准形成的，对不符合会计资产定义、不能准确计量的资源，如企业资质、人力资本等，资产负债表均不反映。所以，以企业提供的资产负债表为基础采用资产基础法评估企业价值，未考虑上述资源的价值。而采用收益法评估企业价值难以分割这些可能为企业收益产生重要影响的资产。所以，收益法和资产基础法评估结论产生差异也就成为必然。

（2）采用资本化或折现的途径及其方法来判断和估算资产价值的收益法，涉及三个基本要素：一是被评估资产的预期收益；二是折现率或资本化率；三是被评估资产取得预期收益的持续时间。能否清晰地把握上述三要素就成为能否运用收益法的基本前提。预测企业收益的不确定性，会直接影响评估结论的使用效果。如一个企业稳定的客户资源、完善的销售网络、科学的管理体制、雄厚的产品研发能力及高素质的员工队伍，会综合体现为企业价值，但实践中难以对其单独量化。成本法以企业单项资产的再取得成本为出发点，有忽视企业的获利能力的可能性，而且在评估中很难考虑那些未在会计报表上出现的项目，如企业的管理效率、自创商誉、销售网络等。因此，以持续经营为前提对企业进行评估时，成本法一般不应当作为唯一使用的评估方法。

11. 特别事项说明

特别事项是指在已确定评估结果的前提下，评估人员在评估过程中已发现可能影响评估结果，但非执业水平和能力所能评定估算的有关事项。资产评估报告中应当对特别事项进行说明，并重点提示评估报告使用人对其予以关注。特别事项通常包括：

（1）权属等主要资料不完整或者存在瑕疵的情形。该情形是指评估中所发现评估对象产权存在的问题，如房产证上所列示资产与实际所勘查的资产不一致，土地或房屋没有权属证明或者权属证明尚在办理等问题。评估人员在评估过程中发现评估对象存在产权瑕疵的问题，应当在特别事项说明中说明法律权属瑕疵的事实、本次评估处理的方法及处理结果、此种评估处理对评估结论的合理性可能产生的影响，让评估报告使用人能够更好地了解评估报告的信息。对于委托人或被评估单位做出相关承诺和说明的，应说明承诺和声明的内容与责任。

（2）委托人未提供的其他关键资料情况。

（3）未决事项、法律纠纷等不确定因素。这包括所有对评估结果产生重大影响的未决事项、法律纠纷，影响生产经营活动和财务状况的重大合同、重大诉讼事项。评估报告应当首先说明不确定性因素本身的情况，其次说明本次评估处理的方法及处理结果，再次说明此种处理可能产生的后果，最后提出此种处理的责任。所有披露内容，不应与事实相矛盾。

（4）重要的利用专家工作及相关报告情况。评估人员在执行评估业务的过程中，由于特殊知识和经验限制等原因，需要利用专家工作协助或者相关报告完成评估业务，这是评估专业属性的体现，也是世界评估实践形成的共识。资产评估报告中应当披露重要的利用专家工作及相关报告的情况。

（5）重大期后事项。根据监管部门或委托人要求，评估人员可以对评估基准日期后重大事项做出披露。具体包括：说明评估基准日之后发生的重大期后事项；特别提示评估基准日的期后事项对评估结论的影响。

（6）评估程序受限的有关情况、评估机构采取的弥补措施及对评估结论影响的情况。

（7）其他需要说明的事项。

12. 资产评估报告使用限制说明

资产评估报告的使用限制说明应当载明：

（1）使用范围。

（2）委托人或者其他资产评估报告使用人未按照法律、行政法规规定和资产评估报告载明的使用范围使用资产评估报告的，资产评估机构及其评估人员不承担责任。

（3）除委托人、资产评估委托合同中约定的其他资产评估报告使用人和法律、行政法规规定的资产评估报告使用人之外，其他任何机构和个人不能成为资产评估报告的使用人。

（4）资产评估报告使用人应当正确理解和使用评估结论。评估结论不等同于评估对象可实现价格，评估结论不应当被认为是对评估对象可实现价格的保证。

资产评估报告由评估机构出具后，委托人、评估报告使用人可以根据所载明的评估目的和评估结论进行恰当、合理使用，例如作为资产转让的作价基础，作为企业进行会计记录或调整账项的依据等。如果委托人或者评估报告使用人违反法律规定使用评估报告，或者不按照评估报告载明的使用范围使用评估报告，例如不按评估目的和用途使用或者超过有效期使用评估报告等，所产生的不利后果评估机构和评估专业人员不承担责任。

13. 资产评估报告日

评估人员应当在评估报告中说明资产评估报告日。资产评估报告载明的资产评估报告日通常为评估结论形成的日期，可以不同于资产评估报告的签署日。

14. 评估人员签名和资产评估机构印章

评估报告编制完成后，经过对评估人员编制的评估报告实施内部审核，至少由两名承办该业务的评估人员签名，最后加盖资产评估机构的印章。对于国有资产评估等法定业务资产评估报告，资产评估报告正文应当由至少两名承办该评估业务的资产评估师签名，并加盖资产评估机构印章。

二、评估明细表

根据《资产评估执业准则——资产评估报告》，评估明细表包含在"附件"中，要求评估报告的附件包括"资产评估汇总表或明细表"，但并未对相关附表的编制提出具体要求，由资产评估机构通过内部业务标准自行规范。实务中通常参考国有资产评估业务的要求提出具体的参考式样。

根据《企业国有资产评估报告指南》和《金融企业国有资产评估报告指南》，评估明细表是专门的一章，提出评估明细表可以根据指南的基本要求和企业会计核算所设置的会计科目，结合评估方法特点进行编制。

（1）采用资产基础法进行企业价值评估，评估明细表包括按会计科目设置的资产负债评估明细表和各级汇总表。资产负债会计科目的评估明细表，表头应当含有资产或负债类型（会计科目）名称、被评估单位、评估基准日、表号、金额单位、页码。表中应当含有资产负债的名称（明细）、经营业务或者事项内容、技术参数、发生（购、建、创）日期、账面价值、评估价值、评估增减幅度等基本内容。必要时，在备注栏对技术参数或者经营业务、事项情况进行注释。表尾应当标明被评估单位填表人员、填表日期和评估人员。

评估明细表按会计明细科目、一级科目逐级汇总，并编制资产负债表（方式）的评估汇总表及以人民币万元为金额单位的评估结果汇总表。评估结果汇总表应当按以下顺序和项目内容列示：流动资产、非流动资产、资产总计、流动负债、非流动负债、负债总计、净资产等类别和项目。

（2）采用收益法进行企业价值评估，可以根据收益法评估参数和盈利预测项目的构成等具体情况设计评估明细表的格式和内容。采用收益法中的现金流量折现法进行企业价值评估，评估明细表通常包括以下内容：

①资产负债、利润调整表（如果有调整时）。

②现金流量测算表。

③营业收入预测表。

④营业成本预测表。

⑤营业税金及附加预测表。

⑥销售费用预测表。

⑦管理费用预测表。

⑧财务费用预测表。

⑨营运资金预测表。

⑩折旧摊销预测表。

⑪资本性支出预测表。

⑫折现率计算表。

⑬溢余资产和非经营性资产分析表。

收益法评估明细表表头应当含有评估参数或者预测项目名称、被评估单位、评估基准日、表号、金额单位等。

（3）采用市场法进行企业价值评估，可以根据评估技术说明的详略程度决定是否单独编制符合市场法特点的评估明细表。

三、评估说明

《资产评估执业准则——资产评估报告》未见"评估说明"概念和要求。《企业国有资产评估报告指南》和《金融企业国有资产评估报告指南》提出，评估说明包括评估说明使用范围声明、委托人和被评估单位编写的《企业关于进行资产评估有关事项的说明》和资产评估师编写的《资产评估说明》三个部分。

（1）关于评估说明使用范围的声明，应当写明评估说明使用单位或部门的范围及限制条款。

（2）委托人和被评估单位可以共同编写或者分别编写《企业关于进行资产评估有关事项的说明》。委托人单位负责人和被评估单位负责人应当对所编写的说明签名，加盖相应单位公章并签署日期。

《企业关于进行资产评估有关事项的说明》包括以下内容：

①委托人、被评估单位各自概况。

②关于经济行为的说明。

③关于评估对象与评估范围的说明。

④关于评估基准日的说明。

⑤可能影响评估工作的重大事项说明。

⑥资产负债情况、未来经营和收益状况预测说明。

⑦资料清单。

（3）《资产评估说明》是对评估对象进行核实、评定估算的详细说明，应当包括以下内容：

①评估对象与评估范围说明。

②资产核实总体情况说明。

③评估技术说明。

④评估结论及分析。

下面主要讨论评估技术说明和评估结论及分析。

采用资产基础法评估企业价值，应当根据评估业务的具体情况以及资产负债类型编写评估技术说明。各项资产负债评估技术说明应当包含资产负债的内容和金额、核实方法、评估值确定的方法和结论等基本内容。

采用收益法或者市场法评估企业价值，评估技术说明通常包括以下内容：

①影响企业经营的宏观、区域经济因素。

②所在行业现状与发展前景。

③企业的业务情况。

④企业的资产、财务分析和调整情况。

⑤评估方法的运用过程。

采用收益法进行企业价值评估，应当根据行业特点、企业经营方式和所确定的预期收益口径以及评估的其他具体情况等编写评估技术说明。企业的资产、财务分析和调整情况以及评估方法运用过程说明通常包括以下内容：

①收益法的应用前提及选择理由和依据。

②收益预测的假设条件。

③企业经营、资产、财务分析。

④收益模型选择理由及基本参数说明。

⑤收益期限及预测期的说明。

⑥收益预测的说明。

⑦折现率的确定说明。

⑧预测期后价值确定说明。

⑨其他资产和负债评估说明。

⑩评估价值。

采用市场法进行企业价值评估，应当根据行业特点、被评估单位实际情况以及上市公司比较法或者交易案例比较法的特点等编写评估技术说明。企业的资产、财务分析和调整情况以及评估方法运用过程说明通常包括以下内容：

①具体方法、应用前提及选择理由。

②企业经营、资产、财务分析。

③分析选取确定可比企业或者交易案例的说明。

④价值比率的选择及因素修正说明。

⑤评估对象价值比率的测算说明。

⑥评估价值。

评估结论及分析通常包括以下内容：

①评估结论，采用两种或两种以上方法进行企业价值评估，应当说明不同评估方法结果的差异及其原因和最终确定评估结论的理由。

②评估价值与账面价值比较变动情况及说明。

③折价或者溢价情况（如有）。

第三节　相关部门对企业价值评估报告的要求

一、企业国有资产评估报告的相关要求

我国资产评估起源于国有资产管理，从一定程度上讲，资产评估发展历史或者对资产评估管理的历史就是对资产评估报告管理的历史。

自20世纪90年代初起，国务院、财政部、原国家国有资产管理局、中国资产评估协会制定和发布了多项法规和规范，以规范资产评估报告内容与格式为主线对资产评估行业进行管理。如《国有资产评估管理办法》（国务院令第91号）及其施行细则（国资办发〔1992〕36号）、《关于资产评估报告书的规范意见》（国资办发〔1993〕55号）、《资产评估操作规范意见（试行）》（国资办发〔1996〕23号）、《资产评估报告基本内容与格式的暂行规定》（财评字〔1999〕91号）和《资产评估报告签字制度（试行）》（中评协〔1998〕3号）等。这些法规和规范，特别是《资产评估报告基本内容与格式的暂行规定》，对规范国有资产评估报告的内容与格式，促进资产评估行业健康发展发挥了重要的作用。

为满足企业国有资产评估管理的需要，中国资产评估准则体系中，依据《资产评估执业准则——资产评估报告》制定有两个专门的评估报告指南，即《企业国有资产评估报告指南》和《金融企业国有资产评估报告指南》，两个评估报告指南规定的评估报告组成为：标题及文号、目录、声明、摘要、正文、附件、评估明细表和评估说明。所有内容的规范要求，都适用于企业价值评估项目。2009年的《企业国有资产评估报告指南》发布实施后，国务院国资委于2009年9月11日专门印发《关于企业国有资产评估报告审核工作有关事项的通知》，要求各级国有资产监督管理机构及国家出资企业对企业国有资产评估报告核准、备案时，应依照中国资产评估协会公布的《企业国有资产评估报告指南》进行审核，进一步提高核准和备案工作质量。该通知要求，申请核准、备案单位报送的评估报告中有关收益法说明部分应包括：收入预测表及说明；成本及费用预测表及说明；折旧和摊销预测表及说明；营运资金预测表及说明；资本性支出预测表及说明；折现率选取、计算、分析及说明；负债预测表及说明；溢余资产分析及说明；非经营性资产分析及说明。该通知同时印发调整后的《国有资产评估项目备案表》和《接受非国有资产评估项目备案表》。因此，2009年的《企业国有资产评估报告指南》内容，应该是国务院国资委对企业国有资产评估报告的全部要求。

除此之外，国有资产评估监管机构对企业价值评估报告出台有一系列规定。例如：2006 年 12 月 12 日，国务院国资委印发的《关于加强企业国有资产评估管理工作有关问题的通知》（国资委产权〔2006〕274 号）要求，涉及企业价值的资产评估项目，以持续经营为前提进行评估时，原则上要求采用两种以上方法进行评估，并在评估报告中列示，依据实际状况充分、全面分析后，确定其中一个评估结果作为评估报告使用结果。同时，对企业进行价值评估，企业应当提供与经济行为相对应的评估基准日审计报告。可以理解为企业价值评估报告应当写明两个方面的内容：一是列示采用的两种评估方法，二是评估报告载明的评估结果选择的依据、分析内容。从十几年的企业国有资产评估项目管理实践看，评估项目审核中十分关注企业价值评估报告评估结果的确定分析内容。

二、证券监管部门对资产评估报告的要求

根据 2019 年 12 月 28 日第十三届全国人民代表大会常务委员会第十五次会议第二次修订通过的，并于 2020 年 3 月 1 日施行的《证券法》，会计师事务所、律师事务所和资产评估机构均属于"证券服务机构"，证券服务机构为证券的发行、上市、交易等证券业务活动制作、出具审计报告及其他鉴证报告、资产评估报告、财务顾问报告、资信评级报告或者法律意见书等文件，应当勤勉尽责，对所依据的文件资料内容的真实性、准确性、完整性进行核查和验证。其制作、出具的文件有虚假记载、误导性陈述或者重大遗漏，给他人造成损失的，应当与委托人承担连带赔偿责任，但是能够证明自己没有过错的除外。

在中国证监会监管实践中，"误导性陈述"是十分严重的情形。对资产评估机构出具的行政处罚决定书中，一般都涉及误导性陈述的定性。例如，对某评估机构出具的行政处罚决定书中提到，评估预测依据的 2011 年信息化工程项目建设战略合作框架协议，项目总金额 4.5 亿元，其中预计 2014 年确认收入 3.42 亿元，占评估时所依据的在手合同及意向合同约 4.7 亿元的 70%，占 2014 年度预测营业收入约 5.3 亿元的 65%，占 2014 年度预测营业收入约 13.2 亿元的 26%。评估依据的框架协议仅为合作框架协议，具体实施需通过公开招投标程序确定承建单位，且在已完成招标中均无标的单位中标。中国证监会认定评估机构未对框架协议予以充分关注，未通过询问、函证、核对等方式进行调查，未保持应有的职业谨慎，没有对收益预测履行必要的分析、判断和调整程序，没有在考虑未来各种可能性及其影响的基础上合理确定评估假设，形成未来收益预测，造成收益预测值和评估值严重虚增，致使评估值不真实。认定进行资产评估时，未勤勉尽责，不符合资产评估准则的相关规定，导致出具的评估报告存在误导性陈述，违反了《证券法》第二十条第二款"为证券发行出具有关文件的证券服务机构和人员，必须严格履行法定职责，保证其所出具文件的真实性、准确性、完整性"和第一百七十三条"证券服务机构为证券的发行、上市、交易等证券业务活动制作、出具审计报告、资产评估报告、财务顾问报告、资信评级报告或者法律意见书等文件，应当勤勉尽责，对所依据的文件资料内容的真实性、准确性、完整性进行核查和验证"的规定，构成《证券法》

第二百二十三条所述"证券服务机构未勤勉尽责，所制作、出具的文件有虚假记载、误导性陈述或者重大遗漏"的情形。

2019年10月18日，中国证监会印发修改后的《上市公司重大资产重组管理办法》（中国证监会令第159号）要求，重大资产重组中相关资产以资产评估结果作为定价依据的和不以资产评估结果作为定价依据的估值，原则上应当采取两种以上的方法进行评估或者估值；上市公司独立董事应当出席董事会会议，对评估机构或者估值机构的独立性、评估或者估值假设前提的合理性和交易定价的公允性发表独立意见，并单独予以披露。

从上市公司重大资产重组报告反馈意见可以看出，项目资料审核十分关注评估参数的确定依据和过程。

思考题

    1. 什么样的企业价值评估报告是高质量的？

    2. 企业价值评估报告的基本内容有哪些？

    3. 企业价值评估报告明细表包括哪些内容？

    4. 相关部门对企业价值评估报告有哪些要求？

    5. 企业价值评估报告对资本市场有怎样的影响？

第八章　国内外企业价值评估相关准则

《资产评估法》赋予资产评估准则"准法律"的地位，成为资产评估专业人员执行评估业务的技术规范和行为准则。相关政府监管部门以资产评估准则作为监管的依据，评估准则也是评估委托方、报告使用方理解评估业务活动性质、合理使用评估报告的共同"标尺"。企业价值评估除了要遵循《资产评估基本准则》，还要遵循《资产评估职业道德准则》《资产评估执业准则——评估程序》《资产评估执业准则——业务合同》《资产评估执业准则——评估报告》等程序性准则，以及对于企业价值评估的专项准则《资产评估执业准则——企业价值评估》。为全面了解企业价值评估需要遵循的各项准则，有必要了解国内外评估准则体系的发展过程和总体框架结构。

资产评估理论和实践的发展为评估准则的产生奠定了专业基础。1974年，英国成立了评估和估价准则委员会，并于1976年制定了第一部《评估指南》，之后进行了多次修订。美国于1987年制定了第一部《专业评估执业统一准则》（USPAP），之后每年进行修订。1981年，全球性的评估组织国际评估准则委员会成立，并于1985年第一次公布《国际评估准则》，之后已修订多次。中国则从1998年开始启动资产评估准则制定工作，目前已日臻完善。20年来，美国、英国等评估业较为发达的西方国家为适应经济全球化发展的需要，在评估准则的制定方面做了大量工作，评估准则不断完善。有关国际性和区域评估专业组织也在评估准则方面进行了有益的探索。不同国家和地区的评估准则，其遵循的基本的评估原则、基本方法和主要的概念内涵是逐渐趋于一致的。目前在企业价值评估领域，国际评估界具有较大影响的相关评估准则主要有：国际评估准则委员会（IVSC）制定的《国际评估准则》（IVS）、美国评估促进会（AF）制定的《专业评估执业统一准则》（USPAP）、欧洲评估师联合会（TEGOVA）制定的《欧洲评估准则》（EVS）、英国皇家特许测量师学会（RICS）制定的《评估与估价指南》（红皮书），以及中国资产评估协会（CAS）的《资产评估准则》等。

第一节　我国资产评估准则

我国的评估准则建设始于1996年。在此之前，我国的资产评估行业只有3～4年的历史，1996年原国家国有资产管理局资产评估中心（与中国资产评估协会合署办公）发布《资产评估操作规范意见（试行）》。该规范意见对资产评估的基本原则、基本方法、评估操作程序、各类具体资产项目评估的方法、评估报告书的编写、送审材料的内容以及工作底稿和项目档案等方面做出了具体规定，对规范行业执业行为和方法起到准则性质的指导作用。

1997年11月，在经过两次国际研讨会后，中国资产评估协会秘书处向二届理事会提交了 14 项资产评估准则草拟稿。1998 年，在总结资产评估理论研究和实践经验的基础上，中国资产评估协会开始启动制定资产评估准则的工作。虽然由于资产评估管理体制的调整，推迟了准则按计划制定，1999—2000 年，由中国资产评估协会组织编制的部分准则内容还是陆续由财政部和中国资产评估协会发布了，包括《职业道德规范》《职业后续教育规范》《资产评估计划指南》《资产评估工作底稿指南》和《资产评估档案管理指南》等。其中《职业道德规范》对注册资产评估师在执业中应遵循的基本原则、执业能力、执业规则、与客户的关系及行业责任等问题做出了明确规定；《职业后续教育规范》对注册资产评估师为保持应有的执业能力而进行后续教育的内容、形式以及后续教育的组织与实施、检查与考核等方面做出了规定。《资产评估报告书的内容与格式》对资产评估报告书正文的内容和项目、资产评估说明的编写方法、资产评估明细表的内容的格式等方面都提出了具体的要求。该文件也是资产评估有关管理部门审查资产评估项目的主要依据。这些规范要求都是后来准则制定的准备。

2004 年 2 月，财政部发布了《资产评估准则——基本准则》和《资产评估职业道德准则——基本准则》。2007 年 11 月 28 日，财政部和中国资产评估协会发布了资产评估准则体系，同时发布包括 8 项新准则在内的 15 项资产评估准则，涵盖了业务准则和职业道德准则、基本准则与具体准则、程序性准则与实体性准则。2016 年 7 月 2 日，《资产评估法》由中华人民共和国第十二届全国人民代表大会常务委员会第二十一次会议通过，使资产评估行业进入有法可依新时代。《资产评估法》规定，评估机构及其评估专业人员开展业务应当遵守评估准则；国务院有关行政管理部门组织制定评估基本准则，行业协会依据评估基本准则制定评估执业准则和职业道德准则；评估机构和评估专业人员违反评估准则需要承担相应的法律责任。同时《资产评估法》也对评估方法、评估程序等具体内容做出了规定。可见，资产评估准则应与《资产评估法》做好衔接工作。2016 年 8 月 16 日，中评协召开《资产评估基本准则》修订研讨会，开启了准则全面修订的进程。会议强调准则在衔接法律法规的前提下，应维护社会公共利益，注重理论研究，进一步与国际评估准则相协调。

2017 年 4 月 21 日，依照《资产评估法》的制度安排，财政部发布了《资产评估行业财政监督管理办法》（财政部令第 86 号）和《资产评估基本准则》。以基本准则为核心，中评协发布了包括《资产评估职业道德准则》在内的 26 项资产评估新准则体系。新发布的评估准则体系是立足于《资产评估法》，对原准则体系的全面修订和整合，既保持了我国资产评估准则独立性，也考虑了与国际资产评估准则的持续趋同，同时也顺应了中央供给侧结构性改革、改进治理、防范风险，促进资产评估行业制度化、规范化的大潮。2018 年在全面修订后准则应用 1 年多后，根据使用的效果和相关监管部门的呼声，中评协对《资产评估执业准则——资产评估报告》《资产评估执业准则——资产评估程序》《资产评估执业准则——资产评估档案》和《资产评估执业准则——企业价值》进行了进一步修订和发布。

我国资产评估体系包括基本准则、具体准则、评估指南和评估指导意见四个层次。其中基本准则是对各种资产类型、基本评估程序、报告披露要求的基本规范；具体准则包括两类，体现执业过程控制的程序性准则和体现不同资产类型、不同业务类型的实体性准则；评估指南是对特定目的评估业务以及特定重要事项的规范；评估指导意见是针对业务执行中的具体问题规范或尚不适宜作为准则发布的过渡性准则。四个层次的内容具备同等法律效力，都是注册资产评估师和评估机构执业中应遵守的规范，包括那些准则标题带有"试行"字样的评估指南和指导意见。中国资产评估准则体系见图8-1。

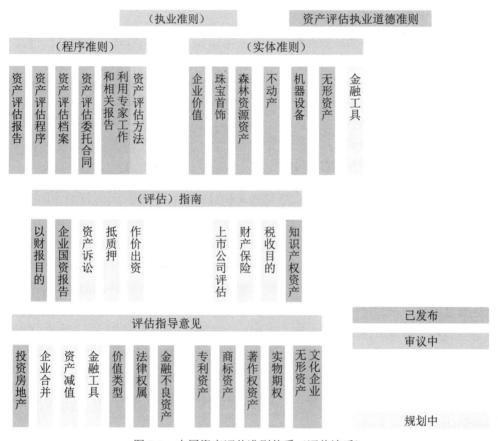

图8-1 中国资产评估准则体系（评估法后）

截至本书成稿，已发布的基本准则包括：《资产评估准则——基本准则》《资产评估职业道德准则》。程序性具体准则包括：《资产评估执业准则——资产评估报告》《资产评估执业准则——资产评估程序》《资产评估执业准则——资产评估委托合同》《资产评估执业准则——资产评估档案》和《资产评估执业准则——利用专家工作及相关报告》。实体性具体准则包括：《资产评估执业准则——无形资产》《资产评估执业准则——机器设备》《资产评估执业准则——不动产》《资产评估执业准则——珠宝首饰》《资产评估执业准则——企业价值》《资产评估执业准则——森林资源资产》。评估指南包括：《以财务报告为目的的评估指南》《企业国有资产评估报告指南》《金融国有资产评估报告指南》《评估机构业务质量控制指南》，以及《知识产权资产评估指南》。

评估指导意见包括：《资产评估对象法律权属指导意见》《金融不良资产评估指导意见》《资产评估价值类型指导意见》《专利资产评估指导意见》《投资性房地产评估指导意见》《著作权资产评估指导意见》《商标资产评估指导意见》《实物期权评估指导意见》，以及《文化企业无形资产评估指导意见》。此外，还有许多实体性准则在讨论中或规划中。

一、我国资产评估准则体系特点

国际评估界在制定评估准则时都十分重视准则体系的结构设计，因为结构框架决定了评估准则覆盖的范围及体系内准则间的关联关系。我国资产评估准则与国际行业主流发展趋势一致，包含各类型资产、各种评估目的和经济行为。因此，我国的资产评估准则体系，不仅需对资产评估中的共性问题进行规范，同时也对各类别、各目的以及各类经济行为的资产评估业务有层次地分别予以指导和规范。

（一）我国资产评估准则体系

我国资产评估准则体系主要由以下几方面构成：

1. 业务准则和职业道德准则

由于职业道德涉及法律制度、社会制度和文化背景，国际性评估准则一般只涉及评估人员作为专业服务人员的最基本道德标准。我国《资产评估法》中已对资产评估专业人员的执业道德做出了原则性要求，因此，我国资产评估行业的职业道德准则是对资产评估法要求的进一步细化。另一方面，资产评估执业活动的特点，决定了职业道德准则与业务准则的许多内容很难截然分开。在国际评估准则及相关国家评估准则中，业务准则与职业道德准则中有相当一部分规范内容交叉重复，如合理假设、明确披露等既是资产评估职业道德准则中的重要内容，也是资产评估业务准则的重要内容。为突出职业道德在我国资产评估行业中的重要作用，我国资产评估准则体系将资产评估职业道德准则与资产评估业务准则并列。

2. 业务准则分层

第一层次为资产评估基本准则。资产评估基本准则是资产评估机构及其资产评估专业人员执行各种资产类型、各种评估目的资产评估业务的基本规范，是各类资产评估业务中所应当共同遵守的基本规则。按照《资产评估法》的规定，基本准则由行业主管部门组织制定与发布，其他业务准则由行业协会组织制定和发布。我国资产评估基本准则是将各类资产评估的共同规范统一概括的尝试。

对于财政监管的资产评估业务，资产评估基本准则由财政部以规范性文件形式发布，其他评估准则项目由财政部在资产评估基本准则中，授权中国资产评估协会制定并发布。

第二层次为资产评估具体准则。资产评估具体准则分为程序性准则和实体性准则两个部分。

程序性准则是关于资产评估专业人员履行专业程序完成评估业务、保证评估质量的规范，包括资产评估程序、资产评估委托合同、资产评估档案、资产评估报告等。程序性准则体现了我国资产评估业务及其监管的特点，其制定与目前我国资产评估行业的理论研究和实践发展相结合。

实体性准则针对不同资产类别的特点，分别对不同类别资产评估业务中的资产评估专业人员执业行为进行规范。根据我国资产评估行业的惯例和国际上的通行做法，实体性准则主要包括企业价值评估准则、无形资产评估准则、不动产评估准则、机器设备评估准则、珠宝首饰艺术品评估准则等。

第三层次为资产评估指南。资产评估指南包括对特定评估目的、特定资产类别（细化）评估业务以及对资产评估中某些重要事项的规范。资产评估师在执行不同目的的评估业务中，所应当关注的事项也各有不同。资产评估指南拟对我国资产评估行业中涉及主要评估目的的业务进行规范，同时也将涉及一些具体的资产类别评估业务，并对资产评估工作中的一些重要特定事项进行规范。

第四层次为资产评估指导意见。资产评估指导意见是针对资产评估业务中的某些具体问题的指导性文件。该层次较为灵活，针对评估业务中新出现的问题及时提出指导意见，某些尚不成熟的评估指南或具体评估准则也可以先作为指导意见发布，待实践一段时间或成熟后再上升为具体准则或指南。

（二）我国资产评估准则体系的主要特点

1. 系统性与开放性相结合
准则体系的设计，从内涵看，依次递进、结构严谨，不同层次、不同目的。四个层次中，基本准则具有统驭性，其他准则各有其规范范围。从外延看，准则体系具有开放灵活的特点，为评估实践中新的评估领域的规范留有空间。

2. 原则性与规则性相结合
原则性强调反映评估执业的总体规定。基本准则原则性强；规则性主要是指可操作性，侧重反映评估执业的具体细节规定。

3. 现实性与适度超前性相结合
现实性主要是指评估准则对现行评估实践的规范作用。适度超前性主要是指评估准则考虑评估业务未来发展趋势，规范近期将要发生的评估行为。

4. 单项与综合相结合
一是单项资产准则与企业价值评估相结合；二是多项单个准则组合在一起，形成综合性的准则。

5. 实体性与程序性相结合
既有规范评估程序、涵盖评估业务整个操作过程的程序性准则，涵盖业务承接、业务操作、评估报告出具和工作底稿归档各个过程。又有评估对象涉及的实体性准则，涵盖企业价值、不动产、无形资产、机器设备、珠宝首饰等所有常见资产类型，无形资产还进一步细化到专利、著作权等具体无形资产评估领域。

二、《资产评估基本准则》的主要内容

截至 2022 年 1 月底，陆续制定发布了 33 项评估准则，包括 1 项基本准则、1 项职业道德准则、33 项执业准则，其中执业准则为具体准则、评估指南、评估指导意见等一系列准则。其中《资产评估基本准则》是由财政部发布，其他准则由中国资产评估协会发布。

2017 年 8 月 23 日，财政部发布新的《资产评估基本准则》（以下简称《基本准则》），自 2017 年 10 月 1 日起施行。《基本准则》共 6 章 35 条，从资产评估定义、基本遵循、资产评估程序、资产评估报告、资产评估档案等方面对依据《资产评估法》由财政监管的各类资产评估业务进行了规范。该准则严格按照《资产评估法》赋予的职能，在资产评估法框架内对资产评估相关要素进行了规范。

1. 界定准则规范边界

《基本准则》明确了准则的宗旨：规范资产评估行为，保证执业质量，明确执业责任，保护资产评估当事人合法权益和公共利益。《基本准则》制定的根据是《中华人民共和国资产评估法》《资产评估行业财政监督管理办法》及相关制度和文件。

借鉴国际评估准则"司法辖区"的概念和方式，《基本准则》明确法规优先，"法律、行政法规和国务院规定由其他评估行政管理部门管理，应当执行其他准则的，从其规定"。除此之外，"资产评估机构及其资产评估专业人员开展资产评估业务应当遵守本准则"。同时明确，"本准则所称资产评估机构及其资产评估专业人员是指根据资产评估法和国务院规定，按照职责分工由财政部门监管的资产评估机构及其资产评估专业人员"。由其他政府部门监管的资产评估机构和资产评估专业人员的执业行为不在《基本准则》规范之列。

2. 提出了基本职业道德要求

《基本准则》要求资产评估专业人员执行资产评估业务，应当遵循的基本执业道德包括守法、敬业、独立、胜任四个方面。

守法是指"资产评估机构及其资产评估专业人员开展资产评估业务应当遵守法律、行政法规的规定，坚持独立、客观、公正的原则"。其中独立、客观、公正是《资产评估法》明确的要求。

敬业是指"资产评估机构及其资产评估专业人员应当诚实守信，勤勉尽责，谨慎从业，遵守职业道德规范，自觉维护职业形象，不得从事损害职业形象的活动"。这些要求也是资产评估作为高端服务行业，其从业人员应具备的基本道德素养。

独立是指"资产评估机构及其资产评估专业人员开展资产评估业务，应当独立进行分析和估算并形成专业意见，拒绝委托人或者其他相关当事人的干预，不得直接以预先设定的价值作为评估结论"。"独立"分为形式独立和实质独立两种情况，《资产评估职业道德准则》及其相关指导意见中，有更进一步的规范要求和说明。

胜任是指"资产评估专业人员应当具备相应的资产评估专业知识和实践经验，能够胜任所执行的资产评估业务，保持和提高专业能力"。与此相对应，中国资产评估协会

制定了专门的资产评估专业人员能力建设和后续教育的制度和规范。

3. 确定了评估的基本程序

资产评估程序是资产评估机构和从业人员在执行资产评估业务、形成资产评估结论时所履行的系统性工作步骤。基本准则对评估程序做出了规定，"资产评估机构及其资产评估专业人员开展资产评估业务，履行下列基本程序：明确业务基本事项、订立业务委托合同、编制资产评估计划、进行评估现场调查、收集整理评估资料、评定估算形成结论、编制出具评估报告、整理归集评估档案"。要求资产评估专业人员执行资产评估业务，应当根据业务具体情况履行适当的评估程序，并提出资产评估的八个基本程序。并说明"资产评估机构及其资产评估专业人员不得随意减少资产评估基本程序"。评估程序的规定有利于规范执业行为，保证评估业务质量；也有利于资产评估专业人员和评估机构防范执业风险，合理保护自身的合法权益。

价值类型概念和理论对资产评估十分重要，是各国评估准则和评估实践的基础。基本准则遵循国际惯例，引进了价值类型的概念。要求资产评估专业人员应当在与委托方进行充分沟通之后，根据评估目的等相关条件选取适当的价值类型，并对选用的价值类型进行明确定义和说明。

评估假设是资产评估业务的要素之一，假设的合理性直接关系到结论的合理性和可用性。基本准则明确要求资产评估专业人员执行资产评估业务，应当合理使用评估假设，并在评估报告中披露评估假设及其对评估结论的影响。

基本准则针对我国评估行业在评估方法运用方面存在的问题，结合评估理论研究成果和国外评估行业的通行做法，对评估方法的运用重点做出了规定。国外评估行业的实践已经证明，三种基本评估方法本身并无优劣。为此，基本准则要求资产评估专业人员熟知、理解并恰当运用市场法、收益法和成本法三种基本评估方法；应当根据评估对象、价值类型、资料收集情况等相关条件，分析三种资产评估基本方法的适用性，恰当选择评估方法，形成合理评估结论。

4. 确定评估报告披露基本规范

在评估披露要求方面，基本准则要求资产评估专业人员应当在执行必要的评估程序后，编制并由所在资产评估机构出具评估报告；应当在评估报告中提供必要信息，使评估报告使用者能够合理理解评估结论；可以根据评估业务具体情况以及委托方和其他评估报告使用者的需求，确定评估报告繁简程度。

5. 明确评估档案的整理要求

资产评估档案是保证评估质量、明确责任、利于监管的重要资料。基本准则对评估档案的分类、保存年限、查阅权限进行了规定。明确"资产评估档案包括工作底稿、资产评估报告以及其他相关资料。资产评估档案应当由资产评估机构妥善管理"。

工作底稿的目标是"能够反映资产评估程序实施情况，支持评估结论"。工作底稿分为管理类工作底稿和操作类工作底稿：管理类工作底稿是指在执行资产评估业务过程中，为受理、计划、控制和管理资产评估业务所形成的工作记录及相关资料；操作类工作底稿是指在履行现场调查、收集资产评估资料和评定估算程序时所形成的工作记录及相关资料。

资产评估档案保存期限不少于 15 年。法定资产评估业务的评估档案，保存期限不少于 30 年。除财政部门依法调阅、资产评估协会依法依规调阅和其他依法依规查阅外，资产评估档案不得对外提供，评估机构应当严格执行保密制度。

6. 明确执业责任

针对资产评估的特点，基本准则第一次明确提出资产评估专业人员应当对评估结论的合理性承担责任，而不是要求资产评估师对评估结论的所谓"准确性"、与成交价格的一致性承担保证责任。

为合理区分资产评估专业人员与相关当事人的责任，基本准则指出遵守相关法律、法规和资产评估准则，对评估对象在评估基准日特定目的下的价值进行分析、估算并发表专业意见，是资产评估师的责任；提供必要的资料并保证所提供资料的真实性、合法性、完整性，恰当使用评估报告是委托方和相关当事方的责任；评估结论不应当被认为是对评估对象可实现价格的保证。基本准则指出，资产评估专业人员执行资产评估业务，应当关注评估对象的法律权属，并在评估报告中对评估对象法律权属及其证明资料来源予以必要说明。资产评估专业人员不得对评估对象的法律权属提供保证。

三、《资产评估职业道德准则》的主要内容

2017 年 9 月 13 日，中评协发布《资产评估职业道德准则》，自 2017 年 10 月 1 日起施行。该准则共 7 章 23 条，分别从基本要求、专业胜任能力、与委托方和其他相关当事人的关系、与其他资产评估机构及资产评估专业人员的关系等方面对资产评估师职业道德行为进行了规范。

1. 职业道德的基本要求

《资产评估职业道德准则》规定了资产评估机构及其资产评估专业人员的品德要求和应当坚持的职业道德的基本原则，要求资产评估机构及其资产评估专业人员应当诚实正直，勤勉尽责，恪守独立、客观、公正的原则。要求资产评估机构及其资产评估专业人员应当独立进行分析、估算并形成专业意见，不受委托方或相关当事方的影响，不得以预先设定的价值作为评估结论；不得利用执业便利为自己或他人谋取不正当的利益。资产评估专业人员应当在评估机构执业，不得以个人名义执业，也不得同时在两家或两家以上评估机构执业。

《资产评估职业道德准则》要求资产评估机构及其资产评估专业人员应当遵守相关法律、法规和资产评估准则，并对资产评估机构及其资产评估专业人员在执行资产评估业务的主要环节提出职业道德要求。明确要求资产评估机构及其资产评估专业人员不得采用欺诈、利诱、强迫等不正当手段招揽业务；应当合理使用评估假设，并在评估报告中披露评估假设及其对评估结论的影响；应当在评估报告中提供必要信息，使评估报告使用者能够合理理解评估结论；不得出具含有虚假、不实、有偏见或具有误导性的分析或结论的评估报告；应当形成能够支持评估结论的工作底稿，并按有关规定管理和保存

工作档案；资产评估专业人员不得签署本人未参与项目的评估报告，也不得允许他人以本人名义签署评估报告。

《资产评估职业道德准则》要求资产评估机构及其资产评估专业人员应当遵守保密原则，除法律、法规另有规定外，未经委托方书面许可，不得对外提供执业过程中获知的商业秘密和业务资料。

《资产评估职业道德准则》要求资产评估机构及其资产评估专业人员应当维护职业形象，不得从事与资产评估机构及其资产评估专业人员身份不符或可能损害职业形象的活动。

2. 专业胜任能力的要求

资产评估机构及其资产评估专业人员职业道德规范中的专业胜任能力要求包括四个方面的内容：一是资产评估专业人员应当经过专门教育和培训，具备相应的专业知识和经验，能够胜任所执行的评估业务；二是资产评估专业人员应当接受后续教育，保持和提高专业胜任能力；三是资产评估机构及其资产评估专业人员应当如实声明其具有的专业胜任能力和执业经验，不得对其专业胜任能力和执业经验进行夸张、虚假和误导性宣传；四是资产评估机构执行资产评估业务，可以聘请专家协助工作，但应当采取必要措施确信专家工作的合理性。

3. 客户关系和独立性要求

资产评估机构及其资产评估专业人员与委托方或其他相关当事人之间存在可能影响资产评估机构及其资产评估专业人员公正执业的利害关系时，应当予以回避。资产评估机构及其资产评估专业人员在从事资产评估过程中，应当坦诚地对待委托方，不得对委托方和其他相关当事人进行误导和欺诈。在不违背其他当事人和公众利益的前提下，尽最大努力，竭诚为委托方提供评估有关的专业服务，维护委托方的合法权益并与委托方保持相互信任的关系。在完成评估任务的整个过程中，不得向委托方或相关当事方索取约定服务费之外的不正当利益，如佣金、回扣、好处费、介绍费等。资产评估机构及其资产评估专业人员应当与委托方进行必要沟通，提示评估报告使用者合理理解并恰当使用评估报告，并声明不承担相关当事人决策的责任。资产评估机构及其资产评估专业人员向委托方提示评估报告是为委托方提供的决策所需的价值参考，其最终的成交价还取决于当事人的决策动机、谈判协作关系和谈判技巧等综合因素。所以，资产评估机构及其资产评估专业人员应声明不承担相关当事人的决策责任。

4. 与其他专业人员关系要求

资产评估机构及其资产评估专业人员在从事资产评估业务过程中，对同业的其他资产评估专业人员应当以诚相待，保持良好的工作关系，做好与同行之间的沟通与协作；不得贬损或诋毁其他注资产评估专业人员，要共同维护和增进本行业的职业信誉和形象；不得以恶意降低收费等不正当竞争手段与其他资产评估专业人员争揽评估业务。

四、主要程序性准则

程序性准则是对资产评估业务执行的过程进行规范的准则要求。中国资产评估协会在《资产评估法》实施后修订的程序性准则有：《资产评估执业准则——资产评估报告》《资产评估执业准则——资产评估程序》《资产评估执业准则——资产评估委托合同》《资产评估执业准则——资产评估档案》和《资产评估执业准则——利用专家工作及相关报告》。

1. 资产评估委托合同准则

《资产评估执业准则——资产评估委托合同》分为"总则""资产评估委托合同的订立""资产评估委托合同的内容"和"附则"，共 4 章 21 条，从 2017 年 10 月 1 日起实行。准则重点结合评估行业特点，在《合同法》基础上，对评估行业需要重点关注的相关事项进行规范，对规范业务约定书的签订、履行等行为，明确签约各方权利和义务，维护社会公共利益和资产评估各方当事人合法权益具有重要意义。该准则对应修订前的《资产评估准则——业务约定书》。

2. 资产评估程序准则

《资产评估执业准则——资产评估程序》准则分为"总则""基本遵循""实施要求"和"附则"，共 4 章 27 条，从 2019 年 1 月 1 日起实行。程序准则按照基本准则的精神，根据资产评估的专业特点，从整个资产评估项目的组织与操作入手，涵盖评估业务组织与操作的整个系统性过程，并做出原则性的规定，满足评估实践的需求，对评估执业予以规范和引导。对评估程序进行规范，可以提高评估执业质量，防范法律风险，引导司法实践从注重评估结果转向兼顾评估程序的恰当履行。该准则对应修订前的《资产评估准则——程序准则》。

3. 资产评估报告准则

《资产评估执业准则——资产评估报告》在资产评估法实施后进行了两次修订，最新版于 2018 年 10 月 30 日发布，该准则分为"总则""基本遵循""资产评估报告的内容"和"附则"，共 4 章 29 条，从 2019 年 1 月 1 日起实行。评估报告是反映评估工作、传递评估结论、帮助委托方实现经济行为的载体。评估报告准则对评估报告的内容提出具体要求，使其能够反映评估方法的运用过程，并且在内容和形式上符合委托方的要求，与以前的相关规定相比，评估报告准则是一个普遍适用的准则，对不同类型评估业务中评估报告的共同要求做出规定。中国资产评估协会通过制定专门的评估报告准则，统一评估报告的专业语言和内容要素，便于各方在使用评估报告过程中，合理理解和使用评估结论，建立沟通和理解的专业平台。

4. 资产评估档案准则

资产评估法实施前，中国资产评估协会发布了《资产评估准则——工作底稿》。经过 2017 年和 2018 年两次修订，最新版的《资产评估执业准则——资产评估档案》于 2018 年 10 月 30 日发布。该准则由"总则""基本要求""工作底稿的编制""资产评估档案的归集和管理""附则"组成，共 4 章 20 条。资产评估档案既是评估过程的轨迹记录，也是支持评估结论的重要分析、计算过程和评估资料的汇集，可以反映资产评估机构及其资产评估专业人员遵守准则，履行评估程序的情况，通过建立和完善工作底稿编制和管理的规范，有利于指导和规范评估机构执业的操作流程，强化评估程序的控制和实施，明确参与评估业务有关人员的专业责任，树立责任意识，培养专业精神，提高执业质量，提升行业的公信力。

5. 利用专家工作及相关报告准则

2012 年 12 月 28 日，中国资产评估协会发布了《资产评估准则——利用专家工作》。2017 年 9 月 13 日，该准则修订后，名称变更为《资产评估执业准则——利用专家工作及相关报告》。该准则由"总则""聘请专家个人协助工作""利用专业报告""引用单项资产评估报告""披露要求""附则"组成，共 6 章 31 条，从 2017 年 10 月 1 日起实行。利用专家工作及相关报告准则的发布，一是将评估实务中利用专家工作的类型归纳为聘请专家协助工作、利用专业报告和引用单项资产评估报告三种类型，有助于执业人员和监管方对利用专家工作的理解；二是对评估行业特有的引用单项资产评估报告行为提出较细致的操作要求，通过规范操作，促进资产评估机构及其资产评估专业人员合理承担执业责任，有助于控制执业风险；三是明确了专业衔接中需要关注的重点、难点问题，如引用报告与评估报告的适用性、评估范围、资产类型、评估依据的一致性，以及相关评估参数的匹配性等，有助于规范利用专家工作行为。

五、企业价值评估准则

企业价值评估是本书的重点内容，企业价值评估准则也是资产评估准则中内容最详尽、应用最广泛的评估准则。企业价值评估已成为当今评估行业发展的重要领域之一，企业价值评估准则的有效实施将为企业在资产交易或并购重组过程中合理确定相关资产或股权的价值提供保障，同时还有助于企业全面把握和控制资产交易或并购风险，将定性的理解转换成定量的分析，帮助企业厘清发展战略。

2011 年 12 月 30 日，中国资产评估协会发布《资产评估准则——企业价值》，从 2012 年 7 月 1 日起施行，同时废止 2004 年 12 月 30 日发布的《企业价值评估指导意见（试行）》。2017 年和 2018 年，中评协对其进行了两次修订。最新版的《资产评估执业准则——企业价值》于 2018 年 10 月 30 日发布，该准则分"总则""基本遵循""操作要求""评估方法""披露要求"和"附则"，共 6 章 50 条，从 2019 年 1 月 1 日起实行。

1. 操作要求

操作要求非常具体，包括：

（1）资产评估机构受理企业价值评估业务前，应当明确下列基本事项：①委托人的基本情况；②被评估单位的基本情况；③评估目的；④评估对象和评估范围；⑤价值类型；⑥评估基准日；⑦资产评估报告使用范围；⑧评估假设；⑨需要明确的其他事项。

（2）评估对象包括企业整体价值、股东全部权益价值和股东部分权益价值等。

（3）常见的价值类型有市场价值和投资价值，应当充分考虑评估目的、市场条件、评估对象自身条件等因素确定。

（4）相关资料收集。包括：①评估对象权益状况资料；②管理结构和产权架构资料；③业务、资产、财务、人员及经营状况资料；④经营计划、发展规划和收益预测资料；⑤以往的评估及交易资料；⑥宏观、区域经济因素资料；⑦行业现状与发展前景资料；⑧相关市场的有关资料；⑨可比企业的资料。

（5）经审计后的财务报表或者公开财务资料。

（6）财务资料的分析和调整事项。

（7）非经营性资产、负债和溢余资产的识别和评估。

（8）不同评估前提下的评估处理。

（9）多种业务类型、多种行业的企业价值评估。

2. 评估方法选择

《资产评估准则——企业价值》对三种基本方法在企业价值评估中的运用进行了详细说明。主要要点有：

（1）选择基本评估方法的影响因素有：评估目的、评估对象、价值类型、资料收集等。

（2）上述条件运行时，应当采用两种以上评估方法进行评估。

（3）收益法的适用性应考虑企业性质、资产规模、历史经营情况、未来收益可预测情况、所获取评估资料的充分性等因素。

（4）现金流量折现法通常包括企业自由现金流折现模型和股权自由现金流折现模型。主要工作和参数有：预测现金流量、确定收益期、确定折现率。折现率与预期收益的口径应保持一致。

（5）市场法的适用条件是，可比企业经营和财务数据充分、可靠，可收集到足够的可比企业数量。常用的两种具体方法是上市公司比较法和交易案例比较法。

（6）市场法主要工作是，分析可比上市公司的经营和财务数据计算价值比率，价值比率通常包括盈利比率、资产比率、收入比率和其他特定比率。并在切实可行的情况下，考虑控制权和流动性对价值的影响。

（7）资产基础法的使用条件是，能够合理评估企业表内及可识别的表外各项资产、负债价值。

（8）应当考虑对企业价值的贡献后，确定各项资产适当的具体评估方法。

（9）根据被评估单位对长期股权投资项目的实际控制情况以及对评估对象价值的影响程度等因素，确定是否将其单独评估。

（10）应当综合分析评估目的、不同评估方法使用数据的质量和数量，采用定性或者定量分析方式形成评估结论。

3. 结论披露

《资产评估准则——企业价值》要求"资产评估专业人员可以根据评估对象的复杂程度、委托人要求，确定资产评估报告的详略程度"。并给出通常情况下的披露内容。其中：

（1）收益法或者市场法评估报告重点披露的内容有："（一）影响企业经营的宏观、区域经济因素；（二）所在行业现状与发展前景；（三）企业的业务分析情况；（四）企业主要产品或者服务的经济寿命情况以及预期替代产品或者服务的情况；（五）企业的资产、财务分析和调整情况；（六）评估方法的运用过程。"并逐条说明每项进一步细化的内容。

（2）还应当在资产评估报告中披露无法核查验证的事项及其对评估结论的影响。

（3）资产评估报告应当对使用报告的责任做出声明："委托人或者其他资产评估报告使用人未按照法律、行政法规规定和资产评估报告载明的使用范围使用资产评估报告的，资产评估机构及其资产评估专业人员不承担责任；除委托人、资产评估委托合同中约定的其他资产评估报告使用人和法律、行政法规规定的资产评估报告使用人之外，其他任何机构和个人不能成为资产评估报告的使用人。"并提醒资产评估报告使用人"正确理解评估结论，评估结论不等同于评估对象可实现价格，评估结论不应当被认为是对评估对象可实现价格的保证"。

六、其他实体性准则

当采用资产基础法评估企业价值时，主要单项资产评估相关准则，也需要评估人员遵守。包括《资产评估执业准则——无形资产》《资产评估执业准则——机器设备》《资产评估执业准则——不动产》《资产评估执业准则——森林资源资产》等，以及属于准则性质的资产评估指南和指导意见。

1. 《资产评估准则——无形资产》

2000 年后，为了规范上市公司行为，保护中小投资者的合法权益，中国证券市场开始加大力度清理上市公司大股东占用上市公司资产的行为。在此过程中，多起大股东以无形资产作价偿还所欠上市公司债务的案例，引起了资本市场的高度关注。2001 年 7 月 23 日，财政部发布《资产评估准则——无形资产》，是资产评估行业的第一个准则。2008 年 11 月 24 日，财政部发布《关于实行资产评估准则有关制度衔接问题的通知》，废止了《财政部关于印发〈资产评估准则——无形资产〉的通知》。2008 年 11 月 28 日，中国资产评估协会发布《资产评估准则——无形资产》，从 2009 年 7 月 1 日起施行。2017 年 9 月 13 日，中评协发布了修订后的《资产评估执业准则——无形资产》，该准则分"总则""基本遵循""评估对象""操作要求""评估方法""披露要求"和"附则"，共 7 章 29 条，从 2017 年 10 月 1 日起实行。《资产评估准则——无形资产》的发布对中国资本市场中无形资产交易定价的规范工作发挥了十分积极的作用。为加强知识产权评估管理，规范知识产权评估行为，使知识产权资产评估更好地服务于国家创新经济建设和知识产权保护工作，中国资产评估协会在财政部和国家知识产权局的指导下，2008 年制定并发布了《专利资产评估指导意见》。2010 年和 2011 年，中国资产评估协会在财政部和国家版权局、国家商标局的指导下，又先后制定并发布了《著作权资产评估指导意见》和《商标资产评估指导意见》两项实体类资产评估准则，构建了无形资产评估准则框架。

2. 《资产评估执业准则——机器设备》

修订后的《资产评估执业准则——机器设备》分"总则""基本遵循""操作要求""评估方法""披露要求"和"附则"，共 6 章 25 条，从 2017 年 10 月 1 日起实行。机器设备评估是专业性非常强的一个领域，机器设备种类繁多、特点鲜明，机器设备评估除遵循一般的评估理论和方法外，还具有独特的专业特性。《资产评估执业准则——机器设备》借鉴了国际上机器设备评估的原则和概念，对中国的机器设备评估业务进行规范。

3. 《资产评估准则——不动产》

2007 年 11 月 28 日，中国资产评估协会发布《资产评估准则——不动产》，从 2008 年 7 月 1 日起施行。2017 年 9 月 13 日，中评协发布了修订后的《资产评估执业准则——不动产》，该准则包括"总则""基本遵循""操作要求""评估方法""企业价值评估中的不动产评估""披露要求"和"附则"共 7 章 36 条，从 2017 年 10 月 1 日起实行。该准则突出资产评估业务特点，从市场角度根据不动产评估业务特点提出了新要求，如对隐蔽不动产的现场调查关注要求、利用其他评估机构报告应关注的事项等，对企业价值评估中的不动产评估安排专门章节加以规定，对构筑物评估的要求进行了专门表述等。

4. 《资产评估准则——森林资源资产》

1996 年，原国家国有资产管理局和原林业部发布的《森林资源资产评估技术规范（试行）》已不能适应森林资源资产评估业务的需求。在财政部和国家林业局的指导下，2012 年 12 月 28 日，中国资产评估协会发布《资产评估准则——森林资源资产》，从 2013 年 7 月 1 日起施行。2017 年 9 月 13 日，中评协发布了修订后的《资产评估执业准则——森林资源资产》，该准则分"总则""基本遵循""操作要求""评估方法""披露要求"和"附则"，共 6 章 28 条，从 2017 年 10 月 1 日起实行。《资产评估准则——森林资源资产》的发布，为森林资源资产评估业务提供了较全面的指导，有助于规范评估机构和林业调查设计单位等机构业务合作，有助于合理发现森林资源资产的真实价值，对于评估行业服务国家林权制度改革和生态文明建设具有重要意义。

此外，企业的单项资产涉及矿业权评估，还应遵守矿业权评估的相关准则和规范。

5. 相关资产评估指南

中国资产评估协会已发布的资产评估指南包括《以财务报告为目的的评估指南》《企业国有资产评估报告指南》《金融国有资产评估报告指南》《评估机构业务质量控制指南》，以及《知识产权资产评估指南》。这些评估指南，对于特定目的的企业价值评估具有约束力。如为了服务于为会计计量中的公允价值提供专业意见的评估业务（以财务报告为目的的评估业务），2007 年 11 月 9 日发布了《以财务报告为目的的评估指南（试行）》，并于 2017 年 9 月 13 日修订为《以财务报告为目的的评估指南》（以下简称《指南》）。《指南》分为"总则""基本遵循""评估对象""价值类型""评估方法""披露要求"和"附则"，共 7 章 38 条，从 2017 年 10 月 1 日起施行。该指南明确提出了资产评估机构及其资产评估专业人员服务于以财务报告为目的的业务领域，既包括资产评估师对财务报告中各类资产和负债的公允价值或特定价值进行分析、估算，也包括资产评估专业人员参照本指南开展与价值估算相关的议定程序等相关业务。该指南规定，以财务报告为目的的评估业务中，根据项目具体情况、会计准则和委托方的要求，评估对象可以是各类单项资产、负债，也可以是资产组或资产组组合，并重点明确了在企业合并、资产减值、投资性房地产和金融工具领域的评估对象以及需要在评估过程中重点关注的事项。

6. 相关资产评估指导意见

中国资产评估协会已发布的资产评估指导意见包括《资产评估对象法律权属指导意见》《金融不良资产评估指导意见》《资产评估价值类型指导意见》《专利资产评估指导意见》《投资性房地产评估指导意见》《著作权资产评估指导意见》《商标资产评估指导意见》《实物期权评估指导意见》，以及《文化企业无形资产评估指导意见》。在企业价值评估的特定资产类型和特殊事项上具有约束力。

《资产评估对象法律权属指导意见》规定了资产评估机构及其资产评估专业人员和委托方、相关当事人在评估对象法律权属方面的责任，并对资产评估专业人员在承接业务、执业和披露等不同环节关注评估对象法律权属做出了相应的规定。

《资产评估价值类型指导意见》分为"引言""价值类型及其定义""价值类型的选择和使用"和"附则"，共 4 章 26 条。《资产评估价值类型指导意见》有利于指导资产评估师在资产评估中根据评估目的等相关条件恰当选择价值类型，充分体现评估结论的经济内涵，合理反映资产的价值。

《实物期权评估指导意见》分为"引言""基本遵循""评估对象""操作要求""披露要求"和"附则"，共 6 章 22 条。《实物期权评估指导意见》有利于指导资产评估专业人员在资产评估中根据评估目的、评估对象等相关条件恰当选择评估方法，充分体现评估事项的经济实质，准确反映新兴业务下资产的价值。

《文化企业无形资产评估指导意见》分为"引言""基本要求""评估对象和评估范围""操作要求""评估方法""披露要求"和"附则"，共 7 章 44 条。《文化企业无形资产评估指导意见》创造性地在描述各条准则的基础上，加入大量的案例讲解，以帮助阅读者更好地理解、运用该准则。在我国文化事业大发展的背景下，文化企业无形资产评估的需求日益增加，该准则有助于规范资产评估专业人员对此类资产的评估行为，维护社会公众的利益以及资产评估所涉及各方的合法权益。

第二节　国际评估准则

国际评估准则（International Valuation Standards）是由国际评估准则委员会（The International Valuation Standards Committee）制定并颁布的。

一、国际评估准则委员会产生背景

国际资产评估准则委员会（The International Assets Valuation Standards Committee，TIAVSC）于 1981 年成立，它是联合国的非政府组织成员（NGO），并于 1985 年获得了联合国经济社会理事会的注册，是重要的国际性评估专业组织，1995 年 3 月在南非开普敦召开的第 14 届年会上，决定更换名称为"国际评估准则委员会（简称 IVSC）"。

2008 年国际评估准则委员会改组后更名为国际评估准则理事会（The International

Valuation Standards Council，IVSC）。IVSC 是在美国伊利诺伊州注册的一个非营利性的组织，其办公室在芝加哥，其营运总部设于英国伦敦。该组织刚设立时只有 20 个团体会员，到目前 IVSC 已经发展成为拥有超过 100 个成员组织的国际评估组织，并在国际评估界发挥着主导作用。

IVSC 的宗旨是：为公共利益制定和发布资产评估准则和技术资料文件，以满足财务报告、国际资本市场和国际经济领域的需要；促使国际评估准则和指南在世界范围内得到认可和遵守；在世界各国之间统一资产评估准则，致力于促进地方或地区性准则规定与国际评估准则之间的协调和统一；促使国际评估准则在国际会计准则及其他相关报告准则中得到认可，促使其他专业领域理解专业评估和评估师的作用，并教育评估师了解相关专业领域的要求。

为促进国际间资产评估准则的趋同和一致，IVSC 与美国评估促进会已签署合作协议，推进 IVS 准则与 USPAP 准则的趋同。此外，国际评估准则理事会也与诸如国际会计准则理事会（IASB）、国际会计师联合会（IFAC）、国际证券事务监察委员会组织（IOSCO）等一些准则制定机构保持紧密联系。

近年来，国际评估准则得到了越来越多经济体认可，一些国际组织也积极推荐成员单位采用该准则。如 APEC 地区 21 个经济体的财长 2014 年 10 月于北京会议上发布联合声明，表示支持相关部门与 IVSC 进行合作，推进区域内完善有效的评估实践。这是国际主要经济论坛首次提出需要缩小各国评估行业间存在的差异。APEC 工商咨询理事会提交给财长的报告中提到："资产评估是全球经济决策的中心环节，广泛应用于资本市场和不动产市场，也适用于公共领域和私有领域各组织（包括监管组织）的决策和行为。这些决策和行为多与评估息息相关，在很多方面影响着公共利益、经济增长和金融体系的完善。"[①]

IVSC 制定和推广的《国际评估准则》（International Valuation Standards，IVS）是目前最具影响力的国际性评估专业准则之一，被超过 100 个国家所认可或采纳。从 1985 年至 2022 年，IVSC 已先后发布了十三版国际评估准则。最新的 IVSC（2022）2022 年 1 月 31 日起生效。

二、《国际评估准则》结构体系

国际评估准则委员会于 1984 年制定了《国际评估准则》第一版，由于国际评估准则委员会的成立背景和当时评估业务的国际发展情况，《国际评估准则》第一版带有明显的不动产评估特色。之后经过多次重大修订，越来越多地考虑了不动产之外的其他评估业务，向综合化方向发展。2005 年，为了满足《国际会计准则》中关于执行公允价值会计模式对评估行业的需求，国际评估准则委员会发布了第七版《国际评估准则》，2007 年国际评估准则委员会发布了第八版，2011 年发布第九版，2013 年发布第十版，2017 年发布第十一版，2019 年起改为年度版，不再顺序编号。

"多年来，中国资产评估协会密切关注国际评估准则的演进，积极参与国际评估准

---

① 国霁. APEC 经济体支持区域性采用国际评估准则. 中国资产评估，2015（2）.

则的制定和修订，多次翻译中文版进行推广，在推动国际间评估准则趋同方面发挥了重要作用。""2017 版准则紧密结合国际评估行业现状，内容更加充实直观，既体现了国际评估准则应有的原则性和原理性，又体现了对具体评估实践的指导性和应用性。"①因此，中国资产评估协会再次组织开展了 2017 版的中文版翻译工作。

2017 版《国际评估准则》被认为是向世界范围实现价值评估实践的重要里程碑。2017 版《国际评估准则》主要由两部分构成。一是 IVS 定义和 IVS 框架，定义部分主要涉及在准则中多次重复出现的术语，框架部分主要介绍了准则中的基本概念。二是准则，2017 版的 IVS 已形成了一个很好的顺序及框架，与中国的资产评估准则体系非常类似。其包括五个基本准则和六个资产准则。基本准则包含大多数评估目的下对各种类型的资产或负债进行评估所需遵循的评估准则；资产准则包含适用于不同资产类别的评估准则；资产准则应当与基本准则相结合，这些资产准则旨在阐明运用基本准则时适用于特定资产类型的附加要求。最新版本的准则在包括大型会计师事务所和评估专业组织的成员单位的要求下，增加了《国际评估准则》的深度。

相比上一版准则，2019 版《国际评估准则》主要有如下变化：

（1）标准名称不再包含发布年份，而是在封面明确"生效日期"。

（2）本版标准的生效日期是 2020 年 1 月。但是 IVSC 鼓励提前采用，评估师需要明确评估报告采用标准的版本。

（3）新增一章"IVS 220 非金融负债"，作为无形资产标准的补充。

（4）准则包括了 2018 年和 2019 年征求意见后带来的技术更新。

（5）IVS 的术语进行了更新，也增加了新的术语，反映了 IVSC 在评估准则、术语和定义衔接方面的持续努力。

（6）主要更新在"开发性不动产（IVS 410）""限制（IVS 102）"及"评估模型（IVS 105）"中。

2022 年 1 月 31 日生效的《国际评估准则》（2022 版），又增加了"IVS 230 存货"，准则体系结构见图 8-2。

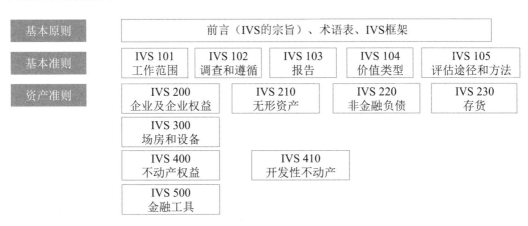

图 8-2　《国际评估准则》的结构

① 　国际评估准则理事会. 国际评估准则2017[M]. 中国资产评估协会，译. 北京：经济科学出版社，2017.

三、《国际评估准则》中的价值定义

《国际评估准则》中最具特色的概念就是价值类型。评估目的、价值类型、评估假设、评估方法等评估要素具有多种交叉影响，因此，国际评估准则认为，价值类型应由专业人员通过判断后确定。2017 版《国际评估准则》中对价值类型的阐述比较详细，也很具有包容性。这样使得资产评估可以服务于更广泛的评估目的，更广泛的司法管辖区域。（本部分在 2019 版中基本没有变化，以下引述的是中国资产评估协会组织翻译的 2017 版中文版）[①]

（一）价值类型

价值类型（有时称为价值标准）描述了报告价值的基础假设。根据评估业务约定的评估目的选择适当价值类型（或多项价值类型）是非常重要的，价值类型可能影响或支配评估师对于方法、输入和假设的选择，最终影响评估结论。虽然评估中存在许多不同的价值类型，但大多数有确定的共同要素，如假设交易、假设的交易日期和假设的交易方。

根据价值类型的不同，假设的交易可以是几种形式：

（1）一项虚拟的交易。

（2）一项真实的交易。

（3）一项购买（进入）交易。

（4）一项出售（退出）交易。

（5）一个具有特性的特别或虚拟市场上的一项交易。

交易的假设日期将影响评估师评估中考虑的信息和数据。绝大多数价值类型禁止考虑评估基准日 / 计量日市场参与者通过正常尽职调查无法获知或不可能获知的信息或市场条件。多数价值类型反映了对于一项交易的相关方的假设和对于各方一定程度的描述，这些相关方可能包括一项或多项实际或假设的特征，如：（1）假设的；（2）已知的或特定方；（3）已确定的潜在买方或卖方群组的成员；（4）相关方在假设日期是否受制于特别条件或动机（如强迫），和 / 或（5）设定的知识水平。

除了下列 IVS 定义的价值类型外，IVS 还不完全地列示了非 IVS 定义的、由司法辖区法律或国际协议认可和采用的价值类型。

（1）IVS 定义的价值类型：①市场价值；②市场租金；③公平价值；④投资价值；⑤协同价值；⑥清算价值。

（2）其他价值类型（不完全列示）：①公允价值（国际财务报告准则）；②公允市场价值（经济合作与发展组织，OECD）；③公平市值（美国国税局）；④公允价值（法律 / 法令）。根据"IVS 101 工作范围"，价值类型必须与评估目的相适应，使用的任何价值类型定义必须引证其来源或者解释其基础。

[①] 国际评估准则理事会. 国际评估准则（2017）中国资产评估协会，译. [M]. 北京：经济科学出版社，2017.

（二）市场价值

市场价值是指，自愿买方和自愿卖方在评估基准日进行正常市场营销后达成的非关联交易中，某项资产或负债应有的交换价值的估计数额，当事方各自精明、理性行事且未受强迫。

市场价值的定义必须根据下述概念框架进行应用：

（1）"估计的数额"是指资产在公平市场交易以应付货币表示的价格。市场价值是评估基准日市场上能够合理地取得的符合市场价值定义的最可能价格。既是卖方能够合理获取的最好售价，也是买方能够合理取得的最有利价格。该估计特别扣除了被特殊条款或情形抬高或降低的估计价格，例如：非典型融资、售后租回安排、相关销售人员给予的特殊考虑或优惠，或仅对特殊拥有者或买方可行的价值因素。

（2）"某项资产或负债应该交换"是指资产或负债价值是一个估计金额，而不是事先确定的金额或实际销售的价格。它是满足评估基准日市场价值定义的所有要素的一个交易价格。

（3）"在评估基准日"要求该估值仅限于一个规定的具体时间。由于市场和市场条件可能会发生变化，评估值在另一个时点可能就会变成错误的或不适当的。估值金额反映的是有效评估基准日市场的状态和情形，而不是其他时点。

（4）"自愿买方"是指一个有动机而非被迫的买方。这个买方既不是过度渴望要买，也不是任何价位都要买。这个买方还要根据当前市场现实和当前市场预期去购买，而不是根据不可描绘的或不能预期退出的想象中的或虚拟的市场。假设的买方不会以高于市场要求的价格去支付。当前资产拥有者包含在构成"市场"的参与者当中。

（5）"自愿卖方"既不过度渴望也未被强迫以任何价格出售，也不准备坚持当前市场认为不合理的价格。自愿卖方有动机在适当市场营销后，以市场条款按可得到的最佳价格出售资产，不论该价格结果如何。实际资产拥有者的真实情形不是这里要考虑的，因为这个自愿卖方是一个假设的拥有者。

（6）"非关联交易"是指交易方之间没有特定的或特殊的关系，例如：母与子公司，或出租方与承租方，这些特殊关系可能使价格水平反映非典型的市场特征，或者由于特殊价值因素被抬高。以市场价值的交易假设是不相关联的双方的独立行为。

（7）"正常的市场营销"是指，根据市场价值定义，该项资产以最适当的方式在市场上展示且能合理取得最佳价格。其销售方法被认为是卖方在市场上得到最佳价格的最适当的方法。市场上展示的时间长度不是一个固定期间，而会因资产类型和市场条件的不同而发生变化。唯一的标准是，必须有充分的时间去吸引足够多的市场参与者关注该资产。展示期间发生在评估基准日之前。

（8）"当事方各自精明、理性行事"是指，假设自愿买方与自愿卖方能够合理地知晓评估基准日时该项资产的性质和特征、真实的和潜在的使用状况，以及市场状况。还进一步假设各方会使用掌握的知识，理性地寻求对自身交易地位最有利的价格。谨慎性是根据评估基准日的市场状况衡量的，而不是其后某时点事后的利益评定。例如：在一个价格下跌的市场，卖方以低于之前市场价格水平的价格出售资产未必是不理性的。在这种情形下，像市场中改变价格的其他交易方一样，理性的买方或卖方将根据当时可得的最佳市场信息去行事。

（9）"且不受任何强迫"是指各方都有动机去从事该项交易，任何一方都不是被迫地或被过分强制地完成该项交易。

资产的市场价值将反映其最高最佳用途（见 IVS 140.1～IVS 140.5）。最高最佳用途是指资产潜力的最大化的使用，该用途技术上可能、法律上许可、财务上可行。最高最佳用途可能是资产现有用途的延续或一些改变的使用，它是市场参与者在确定报价意向价格时可能考虑的资产用途决定的。

（三）投资价值

投资价值是一项资产对于特定所有者或预期的所有者针对个人投资或运营目标的价值。投资价值是一个针对特定实体的价值标准。尽管一项资产对其所有者的价值可能与出售给另一方实现的金额相同，但该价值类型不以交换为前提，仅反映了某一个实体持有该资产可获得的经济利益。投资价值体现了评估时，实体面对的环境和财务目标，通常用于衡量投资业绩。

（四）市场租金

市场租金是指公平交易中，自愿出租方和自愿承租方在评估基准日，在正常营销后市场中通过适当租约达成的不动产应该收取的租金的估计数额，当事方应当各自精明、理性行事且未受强迫。市场租金可以作为评估租约或租约权益时的价值类型，这时需要考虑合同租金和市场租金的异同。支撑上述市场价值的概念性框架可以帮助理解市场租约。特别地，估计的数量不包含由特殊条款、特别安排或让步约定的租金的上涨或缩减。"适当的租约条款"是指在评估基准日同类型物业在市场参与者之间达成的典型约定。市场租金的测算结果应该仅针对假设的主要租约条款。

（五）协同价值

协同价值是两项或多项资产或利益合并后的价值，该价值通常大于单项资产和权益的价值之和。如果协同仅适用于某一特定买方，则协同价值将不同于市场价值，因为协同价值反映该资产对某一个特定买方的特别贡献。上述单独价值整合后增加的价值通常被称为"结合价值"。

（六）公平价值

公平价值是在已确认的、了解情形的并有自愿交易愿望的交易双方中转移一项资产或负债时估计的价格，相关方的利益分别得到体现。公平价值需要根据特定交易方各自从交易中获取的优势和劣势，评价交易价格对交易双方的公允性。相反，市场价值一般是不考虑一般市场参与者自身有利或不利因素对交易价格的影响的。公平价值是比市场价值更宽泛的概念。尽管在许多情形下，双方达成的公允价格等于市场上可获取的价格，但也存在公平价值评估中考虑了估算市场价值中应剔除的事项，如由于权益合并带来的协同价值的因素。

（七）清算价值

清算价值是一项资产或一组资产按件出售时实现的数值。清算价值应该考虑使资产达到可出售条件的成本，以及处置活动的成本。清算价值可以在两种不同的价值前提下确定：（1）在正常的营销期内的有序交易；（2）在缩短的营销期后的强制交易。

第三节　美国评估准则

一、美国评估行业概况

美国资产评估行业有 100 多年的历史，最初的估价目的主要是财产保险、维护产权交易双方利益、资产抵押贷款、家庭财产侵害等。20 世纪 80 年代中期，美国出现不动产泡沫经济引发的评估业危机。从规范评估业务与职业道德出发，1987 年，美国一些协会联合成立了评估促进会（Appraisal Foundation，简称 AF），并制定了统一的行业标准 USPAP。1989 年，美国国会制定《金融机构改革、复原和强制执行法令》（FIRREA）明确规定，评估人员执行与联邦交易相关的资产评估业务，必须遵守《专业评估执业统一准则》，美国各大评估协会也都要求其会员执行资产评估业务必须遵守《专业评估执业统一准则》，《专业评估执业统一准则》成为美国评估行业公认评估准则。30 年来，《专业评估执业统一准则》经过不断修订完善，逐渐发展成为国际评估界最具影响力的评估准则之一。从国际评估发展历史来看，美国的行业规范一直独树一帜。其准则体系以综合性、快速响应经济发展需要而著称。美国评估准则中最具影响力的是 USPAP，所以，美国以外国家一般提及美国的评估准则，指的都是 USPAP。

二、《专业评估执业统一准则》的主要内容

与英等以不动产评估为主的国家不同，美国资产评估行业呈现出综合性的特点。不仅不动产评估有着悠久的发展历史，整体资产评估和动产评估也有着长足的发展，如企业价值评估、无形资产评估、机器设备评估、动产评估等。美国评估行业的综合性充分体现在准则体系上，《专业评估执业统一准则》是一部典型的综合性评估准则，包含了资产评估行业的各个专业领域。美国评估促进会下属的评估准则委员会（ASB）负责准则的制定和修订工作，从 1992 年开始到 2006 年，每年修改并出版一部最新版本的《专业评估执业统一准则》（USPAP）。从 2006 年开始，改为每两年出版一部最新的《专业评估执业统一准则》。2018 年版《专业评估执业统一准则》的生效日为 2018 年 1 月

1 日至 2019 年 12 月 31 日。

2018 版《专业评估执业统一准则》包括下列组成部分：定义、引言、职业道德规定、档案保存规定、胜任能力规定、工作范围规定、司法例外规定和 10 个准则、37 个咨询意见（AO）和 332 个常见问题（FAQ）。

"定义"对 USPAP 中使用的评估、评估咨询、评估复核、评估师、评估结论、假设等大量基本概念进行了定义和解释。

"引言"对《专业评估执业统一准则》的宗旨和内容进行了简要介绍，明确 USPAP 通过定义、规定、准则和准则说明强调评估师的职业道德和执业责任。USPAP 的宗旨是通过制定对评估师所要求的准则，提升和保持评估行业的高水平的公信力。这对于评估师向其评估服务的期望使用者以充分准确且不致引起误导的方式，表达其评估分析、意见和结论，是至关重要的。准则委员会同时向评估师和评估服务的使用者公布其 USPAP。评估师的责任是维护行业的整体公信力，且这是评估师作为在其服务岗位上履行其道德责任的角色时的价值所在。而 USPAP 正是体现了这一价值评估行业通行的执业标准。USPAP 并未规定谁与哪一些评估项目必须遵守该准则。评估促进会与其下属的准则委员会都不是制定、裁定和实施法律的政府机关。但遵守 USPAP 既是评估服务也是评估师遵守法律或法规责任的要求，或履行与委托方和评估服务期望使用者所订立合同中责任的要求。在无这样的责任时，任何个人仍可选择遵守 USPAP。

"职业道德规定"确立了评估师执业中正直、公正、客观、独立与符合职业道德标准的行为方面的要求。

"档案保存规定"提出了对评估师在评估业务档案保存方面的要求。

"胜任能力规定"提出了承接评估业务前和评估项目对知识与经验方面的要求。

"工作范围规定"提出了有关评估问题确定、研究与分析的责任。

"司法例外规定"在 USPAP 的规定与法律或政府政策的规定发生冲突时，维持其相互的协调。

10 个"准则"确定了评估、评估复核与评估咨询服务的要求以及其各项结果表达的方式。这 10 个"准则"是 USPAP 的主要构成部分，包括：

准则 1　不动产评估

准则 2　不动产评估报告

准则 3　评估复核

准则 4　评估复核报告

准则 5　集群不动产评估

准则 6　集群不动产评估报告

准则 7　个人财产评估

准则 8　个人财产评估报告

准则 9　企业价值评估

准则 10　企业价值评估报告

准则说明是经 AF 的规定程序审定的，专门用于对 USPAP 内容的澄清、阐释和说明。

准则说明完全具备与准则同样的重要程度，并且只能经公开征求意见和讨论之后，由准则委员会表决通过。目前版本暂时没有准则说明。

"咨询意见"是对准则在特定情形下使用的评估事项和问题的建议，是评估准则委员会发布的一种指南。咨询意见不构成评估准则委员会的法律性意见，是对评估准则在特定情形下使用的范例，或者说是相关评估事项和问题的解决方案。咨询意见以假定的条件为基础，不对真实状况进行调查和验证，执业人员可以有其他的解决方案。

USPAP 的一个特色是，每个定义或条款都紧跟一个或多个注释（comments），这些注释类似中国资产评估准则的释义，帮助读者充分理解准则的概念和逻辑，但是作为相关准则的一部分，表述上更加严谨，层次更加简洁清晰。

理解并跟踪 USPAP 每个版本的变化十分重要，因为联邦政府和不同州的监管部门可能执行他们认为适用的 USPAP 版本。周淑敏先生总结了至 2018—2019 版为止历年来各部分内容制订、修订与撤消状况一览表（见表 8-1），其中图例为：★制定，▲修订，×撤消。

三、评估报告的分类

美国《专业评估执业统一准则》的一个特色是对评估报告分类。下面以不动产评估报告的要求为例，介绍美国评估报告的分类及其主要内容要求。

（一）评估报告的分类与区别

USPAP 规定每份书面或口述不动产评估报告必须：（1）清晰、准确地反映评估，不得误导；（2）包含足够的信息，使评估报告期望使用者能够正确理解评估报告；（3）清晰、明确地披露评估项目所采用的所有假设、特定假设、逆向假设与限定条件。

按照 USPAP 对书面不动产评估报告的规定，根据提供评估结果的评估报告中信息的水平和内容，将不动产评估书面报告的类型分为完整型评估报告、简明型评估报告、限制型评估报告三种，并且规定必须在评估报告中明确列示所采用的报告类型。对不动产评估报告的形式、格式或者文体未做规定。

完整型评估报告应包含所有对解决评估问题具有重要意义的信息。"描述"是完整型评估报告与其他报告区别的术语。要求用足够的信息对进行评估业务所涉及的工作范畴向委托方和评估的期望使用者加以说明。完整型评估报告的阅读者可以期望所有重要数据都被详细报告。

简明型评估报告与完整型评估报告之间的重要区别在于提供资料的详细程度。简明型评估报告应该对解决评估问题具有重要意义的信息做出概略说明。"概略说明"是简明型评估报告区别于其他评估报告的重要术语。要求用足够的信息对进行评估业务所涉及的工作范畴向委托方和评估的期望使用者加以概略说明。简明型评估报告的阅读者可以期望在表格或简单叙述中发现所有重要数据。

表 8-1　USPAP 历年版本各部分内容制订、修订与撤消状况一览表

版本年份	1987	1989	1990	1991	1992	1993	1994	1995	1996	1997	1998	1999	2000	2001	2002	2003	2004	2005	2006—2007	2008—2009	2010—2011	2012—2013	2014—2015	2016—2017	2018—2019
定义	★						◀		◀			◀		◀	◀	◀	◀	◀	◀	◀	◀	◀	◀	◀	◀
引言	★											◀				◀							◀	◀	◀
职业道德规定	★	◀	◀						◀			◀			◀	◀			◀	◀	◀	◀	◀	◀	◀
档案保存规定																						★			★
能力规定	★		◀									◀							◀	◀	◀				
工作范畴规定							◀				◀							★	◀						
允许偏离规定	★						◀										×								
因法律导致惯例外的规定	★						◀						◀	◀							◀				
增补标准规定	★								◀										×						
标准 1	★		◀				◀		◀		◀	◀	◀			◀	◀	◀	◀			◀	◀	◀	◀
标准 2	★						◀		◀		◀	◀	◀				◀	◀	◀			◀		◀	★
标准 3	★		◀									◀	◀				◀	◀	◀						★
标准 4	★		◀										◀		◀		◀	◀	◀	◀		◀	×		◀
标准 5	★		◀										◀	◀				◀	◀				×		◀
标准 6	★			◀								◀	◀		◀	◀	◀	◀	◀			◀		◀	◀
标准 7	★				◀		◀				◀	◀	◀			◀	◀	◀	◀			◀		◀	◀
标准 8	★				◀		◀		◀		◀	◀	◀				◀	◀	◀			◀			◀
标准 9	★				◀							◀	◀		◀	◀	◀	◀	◀			◀	◀	◀	
标准 10	★				◀														◀						

	1987	1989	1990	1991	1992	1993	1994	1995	1996	1997	1998	1999	2000	2001	2002	2003	2004	2005	2006—2007	2008—2009	2010—2011	2012—2013	2014—2015	2016—2017	2018—2019
细则 1 评估复申——对规则 3-1（g）说明的澄清				★								×													
细则 2 现金流量折现分析				★																				×	

续表

细则	1991	1992	1993	1994	1995	1996	1997	1998	1999	2000	2001	2002	2003	2004	2005	2006—2007	2008—2009	2010—2011	2012—2013	2014—2015	2016—2017	2018—2019
细则 3 追溯性评估	★							◀	◀									◀			×	
细则 4 预期性评估	★							◀	◀												×	
细则 5 职业道德中的保密原则	★							◀	◀		×											
细则 6 不动产和动产市场价值评估中的合理展示期		★						◀	◀					◀					◀		×	
细则 7 不动产和动产评估中允许对特定性要求的偏离				★				◀	◀		×			◀	×							
细则 8 项目报告的电子通信传递					★										◀							
细则 9 项目预定用途与预定使用者的确定						★		◀	◀					◀	◀						×	
细则 10 参与联邦保险的金融存储机构在涉及联邦权益的业务中的项目										★						×						

续表

	1990	1991	1992	1993	1994	1995	1996	1997	1998	1999	2000	2001	2002	2003	2004	2005	2006—2007	2008—2009	2010—2011	2012—2013	2014—2015	2016—2017	2018—2019
AO 1 不动产以往的销售	★												▲										▲
AO 2 所评估财产的检视	★								▲							▲							
AO 3 先前评估结果的更新		★		▲	▲				▲	▲													
AO 4 关于规范1—5(b)		★							▲				▲										
AO 5 评估工作中的助理人员			★						▲	▲							×						
AO 6 评估的复审			★						▲	▲					×								
AO 7 交易期的确定			★						▲	▲			▲									▲	
AO 8 不动产评估中的市场价值与公允价值			★						▲	▲						×							
AO 9 可能受环境污染影响的不动产的评估			★						▲	▲													
AO 10 评估人员与委托方之间的关系				★			▲		▲	▲				×									

续表

	1994	1995	1996	1997	1998	1999	2000	2001	2002	2003	2004	2005	2006—2007	2008—2009	2010—2011	2012—2013	2014—2015	2016—2017	2018—2019
AO 11 关于规则2-2、8-2中各评估报告类型的内容	★				◄	◄						◄					◄		
AO 12 关于规则2-2、8-2中各评估报告类型的应用	★				◄	◄						◄					◄		
AO 13 如何按照USPAP的规定对抵押不动产进行监测		★			◄	◄						◄					◄		
AO 14 福利性住房的评估		★			◄														
AO 15 允许偏离规定在有限评估中的运用		★			◄	◄						×							
AO 16 公平提供住房的法律与评估报告			★		◄														
AO 17 规划中不动产的评估			★		◄							◄							
AO 18 自动评估模型（AVM）的应用				★	◄														
AO 19 不动产评估中不能接受的项目限定前提						★													

续表

评估准则	2000	2001	2002	2003	2004	2005	2006—2007	2008—2009	2010—2011	2012—2013	2014—2015	2016—2017	2018—2019
AO 20 包含复审人员价值评定意见的评估复审	★		◀										
AO 21 USPAP 的履行	★				◀					◀	◀		◀
AO 22 不动产市场价值评估项目的工作范畴		★											
AO 23 不动产评估中对不动产相关属性的鉴定		★											
AO 24 关于业务操作的常规流程				★		◀							
AO 25 在涉及联邦权益的交易中对委托方的验定				★									
AO 26 项目报告向另一方的改送（转移）				★									
AO 27 同一项产权在新的委托方委托下的评估				★									
AO 28 工作范畴的确定、履行与披露						★							

续表

	2000	2001	2002	2003	2004	2005	2006—2007	2008—2009	2010—2011	2012—2013	2014—2015	2016—2017	2018—2019
AO 29 合格的工作范畴						★							
AO 30 联邦所监管金融机构所采用的评估								★					
AO 31 多个评估师参与的项目								★					▲
AO 32 财产税从价计税评估与群体评估								★					
AO 33 现金流量折现分析												★	
AO 34 追溯性评估与预期性评估												★	
AO 35 不动产与动产价值评估中的合理展示预期												★	
AO 36 委托方、项目结果用途与预定使用者的确定与披露												★	
AO 37 价值评估中的计算机辅助技术													★

限制型评估报告是仅为委托方使用的。在进入评估作业之前，评估人员应该与委托方明确这种类型的报告的使用条件，应该保证使委托方明白限制型评估报告的限制性效用。限制型评估报告应该包含对解决评估问题具有重要意义的信息的简短陈述。"陈述"是限制型评估报告区别于其他评估报告的重要术语。要求对数据的收集、核实和报告过程的范围予以简单说明或者摘引保存在评估人员的工作底稿中的描述所进行的评估工作范畴的评估协议内容。限制型评估报告的阅读者不应期望所有的重要数据都被报告。

评估人员为支持其限制使用型评估报告必须保存一份详细的、条理分明的工作底稿。而且该底稿的内容应当足以使评估人员编制一个简明型评估报告。该工作底稿应该必须能够供委托方（或委托方的代理人，比如委托方聘请进行评估复核工作的评估人员）查阅，也可供国家有关部门以及通过法律程序授权的第三方和经过适当授权的专业审查委员会检查。

四、企业价值评估

USPAP 对于企业价值评估的要求在准则 9 和准则 10 中。准则 9 有 5 个条款，分别关于评估对象、评估要素、关注非持续经营、资料搜集和评估方法。准则 10 有 4 个条款，分别关于评估结论表述、报告用途、评估师声明和报告形式。

USPAP 中企业价值评估的评估对象是企业权益或无形资产，准则体系中没有单独的无形资产评估准则。准则 9 首先要求评估师具有专业能力、不出现实质性疏忽或错误、不疏忽大意。

需要明确的评估要素包括：客户和其他的评估结果预定使用者；报告和结论的预定用途；价值类型和定义；价值前提；评估基准日；评估对象；特别假设；非真实性条件和工作范围。

做出价值判断需要的信息与我国的准则类似，包括：（1）企业或无形资产的性质和以往的发展状况；（2）影响企业或无形资产、其所处行业和宏观经济发展的金融环境和经济环境；（3）企业以往的经营业绩、目前的经营状况和未来发展前景；（4）企业的股本或其他所有者权益或所评估无形资产以往的出售状况；（5）类似企业的股本或其他所有者权益以往的出售状况；（6）影响评估标的或类似资产以往出售状况的价格、条件和市场环境；（7）有形资产与无形资产的经济收益。

对于采用哪种评估方法准则中没有说明，指出应考虑所采用评估途径中所取得和所分析的数据资料具有适当的数量与质量，以及使获得评估价值结论所采用评估途径、方法与技术具有适用性与匹配性。

对于评估报告的基本要求是，评估师必须以不会引起误解的方式传达每一项分析、意见与结论。USPAP 明确说明评估报告有两种类型：企业价值评估报告和限制用途评估报告。

评估报告披露的内容至少应该包括：客户和预期使用者身份、预期用途、评估对象信息、被评估权益控制程度和确定依据、被评估权益缺乏流动性程度和确定依据、价值类型定义和价值前提、评估基准日和报告日、执行业务的工作范围、执行的程序和分析过程、特别假设和非真实条件及其对结论的影响。

限制用途报告则要说明：客户身份，并规定约束委托方对报告使用的明确的用途限制，并应告诫，在没有阅读评估师工作底稿中的补充资料前，报告中评估师的意见与结论可能不能被恰当理解；除一般评估报告的说明内容外，应阐述所遵循的评估程序、阐述所获得评估价值意见与结论以及评估工作档案的有关内容；必须对没有使用市场途径、资产基础（成本）途径或收益途径进行解释。

USPAP 企业价值评估报告给出了评估师书面声明的要求内容范本：

"每一份企业或无形资产权益的书面评估报告，必须包含评估师签署的类似于下列内容的誓言：

尽本人的所知所信，我保证：

（1）本报告所包含对事实的叙述是真实和准确的。

（2）报告中的分析、意见与结论仅限于在报告中假设和限定条件之下成立，并是我个人的公正和无偏见的专业分析、意见与结论。

（3）对于报告中所评估的财产，我不沾染任何现存的或将来的利益（或拥有一定的利益，则需详细说明）。

（4）我在受理本项目之前的三年之内，未作为一名评估师或以其他的身份进行过关于本报告中产权的服务（或进行过，则需详细说明）。

（5）对于报告涉及的各方，也不存在我任何的个人的利益（或存在一定的个人利益，则需详细说明）。对于报告中所涉及的财产和评估项目所涉及的各方，我都不存有任何的偏见。

（6）我受聘于本评估项目，绝不是为了求证或报告事先决定的结论。

（7）我完成本评估项目的报酬，绝不是因求证和报告预先决定的价值或迎合委托方需要求证和报告指定价值的结果。我完成本评估项目的报酬与评估判断的价值量、以评估结果为条件的约定所得以及评估结果使用后所连带发生的事件无关。

（8）我的分析、判断和推论以及本报告都是遵循 USPAP 的要求进行的。

（9）无人对本誓言签署者提供企业/无形资产价值评估业务方面的重要帮助。（反之，则必须予以列示每一位提供企业/无形资产价值评估业务重要帮助者的姓名。）"

第四节　英国评估准则

一、英国评估行业概况

英国不动产估价行业基本上可以分为政府管理下的估价体系和民间自律性估价体系两大体系。

政府管理下的不动产估价体系，主要服务于征税目的，在组织上分为三个层次，即中央级、大区级和区级估价办公室。中央级估价办公室设在财政部税务局之下，主要职能是制定有关政策，管理大区和区的估价工作。大区级估价办公室，全国共设有 5 个，主要职能是协调其所辖区内的估价工作。最初，大区和区级估价办公室都归当地税务部门直接管辖，由于估价工作的技术性、独立性越来越强，加之政府为减少行政开支而精减人员，因此，在随后的发展中，大区级和区级估价办公室逐渐从税务部门中独立出来。每个地区一般都设有总估价师、主任估价师、副主任估价师、督察估价师、初级估价师和估价助理员等，其主要职能是为政府对房地产征税及为公共部门提供估价服务，除此之外，也承揽一些其他的估价项目。

民间的估价机构则是完全不依赖任何部门的独立、客观、公正的社会中介服务组织，其组织形式主要是合伙制和有限责任公司，也有少量个人独资形式的。这些机构大都以咨询、顾问公司的形式存在，除估价业务外，还承揽许多相关的服务业务，如接受委托从事房地产买卖、销售、出租、承租、投资等业务。

民间估价机构在发展过程中，逐渐建立了自律性的行业协会组织。目前有关估价的协会有两家，是英国皇家特许测量师学会（RICS）和税收估价协会（IRRV），其中 RICS 占绝对主导地位。这种自律管理体制的变革，使得 RICS 在评估领域的影响力更加突出。目前，RICS 不仅是英国规模最大、最具权威性的评估行业自律组织，对于整个英联邦地区乃至全球评估行业都具有非常重要的影响。因此，深入分析 RICS 自律管理体制变化，不仅可以把握英国评估行业管理理念的变化，也可以从一个侧面了解全球评估行业管理体制的发展脉络。

二、RICS的《评估准则》

英国皇家特许测量师学会（RICS）作为行业自律组织，其主要职能之一是制定、修订和完善行业执业技术标准。英国的不动产评估发展历史较早，评估准则最早也是在英国面世，并于 20 世纪 70 年代出版，主要规范以财务报告估价为目的的估价行为，以及测量师出具的其他公众使用的评估报告。英国的评估准则由 RICS 的评估与估价准则委员会（AVSB）制定，每年在伦敦总部召开四次正式会议。

RICS 的评估与估价手册（红皮书）最初是以两个独立标题出版的：资产评估指南（Guidance Notes on the Valuation of Assets）是以《资产评估实践声明和指南》（Statement of Asset Valuation Practiceand Guidance Notes）为标题出版的，第一版出版于 1976 年；《评估指南手册》（Manual of Valuation Guidance Notes）第一版出版于 1980 年。2003 年 RICS 首次出版《RICS 评估和估价标准》（The RICS Appraisal and Valuation Standards），2003 年 3 月至 2007 年 4 月进行了 9 次修订。为了全面与国际评估准则接轨，使"RICS 红皮书"具有国际通用性，"RICS 红皮书"从第五版起采用了两部分结构，包括通用准则和国家准则。通用准则适用于所有的皇家特许测量师学会国家会员，国家准则由各个国家会员自行制定。此后 RICS 于 2012 年 3 月及 2014 年 1 月又对"RICS

红皮书"进行了两次改版。新版于 2017 年 6 月发布，与 2017 版《国际评估准则》出版时间一致，并已纳入 IVSC 国际评估准则体系。

2017 版"RICS 红皮书"分为六个部分，包括：引言、术语、专业标准（PS）、评估技术与绩效标准（VPS）、评估应用实务指南（VPGA）、《国际评估准则》2017。2017 版"RICS 红皮书"各个部分都引用《国际评估准则》，并且在第六部分中对《国际评估准则》进行全文转载。

其主要内容是：

第一部分"引言"。主要介绍了该准则的制定总体目标、范围、全球范围安排与地位、生效日期与有效期及对《国际评估准则》的概述。

第二部分"术语"。主要对评估、资产、市场价值、特殊价值、评估报告等概念进行了解释和规范。

第三部分"专业标准（PS）"。本部分主要包括在提供书面评估时对标准的遵守和道德、专业胜任能力、客观性与披露。该部分标准为强制性标准，在采用《国际评估准则》框架同时，承认《国际道德标准》和《国际房产测量标准》，并规定了对 RICS 会员的更多强制性要求。

第四部分"评估技术与绩效标准（VPS）"。全球评估技术与绩效标准以 VPS 加编号表示，包括提供遵循 IVS 评估所必需的具体强制性要求和相关实施指南。VPS 包括：VPS 1——委托协议（工作范围）；VPS 2——勘察、调查与记录；VPS 3——评估报告；VPS 4——价值基础、假设与特殊假设；VPS 5——评估方法。VPS 1、VPS 4 和 VPS 5 更多地专注于技术标准，而 VPS 2 和 VPS 3 则更多地专注于绩效和交付标准，寻求以任何方式对其进一步地分类并无必要。相反，VPS 的目前顺序与其所采用的《国际评估准则》中相应标准的顺序保持一致。

第五部分"应用实务指南（VPGA）"。RICS 评估应用实务指南以 VPGA 加编号表示，提供了下列具体情况下的实施指南。因此，在所涵盖的主题当中，VPGA 中包括为了特定目的的评估（其中财务报表、担保贷款是最常见的目的）、对特定类型资产的评估，其中明确要求需要考虑的特定问题和 / 或实际因素。VPGA 代表着"最佳实践"，即 RICS 认为符合专业胜任能力最高标准的程序。尽管 VPGA 本身是非强制性的，但其中的确包含了与《国际评估准则》和本标准中内容的关联和交叉引用，而《国际评估准则》和本标准是强制性的。该关联和引用旨在帮助会员找出与其所承担的特定评估任务有关的要求。

VPGA 包括：

VPGA 1——以财务报告为目的的评估

VPGA 2——以担保贷款为目的的权益评估

VPGA 3——企业及企业标准的评估

VPGA 4——交易相关财产的评估

VPGA 5——厂房和设备的评估

VPGA 6——无形资产的评估

VPGA 7——动产（包括艺术品和古董）的评估

VPGA 8——不动产权益的评估

VPGA 9——投资组合、物品集合和财产组合的评估

VPGA 10——可能导致重大评估不确定性的事项

RICS 也出版了一些国家补充标准（一般以"红皮书的某国家或地区应用指南""某国家协会的评估标准"或者"RICS 评估应用指南：专业标准"为名），旨在解决本全球标准在个别国家或地区的应用问题，一般会有助于本全球标准的本地化诠释。该国家补充标准独立于本标准，但又是对本标准的补充。尽管在总体上与相关国际标准保持一致，但该国家补充标准旨在涵盖所在国家或地区的具体法定或监管要求。这种方法完全符合联合国的自愿原则，鼓励各国家或地区提高评估的透明度和总体一致性。

第六部分"《国际评估准则》2017"。经 IVSC 批准在本版"RICS 红皮书"第六部分中全文转载的《国际评估准则》，就是经 IVSC 标准委员会批准在 2017 年 7 月 1 日生效的《国际评估准则》。IVS2017 版的内容已贯穿于本版"RICS 红皮书"的第三、四、五部分。

三、RICS的《行为守则》

RICS 的《行为守则》用于指导和规范测量师的执业行为。除特殊说明外，对所有的测量师都具效力。为了与 RICS 章程和细则进行的变更相适应，理事会对行为守则也进行了重新修订，对原来的行为守则进行了简化和更新，使之更贴近会员的日常工作。《行为守则》规定了测量师与委托人、雇主的关系，包含了更广泛的对公众责任。该守则于 2003 年 1 月 1 日起开始实施。

《行为守则》对测量师的行为规范提出了具体要求，包括九个部分：总则、个人和专业标准、职业活动和经营行为、操作细节与合作、利益冲突、公正与独立性、职业保险、测量师的账户、终身学习、测量师陈述事实的失误。《行为守则》提出了测量师的核心职业道德标准，测量师的所有行为和判断必须基于下列核心道德标准：（1）行为正直；（2）诚实；（3）工作公开、透明；（4）对自己的行为负责；（5）了解自己的能力并在此范围内行事；（6）客观；（7）尊重他人；（8）树立榜样；（9）有奋斗的勇气。这些职业道德要求测量师对其负有专业责任的客户或其他人负责，要时刻尊重他们的个人隐私并且在判断过程中始终考虑到社会利益。

第五节　欧洲评估准则

一、《欧洲评估准则》的基本情况

《欧洲评估准则》（European Valuation Standards，EVS）是由欧洲评估师联合会（The

European Group of Valuers' Associations，TEGOVA）制定的一部适用于欧洲地区的区域性评估准则，也是当前国际评估界具有重要影响力的评估准则之一。欧洲评估师联合会和《欧洲评估准则》的制定都与欧盟的公司法特别是会计改革紧密相关，因此，评估准则与会计准则的关系与美国 USPAP 相比，二者的联系更密切。

TEGOVA 前身是成立于 1977 年的欧洲固定资产评估师联合会，主要宗旨是制定适合欧盟成员国的评估准则，主要工作是代表欧洲范围内土地、建筑、机器设备领域的评估师，向欧洲委员会、欧洲议会和其他欧洲组织提交评估师意见。受英国传统不动产评估发达的影响，欧洲评估业长期以来也主要聚焦在不动产评估领域。加之受到欧盟公司法及相关会计规则的影响，早期的评估准则以固定资产评估为主。欧洲多国很早就受到公允会计理论的影响，既允许采用传统的历史成本减折旧的会计处理方式，也允许在一定情况下以评估后的市场价值作为固定资产的列示价值反映在资产负债表中。1978 年，欧共体正式发布了第四号法令《公司法》（78/660/EEC），该法适用于除金融机构和非营利性机构以外的公司年度会计报表事项。该法令第 35 条规定了与固定资产评估相关的规则，即公司年度会计报表可以对固定资产采用公允（市场）价值计量。为此许多公司聘请专业评估师对公司固定资产进行评估，这是从立法上对国定资产采用公允价值计量的会计改革的方向性肯定。

TEGOVA 具有区域特性，只有欧盟成员国的各类评估协会才能成为其会员，会员的权利与会费缴纳比例相关，欧盟成员国之外国际专业协会可以是联系会员或观察员。紧跟欧盟扩展的步伐，TEGOVA 积极开拓东欧、中欧的评估行业。2012 版《欧洲评估准则》的会员为来自阿尔巴尼亚、奥地利、比利时、保加利亚、匈牙利、捷克、哈萨克斯坦、丹麦、法国、德国、希腊、意大利、拉脱维亚、立陶宛、挪威、波兰、葡萄牙、罗马尼亚、俄罗斯、西班牙、塞尔维亚、斯洛文尼亚、瑞典、阿联酋、英国、美国 26 个国家的 45 个评估协会。《欧洲评估准则》本身没有强制力，TEGOVA 要求成员国积极引进并将其纳入本国的评估准则体系。

1978 年欧洲固定资产评估师联合会出版了《欧洲评估指南》（Guidance Notes for European Application）第一版。随着评估业的综合发展，欧洲评估业近十年来也在向不动产评估和以财务报告为目的的评估业务以外的领域拓展，反映到《欧洲评估准则》中，其第四版已经开始涉及其他商业目的等领域。2000 年出版的第四版《欧洲评估准则》中，第一次增加了《指南 7——企业价值评估》和《指南 8——无形资产评估》两个评估指南，其向非不动产评估领域延伸速度之快引起了各国评估界的广泛关注，在一定意义上也验证了国际评估业综合性发展的趋势。《欧洲评估准则》最新版是 2012 年推出的第七版。

二、《欧洲评估准则》的基本框架

《欧洲评估准则》 较多采用说明和叙述的方式，不像《国际评估准则》那样具有严格的形式，学术著作的色彩更重。另外的特色是，固定资产评估一直是欧洲评估准则的强项，体现出不动产在申请融资、公司出售和收购、业务收购和出售、公司结业、公司合并、公司分立、纳税、法律事项、非现金支付等不同评估目的下的特征；注重评估与会计的协调，为财务报告目的服务的评估是准则编制的初衷。

2012 年第七版《欧洲评估准则》内容如下：

第一部分　准则和应用

准则 1　市场价值

准则 2　市场价值以外的评估

准则 3　合格评估师

准则 4　评估过程

准则 5　评估报告

准则应用 1　财务报告目的评估

准则应用 2　租赁目的评估

准则应用 3　证券化目的评估

准则应用 4　保险价值评估

准则应用 5　为个别投资人投资价值应用

准则应用 6　跨境评估

准则应用 7　与另类投资基金管理层相关财产评估

准则应用 8　财产评估和能源效率

第二部分　欧盟立法和财产评估

1　一般介绍

2　欧盟内部市场

A　内部市场——财产评估条例

A1　公司财务目的财产评估

A2　金融机构的财产评估

A3　政府援助条例的财产评估

B　内部市场——税收管理

B1　增值税和财产

3　健康和安全

4　能源

5　环境

5.1　引言

5.2　环境影响评估和环境战略评估

5.3　水

5.4　受污染土地和环境义务

5.5　污染

5.6　石棉和其他物质

5.7　生物多样性和保护

6　通用农业政策

第三部分　其他技术文件

欧洲评估师联合会职业道德准则

TEGOVA 最低教育要求汇总

TEGOVA 欧洲评估师认证计划汇总

信息报告——持续性和评估

距离、面积和体积计量规则

信息报告——土地和建筑物价值分摊

信息报告——评估师注册

欧洲财产和市场评级：评估师指引

欧洲抵押联合会关于评估风险相关标准的文件

TEGOVA 技术文件分类

术语

欧洲评估标准委员会成员

TEGOVA 会员名单

2012 年第七版是在全球金融危机以后修订的版本，增加了围绕不动产金融带来的评估问题。正如欧洲议会议员 URBAN Intergroup 总裁 Jan Olbrycht 在前言中指出的，不动产还是欧洲政治的心脏，欧洲评估准则的工作目标将持续适用评估实践。金融危机中，欧盟紧密依赖银行金融的不动产市场出现了一些系统性风险。欧洲议会致力于从立法层面防止市场失败的再次发生，其中估值是市场安全和保障的一个关键环节。本版准则将另类投资基金管理层提出的评估问题纳入欧洲评估标准。

三、《欧洲评估准则》中企业价值评估的主要内容

企业价值评估在 2012 版中以指南 7 的形式出现，虽然没有继续更新，但在理论和实务上都存在一些特点，值得思考和借鉴。如：

（1）对于竞争分析的重视。在指南中多次提到要注重分析价值链、成本领先、产品差异化、行业进入和退出壁垒等因素，体现了欧洲评估界强调在企业价值评估时不应当仅仅关注相关的财务指标，而应当注重对企业与竞争对手、上下游关联方和行业的全局分析，也特别重视将经济学、管理学的成果引入企业价值评估领域。

（2）特别强调评估师的三种不同身份和扮演的不同角色。

（3）该指南直接肯定了收益法是评估企业价值的最适合方法，并强调资产分类在企业价值评估中的重要性，即经营性资产、相关非经营性资产、溢余资产。

（一）企业评估的价值类型

指南 7 多次对企业价值评估中价值类型的市场性进行讨论，指出如果评估师在评估过程中采用了源自市场的信息或来自同类企业的期望回报率等信息，则其评估结论属于市场价值；如果评估是基于投资者的主观标准和要求，则评估结论是企业价值的"主观价值"。

（二）评估师身份

指南 7 指出评估师的身份在执业中十分重要，与所评估企业价值的价值类型之间有一定的逻辑关系，应当予以明确。评估师执行企业价值评估业务应当区分三种不同的身份：

（1）独立评估师（independent assessor），为双方提供谈判的基础。在这种情况下，独立评估师应当从一个市场上通常的投资者角度进行评估，其评估结论应当是市场价值，不得反映任何特别购买者的主观影响。

（2）咨询专家（expert advisor），为客户提供关于最佳方案（如最高卖价或最低买价）的建议。在这种情况下，评估师在建立自己对未来经营状况的预测模型的同时，也考虑客户的判断和预测，因此这种评估是具有主观性的。这种"主观的"企业价值往往不同于独立评估师所形成的结论。比如，一个潜在的购买者可能会预测由于与被评估企业的合并会给自己企业带来的协同效益，或者考虑目标企业处于独立状态或是被竞争对手控制给自己企业的计划带来的影响。

（3）仲裁人（arbitrator），在综合考虑买卖双方的意见后形成判断。在这种情况下，评估师会受到相关法律或双方协议的约束。

上述三种不同的身份是由于欧洲评估业务的特点所形成的，在不同的身份下评估师扮演了不同的角色，可能会形成不同内涵的价值类型，因此强调评估师应当明确身份并披露，以避免误导。评估师应当根据所在国家的法律和行业惯例以及业务约定书的要求明确自己所扮演的身份，并且应当特别注意将其身份、地位以明晰的方式对外表示，不得让第三方误解。只有这样第三方才能理解评估师执行评估业务的基础，进而合理理解评估结论。对评估师在企业价值评估业务中不同身份的划分是《欧洲评估准则》的一大特色，从某种意义上这与美国《专业评估执业统一准则》中对评估业务、评估咨询业务的划分有一定的相似。美国是从评估业务上进行区别，而欧洲则是从评估师的身份上予以区别，虽然性质有所不同，但目的是一致的，即评估师不得误导评估报告使用者，这种要求既体现了资产评估服务的专业性，也有利于引导评估报告使用者全面理解和合理使用评估报告，避免不必要的风险。

（三）需明确的基本事项

评估师在与委托方洽谈企业价值评估业务时，应当明确下列基本评估事项：

（1）明确被评估的企业及其权益状况。

（2）明确评估目的。

（3）明确价值定义。

（4）明确影响分析和意见的假设和限制条件。

（5）明确形成评估结论所需的数据分析、评估的程序。

（6）明确评估基准日和评估报告日。

（7）报酬基础。

（四）收集资料的要求

指南 7 要求评估师应当根据评估目的收集所有必要的信息资料，要求评估师对被评估企业进行现场调研，查看评估范围内的资产，查验法律权属资料中的相关信息，并尽可能查验所有委托方提供的信息。评估师收集的资料主要包括：

（1）不动产权属资料。

（2）公司章程、注册备忘录、股东名册、会议记录等。

（3）以前年度的资产负债表和损益表（如果可能，收集已审计的报表）。

（4）管理会计记录、预算、预测资料。

（5）固定和变动费用明细。

（6）固定资产和证券情况。

（7）与客户的合同。

（8）环境审计资料。

（9）负债情况。

指南 7 要求评估师收集企业的相关信息，主要包括：

（1）企业特征，企业所有权或证券状况，影响企业控制权的权利、特权和义务，任何限制买卖或转让的协议等。

（2）企业的性质、历史状况和未来前景。

（3）历史财务信息资料。

（4）有关企业、企业权益、优先股、可转债或其他证券以前的交易情况。

（5）管理层和人事方面的信息，包括人事合同，特别是与管理层报酬安排和股权激励相关的信息。

（6）供应者的信息。

（7）生产系统。

（8）商业协议。

（9）专利、发明、公式、程序、设计、专有技术、商标、商号、版权等。

（10）竞争者信息。

指南 7 还要求评估师收集以下基础资料：

（1）对企业有或可能有影响的产业性质和动态。

（2）影响企业的经济因素。

（3）资本市场信息，如替代性投资的回报率，股票市场交易信息，并购信息。

（4）工资总额预测。

（5）产品的市场需求信息。

（6）产业领导者的主要比率。

（7）未来竞争者。

（8）客户和供应商的能力。

（9）政府立法或国际惯例潜在变化的影响。

（10）其他相关信息。

（五）企业价值评估操作要点

指南 7 要求评估师进行企业价值评估时，应当关注企业资产的分类。经营性资产（operational assets）或企业经营所必需的资产应当作为企业整体进行评估，非经营性资产（non-operating assets）（非企业经营必需的资产）应当单独评估其可变现市场价值（net realizable market value）。评估师应当将企业作为一个整体进行评估，非经营性资产的可变现市场价值加上经营性资产的价值，构成企业的市场价值。

评估师进行企业价值评估应当充分考虑公司章程、协议中对所有权买卖、股权转让的限制性规定等因素，不论被评估的企业股权处于控股地位还是小股东。

评估师进行企业价值评估应当确信所选用的评估方法与评估目的、评估师的身份相适应。企业价值评估主要有三种评估方法：收益法（income approach）、资产基础法（asset based approach）和比较法（comparison approach）。指南 7 进一步明确提出企业价值评估最恰当的方法是根据企业的可持续（sustainable）现金流进行分析，现金流折现法（discounted cash flow）和资本法化（capitalization of income）是其中两种最常用的具体方法。

（六）评估方法运用和综合分析

指南 7 对三种评估方法运用过程中应当注意的事项进行了提示，主要包括：

1. 收益法

（1）企业应当作为一个持续经营主体进行评估。企业价值应当包括土地、建筑物、厂房和设备、商誉和其他无形资产的贡献。

（2）评估师应当在分析未来潜力时考虑或关注：资产负债表和损益表；企业产生的净现金流；企业投资；财务链；风险估计；供应商、客户、目前竞争者、替代产品和未来竞争者（包括市场进入和退出壁垒）状况及其演变；企业与其他同业者在行业中的未来竞争地位；主要竞争者的实力、战略和潜力。

（3）评估师应当明确企业的"价值链"（value chain），企业的"核心因素"即决定企业成功与否的因素。

（4）现金流折现方法往往适用于成熟的企业，基于对其正常经营的预测；由于净现金流通常是稳定和可预测的，因而预测是合理的。采用现金流折现方法时，企业的价值决定于折现期间、现金流和折现末期剩余价值。

（5）如果企业拥有非经营性资产如多余土地、市场化的证券、租赁的建筑、过剩的设备等，应当将这些资产的可变现市场价值作为一个单独的流入项加回，称为税后非经营现金流。

（6）企业的价值应当是折现期间现金流的现值、剩余价值的现值和税后非经营现金流现值的总和。折现期间应当能够反映出公司盈利能力达到稳定状态所需的时间，典型的情况是折现期间取决于公司投资资本回报率（ROIC）大于或等于资本成本前的年份数，通常是 5 ～ 10 年。

（7）在现金流折现法中，企业净现金流（free cash flow to the firm）或无负债现金流（debt free cash flow）反映了对企业所有股东的现金流，可用于评估企业价值；股东现金流（free cash flow to the shareholder）可用于评估权益价值。

（8）折现率应当与现金流预测中的假设相匹配，尤其应当反映投资资本的成本；评估企业价值时，折现率应当能够反映加权平均资金成本（WACC）；评估权益价值时，折现率应当能够反映权益回报率（ROE）。

（9）评估师应当确信净现金流的计算与该企业所在行业的发展、该企业及其主要竞争对手的市场地位相匹配。

（10）必要时评估师应当对价值进行调整，以反映控股权溢价或少数股权折价以及流动性（市场性）溢价或折价。

（11）评估师应当选择能够代表未来可持续发展的收益口径，最重要的是这些收益口径不是取自损益表中的会计数据，而是经过调整的能够反映正常和可持续未来收益的数值。调整过程中，评估师应当剔除那些暂时的、不再发生的或偶然的因素对收入和费用的影响，如由于特殊情况或价格波动造成的收入增减，存货会计政策的变动，原材料或燃料价格的变化，由于雇员数量、政府或工会压力变化所带来的工资总额变动，罢工和罚款、重组、出售资产等不再发生的因素带来的影响，溢余资产对收入和成本的影响，所得税变化等。

（12）资本化率和折现率必须通过市场证据获得，通常表现为投资者在相同风险条件下所要求的回报率。

2.资产基础法

（1）资产基础法是从调整后的资产价值中扣除调整后的负债值，以获得调整后的净资产值。采用资产基础法评估时，原以历史成本为基础的资产负债表由反映所有资产（有形和无形）和所有负债现行市场价值的资产负债表所替代。

（2）以持续经营为前提对企业进行评估时，资产基础法不应当是唯一使用的评估方法，除非这是该行业买方和卖方的通常做法。

（3）以企业即将进入清算为前提进行评估时，应当评估各资产的市场价值，并扣除相关清算费用，如支付给离开雇员的补偿、清算过程费用等。

（4）在可能使企业进入清算的情况下，评估企业价值时评估师应当调查企业在清算基础上可能比在持续经营基础上具有更高价值的可能性。

3.比较法

（1）比较法中的相关数据主要来源于三个渠道，即相似企业进行所有者权益交易的公开股票市场、企业购买或出售的并购市场以及被评估企业所有权以前进行的交易证据。

（2）被评估企业应当与市场上相似的参照企业具有合理的可比性，两者应当属于同一行业，或处于根据相同经济变量发生变化的行业。比较应当是有意义的，不得误导。在评价是否具有合理可比性时通常考虑的因素有：与被评估企业在数量和质量特征上的相似性、相似企业数据的数量和可验证性、相似企业的交易价格是否公正、对市场上相似企业的寻找是否公正且已足够尽力。

不论运用什么评估方法，评估师应当确信评估与价值定义、评估目的和期望用途、评估基准日能够获得的所有相关信息相匹配。评估师应当对不同评估方法得出的结论进行综合分析，不应当对不同的评估结论进行简单的加权平均计算。

（七）关于企业价值评估报告的要求

《欧洲评估准则》中准则9专门对评估报告进行了规范，指南7要求企业价值评估报告应当遵守《欧洲评估准则》准则9——评估报告的要求，并重点突出以下内容：

（1）签名和声明。

（2）评估范围。

（3）价值类型和定义。

（4）评估目的、假设和任何限制条件。

（5）当评估师作为独立评估师或仲裁人时，评估结论应当仅受限于所载明的评估假设和限制条件，且是评估师个人的公正专业意见和结论。

（6）当评估师作为独立评估师或仲裁人时，应当说明与被评估企业和当事方无利益关系，如果有利益关系，应当说明。

（7）声明评估结论仅在评估基准日和评估目的下有效。

（8）说明评估师对被评估企业的访问和访问时间。

（9）对企业资产的分类，即分为经营性资产和非经营性资产。

（10）说明初步分析、财务分析、竞争力和战略性分析。

（11）说明采用的评估方法和理由，描述评估方法和折现率及相似参数的形成过程，控股权溢价或少数股权贴价的分析，企业未来经营寿命的假设分析，敏感性分析，不同评估结论的综合分析。

思考题

1. 我国资产评估准则有什么特点？
2. 国际评估准则有什么可借鉴之处？
3. 美国评估准则有什么可借鉴之处？
4. 我国的企业价值评估准则有哪些地方需要完善？
5. 比较我国与其他国家的企业价值评估准则的异同。

第九章 国企改革与企业价值评估

第一节 概　　述

一、相关概念

（一）国有资产

国有资产是国家所有的资产，是国家依法享有占有、使用、收益、处分权利的资产。国有资产的所有人是概括、抽象的国家整体，即全体人民，国家授权国务院或者其他部门代表国家行使所有权。根据资产表现形态的差异，可以将国有资产划分为企业国有资产、行政事业性国有资产以及资源性国有资产。其中企业国有资产是国家对企业各种形式的出资所形成的权益，等同于国家投资于企业所享有的股东权利，包括重大决策权以及选择管理者、获取企业收益等权利。从投资的营利性目的来看，企业国有资产又称为经营性国有资产；行政事业性国有资产是国家机关和事业单位依法占有、使用和处分的国有资产，是国家机器正常运行的物资基础，此类资产是占有单位履行其社会经济管理职能必不可少的资产，它不以营利为目的，属于非经营性资产；资源性国有资产是国家依法拥有的自然资源，包括土地、矿藏、水源、林地、草场、水域等，根据现行的法律法规的规定，大多数自然资源属于国家所有。

针对各类国有资产的取得、使用、流转、收益等管理活动，我国出台了《企业国有资产法》《物权法》《土地管理法》《矿产资源法》等法律；国务院相继颁发了有关国有资产管理的行政法规，比如《企业国有资产监督管理条例》《国有资产评估管理办法》；实践中，财政部、国务院国有资产监督管理委员会、原国土资源部等管理部门就具体国有资产管理工作发布了部门规章；地方政府根据上述法律、法规、规章制定了地方性法规。初步形成了适应建设社会主义市场经济、满足国有资产管理改革发展需要的国有资产管理法律体系。

（二）国有企业改革

国有企业改革，是指国有企业经营方式、产权制度、企业制度等方面的变化。具体方式有公司化改建、兼并、重组、境内外上市、主辅分离、破产清算、中外合资、合作等。

历史上，国有企业改革经历过很多不同的阶段。从国有企业经营权层面改革，即国有企业租赁、承包、出售小型企业等放权让利开始，为防止国有资产流失，作为国有资产管理的必备程序和保护国有资产权益的专业手段，资产评估应运而生，并始终镶嵌其中。时至今日，国有企业改革与发展以产权交易和管理为主线，国有资产评估仍然是我国资产评估领域的"主战场"之一。

国有企业改革、国有经济战略布局的调整涉及的资产评估业务，特别是以建立现代企业制度为主线的国有企业改制涉及的资产评估业务，一直是我国资产评估实践的主体部分。国有产权交易，国有企业对外投资等企业产权和投资行为，也一直是资产评估行业发展的土壤。这一业务，不但促进了资产评估理论的发展、推动了评估规范的建设，而且锻炼了一批又一批执业队伍，对资产评估行业的长足发展，具有极其重要的历史意义。诞生于20世纪80年代末90年代初的我国资产评估行业，顺应了国有企业改制过程中对国有资产保值增值的时代需求，在国有企业公司化改制过程中，出于国家国有资产管理部门对国有资本金的核定需要，借助资产评估对拟作为出资的国有企业资产进行清产核资、评估作价，并将净资产评估值作为公司资本金基数的依据，无论是国有资产监管部门，还是拟进行改制的企业，都将资产评估作为企业改制最重要的工作。为此，国家颁布实施了一系列关于国有资产评估的相关规定，成为国有企业改制评估的制度基础。

二、资产评估在国企改革中的作用

国有企业的改革，一直是我国经济体制改革的重要方面，经过了大量的探索，党的十六大召开后，国有企业改革的方向更加明确、思路更加清晰、步伐明显加快、力度明显加大。在国有资产布局和结构的战略调整，国有资本"有进有退，有所为有所不为"的进程中，国有企业进行公司化改建、兼并、重组、境内外上市、主辅分离、破产清算、中外合资、合作以及收购非国有资产、非国有产权等行为，资产评估在为这些国企改革的经济行为提供专业的价值尺度，保护国有资产合法权益等方面发挥着极其重要的作用。

首先，作为改制设立公司核定国有资本、国有资产作价折股的依据，资产评估有效地实现了国有资产保值、增值的目标。

其次，国有企业改制中，通过资产评估，挤干了资产水分，夯实了资产，使改制后企业的生产经营建立在真实的资产规模基础上。

再次，国有企业改制中，采用重置成本法进行的资产评估，系统完整的资产清单，客观上为改制后企业建调账、工商注册提供了坚实的基础。

最后，国有企业改制中，资产评估详实的资料，对于相关主管部门了解企业资产权属状况、资产使用状态、资产配置现状等，起到了不可替代的作用。

也正是国有企业改制的评估实践，使中国资产评估理论方法、准则建设、规范实践、人才队伍等迅速发展。

第二节　国企改革对企业价值评估的法定需求

一、国企改革资产评估是依法确定的

《企业国有资产法》规定，国有独资企业、国有独资公司和国有资本控股公司合并、

分立、改制，转让重大财产，以非货币财产对外投资，清算或者有法律、行政法规以及企业章程规定应当进行资产评估的其他情形的，应当按照规定对有关资产进行评估。资产评估机构及其工作人员受托评估有关资产，应当遵守法律、行政法规以及评估执业准则，独立、客观、公正地对受托评估的资产进行评估。资产评估机构应当对其出具的评估报告负责。《资产评估法》规定，涉及国有资产或者公共利益等事项，法律、行政法规规定需要评估的（以下称法定评估），应当依法委托评估机构评估。

二、国企改革资产评估是国家经济体制改革要求

2015 年 8 月《中共中央　国务院关于深化国有企业改革的指导意见》（中发〔2015〕22 号）要求，"健全审核程序，规范操作流程，严格资产评估，建立健全股权流转和退出机制，确保员工持股公开透明，严禁暗箱操作，防止利益输送""完善和落实国有企业重组整合涉及的资产评估增值、土地变更登记和国有资产无偿划转等方面税收优惠政策"。2015 年 9 月，国务院印发的《国务院关于国有企业发展混合所有制经济的意见》（国发〔2015〕54 号）提出"坚持依法依规，进一步健全国有资产交易规则，科学评估国有资产价值，完善市场定价机制，切实做到规则公开、过程公开、结果公开。强化交易主体和交易过程监管，防止暗箱操作、低价贱卖、利益输送、化公为私、逃废债务，杜绝国有资产流失""在组建和注册混合所有制企业时，要依据相关法律法规，规范国有资产授权经营和产权交易等行为，健全清产核资、评估定价、转让交易、登记确权等国有产权流转程序"。

三、资产评估是国企改革的核心环节

2019 年 10 月国务院国资委印发的《中央企业混合所有制改革操作指引》提出，中央企业所属各级子企业实施混合所有制改革，一般应履行以下基本操作流程：可行性研究、制定混合所有制改革方案、履行决策审批程序、开展审计评估、引进非公有资本投资者、推进企业运营机制改革。强调：企业实施混合所有制改革，应合理确定纳入改革的资产范围，拟混改企业的资产范围确定后，由企业或产权持有单位选聘具备相应资质的中介机构开展财务审计、资产评估工作，履行资产评估项目备案程序，以经备案的资产评估结果作为资产交易定价的参考依据。具体到"混资本"资产评估环节操作要点，对评估机构选聘及委托，评估备案管理权限，评估基准日选择，评估范围的确定以及房产、土地、矿产资源等资产的权属提出了具体要求。同时，对企业价值评估方法选择也提出了要求。文件要求，中央企业所属各级子企业通过产权转让、增资扩股、首发上市（IPO）、上市公司资产重组等方式，引入非公有资本、集体资本实施混合所有制改革，相关工作参考本操作指引。

第三节　国企改革对资产评估的要求

一、应当进行评估的经济行为

必须进行资产评估和可以不进行资产评估的经济行为，一直非常明确。2005 年国务院国有资产监督管理委员会颁布的《企业国有资产评估管理暂行办法》（国务院国资委令第12 号），2007 年财政部颁布的《金融企业国有资产评估监督管理暂行办法》（财政部令第47 号），2008 年财政部颁布的《金融资产管理公司资产处置管理办法（修订）》（财金〔2008〕85 号），2012 年财政部颁布的《中央文化企业国有资产评估管理暂行办法》（财文资〔2012〕15 号）等，都明确了企业哪些经济行为应当进行资产评估，哪些经济行为可以不进行资产评估。具体见表 9-1。

表 9-1　资产评估经济行为概况

《企业国有资产评估管理暂行办法》	《金融企业国有资产评估监督管理暂行办法》	《中央文化企业国有资产评估管理暂行办法》
企业有下列行为之一的，应当对相关资产进行评估： （一）整体或者部分改建为有限责任公司或者股份有限公司； （二）以非货币资产对外投资； （三）合并、分立、破产、解散； （四）非上市公司国有股东股权比例变动； （五）产权转让； （六）资产转让、置换； （七）整体资产或者部分资产租赁给非国有单位； （八）以非货币资产偿还债务； （九）资产涉讼； （十）收购非国有单位的资产； （十一）接受非国有单位以非货币资产出资； （十二）接受非国有单位以非货币资产抵债； （十三）法律、行政法规规定的其他需要进行资产评估的事项	金融企业有下列情形之一的，应当进行资产评估： （一）整体或者部分改制为有限责任公司或者股份有限公司的； （二）以非货币性资产对外投资的； （三）合并、分立、清算的； （四）非上市金融企业国有股东股权比例变动的； （五）产权转让的； （六）资产转让、置换、拍卖的； （七）债权转股权的； （八）债务重组的； （九）接受非货币性资产抵押或者质押的； （十）处置不良资产的； （十一）以非货币性资产抵债或者接受抵债的； （十二）收购非国有单位资产的； （十三）接受非国有单位以非货币性资产出资的； （十四）确定涉讼资产价值的； （十五）法律、行政法规规定的应当进行评估的其他情形	中央文化企业有下列行为之一的，应当对相关资产进行评估： （一）整体或者部分改建为有限责任公司或者股份有限公司； （二）以非货币资产对外投资； （三）合并、分立、破产、解散； （四）非上市公司国有股东股权比例变动； （五）产权转让； （六）资产转让、置换、拍卖、抵押、质押； （七）整体或者部分资产租赁给非国有单位； （八）以非货币资产偿还债务； （九）确定涉讼资产价值； （十）收购非国有单位的资产； （十一）接受非国有单位以非货币资产出资、抵债； （十二）法律、行政法规以及企业章程规定应当进行资产评估的其他情形

续表

《企业国有资产评估管理暂行办法》	《金融企业国有资产评估监督管理暂行办法》	《中央文化企业国有资产评估管理暂行办法》
企业有下列行为之一的，可以不对相关国有资产进行评估： （一）经各级人民政府或其国有资产监督管理机构批准，对企业整体或者部分资产实施无偿划转； （二）国有独资企业与其下属独资企业（事业单位）之间或其下属独资企业（事业单位）之间的合并、资产（产权）置换和无偿划转	金融企业有下列情形之一的，对相关的资产可以不进行资产评估： （一）县级以上人民政府或者其授权部门批准其所属企业或者企业的部分资产实施无偿划转的； （二）国有独资企业与其下属的独资企业之间，或者其下属独资企业之间的合并，以及资产或者产权置换、转让和无偿划转的； （三）发生多次同类型的经济行为时，同一资产在评估报告使用有效期内，并且资产、市场状况未发生重大变化的； （四）上市公司可流通的股权转让	中央文化企业有下列行为之一的，可以不对相关国有资产进行评估： （一）经国务院及其授权部门批准，对企业整体或者部分资产实施无偿划转，且资产有关凭证完整有效； （二）国有独资企业与其下属独资企业之间或者其下属独资企业之间合并、资产（产权）划转、置换和转让，且资产有关凭证完整有效

二、程序要求

上述文件都同时明确企业发生资产评估事项时，由谁来委托评估机构，选择的评估机构应满足哪些条件，以及企业在评估过程中应承担哪些责任和义务。都规定在评估之前应当进行财务审计及清查核资。

国企改革企业价值评估前，有关资产评估事项需要企业确定，而不属于资产评估机构的工作范畴或专业判断行为。例如，企业在资产评估前应当向国有资产监督管理机构报告相关经济行为批准情况，评估基准日的选择情况，资产评估范围的确定情况，选择资产评估机构的条件、范围、程序及拟选定机构的资质、专业特长情况，资产评估的时间进度安排情况。

评估项目核准和备案有严格的程序要求。备案程序，企业收到评估机构出具的评估报告后，应当在评估基准日起 9 个月内将备案申请材料逐级报送备案管理单位。在报送备案管理单位之前，企业应当进行初步审核。备案管理单位收到备案申请材料后，应当在 10 个工作日内向企业出具审核意见。企业应当及时组织相关中介机构逐条答复审核意见，并根据审核要求对资产评估报告、土地估价报告、矿业权评估报告和相关审计报告等进行补充修改，并将调整完善后的备案申请材料和审核意见答复在 10 个工作日内报送备案管理单位，备案管理单位应当及时组织复审。经审核符合备案要求的，应当在 10 个工作日内办理完成备案手续。核准程序，企业应当自评估基准日起 8 个月内向国资委提出核准申请，国资委收到核准申请后，应当在 5 个工作日内组织召开核准会议。核准会议上，企业应当组织中介机构汇报核准项目的相关工作情况。国资委聘请的专家签署保密承诺函，独立开展审核工作。

三、评估项目管理

国有资产评估项目管理是指国有资产代表人或其指定的履行出资人职责的机构，依据相关法律法规，对资产评估项目进行监督管理的活动总称。国有资产评估项目管理是国有资产管理的重要内容之一。国有资产评估项目的管理目的是保护国有资产权益，降低代理管理成本，实现国有资产保值增值。目前管理的主要方式为对国有资产评估项目进行核准和备案。

国有资产评估项目核准，是指对于国务院或者省级人民批准实施的重大经济行为涉及的评估事项，以及各级政府认为的其他重要评估事项，履行出资人职责的机构对评估项目进行管理，以保证国有资产的评估项目符合相关的法律、法规规定，并行使出资人权利对评估机构提交的评估报告进行合规性和合理性审核，以保证评估结果的公允性，保证国有资产不流失。

国有资产评估项目备案，是指国有资产占有单位按有关规定进行资产评估后，在相应经济行为发生前将评估项目的有关情况专题向履行出资人职责的机构、授权进行国有资产管理的企业集团、有关部门报告并由后者受理的行为。备案管理重在事后监管，以保证评估报告的合规性、国有资产评估行为的合法性。评估备案制度体现了国有资产的分级管理制度，也体现了资产占有单位作为独立的法人，应当承担的国有资产经营管理责任。

国务院国资委颁布了《中央企业资产评估项目核准工作指引》和《中央企业资产评估项目备案工作指引》。

国有资产监督管理机构下达的资产评估项目核准文件和经国有资产监督管理机构或所出资企业备案的资产评估项目备案表的主要作用是作为企业办理产权登记、股权设置和产权转让等相关手续的必备文件。按现行有关规定，企业进行与资产评估相应的经济行为时，应当以经核准或备案的资产评估结果为作价参考依据。

四、评估结论与定价管理要求

评估结论的使用必须与所对应的经济行为保持一致。在金融企业改制过程中，改制设立股份有限公司的评估结论仅适用于设立股份有限公司的工商登记注册，不得用于引入战略投资者和首次公开发行上市。

关于依据企业价值评估结果定价问题，几乎所有涉及国企改革都做了明确规定。例如，财政部 47 号令规定，金融企业发生与资产评估相对应的经济行为时，应当以经核准或者备案的资产评估结果为作价参考依据。当交易价格与资产评估结果相差 10% 以上时，应当就差异原因向财政部门（或者金融企业）作出书面说明。财政部令第 54 号令规定，在产权交易过程中，首次挂牌价格不得低于经核准或者备案的资产评估结果。首次挂牌未能征集到意向受让方的，转让方可以根据转让标的企业情况确定新的挂牌价格并重新公告。如新的挂牌价格低于资产评估结果的 90%，应当重新报批。例如，中央文化企业发生与资产评估相应的经济行为时，应当以经核准或者备案的资产评估结论为作价参考依据；当交易价格低于评估结论的90%时，应当暂停交易，在获得原经济行为批准机构同意后方可继续交易。国资委12号令规定，企业进行与资产评估相应的经济行为时，应当以经核准或备案的资产评估结果为作价参考依据；当交易价格低于评估结果的90%时，应当暂停交易，在获得原经济行为批准机构同意后方可继续交易。2006年12月，国务院国资委和财政部联合发出《关于企业国有产权转让有关事项的通知》（国资发产权〔2006〕306号），规定了"协议转让"和"进场交易"两种交易方式下，评估结果的运用。协议转让：协议转让项目的转让价格不得低于经核准或备案的资产评估结果。进场交易：企业国有产权转让价格应当以资产评估结果为参考依据，在产权交易市场中公开竞价形成，产权交易机构应按照有利于竞争的原则积极探索新的竞价交易方式。转让企业国有产权的首次挂牌价格不得低于经核准或备案的资产评估结果。经公开征集没有产生意向受让方的，转让方可以根据标的企业情况确定新的挂牌价格并重新公告；如拟确定新的挂牌价格低于资产评估结果的90%，应当获得相关产权转让批准机构书面同意。对经公开征集只产生一个意向受让方而采取协议转让的，转让价格应按本次挂牌价格确定。

五、评估专业技术要求

1. 评估范围的确定

国企改革的企业价值评估，企业改制涉及以企业的实物、知识产权、土地使用权等非货币财产折算为国有资本出资或者股份的，应当按照规定对折价财产进行评估，以评估确认价格作为确定国有资本出资额或者股份数额的依据。国务院办公厅转发国务院国有资产监督管理委员会关于规范国有企业改制工作意见的通知规定，国有企业改制，企业的专利权、非专利技术、商标权、商誉等无形资产必须纳入评估范围。

2. 评估方法的选择和评估参数确定

国资委《关于加强企业国有资产评估管理工作有关问题的通知》（国资产权274号文件）规定，涉及企业价值的资产评估项目，以持续经营为前提进行评估时，原则上要求采用两种以上方法进行评估，并在评估报告中列示，依据实际状况充分、全面分析后，确定其中一个评估结果作为评估报告使用结果。

国资委《关于企业国有资产评估报告审核工作有关事项的通知》（国资产权941号文件）规定，申请核准、备案单位报送的评估报告中有关收益法说明部分应包括下列参数、依据及测算过程：收入预测表及说明；成本及费用预测表及说明；折旧和摊销预测表及说明；营运资金预测表及说明；资本性支出预测表及说明；折现率选取、计算、分析及说明；负债预测表及说明；溢余资产分析及说明；非经营性资产分析及说明。

3. 评估报告审核要求

国务院国资委和各级地方政府国资委，核准备案评估项目，均有明确的审核要求。财政部出资企业的评估项目备案核准，也有审核要求。这里介绍国务院国资委备案项目的审核要求，见表9-2。

表 9-2　企业国有资产评估项目备案审核关注点

审 核 要 点	审 核 关 注 点
（一）评估委托方、被评估企业（产权持有单位）概况	关注是否对被评估企业历史沿革、股权结构（图）、股权变更、经营管理等情况进行了必要说明，是否反映了近三年的资产、财务、经营状况。存在关联交易的，应当关注是否披露了关联方、交易方式等基本情况
（二）评估目的	关注评估报告中是否清晰、明确地说明了本次资产评估的经济行为目的，以及评估所对应的经济行为获得批准的情况或者其他经济行为依据
（三）评估对象和评估范围	关注评估范围是否包括了企业拥有的实物资产和专利技术、非专利技术、商标权等无形资产，以及明确的未来权利、义务（负债），特别是土地使用权、探矿权、采矿权等。对实际存在但未入账或已摊销完毕的无形资产、未来义务及或有事项等是否在《企业关于进行资产评估有关事项的说明》中进行了详细说明
（四）价值类型及其定义	关注评估报告是否列明了所选择的价值类型及其定义。选择市场价值以外的价值类型，应当关注其选择理由和选取的合理性
（五）评估基准日	关注评估基准日的选择是否接近评估目的对应的经济行为或特定事项的实施日期。企业在评估基准日后如遇重大事项，如汇率变动、国家重大政策调整、企业资产权属或数量、价值发生重大变化等，可能对评估结果产生重大影响时，应当关注评估基准日或评估结果是否进行了合理调整。 备案管理单位审核涉及上市公司股份间接转让项目时，应当关注所选择的评估基准日是否符合《国有股东转让所持上市公司股份管理暂行办法》（国资委证监会令第 19 号）规定，即上市公司股份价格确定的基准日应与国有股东资产评估的基准日一致。国有股东资产评估的基准日与国有股东产权持有单位对该国有股东产权变动决议的日期相差不得超过一个月
（六）评估依据	经济行为依据。重点关注经济行为依据的合规性和完整性。 法律法规、评估准则、权属、取价等依据。重点关注评估工作过程中所引用的法律法规和技术参数资料等是否适当。评估依据是否明确、规范、具体，便于查阅和理解；评估依据是否具有代表性，且在评估基准日有效。收集的价格信息、工程定额标准等是否与评估对象具有较强的关联性。结合评估目的、业务性质和行业特点等，重点关注取价依据、法律法规依据的相关性及其对资产评估结果的影响。关注土地、房屋建筑物及无形资产等重要资产的权属和使用状况。被评估资产是否权属清晰、权属证明文件齐备。对重要资产权属资料不全面或存在瑕疵的，企业是否已经妥善解决。《企业国有资产评估报告指南》、国资委有关资产评估管理及评估报告审核相关规范文件等是否列示在评估依据文件中
（七）评估程序实施过程和情况	关注评估机构在评估过程中是否履行了必要评估程序，评估过程是否完整，是否存在未履行评估准则规定的必要评估步骤的行为。备案管理单位应当重点关注资产清查情况。针对评估报告中关于资产清查情况的说明，应当结合特别事项说明、资产评估明细表和资产权属证明文件，以及改制方案、审计报告等资料，对评估范围进行核对，核实是否有账外资产、或有负债、资产（土地、车辆等）权利人与实际使用人不一致等情况。应当关注对企业资产状况的描述，尤其是房地产、无形资产、长期股权投资等重大资产，核实是否存在隐匿或遗漏

审 核 要 点	审 核 关 注 点
（八）评估方法	关注评估方法选择是否合理，是否符合相关评估准则的规定要求，以及评估过程中评估参数选取是否合理等。以持续经营为前提进行企业价值评估时，对企业（含其拥有实际控制权的长期股权投资企业）是否采用了两种或两种以上方法进行评估，并分别说明了选取每种评估方法的理由和确定评估结论的依据
	收益法评估，重点关注以下内容： （1）对企业资产、财务情况的分析是否充分、合理。是否对被评估企业财务报表的编制基础、不具有代表性的收入和支出，如非正常和偶然性的收入和支出等进行了合理调整；是否对被评估企业的非经营性资产、负债和溢余资产进行单独分析，合理判断资产、债务、经营业务配置的有效性，划分与收益存在直接相关性的资产、债务情况。对于不能或不需归集的，是否单独进行评估； （2）收益预测是否合理。是否根据企业资本结构、经营模式、收益情况等选择了恰当的收益模型，对应的折现率确定过程和依据是否合理。在确定收益预测期间时，是否合理考虑被评估企业经营状况和发展前景，及其所在行业现状、发展前景，国家相关行业政策、企业经营期限及主要产品的经济寿命年限等，并恰当考虑预测期后的收益情况及相关终值的计算。 是否合理预测了相关参数，如被评估企业的收入、成本及费用、折旧和摊销、营运资金、资本性支出、折现率、负债、溢余资产和非经营性资产等。关注相关参数确定的依据是否充分，测算过程是否完整，是否有完整的预测表及说明
	市场法评估的，备案管理单位审核时应当重点关注以下内容： （1）选择的可比案例是否与被评估企业具有可比性，是否处于同一行业或相近行业，或者是否受共同因素决定或影响。是否对可比案例及被评估企业的数据进行了必要的分析调整，并消除了偶然性因素的影响； （2）选择的可比因素是否是企业价值的决定因素，选择的价值比率是否适当可靠，是否经过了必要的修正调整。是否选择了多种可比因素，对于不同可比因素得到的不同评估值是否能够合理地选择计算
（九）评估结论	关注评估结果是否涵盖了评估范围，及其与评估目的和经济行为的一致性和适用性。采用两种或两种以上方法进行企业价值评估时，应当关注不同评估方法结果的差异及其原因和最终确定评估结论的理由
（十）特别事项说明	关注以下内容： （1）企业是否逐条分析特别事项说明中的披露事项，了解特别事项形成原因、性质及对评估结果影响程度，并分别对以下事项进行了处理：①对权属资料不全面、评估资料不完整、经济行为有瑕疵等情形，企业是否已经补充完善。②对评估机构未履行必要程序，通过特别事项说明披露大量问题，影响评估结论的，企业和评估机构是否已经妥善解决； （2）企业是否通过内部审核论证，对未在评估报告中说明但可能对评估结论产生重大影响的事项，与评估机构沟通确定是否须在特别事项说明中披露；对于不宜在报告中披露的，企业是否形成了专项处理意见

续表

审 核 要 点	审核关注点
（十一）签字盖章	关注评估报告签字盖章是否齐全、规范、清晰。应当关注公司制评估机构的法定代表人或者合伙制评估机构负责该评估业务的合伙人是否在评估报告上签字。关注《企业关于进行资产评估有关事项的说明》是否已经由评估委托方单位负责人和被评估企业（产权持有单位）负责人签字，加盖相应单位公章并签署日期
（十二）评估报告附件	关注附件是否齐全，评估报告附件内容及其所涉及的签章是否清晰、完整，相关内容是否与评估报告摘要、正文一致。附件为复印件的，评估机构是否与原件进行了核对； 备案管理单位审核《评估业务约定书》，应当关注资产评估项目的评估委托方式是否合规，签署内容是否完整，经济行为与评估报告披露内容是否一致等

4.监督管理

各级国有资产监督管理机构对企业国有资产评估工作进行监督检查，定期或者不定期地对资产评估项目进行抽查。对于应当进行资产评估而未进行评估，聘请不符合相应资质条件的资产评估机构从事国有资产评估活动，向资产评估机构提供虚假情况和资料，或者与资产评估机构串通作弊导致评估结果失实，应当办理核准、备案而未办理等行为，国有资产监督管理机构通报批评并责令改正，必要时可依法向人民法院提起诉讼，确认其相应的经济行为无效。企业在国有资产评估中发生违法违规行为或者不正当使用评估报告的，对负有直接责任的主管人员和其他直接责任人员，依法给予处分；涉嫌犯罪的，依法移送司法机关处理。

第四节 混合所有制改革中的企业价值评估

一、概述

2015 年，国务院印发的《国务院关于国有企业发展混合所有制经济的意见》指出，国有资本、集体资本、非公有资本等交叉持股、相互融合的混合所有制经济，是基本经济制度的重要实现形式。国有企业混合所有制改革中，鼓励非公有资本参与国有企业混合所有制改革。非公有资本投资主体可通过出资入股、收购股权、认购可转债、股权置换等多种方式，参与国有企业改制重组或国有控股上市公司增资扩股以及企业经营管理。非公有资本投资主体可以货币出资，或以实物、股权、土地使用权等法律法规允许的方式出资。鼓励国有企业通过投资入股、联合投资、并购重组等多种方式，与非国有企业进行股权融合、战略合作、资源整合，发展混合所有制经济。上述举措，特别是"混资本"领域，涉及股权、资产的定价，资产评估无论从程序上，从专业定位上，还是从资产评估的基本功能上讲，都是不可或缺的，也显示出一定的独特性。

二、混合所有制改革中企业价值评估的功能

根据现行相关规定，国有资产监督管理机构下达的资产评估项目核准文件和经国有资产监督管理机构或所出资企业备案的资产评估项目备案表有三个作用，即办理产权登记手续的必备文件，办理股权设置的必备文件以及产权转让的必备文件和定价参考依据。

1. 产权登记

企业国有资产产权登记，是指国有资产管理部门代表政府对占有国有资产的各类企业的资产、负债、所有者权益等产权状况进行登记，依法确认产权归属关系的行为，分为占有产权登记、变动产权登记和注销产权登记。其中，变动产权登记包括企业名称、住所或者法定代表人改变的，国有资本占企业实收资本比例发生变化的，企业分立、合并或者改变经营形式的登记。注销产权登记包括企业解散、被依法撤销或者被依法宣告破产的，企业转让全部产权或者企业被划转的登记，等等。这些变动事项和注销事项，都是必须进行资产评估的行为事项，一般都涉及资产评估。根据相关规定，企业申办变动产权登记，应当提交的文件和资料包括经注册会计师审计的产权变动时的验资报告，其中以非货币性资产投资的应当提交评估报告的核准文件或备案表。企业申办注销产权登记应当提交的文件和资料包括企业清算报告或资产评估报告的核准文件或备案表。反过来，可以理解为资产评估结果是产权登记的依据。

2. 股权设置

股权管理是企业国有资产产权管理的重要内容。国有股权是指由国家授权的投资主体作为股东，对因其以国有财产进行投资而在公司中形成的相应股份（出资比例）所享有的收益和为此而享有的表决、质询、查询公司账册以及对股份进行处分等权能的总和。股权设置一般针对企业改建为公司制企业。

企业实行公司制改建，国有资本持有单位应当按照国家有关规定，对改建企业所涉及的全部资产依法进行评估。资产评估结果是国有资本持有单位出资折股的依据。企业实行公司制改建涉及的股权设置，其方案一般包括：股本总数及其股权结构；国有资本折股以及股份认购；股份转让条件及其定价。因此，在企业公司制改建中，资产评估直接影响股权设置方案。

3. 产权转让

根据现行有关政策 [①]，企业国有资产产权交易，一般包括三个方面：一是企业产权转让，二是企业增资，三是企业资产转让。产权转让价格应以经核准或备案的评估结果为基础确定。通过产权市场公开进行的产权转让，其披露的"转让底价"，不得低于经核准或备案的转让标的评估结果。未征集到意向受让方的，如果降低转让底价，新的转让底价低于评估结果的90%时，应当经转让行为批准单位书面同意。采取非公开协议转让方式转让企业产权的，转让价格也不得低于经核准或备案的评估结果。因此，在国有产权转让领域，资产评估的功能体现得最为直接，最为清晰。

---

① 　《企业国有资产交易监督管理办法》，国务院国资委-财政部令第32号。

除上述三个基本功能外，企业国有资产产权交易的第二个方面即企业增资，同样体现资产评估的作用，即投资方以非货币资产出资的，应当委托具有相应资质的评估机构进行评估，确认投资方的出资金额。

混合所有制改革中企业价值评估的功能与企业国有产权交易中资产评估的功能是一致的。所不同的有两点。一是混合所有制改革中，企业增资与产权转让可以同步进行。企业混合所有制改革后继续保持国有控股地位的，如增资过程中国有股东拟同步转让其所持有的少部分企业产权，统一按照增资流程操作，产权转让价格应与增资价格保持一致。二是增资扩股项目的交易价格以评估结果为基础，结合意向投资人的条件和报价等因素综合确定，并经企业董事会或股东会审议同意。

三、混合所有制改革中企业价值评估的特点

混合所有制改革中的企业价值，类似于企业改制，具有突出的特点：

1. 政策性强，涉及方方面面

例如，中央企业的混合所有制改革，涉及改制环节要求（改制方案、清产核资、财务审计、资产评估、股权设置），改制出资资产定价和转让价款管理，改制税费要求（契税、营业税、所得税、人员费用等），改制土地要求（处置方案、评估等），改制资产损失处理（资产损失认定等），维护职工权益，维护债权人利益等各个方面。在对企业价值进行评估时，这些政策都直接影响评估程序、评估方法的选择以及重要评估参数的确定。如评估范围应当与混合所有制改革方案确定的资产范围一致，在此情况下，如果采用收益法对企业价值评估，折现得出的结果是否含有不纳入混合所有制改革方案内的资产或资本，理论上收益法评估结果应当扣除这部分资产才能满足混合所有制改革的上述要求。

例如，江西省的混合所有制改革对资产评估有直接的要求，评估基准日为经批准的改制方案确定的改制基准日。在改制方案未制定的情况下，也可以根据经审定的改制工作方案或总体方案确定。评估基准日期后发生重大资产或国家政策等调整事项，致使评估结果无法有效地服务于评估目的的，应调整评估基准日或评估结果。控股、参股子企业均应进行股权价值评估。参股子企业如评估程序受到限制，可以对企业采取调查、管理层访谈等了解企业财务及经营情况，依靠股东提供资料、审计报告等相关资料分析评估。

2. 混改流程影响评估方法与参数

以中央企业为例。中央企业所属各级子企业实施混合所有制改革，一般应履行以下基本操作流程：可行性研究、制定混合所有制改革方案、履行决策审批程序、开展审计评估、引进非公有资本投资者、推进企业运营机制改革。以新设企业、对外投资并购、投资入股等方式实施混合所有制改革的，履行中央企业投资管理有关程序。这样的流程要求，直接决定资产评估有关基本事项，或影响资产评估工作程序。例如，制定的混合所有制改革方案内容包含的改革后企业股权结构设置、债权债务处置方案、职工安置方案，就会直接影响相关评估参数，采用收益法评估预测相关参数如债务资本，应当考虑

改革后企业股权结构设置、债权债务处置方案。

3. 混合所有制改革方案履行审批手续，影响评估工作程序

以中央企业为例。混合所有制改革方案制定后，中央企业应按照"三重一大"决策机制，履行企业内部决策程序。拟混合所有制改革企业属于主业处于关系国家安全、国民经济命脉的重要行业和关键领域，主要承担重大专项任务子企业的，其混合所有制改革方案由中央企业审核后报国资委批准，其中需报国务院批准的，由国资委按照有关法律、行政法规和国务院文件规定履行相应程序；拟混合所有制改革企业属于其他功能定位子企业的，其混合所有制改革方案由中央企业批准。

4. 相关政策影响评估参数的确定

例如，发展改革委、国资委会同有关部门共同制定出台的《关于深化混合所有制改革试点若干政策的意见》（发改经体〔2017〕2057号）、《国家发展改革委办公厅关于印发的通知》（发改办经体〔2018〕947号），对混合所有制改革过程中符合税法规定条件的有关情形，可享受相应的财税政策支持，主要包括：股权（资产）收购、合并、分立、债务重组、债转股等，可享受企业所得税递延纳税优惠政策；涉及以非货币性资产对外投资确认的非货币性资产转让所得，可享受5年内分期缴纳企业所得税政策；符合税法规定条件的债权损失在计算企业所得税应纳税所得额时扣除；通过合并、分立、出售、置换等方式，将全部或者部分实物资产以及与其相关联的债权、负债和劳动力，一并转让给其他单位和个人，其中涉及的货物、不动产、土地使用权转让，不征收增值税、营业税；符合条件的股权收购、资产收购、按账面净值划转股权或资产等，可适用特殊性税务处理政策；混合所有制改革涉及的土地增值税、契税、印花税，可享受相关优惠政策。这些都会直接影响评估参数的确定。

5. 与审计的高度相关性

类似历史上的改制评估，对于混合所有制改革企业价值评估，评估范围和评估对象应当由混合所有制改革方案明确，哪些资产和负债以投入方式作为拟混合所有制改革公司的资产和负债，哪些资产以租赁方式投入到拟混合所有制改革公司，哪些负债在混合所有制改革阶段采取其他方式处理，等等，都是股改方案的核心内容，都是审计的范围，也明确了评估范围，也可能是决定拟混改公司经营规模、经营方式和经营效果的主要因素。评估结果，客观上是混合所有制改革后公司的投资资本的确定依据。而同时进行的收益法，收益预测无法精确按照股改方案划分收入、费用等，得出的折现资本，往往与投入资本（资产基础法评估结果）的界限存在差异。这是国际上不存在的、我国资产评估实践面临的主要问题，应当客观面对。

财务审计主要是针对模拟公司会计报表进行审计，财务审计与资产评估关联程度相对更大，因此无论先审计再评估，还是先评估再审计，都既浪费时间又增加工作量，而且两者先后的会计处理结果很容易造成差异。较好的做法是两项工作交叉进行，分工协作，互供资料，成果共享。要注意资产评估和财务审计中运用会计政策的一致性，如固定资产折旧政策、坏账准备金的提取比例等。历史上，很多企业改制时，由于资产评估与财务审计的坏账准备金率不一致（即资产评估没有考虑提取坏账准备金的因素，而财

务审计按照 5‰提取了坏账准备金），从而使资产评估结果的净资产较财务审计结果的净资产多出一定数额，给股份公司建新账带来了一定的困难。

四、混合所有制改革中企业价值评估的有关要求

（1）关于评估方法。涉及企业价值的资产评估项目，原则上应当采用两种以上评估方法。

（2）关于企业价值评估依据的审计报告。审计报告应为无保留意见的标准审计报告。拟上市项目或上市公司的重大资产重组项目，评估基准日在 6 月 30 日（含）之前的，需出具最近 3 个完整会计年度和本年度截至评估基准日的审计报告；评估基准日在 6 月 30 日之后的，需出具最近两个完整会计年度和本年度截至评估基准日的审计报告。其他经济行为需出具最近一个完整会计年度和本年度截至评估基准日的审计报告。

（3）关于评估基准日选择。评估基准日选取应尽量接近混合所有制改革的实施日期。如果期后发生对评估结果产生重大影响的事项，应调整评估基准日或评估结果。这也进一步说明了，评估基准日的选择并不是资产评估机构或资产评估专业范畴，而是由委托方确定。

（4）关于评估范围。评估范围应与混合所有制改革方案、决策文件、评估业务委托合同等确定的范围一致。

（5）关于资产权属。房产、土地、矿产资源等资产应当权属明晰、证照齐全。

（6）关于划拨土地。符合划拨用地条件的国有划拨土地使用权，经所在地县级以上人民政府批准可继续以划拨方式使用。拟混改企业拥有国有划拨土地使用权的，经主管部门批准，可根据行业和改革需要，分别采取出让、租赁、国家作价出资（入股）、授权经营和保留规划用地等方式进行处置。

五、混合所有制改革中企业价值评估方法

在企业国有资产企业价值评估实践中，应注意以下方面：

1. 收益法

（1）对企业资产、财务情况进行充分、合理的分析。对被评估企业财务报表的编制基础、不具有代表性的收入和支出，如非正常和偶然性的收入和支出等进行合理调整；对被评估企业的非经营性资产、负债和溢余资产进行单独分析，合理判断资产、债务、经营业务配置的有效性，划分与收益存在直接相关性的资产、债务情况。对于不能或不需归集的，应单独进行评估。

（2）对收益合理预测。根据企业资本结构、经营模式、收益情况等选择恰当的收益模型，对应的折现率确定过程和依据合理。在确定收益预测期间时，合理考虑被评估企业经营状况和发展前景，及其所在行业现状、发展前景，国家相关行业政策、企业经营期限及主要产品的经济寿命年限等，并恰当考虑预测期后的收益情况及相关终值的计算。

合理预测了相关参数，如被评估企业的收入、成本及费用、折旧和摊销、营运资金、资本性支出、折现率、负债、溢余资产和非经营性资产等。相关参数确定的依据是否充分，测算过程是否完整，是否有完整的预测表及说明。

2. 市场法

（1）选择的可比案例与被评估企业具有可比性，处于同一行业或相近行业，或者是受共同因素决定或影响。

（2）对可比案例及被评估企业的数据进行了必要的分析调整，并消除偶然性因素的影响。

（3）选择的可比因素是企业价值的决定因素，选择的价值比率适当可靠，经过必要的修正调整。选择多种可比因素，对于不同可比因素得到的不同评估值能够合理地选择计算。

3. 资产基础法

（1）土地使用权评估：土地估价范围、权属、土地资产处置审批与土地估价报告备案情况。如有划拨土地处置审批文件，审批文件是否合法有效、审批内容是否与实际评估土地一致等。如果是未经处置的划拨土地，应当关注其未处置理由的合规性以及评估中处理方式的合理性等。土地地价定义是否符合相关准则要求。估价方法选取的合理性，相关参数选取依据是否充分、计算过程是否完整及评估结果选取是否合理等。如果资产评估引用其他机构出具的土地估价报告，需对所引用报告进行必要的专业判断，所引用报告评估目的、价值类型是否一致，评估基准日、评估结论使用有效期是否一致，评估假设是否一致，资产评估引用结果是否与所引用报告披露的结果一致，所引用报告披露的相关事项说明与资产评估报告是否一致。

（2）矿业权评估：矿业权评估范围、权属、矿业权价款（出让收益）缴纳情况、矿产资源储量评审备案情况。是否符合相关准则要求，评估方法选取是否合理，相关参数选取是否依据充分，计算过程是否完整，确定的结果是否合理。如果资产评估结果引用其他机构出具的矿业权评估报告，需对所引用报告进行必要的专业判断，所引用报告评估目的、价值类型是否一致，评估基准日、评估结论使用有效期是否一致；评估假设是否一致，资产评估引用结果与所引用报告披露的结果是否一致，所引用报告披露的相关事项说明与资产评估报告是否一致。

思考题 ▶

1. 资产评估在国企改革中发挥什么作用？
2. 国企改革对资产评估有什么要求？
3. 混合所有制改革中的资产评估有什么特点？
4. 国企改革中的资产评估存在什么问题？
5. 混合所有制改革中的资产评估方法应注意什么？

第十章　资本市场与企业价值评估

第一节　并购重组中的企业价值评估问题

并购重组是指企业之间的兼并、收购和资产的重新整合，是企业在经营过程中出于自身发展的需要对于企业所拥有的股权、资产和负债进行收购、置换和重新整合的活动，是目前许多企业发展过程中一种重要的经营战略行为。随着经济形势的发展变化，在资本市场上，上市公司借助重组行为实现大股东"新陈代谢"、突破主业瓶颈、提升公司质量的需求日益凸显。资产评估服务贯穿整个并购流程，并购前对并购标的的尽职调查，以市场交易的价格为基准，对标的进行"粗估"，该工作是以市场法为主的评估工作，且较少设计修正指标和指标权重，仅以粗略估算的结果作为并购决策依据。在并购实施阶段，评估人员可以进驻标的企业进行现场勘察，履行核查验证程序，根据标的的特点，选用适当的评估方法予以评估，此时的评估为按照资产评估准则履行的评估工作，出具规范的资产评估报告或者证监会认可的估值报告，评估结论服务于并购交易，作为并购价格的参考依据。并购后，如果存在并购溢价，首先是对于并购价值高于标的可辨认净资产的部分进行识别，即并购价格分摊（PPA）业务；然后是针对并购价格分摊（PPA）后不能够被分摊从而被确认为"商誉"的部分，按照会计准则进行商誉减值测试（该部分内容见第三节）；最后是并购业绩的考核评估，前两项内容的评估是基于财务报表的价值估算，而并购后是否真的对收购方的业绩有提升，或者并购后标的经营发展得更好还是一般还是不如以前，此时需要进行"并购业绩考核评估"，评估以财务和业务两条线展开，用于收购方内部考核之需。

本章讨论的内容以为并购交易服务的并购标的评估为主进行阐述，不涉及并购前的粗估和并购后的 PPA，以及商誉的减值测试评估。

一、评估方法与并购的业绩对赌

收益法是上市公司重大资产重组行为中经常使用的一种方法，该方法以预测理论为基础，预测标的在未来的收入、成本、费用、利润等项目，并采取适当的折现率进行折现得出标的的价值。该方法以标的的运营为立脚点，强调企业的资产周转和盈利，刻画的是标的的一种"内在价值"。

在上市公司并购重组业务中，存在一种交易模式叫作"对赌"，即被收购方对于未来 3 年的"净利润"所做出的假设，这种假设成为收购方支付收购对价的直接依据，如经常出现的业绩对赌条款描述为："被收购企业未来三年的净利润应达到某一数额的净利润，如果不能达到该目标，被收购企业的股东将以股份或者现金予以补偿。"因为被收购企业的股东是与上市公司进行交易，交易后他们成为上市公司的股东，应当以其获得的股份和现金进行行业绩补偿。

在有对赌协议的资产评估项目中，评估人员对于对赌的内容以及实现性需要进行判断。这也与采用的资产评估方法有关，不同的方法处理的方式不同。

首先来看收益法，这种方法是与对赌约定关联度最强的资产评估方法。2018 年修订后的《资产评估执业准则——企业价值》在第二十三条关于收益法使用中要求："资产评估专业人员应当对委托人和其他相关当事人提供的企业未来收益资料进行必要的分析、判断和调整，结合被评估单位的人力资源、技术水平、资本结构、经营状况、历史业绩、发展趋势，考虑宏观经济因素、所在行业现状与发展前景，合理确定评估假设，形成未来收益预测。资产评估专业人员应当关注未来收益预测中经营管理、业务架构、主营业务收入、毛利率、营运资金、资本性支出、资本结构等主要参数与评估假设、价值类型的一致性。当预测趋势与历史业绩和现实经营状况存在重大差异时，资产评估专业人员应当在资产评估报告中予以披露，并对产生差异的原因及其合理性进行说明。"从该条款来看，当面临对赌条款的时候，评估人员有责任且必须对未来的收益资料进行分析、判断和调整。这就说明，出现在资产评估报告中的未来收益数据是经过评估人员分析判断后的，而非直接采用"对赌条款"的相关数据。

接着来看市场法和资产基础法。这两种方法受对赌协议的约束较小。市场法是从公开的案例或者上市公司表现来判断企业价值，是基于市场表现的价值，这种价值相对客观；资产基础法是从企业的资产负债表出发采用重置的思路评估企业价值的方法，对赌协议未体现在资产负债表中，因此资产基础法未考虑对赌条款的影响，也很难考虑对赌条款对价值的影响。

二、资产评估报告类型与责任

在并购重组项目中绝大部分成果都是标准制式的"资产评估报告"，也有少量的"估值报告"。"估值报告"一词出现在 2014 年修订后的《上市公司重大资产重组管理办法》中，要求"上市公司重大资产重组报告书、独立财务顾问报告、法律意见书以及重组涉及的审计报告、资产评估报告或者估值报告至迟应当与召开股东大会的通知同时公告"。2016 年《资产评估法》颁布并于同年 12 月 1 日执行，将评估行为分为了法定评估和自愿评估，并将资产评估定义为"……出具资产评估报告的专业服务行为"，有法必依之后，资产评估机构出具的"估值报告"减少了。其他机构出具的"估值报告"实际上也是依据或者参考了资产评估准则的相关内容。2019 年推出科创版，估值报告就更加频繁出现。

无论是估值报告还是资产评估报告，都是能够为经济行为提供价值参考意见的专业行为，从交易来看，结果具有异曲同工之妙；在专业技术上，模型和参数在两个报告中基本无差异，但是在应用方面，资产评估对于资产评估执业准则的遵循更加严谨，估值报告相对弱一些；在法律责任上，就资产评估机构而言，估值报告和资产评估报告都是其"标准产品"，都应该根据法律法规要求承担相应的法律责任。

三、资产评估报告价值类型的选择

并购重组的价值类型按照《资产评估价值类型指导意见》的要求，包括市场价值和非市场价值。其中非市场价值类型包括投资价值、在用价值、清算价值、残余价值等。

在用价值是指将评估对象作为企业、资产组组成部分或者要素资产按其正在使用方式和程度及其对所属 企业、资产组的贡献的价值估计数额。

清算价值是指评估对象处于被迫出售、快速变现等非正常市场条件下的价值估计数额。

残余价值是指机器设备、房屋建筑物或者其他有形资产等的拆零变现价值估计数额。

就资本市场并购业务而言，资产评估报告可以做成市场价值，也可以做成投资价值，其他价值类型似乎不太合适。

市场价值是指自愿买方和自愿卖方在各自理性行事且未受任何强迫的情况下，评估对象在评估基准日进行正常公平交易的价值估计数额。大部分的并购重组业务都是市场价值类型的资产评估报告。因为资产评估法和资产评估基本准则中都把"独立、客观、公正"作为原则，独立是前提，在鉴证性评估项目中，资产评估都应是独立第三方的角色，保持中立态度，既不偏袒买方也不偏袒卖方，本着客观发现价值、客观呈现的专业精神，公正表达价值判断。市场价值是一种客观价值标准、假设信息对称、买卖双方能够达成的交易价格。

而投资价值是指评估对象对于具有明确投资目标的特定投资者或者某一类投资者所具有的价值估计数额，亦称特定投资者价值。相对于市场价值类型的"独立、客观和公正"，投资价值完全做不到。在投资价值评估中，评估机构和评估人员的角色发生了变化，从市场价值类型里的"独立、客观和公正"变成了"不独立和只为受雇方服务"，从鉴证变成了"顾问"。由于角色的变化导致评估立足点发生了变化，在投资价值评估中，在合法的前提下，以委托方的利益为出发点，评估结果不再客观，评估机构的身份不独立，而是与委托方或者受雇方成为"利益共同体"。

单纯从并购市场需求来看，对投资价值类型报告的需要应该会超过市场价值类型的评估报告，但是由于我国国有资产监管的特点，"国有资产的保值增值"是基本条件，因此资产评估报告的备案管理在资本市场的涉及国有资产的并购中亦不能例外。2013年国务院国资委下发的《企业国有资产评估项目备案工作指引》（国资发产权〔2013〕64号）第三章"资产评估报告审核要点"的第14条要求"备案管理单位审核价值类型及其定义，应当关注评估报告是否列明了所选择的价值类型及其定义。选择市场价值以外的价值类型，应当关注其选择理由和选取的合理性"，该条款说明市场价值以外的价值是可以满足资产评估报告备案的，投资价值评估报告可以备案。

四、控股权溢价与协同效应的关系

从效率理论来看，并购的产生主要是为了获得协同效用，大部分企业在完成并购后的业绩表现都好于并购前，这就要求并购策略应该契合于公司的总体战略目标：增加净现金流和降低风险，让收购提供"反哺似的"的协同效益，收购方可以挖掘并购的协同杠杆作用，进而把优势和资源惠及更为广泛的领域。因此，控制权与协同效应的关系可以理解为两个基本关系，一个数量关系，具体如下：

1. 第一个基本关系：控制权是协同效应产生的原动力

企业的经营目标是股东权益最大化，并购规划是实施企业整体规划的重要步骤。根据总体规划确定收购标准，如提升现金流、管理能力、技术水平、市场优势或生产效率。大多数公司的战略目标还包括已投资本的必要回报率，回报率以现金流和增长率来衡量。控股权收购，实现并购方与被并购方在会计合并中成为一个会计报表主体，协同效应的价值就可以反映在报表中，进而为股东创造财富。

2. 第二个基本关系：控制权溢价与协同效应的价值不是一回事

控制权溢价与缺乏控股权和因缺乏控股权而导致的折价是相对概念。举例说明如下：

2016 年 8 月 22 日，四川双马原大股东拉法基宣布退出第一大股东地位，拥有 IDG 背景的和谐恒源实际控制人林栋梁将成为上市公司新的实际控制人。这一举动使得四川双马的股价变动，涨幅达到 184%。这个案例中，四川双马的股价变动带来的溢价是控制权溢价，而不是协同效应。

协同效应是站在收购方的角度，即案例中的林某角度来看，因为收购四川双马而可能对自己既有的业务，或者由于自身的资源而对四川双马可能产生管理方面、财务方面和经营方面的"增效"价值，这部分"增效价值"支持林某愿意以近 3 倍的价格取得四川双马的控制权。但是四川双马的股价巨幅变动应该与林某的"协同效应"无关。

因此简单来看，控制权溢价是表象，协同效应是本质；控制权溢价是结果，协同效应是过程。不能把二者混为一谈，控制权溢价不一定与协同效应有关，但是可以肯定的是协同效应会直接导致控制权的溢价。

3. 一个数量关系：控制权溢价应该大于协同效应的价值

从上述分析结论来看，协同效应的价值是构成控制权溢价的一部分，控制权溢价应该要大于协同效应的价值。

$$控制权溢价 =[1/（1-少数股权折价）-1]×100\%$$

有研究表明，缺乏控制权折价大概在 30% ～ 50% 之间，由此计算的控制权溢价为 42% ～ 100%。

在过去十年的美国，就上市公司的收购来说，并购溢价的均值和中位值大约分别是其市场公允价值的 40% 和 30%。就全球范围的并购浪潮来看，并购溢价可以达到 40% ～ 60% 的水平，近年的并购浪潮中，并购溢价是 25%。我们假设并购溢价是基于理性"经济人"对协同效应的估算，那么从数据可以看出，协同效应的价值应小于控制权溢价。

五、核查验证程序的执行

核查验证首次出现在我们的意识里，是在 2016 年《资产评估法》通过之时，在随后修改的《资产评估职业准则——评估程序》中第 15 条规定核查验证的具体方式包括：

观察、询问、书面审查、实地调查、查询、函证、复核等。2019 年中国资产评估协会发布了《核查验证程序准则》，2019 年 9 月中国资产评估协会发布《资产评估专家指引——资产评估中的核查验证（征求意见稿）》，其中说明了不同类型的资料的核查验证方法，包括权属证明资料和财务会计信息资料的核查验证方法。

权属证明材料的核查验证工作较为容易实施，国家机关相关部门对权属登记给予了较为严格的规定，评估人员通过实地走访、现场查验能够完全验证权属资料的真实、准确和完整性。如对于房屋产权的核查，在取得被评估企业授权的情况下，持有"委托函"可以直接到当地的"房产管理局"查询，可以查询到被评估企业持有的全部不动产，取得这些资料后就可以核对面积、位置等各种信息了。

在并购重组业务中，核查验证的难点在于对"财务会计信息"的核查验证。2019年出现了康得新、康美药业、辅仁药业等上市公司的"财务造假"案，不仅利润造假，甚至银行存款都会"不翼而飞"。此种状况下，访谈、函证等规范的核查验证程序恐怕难以发挥作用。2017 年被证监会顶格处罚的"九好的忽悠式重组案件"，也是源自财务舞弊，通过采取资金自循环方式，实现财务虚增金额达到上亿元。

其实函证是常见的核查验证方法，但是该方法不一定是有效的方法。另外在当前科技发展、区块链技术发展之时，核查验证的方法应该与时俱进，将技术方法和大数据比对等纳入核查验证程序中，应该能够提高核查验证的有效性。

第二节　IPO 中的企业价值评估问题

目前我国资本市场主板监管规则中 IPO 环节并没有要求必须发起资产评估行为，但是 IPO 之前的资产评估报告、金融企业 IPO 和科创版的估值报告是必需的。以下我们按照这三个方面分别叙述。

一、IPO 之前的资产评估报告

2016 年 1 月 1 日开始执行的《公开发行证券的公司信息披露内容与格式准则第 1号——招股说明书（2015 年修订）》（以下简称招股说明书）要求企业在招股说明书披露的涉及资产评估的主要事项是：（1）应扼要披露最近一期期末主要无形资产的取得方式、初始金额、摊销年限及确定依据、摊余价值及剩余摊销年限。无形资产的原始价值是以评估值作为入账依据的，还应披露资产评估机构名称及主要评估方法。该内容可以概括为 IPO 前资产评估机构提供了无形资产公允价值的评估报告，即财务报告为目的的评估服务。（2）在设立时以及在报告期内进行资产评估的，应扼要披露资产评估机构名称及主要评估方法，资产评估前的账面值、评估值及增减情况，增减变化幅度较大的，应说明原因。该条款可以概括为改制时的资产评估报告和首发 IPO 前的报告期内的资产评估报告，这主要是企业价值的鉴证性评估报告，特别是改制时的资产评估报告，该报告形成发行人注册资本基础，因此列为 IPO 发行审核的必备材料，评估机构和签字评估师均需要签署相关的承诺。

对于公司申请上市涉及的资产评估，我国证监会 2019 年发布了《首发若干问题解答 1》和《首发若干问题解答 2》，汇总说明如下。

1. 在首发前安排员工持股等事项涉及的公允价值的评估问题

首发前员工持股等安排，通常需要以评估报告载明的评估结果进行股份支付。从发行来看，员工持股带有一定的福利特征，但是在评估技术里，这种"福利特征"没有量化的方法，评估人员仍然按照惯常的思路进行评估，为了促成经济行为的实现，评估人员只能在评估参数方面做调整，如采用收益法时未来增长较慢，折现率较高等。从结果来看，员工持股的评估结果低于股权转让下的评估结果，这其实也为评估机构执业埋下了风险。

在会计准则中，发行人报告期内为获取职工和其他方提供的服务而授予股份的交易，在编制申报会计报表时，应按照《企业会计准则第 11 号——股份支付》相关规定进行处理。存在股份支付事项的，发行人应按照企业会计准则规定的原则确定权益工具的公允价值。在确定公允价值时，可合理考虑入股时间阶段、业绩基础与变动预期、市场环境变化、行业特点、同行业并购重组市盈率水平、股份支付实施或发生当年市盈率与市净率指标等因素的影响；也可优先参考熟悉情况并按公平原则自愿交易的各方最近达成的入股价格或相似股权价格确定公允价值，如近期合理的 PE 入股价；也可采用恰当的估值技术确定公允价值，但要避免采取有争议的、结果显失公平的估值技术或公允价值确定方法，如明显增长预期下按照成本法评估的每股净资产价值或账面净资产。

从监管规则来看，在员工持股评估中，成本法并不是胜任的方法，收益法和市场法在运用中亦应遵循价值规律，而不是一味地满足经济行为的需求。首发审核中对于员工持股的评估报告是需要审核的。

2. 客户关系等无形资产的识别

在并购后，为了分摊高溢价，委托人要求评估人员识别客户关系等无形资产，识别出无形资产后，一方面通过摊销降低未来的利润，另一方面避免过高商誉可能产生的商誉减值。但是识别无形资产的过程应满足企业会计准则的要求。对于客户资源或客户关系，只有在合同或其他法定权利支持，确保企业在较长时期内获得稳定收益且能够核算价值的情况下，才能确认为无形资产。如果企业无法控制客户关系、人力资源等带来的未来经济利益，则不符合无形资产的定义，不应将其确认为无形资产。对于非同一控制下企业合并中无形资产的识别与确认，根据证监会发布的《2013 年上市公司年报会计监管报告》的有关要求，购买方在初始确认企业合并中购入的被购买方资产时，应充分识别被购买方拥有的，但在其财务报表中未确认的无形资产，对于满足企业会计准则规定确认条件的，应当确认为无形资产。识别后的无形资产才能采用公允价值评估。

3. 评估机构的资质

招股说明书中列明的资产评估机构应该为"具有证券、期货相关业务资格的"评估机构，仅有资产评估执业证或者备案说明，不能成为资本市场的资产评估服务商。这是对资产评估机构资质上的规范要求。在首发材料审核过程中，如果遇到非证券、期货资格的评估机构出具了改制时的资产评估报告，通常要求重新聘请"具有证券、期货相关业务资格的"评估机构进行追溯性评估。

追溯性评估，《资产评估》教材及《资产评估执业准则——资产评估报告》并没有给出明确的定义。通俗地讲，追溯性评估，就是在现在的时点，对过去某个时点的评估对象的价值状况发表专业意见。追溯性评估的特点非常突出：评估基准日是过去某个时点，但是报告出具日和评估程序的履行时间是现在的时点。追溯性评估报告没有有效期的概念，目前的评估准则要求评估报告使用时间是从评估基准日起 12 个月以内。而追溯性评估的基准日与报告日出现了跨越 12 个月的现象，所以追溯性评估报告没有报告有效期。

《资产评估执业准则——资产评估程序》第十二条明文规定："执行资产评估业务，应当对评估对象进行现场调查，获取评估业务需要的资料，了解评估对象现状，关注评估对象法律权属。"现时性评估中，询问、访谈、核对、监盘、勘查等程序均能很好地执行，但在追溯性评估中，核对、监盘、勘查等程序的进行均受到一定程度的限制。在评估操作日，部分资产的技术状态可能已经发生明显的变化，更有甚者，资产已灭失。这就对资产评估核对、勘查造成了一定程度的困扰。

（1）执行替代程序

在追溯性评估中，评估作业期间无法执行函证程序、实物资产发生重大变化等，如灭失等，导致无法进行现场核实、长期股权投资的被投资单位已转让或者注销（清算）等。此时，应通过替代程序完成现场勘察核查。例如，核实长期股权投资成立和消失的全过程资料是否逻辑清晰，前后顺序是否满足惯常逻辑等。

另外在实务中，追溯性评估还可能以评估基准日已经存在的评估报告为前提，此时应执行更多的复核原评估报告的程序，是否存在明显的漏洞和瑕疵等。对于增值较大的项目，评估底稿是否支持。

（2）追溯性评估报告

一是报告名称，应明确显示"追溯性资产评估"相关字眼，一目了然，为其进一步了解报告内容奠定基础。

二是评估依据，应按照准则要求进行描述，同时应兼顾前一个报告的表述，注意新旧准则的衔接，并非以最新有效的准则为前提，而是与追溯期间相对应的时间的有效准则为基础。尤其是影响评估结论的取价依据，在评估报告日期间，个别取价依据可能已经失效或已进行了更新。而评估专业人员评估的是基准日时期的市场价值，评估专业人员在进行测算时，一定要以评估基准日的有效取价依据为准进行测算。

三是特别事项说明，要尽可能说明评估过程中发现的问题，如权属不清、资产已灭失等相关情况，并详尽阐述评估专业人员为应对问题而采取的措施，还要将基准日后评估对象发生的重要的变化事宜进行阐述，为报告使用人全面了解资产状况提供参考，真正做到服务报告使用人。

二、金融企业IPO

金融业是经营金融商品的特殊企业，包括银行业、证券业、保险业、信托业、租赁业、资产管理公司等。金融企业的上市首先要解决好自身的金融风险防范和控制问题，降低不良率，提高核心资本充足率等，因此金融企业在上市前应该经过评估，且评估结果作为确定发行价的依据。

中国农业银行2010年IPO成功，是金融企业上市行为经历资产评估工作的第一家。2008年财政部发布了《金融企业国有资产评估监督管理暂行办法》（中华人民共和国财政部令第47号，以下简称47号令），该办法规范了应该进行资产评估的15个经济事项，其中"非上市金融企业国有股东股权比例变动"即为金融企业在上市前启动资产评估程序的监管要求。

1. 评估目的的确定

金融企业首次公开发行上市是指金融企业首次向社会公众公开发行证券，且随后该证券可以到证券交易所挂牌交易。金融企业首次公开发行上市实质就是拟上市企业在一个特殊时点进行增资扩股，由于新的投资者入股时需要根据原有股东权益的价值水平进行对价，所以需要了解原有股东权益的价值。

根据金融企业首次公开发行上市评估的需求分析及资产评估的功能定位，资产评估报告应当起到的作用就是在拟上市企业进行新股询价和定价过程中，对企业的股东权益价值发表专业意见。需要特别说明的是，新老股本对价或新股发行定价的决定因素很多，资产评估提供的评估结论只是其中的主要影响因素之一。因此，金融企业首次公开发行上市资产评估目的可以披露为：对拟首次公开发行上市企业在评估基准日的股东全部权益进行评估，为国有出资人进行相关决策提供股东全部权益市场价值的参考依据，同时也可为发行人在新股定价过程中了解股东全部权益市场价值提供参考。

从经济行为需求看，采用收益法和市场法进行评估有利于充分反映金融企业特点，更好地满足金融企业首次公开发行上市评估目的的要求。

2. 评估方法的选择

金融企业首次公开发行上市资产评估业务具有一定的特殊性，且金融企业的细分行业较多，评估方法选择较为复杂。以银行为例分析如下。

对于拟上市银行而言，这些企业大多都具有至少3年以上的连续经营业绩，所以能够提供关于企业历史经营情况的资料。同时，在企业提交拟上市的招股说明中，会有专门章节描述未来收益预测的内容，这也是银行IPO前需要向投资人充分展示和解释的内容，数据透明且便于收集，所以拟上市银行必定是满足未来收益可预测情况的。由此可见，在银行IPO评估中，收益法无论是理论上还是实践上都具备很强的适用性。

市场法常用的两种具体方法是上市公司比较法和交易案例比较法。现阶段评估我国银行更适宜采用上市公司比较法。但是，运用市场法评估拟上市银行企业价值同时也存在一定的局限性。由于股价是随着市场资金面等多种因素的影响而上下波动的，采用上市公司比较法时，这个波动会直接影响估值结果，而对于一个银行来说，其市场价值是不会频繁变化的。因此，以市场法的结果作为银行 IPO 评估结论还需慎重。

资产基础法较难体现和反映对企业收益具有决定作用的商誉及特许经营权、客户资源等无形资产的价值。商誉及特许经营权、客户资源对于商业银行来讲具有生死攸关的重要性，可以说整个金融系统是建立在信心的基础上。应用资产基础法评估商业银行价值时，该方法对无形资产估值表现出来的局限性将更加突出。从评估的实际操作来看，由于 IPO 目的的评估一般需要在企业获得发行许可至实际询价发行期间完成，银行企业一般分支机构等繁多，在此期间要全部完成清查和估算几乎是不可能的，所以这也极大地限制了资产基础法的使用。由此可见，资产基础法在银行企业 IPO 目的的评估中，一般适用性不强。

3. 募集资金的考虑

募集资金影响，实质是对资本规模及结构的假设，并未涉及价值类型的变更。金融企业 IPO 评估目的是了解评估基准日时点股东全部权益的市场价值，评估对象在该时点的市场价值是客观存在的，不应受到企业拟上市资金募集状况的影响。而且，不管是考虑 IPO 募集资金的流入，还是采用其他筹资方式增加资本以满足资本监管需求，预测期新增资本最终都会从收益或收益现值中扣减。此外，如果考虑募集资金的影响将会面临较多不确定性，如股票发行价格、股本数量、发行时间等，不仅操作难度大，也会影响到评估结论的准确性。因此，在金融企业首次公开发行上市评估中，不建议考虑募集资金的影响。

如果委托方要求评估和定价所遵循的假设前提要保持一致，则需要在金融企业首次公开发行上市评估项目中考虑募集资金的影响。因为股票发行前拟上市公司已经公开了募集资金的预计规模和用途，股票发行价格中已经包含了对募集资金的相关预期。如果评估报告使用者需要在考虑了募集资金影响的相同前提下对比评估结论和定价结果的异同，则评估报告需要满足评估报告使用者的需求。

当考虑募集资金的影响时，需要注意的事项有：

①在评估假设中明确披露已经考虑了募集资金的影响。

②在评估报告中明确披露关于募集资金的规模和到位时间的假设结论和依据。

③在计算评估基准日股东权益价值时，如果收益预测考虑了募集资金的贡献，则还需将募集资金以资本性支出、营运资金追加额或净资本追加额等形式进行扣除。

④每股评估值与发行价格并不必然相等。募集资金的规模一方面取决于发行股数，另一方面取决于每股发行价格。在预期募集资金规模不变的前提下，发行股数的调整会使每股发行价格也发生相应变化。因此，比较每股评估值与发行价格时，需要关注两者采用的股票发行数量是否一致。

三、科创板的估值报告

2019 年我国证监会发布的《科创板首次公开发行股票注册管理办法（试行）》（以下简称《注册管理办法》）和《科创板上市公司持续监管办法（试行）》（以下简称《持

续监管办法》），明确科创板有五套上市标准，每条标准均有市值作为首要条件。并且，在上市申报文件目录中，明确需要提交《关于发行人预计市值的分析报告》以及《盈利预测报告及审核报告》。在《注册管理办法》中规定："首次公开发行股票，应当向经中国证券业协会注册的证券公司、基金管理公司、信托公司、财务公司、保险公司、合格境外机构投资者和私募基金管理人等专业机构投资者询价确定股票发行价格。"向投资者询价过程中需要一份估值报告或者评估报告，作为询价的基础。在发行中提供了资产评估服务的专业人员，按照《注册管理办法》第38条的规定，应该在"在招股说明书上 签字、盖章，确认对发行人信息披露文件引用其出具的专业意见无异议，信息披露文件不因引用其出具的专业意见而出现虚假记载、 误导性陈述或者重大遗漏，并声明承担相应的法律责任"。

科创板定位，面向世界科技前沿、面向经济主战场、面向国家重大需求。优先支持符合国家战略，拥有关键核心技术，科技创新能力突出，主要依靠核心技术开展生产经营，具有稳定的商业模式，市场认可度高，社会形象良好，具有较强成长性的企业。

对科创板发行企业的评估，是具有挑战性的一项工作，因为在发行条件中，允许发行人"尚未盈利"，对于不盈利企业的评估，评估方法和技术路线是非常重要的。

1. 资产基础法

资产基础法从企业的资产负债表出发，很难揭示企业的价值；科创板发行的企业，表外资产，如企业的研发能力、人力资本等构成企业的核心竞争力和核心价值，这样的价值还不能体现在资产基础法的评估结果中。

2. 收益法

收益法作为基于企业未来预期收益折现的思路是适合企业价值发现的途径，在企业不盈利的情形中，需要预测到企业经营的盈亏平衡点，之后再按照正常预测。收益法预测中，应该适当引入企业的寿命周期理论，企业在不同的生命阶段，特点不同，价值表现也不同，而收益法预测未来年份时，应关注到这个特点，并适当体现。这样的技术处理，要求：

首先在预测收入时，增长逻辑和增长模式应当预测，成本费用预测与收入匹配。

然后折现率，对应不同的收入增长阶段，折现率应与增长模式相匹配，不同的增长阶段，折现率也不同。每个发展阶段，企业的经营风险不同，例如，初创期的企业特有风险系数高一些，当企业成熟后，即盈利稳定之后，企业特有风险系数较小。作为以技术创新的企业，会随着技术发展而发展，在成熟后企业面临新一轮的增长压力，这时候特有风险又会呈现较高的特点。

因此采用收益法评估科创板的发行企业的价值，表面上是价值评估，隐藏在背后的则是企业经营模式和发展思路的分析、判断，这不是单纯的评估技术能够解决的问题。

3. 市场法

发行企业的评估中，市场法是最适当的方法。但是市场法是看似简单实则操作很难的一种方法。

第一，市场法要求必须有可比公司。申请科创板发行的企业往往以独特著称，较难找到可比的企业。在《资产评估执业准则——企业价值准则》（2018 版）中的市场法评估有两种具体的评估模型，一是上市公司比较法，二是交易案例比较法。可比公司的衡量标准，准则中规定并不具体，只是原则性地给出了可比的条件，即第 33 条所要求的："应当关注业务结构、经营模式、企业规模、资产配置和使用情况、企业所处经营阶段、成长性、经营风险、财务风险等因素，恰当选择与被评估单位进行比较分析的可比企业……可比企业应当与被评估单位属于同一行业，或者受相同经济因素的影响。"操作性较弱，导致在实务中科创板的资产评估报告呈现出"百花齐放"的特点。

第二，比较的过程缺乏规范。从可比案例的权重、可比指标的设计、修正体系的设计等市场法操作中最重要的过程来看，科创板的评估更是难上加难。关于如何比较，该准则没有任何规定。在比较过程中，有的比较是借鉴房地产估价规范中的市场法比较规定，从时间因素、财务状况、偿债状况、营运状况和发展状况等方面进行比较和修正；有的不考虑时间性因素，仅是参考国务院国资委提出的"业绩评价"指标，进行比较，但是并没有将标准值和功效系数法应用在评估中，只是参考了"指标"而已，且没有区分基本指标和修正指标的区别；有的比较是参考中联研究院出具的"上市公司业绩评价报告"的结果，在上市公司业绩评价报告里将上市公司的业绩通过财务效益能力、资产营运能力、企业偿债能力、发展能力和市场表现五个方面的评价，采用功效系数法给定了每个上市公司的"业绩值"，以百分制体现，在上市公司比较法中，直接采用"业绩值"进行比较确定指标的调整幅度，进而确定可比指标的调整值，最终确定结果。这些思路能够解决部分比较的问题，但是比较过程过于关注财务指标，忽略了非财务指标的价值，业务模式、人力资本仍无法体现出价值。

4. 特别表决权

根据《注册管理办法》和《持续监管办法》的规定，科创板发行企业可以设定"特别表决权"资格，该资格的出现，导致"同股不同权"，即拥有特别表决权的股东价值应该高于普通股股份的股东。尽管企业价值的评估对象是"股东全部权益"，但是无论是收益法、市场法还是资产基础法，都较难量化"特别表决权"的价值和设立"特别表决权"的企业与其他企业在价值上的差异。这也是未来资产评估领域应该持续研究的课题。

第三节　商誉减值测试中的企业价值评估问题

当上市公司进行并购后，将收购标的纳入合并会计报表范围，收购完成后编制的合并会计报表中如果收购对价高于收购标的可辨认净资产的公允价值，就形成了商誉，即：

商誉 = 收购对价 − 收购完成时可辨认净资产的公允价值（资产、负债的差值）

根据《企业会计准则第 20 号——企业合并》中关于非同一控制下合并的要求，购买方对合并成本大于合并中取得的被购买方可辨认净资产公允价值份额的差额，应当确认为商誉。初始确认后的商誉，应当以其成本扣除累计减值准备后的金额计量。商誉的减值应当按照《企业会计准则第 8 号——资产减值》处理。

　　企业及其外部审计机构在编制和审计财务报表过程中，通常将资产评估机构出具的商誉减值测试报告作为商誉是否减值的依据，尽管资产评估机构此时出具的评估报告可能被冠以"××企业净资产评估报告"或者"××企业资产组公允价值评估报告"等诸如此类的称呼，并不影响外部审计机构将其列入"外部专家工作"而接受中国证监会的监管。很多评估机构及其签字评估师因此收到证监会的"监管函"或者"警示函"，本节来讨论商誉减值测试中的企业价值评估问题。

一、评估对象的确定

　　在资产减值准则中，"资产"这个词语，并非单纯指资产负债表内的各项资产，而是包括资产和资产组。

　　商誉减值测试的评估报告里，评估对象一般表述为资产组或者资产组合。

　　资产组是指企业可以认定的最小资产组合，其产生的现金流入应当基本上独立于其他资产或者资产组产生的现金流入。从概念来看，资产组主要强调的两点，一是最小的资产组合，即不能再分解；二是具有独立的获取现金流的能力，与其他资产或者资产组区别开来。

　　商誉减值里的资产组或者资产组合应当是能够从企业合并的协同效应中受益的资产组或者资产组组合，不应当大于按照《企业会计准则第 35 号——分部报告》所确定的报告分部。

　　下面从商誉的识别过程、分部报告的单位等方面进行叙述。

（一）商誉的识别过程

　　商誉是收购对价与可辨认净资产的差，在确定商誉的过程中应经历三个步骤：（1）收购对价的确定；（2）可辨认资产识别；（3）可辨认负债的判断。

　　其中可辨认资产的识别又包括了账面记录的资产和账面虽然没有记录但是有价值且能够识别为无形资产的资产。在《企业会计准则第 20 号——企业合并》中规定，合并中取得的被购买方除无形资产以外的其他各项资产（不仅限于被购买方原已确认的资产），其所带来的经济利益很可能流入企业且公允价值能够可靠地计量的，应当单独予以确认并按照公允价值计量。

　　可辨认的负债同可辨认的资产一样，除了账面记录的负债之外，首先应判断是否存在或有负债。或有负债，是指因过去的交易或事项可能导致未来所发生的事件而产生的潜在负债，如未决诉讼。合并中取得的被购买方或有负债，其公允价值能够可靠地计量的，应当单独确认为负债并按照公允价值计量。除此或有负债之外的其他负债，履行有关的义务很可能导致经济利益流出企业且公允价值能够可靠地计量的，应当单独予以确认并按照公允价值计量。

商誉的识别过程见图 10-1。

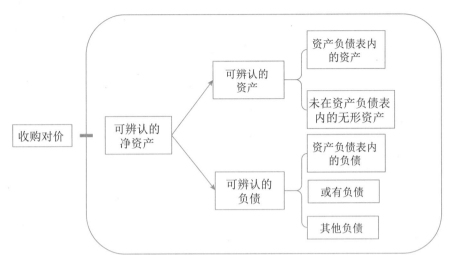

图 10-1   商誉的识别过程图

从图 10-1 可见，当商誉被识别后，商誉就是不能再分割的资产组了，可以被定义为资产组，谨慎起见，也可以定义为资产组合。

（二）分部报告的单位

分部报告是合并会计报表应该披露的内容，包括业务分部和地区分部。商誉减值测试业务中涉及的主要是业务分部，但是不排除地区分部的可能。企业会计准则中定义的业务分部形成的收入应该为对外交易产生的收入，不能是关联交易形成的收入，且该分部的收入、资产和利润三个指标应满足如下条件：

（1）该分部的分部收入占所有分部收入合计的 10% 或者以上。

（2）该分部的分部利润（亏损）的绝对额，占所有盈利分部利润合计额或者所有亏损分部亏损合计额的绝对额两者中较大者的 10% 或者以上。

（3）该分部的分部资产占所有分部资产合计额的 10% 或者以上。

上述三个条件满足一项即可作为分部进行披露。但是所有的报告分部的对外交易收入合计额占合并总收入或企业总收入的比重未达到 75% 的，应当将其他的分部确定为报告分部（即使它们未满足本准则第八条规定的条件），直到该比重达到 75%。

就商誉而言，当被确认为商誉进行减值测试时，该商誉对应的对外交易收入或者利润应该在已经披露的所有分部的收入或者利润（亏损）的绝对额的 10% 以上。这个控制线应该在资产评估过程中高度重视。中国证监会在对上市公司商誉减值检查过程中，发现很多商誉在识别环节存在问题，也就是说商誉的确定不满足条件，其中该金额控制比例是经常被忽略的。

二、评估方法及其模型和参数

资产的公允价值减去处置费用后的净额与资产预计未来现金流量的现值，只要有一项超过了资产的账面价值，就表明资产没有发生减值。因此在判断资产减值时未来现金流量的现值至关重要，这一点也约束了减值测试目的的评估方法应该是以收益法为主导的方法体系，围绕该方法的构成要素，下面对未来现金流量、折现率等内容进行阐述，同时也提出其他评估方法在商誉减值测试中的应用。

（一）未来现金流量

未来现金流量包括两个部分：一是商誉对应的资产组或者资产组组合在持续使用过程中产生的现金流量，二是这些资产组或者资产组组合在最终处置时产生的现金流量。在商誉减值测试项目中，由于商誉这个特殊的资产对应的资产组是个"有运营能力，且有人、有资产组成的企业"，也就是说商誉减值的对象是"人物"，该"人物"是持续经营状态的，因此在预测中通常不考虑"资产组或者资产组组合在最终处置时产生的现金流量"。

在预计资产组或者资产组组合在持续使用过程中的现金流量时，应是对资产剩余使用寿命内整个经济状况进行最佳估计，主要体现在：

（1）预计资产的未来现金流量，应当以经企业管理层批准的最近财务预算或者预测数据，以及该预算或者预测期之后年份稳定的或者递减的增长率为基础。企业管理层如能证明递增的增长率是合理的，可以以递增的增长率为基础。

建立在预算或者预测基础上的预计现金流量最多涵盖 5 年，企业管理层如能证明更长的期间是合理的，可以涵盖更长的期间。

在对预算或者预测期之后年份的现金流量进行预计时，所使用的增长率除了企业能够证明更高的增长率是合理的之外，不应当超过企业经营的产品、市场、所处的行业或者所在国家或者地区的长期平均增长率，或者该资产所处市场的长期平均增长率。

（2）预计资产的未来现金流量，应当以资产的当前状况为基础，不应当包括与将来可能会发生的、尚未做出承诺的重组事项或者与资产改良有关的预计未来现金流量。

企业已经承诺重组的，在确定资产的未来现金流量的现值时，预计的未来现金流入和流出数，应当反映重组所能节约的费用和由重组所带来的其他利益，以及因重组所导致的估计未来现金流出数。其中重组所能节约的费用和由重组所带来的其他利益，通常应当根据企业管理层批准的最近财务预算或者预测数据进行估计；因重组所导致的估计未来现金流出数应当根据以或有事项的条件所确认的因重组所发生的预计负债金额进行估计。

预计资产的未来现金流量也不应当包括筹资活动产生的现金流入或者流出，即预测的未来现金流量为经营活动和已经发生的投资行为（如固定资产折旧）产生的现金流量，而非筹资活动产生的现金流量。商誉减值测试业务中，不应该考虑资本结构的调整，该要求也会体现在折现率的要求中。

另外在资产减值准则中，要求预计资产未来现金流量不考虑与所得税收付有关的现金流量，该要求在商誉减值测试中可能会有些障碍。因为商誉的产生是由于股权并购引起的，就股权而言，评估对象是股东权益，而股东权益对应的是企业的净资产，即扣除成本、费用、支付给债权人和所得税金等之后剩余的部分，这部分资产是税后的，如果在减值测试中，不考虑所得税的支付，那么资产未来现金流量折现值与产生商誉的并购价格之间不能够对应，且税前现金流量对于商誉这个特殊的资产来说不合理。

（二）折现率

资产减值准则中提到"折现率是反映当前市场货币时间价值和资产特定风险的税前利率"，这个说法在商誉减值测试业务上可能不适用。理由在上面已经阐述。股东权益是税后收益折现的结果，而不是税前利润折现的结果，因此折现率应该是税后折现率，按照资产评估企业价值执业准则的要求确定折现率，不仅要考虑利率水平，而且要考虑市场投资收益率等资本市场相关信息和所在行业、被评估单位的特定风险等相关因素。

（三）其他评估方法

在商誉减值测试业务中，一般应根据会计准则的要求，充分分析不同评估方法的适用性，恰当选择与商誉减值测试相适应的评估方法。需要说明的是，后续期间商誉减值测试的评估方法应与以前期间的保持一致，除非有证据显示变更新的评估方法所得出的评估结论更具代表性，或原有的评估方法不再适用。

从实务操作来看，在并购环节，资产基础法、收益法和市场法均可能被采用，但是在减值测试中从减值的定义来看，以未来现金流量的现值判断为主，这种思路演化出收益法成为商誉减值测试的普遍适用方法。但是无论是减值测试的会计准则，还是其他相关规定（如证监会发布的《会计监管风险提示第8号——商誉减值》）都没有明确要求只能采用收益法。这就说明在商誉减值测试中，并非绝对排斥市场法和资产基础法。

（四）报告类型

通常商誉减值测试的报告应该为评估报告，而非估值报告或者其他类型的报告。作为评估机构，用以交付的工作成果应该是评估报告。尽管可能会有其他要求，但是不能以此为理由而拒绝出具评估报告。

思考题

1. 并购重组中的资产评估报告与估值报告有哪些异同？
2. 资产评估在资本市场中发挥什么作用？
3. 如何提高资产评估在资本市场中的地位？
4. IPO之前涉及资产评估的主要事项有哪些？
5. 商誉减值测试中的企业价值评估有哪些问题需要特别注意？

第十一章　企业价值评估前沿问题研究

第一节　科技创新企业价值评估

科技创新行业是近年来资本市场最为关注的行业之一，投资并购的数量和交易金额都持续攀升，其投资高速增长的背后，离不开对企业价值的判断。与此同时，市场上出现了大量独角兽企业在一级市场估值很高，在二级市场价值下跌的现象。对资产评估行业而言，这既是机遇更是挑战。资产评估作为专业的价值服务机构，原先较少涉及科技创新领域的初创期企业、独角兽类企业的价值评估，但是随着市场经济持续深入推进，上市公司和国有企业也在逐渐转变其发展方向和投资战略，开始涉足科技创新行业，随之产生了对资产评估的相关服务需求。

然而，科技创新属于新兴高成长性行业，具有收益不确定、行业高风险、轻资产等特点，且被评估企业在产品服务、商业模式、经营运作等方面都存在较大差别，有待深入探讨和解决。

一、科技创新企业价值影响因素分析

企业价值评估过程中需要考虑影响企业价值的相关因素。一般而言，影响企业价值的因素很多，包括企业的发展阶段、宏观和行业状况、人力资源、市场和主要竞争对手、行业进入壁垒、财务状况等。对科技创新企业而言，其所处发展阶段或生命周期不同，业务水平、运作方式、融资情况、竞争状况等存在着较大的差异。因此，企业发展阶段成为科技创新企业价值评估中的关键因素，也是首先需要考虑的因素。

根据科技创新企业产品或服务开发、收入的情况，可以将企业的发展分为以下五个阶段：

第一阶段：种子期，企业没有产品收入、支出较少，而且通常没有完整的管理团队，只是一个想法或计划，也可能有一些初步产品开发。

第二阶段：初创期，企业没有产品收入、支出较大，产品处于开发阶段，有大量的支出直至开发取得重大进展，企业达到一个关键的发展里程碑，如管理团队的招聘。

第三阶段：成长期，企业有一些产品收入，但仍处于亏损状态，企业达到另一个关键的发展里程碑，如产生第一个客户订单或第一笔收入发货。

第四阶段：扩张期，企业有产品或服务收入，在财务方面取得了突破性的进展，如达到盈亏平衡或实现正现金流。

第五阶段：成熟期，企业形成稳定盈利或产生持续正现金流，达到既定财务水平。

表 11-1 总结了企业各个发展阶段的特征。

表 11-1　企业各个发展阶段的特征

阶　　段	产品 / 服务特征或里程碑	收 入 特 征
种子期	未正式投入产品或服务开发	无收入，少量支出
初创期	产品开发至基本完成，管理团队形成	大量支出，无收入，市场推广支出
成长期	第一个客户订单或第一笔收入发货	少量产品收入，仍处于亏损状态
扩张期	达到盈亏平衡或出现正现金流	收入增加并实现盈利
成熟期	稳定盈利，达到既定财务水平	稳定收入

通常，大部分科技创新企业都将经历上述各个发展阶段，只是各阶段的持续时间可能差异较大，甚至有些企业发展快速，几个阶段发生的时间交叠。例如，有的企业可能开发软件产品周期非常快，不需要对产品进行大量测试即可实现销售并开始获利；也有些企业可能在第二个阶段持续相当长的时间，大量投入用于产品或服务开发以及市场推广。

企业不同发展阶段的融资情况见图 11-1。

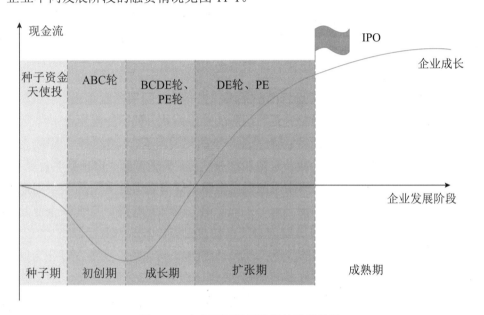

图 11-1　企业不同发展阶段的融资情况

（1）处于第一阶段的企业融资为种子资金或首轮融资，资金通常由朋友、家人或天使投资人提供，向机构投资者发行股份有时采取普通股的形式，但更多情况下会发行优先股。目前国内种子期和天使期投资主要采取的形式是普通股，优先股的形式很少。

（2）处于第二阶段的企业融资主要为 A 轮、B 轮、C 轮融资，投资者主要是风险投资公司和战略商业伙伴等，他们可能提供额外的管理或董事会的专业知识，通常发行优先股。

（3）处于第三阶段的企业融资层次复杂，投资者主要是风险投资公司、战略商业伙伴、私募基金等，通常发行优先股或普通股。

（4）处于第四阶段的企业可能会发生某种流动性事件，例如 IPO 或出售，通常发行普通股。而在 IPO 或其他流动性事件发生时，未偿付的优先股将转换为普通股。

（5）处于第五阶段的企业很少进行股权融资，可能进行 IPO，也可能会在相当长的一段时间内保持私有。

表 11-2 总结了企业不同发展阶段的融资特征。

表 11-2　企业不同发展阶段的融资特征

阶　　段	投　资　人	股　权　设　置
种子期	朋友、家人或天使投资人	国外多为优先股，国内多为普通股
初创期	风险投资公司、战略商业伙伴	通常为优先股
成长期	风险投资公司、战略商业伙伴、私募基金公司等	通常为优先股或普通股
扩张期	风险投资公司、战略商业伙伴、私募基金公司等	通常为普通股
成熟期	定向募集 / 公开发行	通常为普通股

科技创新企业属于风险较高、不确定性较大的创新型企业，投资者很少愿意在前期投入大量的资金，企业的融资通常需要进行多轮，且股权结构可能较为复杂，既有普通股，也有优先股，而且优先股的优先条件也不尽相同。评估这些企业的价值时，还需要考虑不同类型股权的价值分摊问题。

二、科技创新企业价值评估方法分析

目前，国际上通用的企业价值评估方法主要包括资产基础法、收益法及市场法。基于对科技创新行业的特点分析，科技创新企业属于轻资产类型的企业，往往存在大量的表外无形资产。如果运用资产基础法进行企业价值评估，可能难以体现企业管理团队、商业模式、用户数、人力资源等对企业价值影响较大而个体价值体现较为困难的资产要素。再者，科技创新行业是一个快速成长的朝阳行业，企业未来的增长潜力是资产基础法难以衡量的。因此，在科技创新企业价值评估中，资产基础法很难反映出科技创新企业的真实价值，并不适用于该类企业价值的评估。评估时应结合企业的发展阶段特点，具体考虑收益法和市场法的适用性。

除了发展阶段的影响，实践中，评估科技创新企业的价值经常遇到很多问题，都会对评估方法的选择和应用带来困难，如收益不确定性、行业高风险性、企业资料获取受限等，具体可以归纳如下：

1. 未来收益不确定性

处于发展初期的科技创新企业，例如种子期、初创期、成长期，需要投入大量资本进行产品或服务研发、市场推广等活动，可能没有收入或者收入不稳定，且处于亏损状况，净现金流为负值。这种状况下，企业未来收益无历史数据可以参考且未来收益预测难以找到充分依据，故对未来现金流的判断存在高度不确定性。

2. 行业高风险性

科技创新企业往往面临较高的行业风险。以金融科技企业为例，金融科技企业是互联网渗入金融行业发展形成，因此，金融科技企业同时属于互联网行业和金融行业范畴。互联网市场本身的竞争较为激烈，企业进入市场后需要抢占市场份额和先机，在其生命周期的前期阶段可能会出现爆发式增长；但是，身处金融行业企业则面临更重要的风险，即监管风险。金融科技企业通过寻找新的商业模式和切入点，在发展初期可能规避金融行业监管，但是随着更多的金融科技企业入市和发展，监管机构出于市场监管和保护消费者权益的需求会制定出相关的监管政策。例如，P2P公司快速发展后随着频繁"爆雷"，监管机构开始对P2P公司的资金、牌照进行监管和审查；由于监管机构对资金池的监管和限制，城市共享单车项目发展也受到了限制，无法真正转变为金融科技公司。

3. 无法量化的非财务因素对企业估值影响较大

科技创新企业属于轻资产企业，很多无法量化的非财务因素是影响其企业价值的关键因素，如人力资源、研发创新能力、商业模式等，这些虽然没有体现在财务报表当中，也无法将其量化，但是对企业价值影响较大。

4. 企业缺乏可参考的财务数据

发展初期的科技创新企业，成立时间较短，其历史数据十分有限，并且企业发展初期的财务数据虽然反映了其当时的经营现状，但是对于快速成长的科技创新企业而言，该财务数据对企业未来预测价值参考意义不大。这是评估中经常遇到的问题，也是收益法、资产基础法等评估方法不适用的客观原因。

5. 难以深入企业进行调研

科技创新企业发展到一定阶段，初具规模并实现稳定盈利后，虽然在发展阶段方面具备了运用收益法进行评估的条件，但是实践中往往无法实施深入调研，仍然不具备采用收益法评估的前提条件。比如，金融科技类企业的运营模式和商业模式也是核心竞争力所在，其投融资模式更多是参考国外成熟公司的运作方式。投资人要投资这样的金融科技企业通常无法获取其详细的财务资料，仅能通过2小时的访谈获取相关数据信息，若评估机构受投资人委托对这样的金融科技企业进行评估，评估人员无法接触到企业的经营核心内容，甚至连基本的财务资料获取都存在问题。虽然类似特别强势的企业不在多数，但是对已经初具规模的金融科技企业评估时，普遍存在难以深入企业调研的问题，通常只能获得基本的审计财务数据和简单的访谈，无法了解其经营运作的核心内容。

6. 股权设置复杂

科技创新企业为了企业发展与融资需求，可能设置红筹架构，为未来上市提供多种选择。红筹架构的设置为多种股权类型提供了基础，通过多种股权类型的设置来满足企业的融资需求。此外，企业发展的核心是人才，股权激励也被作为吸引人才的普遍手段。如何合理识别、判断优先股与普通股的权利及价值差异、股权激励计划对股权结构/损益产生的影响，也是评估科技创新企业价值时经常遇到的难题。

通过以上分析，从企业发展阶段来看，处于早期发展阶段的科技创新企业，采用收益法预测未来现金流往往缺乏客观依据，存在较大的不确定性；同时，高风险可能也伴随着较高的投资回报率，折现率的确定可能也会存在较大问题；此外，有些大型科技创新企业可能无法深入调研也限制了采用收益法进行评估。市场法相对而言更适用于科技创新企业的企业价值评估，尤其是对处于种子期、初创期等发展初期的科技创新企业而言，市场法可能是最为适合的评估方法。

三、科技创新企业的市场法应用

（一）市场法的具体应用方法介绍

根据 2018 年修订发布的《资产评估执业准则——企业价值》，企业价值评估中的市场法，是指将评估对象与可比上市公司或者可比交易案例进行比较，确定评估对象价值的评估方法。市场法常用的两种具体方法是上市公司比较法和交易案例比较法。

1. 上市公司比较法

目前在企业价值评估研究与实践中的上市公司比较法大致可以归纳为两类方法：一类是评估实践中常用的具体应用方法，包括简单平均法、财务指标综合打分法、风险－增长率调整法、可比公司模拟法、价值乘数－核心变量调整法和回归分析法等。

其中，价值乘数－核心变量调整法是计算可比公司的价值乘数，并通过核心变量对可比公司价值乘数进行调整的一种方法。其中，核心变量对价值乘数的变化具有主导性，常用价值乘数所对应的核心变量详见表 11-3。该方法隐含了两个假设：一是核心变量是可比公司之间的重要差异所在，其他因素都具有可比性；二是价值乘数与核心变量之间呈线性关系。

表 11-3　常用价值乘数的核心变量

价值乘数	核心变量
市盈率	预期增长率
市账率	股权回报率
市销率	净利润率
EV/EBITDA	再投资率
EV/ 资本投入率	资本回报率
EV/ 销售额	税后营业利润率

例如，可以通过价值乘数市盈率（PE）与作为核心变量的增长率（g）进行分析，测算 PEG 比率（市盈率相对盈利增长比率），并根据可比公司的 PEG 的均值和标的公司的增长率估算标的公司的 PE 进而评估出企业价值。该方法的优点是从影响价值乘数的核心变量入手对价值乘数进行调整，计算简单，运用大量的样本统计数据可获得一定的可靠性；缺点是除了影响价值乘数的核心单变量外，假设其他的可比指标均具有可比性，仅通过一个核心单变量的调整，无法较好地甄别可比公司与标的公司在

其他方面的具体差异。

2.交易案例比较法

交易案例比较法是通过获取可比的股权交易案例作为可比对象进而评估标的公司价值。上市公司比较法和交易案例比较法都是通过对比市场上可比对象的价值得出标的公司的价值，差异在于可比对象的类型不同，前者是上市公司，后者是个别股权交易案例。实践中，交易案例比较法的应用较少，主要是很难获取交易案例的详细数据，今后随着大数据等信息技术的发展，该方法的应用或许能够随着数据可获得性的提高而逐渐增加。

国外交易案例比较法应用中有一种常用的计算方法，被称为"期权定价反解法"（option-pricing method-backsolve, OPM-Backsolve，以下简称"反解法"）。该方法是将企业股权价值看作看涨期权，利用企业所有已知的融资事件构建期权组，并以标的企业自身最近的融资事件作为可比交易案例，通过分析其交易价格和交易条款内容，结合不同股权的权利特征进行价值分摊，最后通过单变量求解来反解企业股权价值，同时也计算出普通股及各轮融资优先股的价值，即运用标的企业自身的融资交易案例来反算企业价值和各种股权价值。

该方法隐含了两个假设：一是外部投资人投资的交易价格是公允的；二是比起企业价值，投资人更关注的是其所持股权价值的增值。因此，运用期权定价反解法的时候需要关注，标的企业历史各轮外部融资的交易案例应是与非关联投资者之间发生的。该方法应用的优点是可以明确识别各类股权的类期权回报，解决不同类型股权的价值分配，在评估初创期或成长期企业价值时更凸显其适用性；缺点是该方法只考虑单个流动性事件，不能完全捕捉其他的潜在流动性事件，同时也难以考虑优先股股东提前行使权利对普通股的影响。

结合前文对科技创新企业的分析，价值乘数－核心变量调整法和期权定价反解法（OPM-Backsolve）是比较适合于这类企业的价值评估方法。

（二）期权定价反解法

期权定价反解法（OPM-Backsolve）可以用于多种股权资本结构的企业价值评估，且不用考虑企业是否已经取得收入或者实现盈利，这恰恰满足很多科技创新企业的价值评估需求。很多科技创新企业都是有风险投资公司或者私募基金等在其成立初期就开始注入资本的，在这样的企业中，通常创始人所持有的股权为普通股，企业高管、员工被授予的为普通股或普通股期权，而风险投资公司和私募基金等投资者可能持有类型各异的优先股。不同股权被授予不同的权利、特权和偏好，且企业多轮融资后或许形成了几个不同系列的优先股，每个系列的优先股可能拥有差异化的权利特征，不同类型股权的权利差异导致其价值不同。当科技创新企业普通股、不同系列优先股并存时，评估企业价值时需要理解不同股权附带的权利特征，进而考虑不同股权的价值分配问题，即根据标的企业的股权结构特征选择合适的价值分配方法评估每一类股权的价值。

优先股股东享有的权利可以分为两大类——经济权和控制权。经济权利是为了使优先股股东比普通股股东获得更好的收益回报而设计的，与优先股股东相对于其他股东获得回报的时间、偏好和金额有关，典型经济权有优先分配权、优先清算权、强制赎回权、转换权、参与权、反稀释权、登记权等。控制权使优先股股东能够以超出其持股比例的权利去影响或控制企业，例如，持股比例10%的优先股股东可以拥有30%的投票权，典型的控制权包括投票权、保护条款和否决权、董事会组成、带领权、参与未来各轮谈判的权利、第一拒绝权、跟随权、管理权、获取信息的权利等。其中，大部分经济权的价值是可以客观衡量并且通过适当的股权价值分配方法进行量化的，而控制权的价值目前还缺乏成熟的量化方法。

典型的优先股经济权特征和控制权特征参见表 11-4 和表 11-5。

表 11-4　典型的优先股经济权特征

权　利	权利是否有意义和实质性作用	目　的	权利的价值是否容易客观衡量	价值分配方法通常是否考虑这些权利
优先分配权（非累积的）	没有	若公司发放股息，可优先获得	—	—
优先分配权（累积的）	有	旨在提供除 IPO 外的所有情况下的最低固定收益	是	是
优先清算权（非参与型）	有	确保更高的回报，直到盈亏平衡点	是	是
优先清算权（参与型）	有	确保在除 IPO 外的所有情况下获得不相称的高回报	是	是
强制回购	有	资本回收权；旨在提供流动资金	不	不
转换（固定或可变比率）	有	在某些情况下产生更好的经济效益	是	是
反稀释权	有	旨在保护投资价值	可能	不
登记权	没有	旨在提供流动性	—	—

表 11-5　典型的优先股控制权特征 [1]

权　利	权利是否有意义和实质性作用	权利的目的	权利的价值是否容易客观衡量	价值分配方法通常是否考虑这些权利
投票权	有	控制或影响的能力	不	不
保护条款和否决权	有	与所有权不成比例的控制能力	不	不
董事会组成	有	与所有权不成比例的控制能力	不	不
带领权	有	与所有权不成比例的控制能力	不	不

[1]　Valuation of Privately-Held-Company Equity Securities Issued as Compensation[M]. AICPA, 2013.

权　利	权利是否有意义和实质性作用	权利的目的	权利的价值是否容易客观衡量	价值分配方法通常是否考虑这些权利
参与未来各轮谈判的权利	有	保持所有权比例的能力	不	不
第一拒绝权	有	限制出售普通股的能力	不	不
跟随权	有	限制出售普通股的能力	不	不
管理权	有	普通股东无法获得的内幕信息	不	不
获取信息的权利	有	普通股东无法获得的内幕信息	不	不

综上所述，价值乘数－核心变量调整法和期权定价反解法（OPM-Backsolve）是比较适合于科技创新企业的两种市场法具体应用方法，能够较好解决处于不同发展阶段，尤其是发展初期企业，或者是存在普通股、多系类优先股等股权结构复杂的科技创新企业的价值评估问题。

第二节　上市公司内在价值评估

内在价值（intrinsic value）的概念最早由本杰明·格雷厄姆提出："内在价值是指一种有事实——比如资产、收益、股息、明确的前景——作为根据的价值，它有别于受到人为操纵和心理因素干扰的市场价格。"[①] 同时，格雷厄姆也指出内在价值是非常难以把握和计算的，但是可以用一个"近似值的范围"来反映，从而可以通过分析其与证券价格的关系来辅助投资决策。一般来说，当投资者足够理性、市场交易活跃时，上市公司二级市场股票交易价格能够较为准确地反映其经营业绩，但是当市场以散户为主、政策干预较多、投资者缺乏理性时，股票价格就容易出现大起大落的现象，此时就需要对其内在价值进行研究，为交易双方确定交易价格并作出合理的投资决策提供价值参考标准。本节以百货行业为例，研究上市公司内在价值的估算，同时结合市场交易数据探讨上市公司内在价值评估的必要性。

一、内在价值评估模型

巴菲特提出"企业内在价值是其剩余寿命中可以产生的现金的贴现值。但是内在价

---

① 本杰明·格雷厄姆，戴维·多德. 证券分析[M]. 海口：海南出版社，1999.

值并不能简单、直观地计算得到,它依赖于对企业未来现金流和资本成本变化的预测。"[1]本节将采用企业自由现金流(free cash flow of firm,简称 FCFF)折现模型对上市公司内在价值进行估算。

FCFF 模型对上市公司未来现金流的预测是建立在其历史现金流分析的基础之上的,因此,用该模型估算上市公司内在价值要从历史财务报表出发。首先,根据自由现金流预测的需求对上市公司的利润表、资产负债表和现金流量表进行调整,对某些科目进行合并拆分,形成息税前利润(earnings before interest & tax,简称 EBIT)、溢余货币资金、所需货币资金、融资缺口等新科目,并建立三张报表之间的勾稽关系。其次,考虑营运资金和资本性支出,并在报表调整的基础上测算企业自由现金流,计算公式为

自由现金流 = EBIT - 调整的所得税 + 折旧与摊销 - 营运资金增加(减少) - 资本性支出 - 其他经营性资产增加(减少) + 其他经营性负债增加(减少)

其中,EBIT 的测算依赖于对营业收入、营业成本和费用的预测,营运资金的测算以资产负债表预测为基础,资本性支出的测算主要出于对固定资产、无形资产和长期待摊费用投资的考虑。

然后,完成对预测期自由现金流的测算之后就需要计算终值现金流。终值计算主要有两种方法,即 Gordon 增长模型和隐含退出倍数法。隐含退出倍数法通过预测期最后一期的盈利数据以及可比企业的价值倍数计算终值,与市场价值的内涵更贴近;而 Gordon 增长模型则是以预测期末现金流为基础同时考虑公司未来的增长情况及折现率,更符合内在价值的本质。因此,本研究选择用 Gordon 增长模型测算终值。

最后,用加权平均资本成本(WACC)作为折现率对自由现金流进行折现,并将折现现金流加总求和得到上市公司经营价值。在此基础上并入溢余资产价值或非经营性资产净值即得到公司内在价值,再扣减付息债务及少数股东权益价值即得到上市公司股权内在价值,除以基准日公司股本数量即可得到上市公司每股股票的内在价值。

二、上市公司选择及价值因素分析

(一)上市公司选择

FCFF 模型预测的基础是对上市公司历史经营状况的分析,本节选择经营业绩相对稳定的百货零售行业作为范例,筛选出该行业内目前处于正常上市交易状态的上市公司,同时剔除 2003 年以后上市(距第一个评估基准日 2008 年 12 月 31 日上市时间少于 5 年)、预测期内发生重大资产重组(含借壳上市)以及在不同估值基准日内出现多次股本变动的公司。2019 年申银万国行业分类标准下的百货行业共有 25 家上市公司,按标准剔除不符合要求的企业之后共有 6 家,具体信息如表 11-6 所示。

---

[1]　Warren E. Buffett,*The Essays of Warren Buffett: Lessons for Corporate America*,2008.

表 11-6　百货零售行业包含的样本企业

序　　号	证券简称	证券代码	上市日期	是否符合样本标准
1	东百集团	600693.SH	1993-11-22	否，股本变动次数多
2	供销大集	000564.SZ	1994-01-10	否，股本变动次数多
3	茂业商业	600828.SH	1994-02-24	否，股本变动次数多
4	宁波中百	600857.SH	1994-04-25	否，股本变动次数多
5	王府井	600859.SH	1994-05-06	否，股本变动次数多
6	南宁百货	600712.SH	1996-06-26	否，股本变动次数多
7	合肥百货	000417.SZ	1996-08-12	否，股本变动次数多
8	广百股份	002187.SZ	2007-11-22	否，上市时间不符要求
9	友阿股份	002277.SZ	2009-07-17	否，上市时间不符要求
10	天虹股份	002419.SZ	2010-06-01	否，上市时间不符要求
11	徐家汇	002561.SZ	2011-03-03	否，上市时间不符要求
12	文峰股份	601010.SH	2011-06-03	否，上市时间不符要求
13	翠微股份	603123.SH	2012-05-03	否，上市时间不符要求
14	汇嘉时代	603101.SH	2016-05-06	否，上市时间不符要求
15	国芳集团	601086.SH	2017-09-29	否，上市时间不符要求
16	百大集团	600865.SH	1994-08-09	否，重大资产重组
17	首商股份	600723.SH	1996-07-16	否，重大资产重组
18	商业城	600306.SH	2000-12-26	否，重大资产重组
19	南京新百	600682.SH	1993-10-18	否，历史经营业绩波动异常
20	鄂武商 A	000501.SZ	1992-11-20	是
21	新世界	600628.SH	1993-01-19	是
22	杭州解百	600814.SH	1994-01-14	是
23	津劝业	600821.SH	1994-01-28	是
24	中兴商业	000715.SZ	1997-05-08	是
25	中央商场	600280.SH	2000-09-26	是

（二）价值影响因素分析

对于百货零售行业来说，影响上市公司经营业绩及企业价值的主要因素有外部宏观经济、行业发展及企业内部经营特点等。

1. 宏观经济

经济增长及居民可支配收入的增长是推动我国消费增长的主要因素，百货零售行业经营以消费品为主，受经济发展速度、居民人均可支配收入以及消费习惯的影响较大。从图 11-2 可以看出，2000—2007 年，我国 GDP 实际增速持续上升至历史最高点；2008 年金融危机 GDP 增速显著下滑，至 2010 年增速超过 10% 后整体呈下滑趋势，到 2018 年 GDP 增速为 6.6%。长期来看，城镇居民和农村居民人均可支配收入实际增速整体放缓（如图 11-3 所示，公开数据仅更新至 2016 年），但农村居民人均可支配收入实际增速要高于城镇居民增速，至 2016 年城镇居民及农村居民人均可支配收入实际增速分别为 5.6% 和 9.2%。受到 GDP 和人均可支配收入增速下滑的影响，社会消费品零售总额增速在近几年也持续放缓，2017 年以前大概保持在 9% ～ 11% 的增速水平，在 2018 年降至 6.9%，成为近 20 年来的最低点，如图 11-4 所示。从宏观经济及社会消费水平来看，整体经济增速持续下行，2018 年表现最为明显，一方面是经济发展规律使然，另一方面也体现了中美贸易摩擦对经济的影响。随着居民可支配收入增速放缓以及中美贸易摩擦的持续，消费市场持续降温，百货零售行业面临着严峻的经济环境。

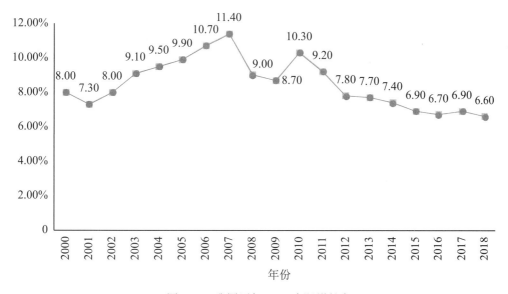

图 11-2　我国历年 GDP 实际增长率

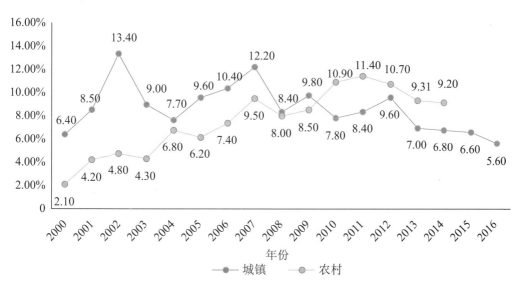

图 11-3　我国居民人均可支配收入实际增长率

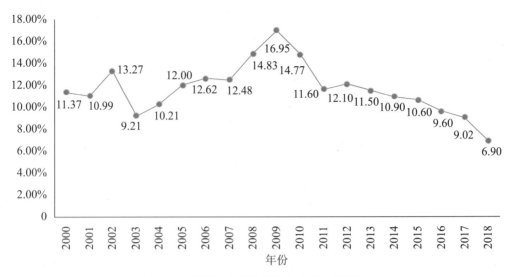

图 11-4 我国社会消费品零售总额实际增长率

2. 行业发展

在宏观经济增长速度趋于下降的大背景下,加上贸易摩擦的影响,百货零售行业的环境也不容乐观。2018 年百货行业营业收入及净利润严重下滑(如图 11-5 和图 11-6 所示),增长率出现负数。随着贸易摩擦的减弱,盈利能力较强、增长率较高的上市公司在未来几年还有恢复历史较高增长的可能,但受到整体宏观经济的影响,百货行业的未来增长率将会逐渐趋近经济增长水平。

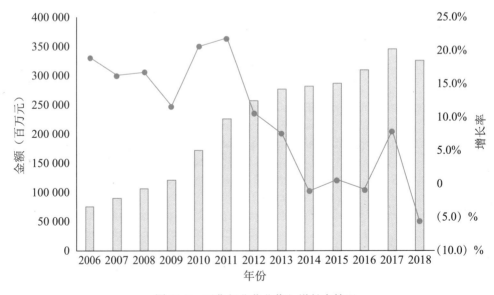

图 11-5 百货行业营业收入增长率情况

结合宏观数据分析以及行业发展趋势可以看出,百货行业的整体销售业绩在未来将基本保持与经济增速相近的增长水平。参考成熟国家的实际经济增速(见图 11-7),大约处于 1%~3% 的水平,考虑到通货膨胀(大约 1%~2%,如图 11-8 所示)的影响,预计未来百货零售行业的稳定增长水平将保持在 2% ～ 5%，预测中在此基础上结合各家上市公司的自身经营状况进行适当调整。

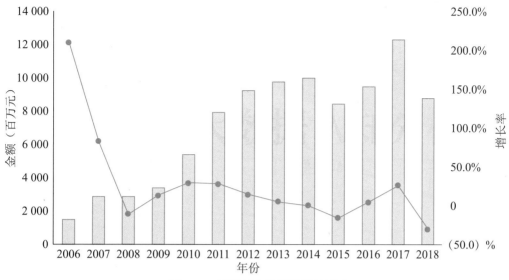

图 11-6 百货行业净利润增长情况

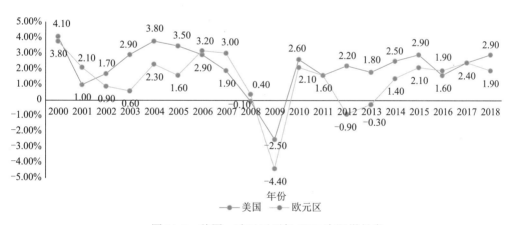

图 11-7 美国、欧元区历年 GDP 实际增长率

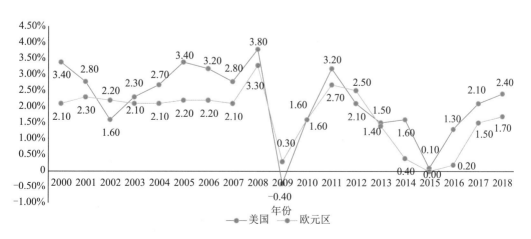

图 11-8 美国、欧元区历年 CPI 走势

3. 企业经营

百货零售行业上市公司的企业经营存在以下特点：

（1）成本相对固定

人工、租金、水电等是百货零售行业营业成本的主要组成部分，占比基本在65%～85%（见图11-9），人工及租金等刚性成本的增速未来难以下降，因此这部分费用相对较为固定。

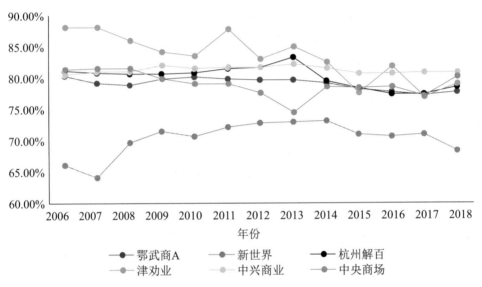

图11-9 百货行业上市公司人工、租金、水电等在营业成本中占比

（2）货币资金比重较大

零售业由于现销模式回笼资金较快，其持有的货币资金几乎占到流动资产总额的50%～80%，如图11-10所示。

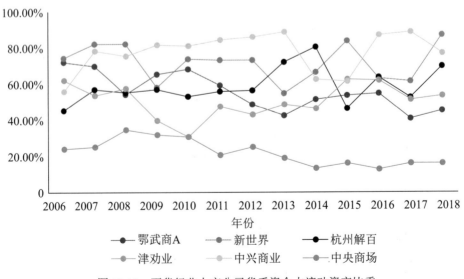

图11-10 百货行业上市公司货币资金占流动资产比重

（3）应收账款比重小

零售业对居民消费者以现销模式为主，应收账款很少发生；而大宗采购在零售业营业收入中的比例较小，赊销比例不大，见图 11-11。

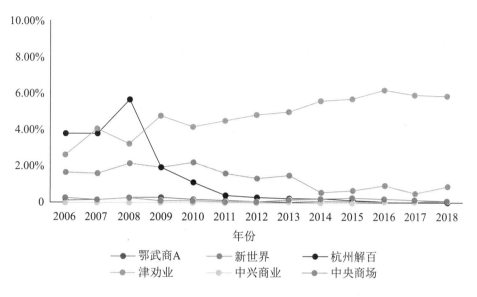

图 11-11　百货行业上市公司应收账款占营业收入比重

（4）应付账款较多

在供过于求的买方市场条件下，零售业依据其渠道优势，采取赊账方式进货后销售、赚取价差的商业运作模式，充分利用供应商的资金进行周转，故应付账款较多，如图 11-12 所示。

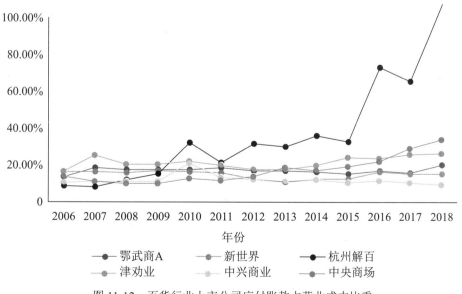

图 11-12　百货行业上市公司应付账款占营业成本比重

三、内在价值测算及结果分析

（一）相关问题处理

为了使研究结果更具有统计意义，将每年的 12 月 31 日作为评估基准日，分别对符合要求的上市公司进行内在价值评估，首个评估基准日为 2008 年 12 月 31 日，连续监测到最近一个评估基准日即 2018 年 12 月 31 日（为保证研究样本，2008 年以后上市公司连续多年股本数量保持不变，仅在近几年出现变动的，则在股本第一次变动的当年及其以后年份不做评估，变动之前的各个基准日纳入评估范围），同时结合该行业上市公司的同期股价水平对其 2008 年至 2018 年的内在价值变动进行分析。

由于基准日均是过去的某一时点，故基准日以后的年度存在实际发生的客观数据，为了减少预测主观性带来的估值偏差，同时又能保证未来预测的合理性，对相关问题进行如下处理：

（1）如果基准日后的实际财务数据较为稳定，没有发生影响企业经营成果的突发或偶然性事件，则选择其实际数据作为"预测期"数据，预测期其他年度则结合公司历史数据、市场和行业信息等相关数据进行预测。

（2）不统一规定预测期长短，而是根据上市公司的实际情况，如经营稳定性、未来投融资计划等确定相应的预测期，以便设定预测期期末该企业达到稳定经营状态。

（3）若评估对象在某一基准日后存在股本大幅变动如股票增发，则需要将企业历史经营状况作为经营预测的主要参考，因为股本变动之后公司资金规模、经营规划及收入规模都较之前出现明显不同，而这些经营业绩不再全部归原有股东所有，因此为避免股本变化带来的收益及估值影响，股本变动后的实际业绩将不能作为预测期数据，而是需要根据公司历史经营并结合行业发展情况等进行重新预测。

（二）估值结果分析

根据上述分析，通过 FCFF 模型分别测算 6 家上市公司在不同基准日的内在价值，并在企业内在价值的基础上计算其每股股票的内在价值，最后得到 48 个内在价值数据。将这些上市公司在不同基准日的内在价值与市场价格进行对比，结果如图 11-13 所示。结果显示，进入研究范围内的上市公司在各基准日的内在价值低于基准日市场价格的现象十分明显，这说明在当前经济形势下，百货行业股价存在高估。

对于各家上市公司来说，可以将每家上市公司在各个基准日的市场价格与内在价值的平均差异率进行统计分析，统计结果发现，无论是采用基准日市场价格还是基准日前后一个月交易均价作为比较基准，各上市公司股票市场价格与其内在价值均有较大差异，且普遍存在高估现象，如表 11-7 所示。

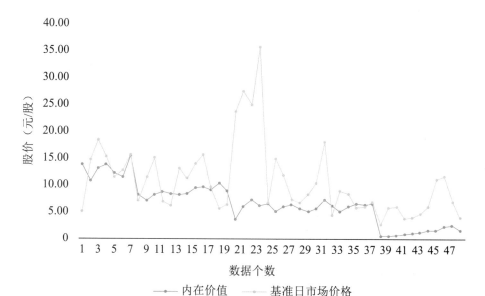

图 11-13　百货行业上市公司股票内在价值与市场价值比较

表 11-7　百货行业上市公司股票市场价格与其内在价值的差异率

证券代码	证券简称	差异率		
		基准日市场价格	基准日前一月均价	基准日后一月均价
000501.SZ	鄂武商 A	4.02%	3.21%	1.32%
000715.SZ	中兴商业	22.28%	21.55%	20.41%
600280.SH	中央商场	312.36%	312.98%	287.78%
600628.SH	新世界	76.26%	76.77%	72.39%
600814.SH	杭州解百	12.02%	13.17%	15.03%
600821.SH	津劝业	363.85%	367.73%	362.10%
总体均值		135.83%	136.72%	131.77%

注　差异率 =（市场价格 - 内在价值）/ 内在价值，如果差异率＞ 0，则市场价格大于内在价值，表示当前股票被高估；如果差异率＜ 0，则市场价格小于内在价值，表示当前股票被低估。

由表 11-7 可以看出，中央商场与津劝业高估现象最为显著。在 2015 年国内 A 股股灾之后，中央商场与津劝业股价在 2017 年有明显回升但很快出现直线下跌态势（如图 11-14 所示），这主要是受到宏观经济下滑和贸易摩擦多种不利因素的影响，两家公司近几年的营业收入和净利润增长也是连年下滑，截至 2019 年 6 月底，中央商场与津劝业的收盘价分别降至 3.59 元 / 股和 4.13 元 / 股（两家公司在研究期间的股价曾高达 35 元 / 股和 12 元 / 股）。这一现象说明，股价受公司近期经营业绩影响较大，对未来长期的宏观经济、行业发展情况及公司未来经营业绩等基本面因素反映较少，容易出现"羊群效应"，即经常发生投资者集中购入或集中抛售的情况，造成股价在短时间内大幅上升或下降，而内在价值则是以历史经营业绩为分析基础，综合宏观经济长期走势以及企业所处的行业及内部发展环境等多种因素，对企业内在价值及其内含股价做较为客观的、能够体现多种因素影响的评估，因此内在价值相较于市场价格来说相对稳定，这也是上市公司股价波动较大时进行股权交易需要进行内在价值评估的重要原因。

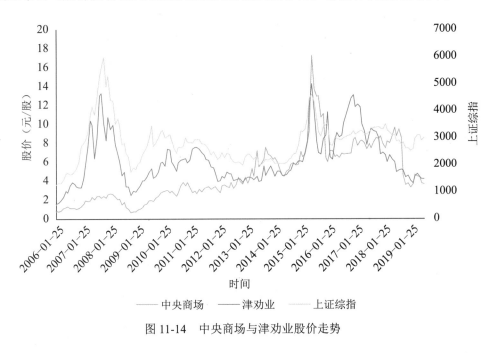

图 11-14　中央商场与津劝业股价走势

四、上市公司内在价值评估的意义

一般来说，当资本市场发展成熟、投资者较为理性时，二级市场的股票交易价格就是其价值的最佳衡量标准。然而，我国股票市场发展历史较短，目前仍处于不成熟、不稳定阶段，市场波动较大，因此上市公司股价通常难以反映其真正价值。

（1）浓厚的"政策市"特征。中国股市受政策和制度的影响较大，导致新政策出台往往会引起股市的巨大波动，如涨跌停的取消及限制、政府临时出台救市政策、放松融资监管要求等，具有明显的政策导向性。

（2）波动频率高、浮动大。在一个有效的证券市场中，由于股价能够反映该公司长期盈利能力，因此可以成为对公司业绩的度量评价标准。但中国资本市场发展尚不成熟，公司业绩经常不能用公司股价的市场表现来体现，甚至市场会出现严重背离的现象。一旦股市低迷就容易出现长期低迷，而一旦走强就一发不可收拾；我国投资者也缺少成熟市场投资者的理性，使得股市波动非常大，如图 11-15 所示。在这种情况下，股票价格就难以客观地反映出公司的实际经营业绩。

（3）以散户投资者为主，投资者缺乏理性。投资者结构与投资行为是决定股市波动性的重要因素，一般认为，机构投资者比个人投资者更为理性，以理性价值投资为主的机构投资者占比较高的股市，股市运行更为平稳。从投资者结构看，美国股市机构投资者占 80%～90%、散户占 10%～20%，是典型的以机构投资者为主的市场，中国股市则相反，是典型的以散户为主的市场，个人投资者所持投资账户数量占比高达 99%以上。可见，中国股市是以个人投资者为主体的市场，而个人在信息搜集、分析信息等方面都处于劣势，容易受到市场信息不对称的误导，且缺乏理性，使得中国上市公司股价经常出现跳跃式波动。

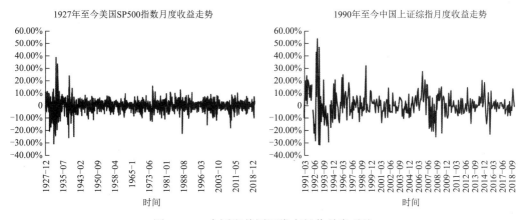

图 11-15　中国和美国证券市场收益率对比

我国股票市场的上述特点，使得我国上市公司股价反映其内在价值的能力大打折扣，如果上市公司在股权转让或增资扩股时依然采用公告日前 N 个交易日的交易均价进行确定，很可能出现股价过高或过低造成融资失败或不必要的经济利益损失。因此，当上市公司股价严重偏离其合理价值时，如前文提到的中央商场和津劝业两家上市公司，可考虑聘请专业评估机构采用估值技术合理反映其真实价值，避免直接采用股价作为交易对价的依据。

需要说明的是，无论基于历史数据进行分析、预测，还是根据公司实际情况对业务进行拆分再预测，都需要进行人为主观判断，这是内在价值研究不可避免的问题，也是格雷厄姆指出的内在价值是一个近似值范围的原因所在。但相较于直接将股价作为对价依据而言，内在价值处于一个波动相对较小的区间范围，这对指导实际交易具有重大意义。本研究以百货零售行业作为上市公司内在价值分析案例，旨在提供一种研究思路，希望对上市公司内在价值的研究和使用提供有益参考。

第三节　信息技术与企业价值评估

随着信息技术的高速发展，互联网、大数据、人工智能等技术在国民经济各领域得到了广泛应用，也为资产评估转型升级提供了良好契机。资产评估工作往往需要评估人员耗费大量时间和精力去完成评估对象的数据获取、分析、处理等一系列工作，尤其是企业价值评估等综合性较强的评估业务，其复杂程度较其他评估业务更高，评估人员需要在调查、收集企业本身的财务、经营管理以及与被评估企业相关的宏观、行业数据的基础上，选择适当的评估方法建立评估模型，进而在对数据进行充分分析的基础上完成对企业价值的评定估算。

企业价值评估主要的评估方法包括市场法、收益法和资产基础法，其中收益法是目前使用最普遍的评估方法，随着我国市场经济的不断深入推进市场法应用也日益广泛，而资产基础法在企业价值评估中的应用则逐渐减少，且很多情况下只是作为辅助方法。每种方法的适用特点各异，比如收益法是基于企业未来能够实现的收益评估企业价值，能够更好反映企业的内在价值，但是模型较为复杂、对评估人员专业经验要求较高；市场法模型相对简单，但是对市场数据和评估人员主观判断的依赖较多。基于现代信息技术手段的智能化、自动化评估，依托云计算、分布式处理、存储、感知等相关技术，可以促进评估方法的改进，增加企业价值评估的科学性和客观性。与此同时，智能评估系统的应用，可以提高评估的准确性和评估工作效率。基于不同评估方法的理论和应用特征，目前信息技术对企业价值评估方法的改进更多体现在收益法和市场法中。

一、信息技术对收益法应用的改进

用收益法评估企业价值，最常见的困难在于未来收益预测及折现率等参数确定的合理性，传统操作中在很大程度上取决于评估人员的个人经验和主观判断，其客观性和合理性可能有所欠缺，这也导致收益法评估结果的可信度时常受到质疑。大数据是一种规模远超传统数据库的数据集合，依托于云计算技术，对海量数据实现获取、存储、管理、分析，并可以实现基于数理统计模型与数学计算的自动预测功能。因此，依托大数据等现代信息技术手段，可大大提高收益法的客观性和合理性，增强其可信度。

首先，企业的未来收益预测方面，可以充分利用大数据等信息技术手段辅助企业收益预测。大数据的核心功能即为预测，利用大数据技术能够识别对企业发展有影响的因素，包括宏观、行业及企业等各层面，进而模拟预测这些因素对企业未来的影响，并基于对企业历史财务数据的自动分析预测其未来收益，为评估人员提供相对客观的收益预测参考。可以说，智能估值系统是在全面考虑企业收益各方面影响因素的基础上，基于对企业未来发展风险的综合判断预测其收益，其中的工作量之大、计算难度之高是传统人工方法无法完成的。同时，这种基于大数据等信息技术的智能预测，一方面可以降低收益法中评估人员的主观因素对收益预测的影响，另一方面也能够增加预测的科学性和合理性。

其次，在折现率等参数预测方面，以市场风险溢价为例，实践中各个评估机构的做法不一，有些机构内部是没有固定取值，较多机构是一年甚至更长时间统一固定一个数值，个别机构可以做到内部统一月度更新数值，而各机构的取值方法也是多种多样。基于大数据和人工智能等信息技术手段，智能估值系统能够根据评估项目的输入参数，通过云计算等技术自动输出适当的参数值，不仅避免了参数取值的随意性和主观性，而且能够提高参数取值的及时性和科学性。

最后，用收益法估算出企业价值评估结果后，还可以基于大数据技术的数据分析功能，结合对评估结果影响较大且不确定性较高的因素，对评估结果进行综合概率分析，以便提高评估结果的准确性。

二、信息技术对市场法应用的改进

用市场法评估企业价值时往往存在可比公司或者可比交易案例数量不足、无法获取充足数据、价值乘数调整困难等问题，从而限制了市场法的使用，大数据、人工智能等信息技术的利用可以在一定程度上解决市场法应用中的这些难题。

首先，在选择可比上市公司或者交易案例时，传统方法是从互联网或者一些金融数据终端人工搜索与被评估企业可比的上市公司或者交易案例，很大程度上受到数据搜索渠道和评估人员获取数据能力的限制，经常发生可比公司或交易案例数量不足，或者数据不充分等问题。借助现代信息技术手段，评估人员只需在智能估值系统中输入被评估企业的信息，即可由系统通过云计算自动推送与之可比的企业或者交易案例数据，评估人员只需在系统提供的推送数据中进一步设置筛选标准即可得到期望的可比数据样本，这样不仅充分保证了可比样本的数量与质量，也极大提高了工作效率，同时避免了数据搜索渠道和评估人员获取数据能力对评估工作的影响。

其次，在对可比公司或者交易案例进行参数修正时，传统方法主要依赖评估人员通过自身专业经验进行主观判断，导致评估结果往往受到评估人员个体差异因素影响，其客观性可能有所欠缺。利用大数据、人工智能等信息技术手段，可以由智能估值系统模拟评估人员的思维过程，在对可比公司和被评估企业的差异因素进行对比分析的基础上，通过程序化的步骤进行调整，从而在一定程度上减少评估人员的主观因素影响，同时也能提高参数调整的全面性和科学性。

最后，在确定价值乘数取值时，涉及乘数选择、数据期间确定、计算方法及乘数值选取等问题，实践中一般是由评估人员根据专业经验及评估项目的具体情况通过主观判断决定，其合理性很容易受到质疑。依托现代信息技术手段开发的智能评估系统，不仅能够实现对可比公司或交易案例价值乘数的自动计算，同时可以结合云端数据实现对价值乘数取值合理性的对比分析，提高评估的准确性和合理性。

三、智能评估系统的开发运用

利用互联网资源以及大数据、人工智能等现代信息技术，可以开发智能评估系统，用于辅助评估人员执行评估业务。目前，房地产评估行业已经推出了多个在线房地产评估系统，这些系统运用信息技术，将房地产估价技术与估价师的经验充分融合，利用先进的网络平台，为房地产估价业务提供全新的评估数据支持。

与房地产评估相比，资产评估的复杂程度更高，尤其是企业价值评估、无形资产评估等综合性要求较高的评估业务，现阶段数据和模型是无法完全替代资产评估人员的经验和专业判断的。但是，随着市场化程度的逐步提高和数据不断开放，尤其是政府数据开放程度越来越高，交易数据渐趋频繁，资产评估行业逐步进入智能系统评估并非天方夜谭。现阶段，已经有一些大型评估机构开始探索智能评估系统的研发。例如，天健兴业评估公司与相关合作方合作成立了雄安智评云数字科技有限公司，致力于打造服务于资产价值发现和价值计量的智能估值云平台——"智评云"，现有产品线主要包括专业智估、大众智评和数据服务三个模块，各模块可以实现的强大的估值功能如下：

首先，"专业智评"模块面向专业评估机构和评估人员，提供在线评估作业系统，解决评估行业人员紧张、简单重复工作量大、人为差错无法杜绝、估值数据获取困难、重要参数缺乏权威推荐、"信息孤岛"等痛点问题，提高评估作业效率，减少人为差错。该模块已在天健评估公司内部上线试运行，取得了预期的良好效果，未来将推出面向整个评估行业和资本市场的更高版本。

其次，"大众智评"模块面向有估值需求的政府部门、银行、券商、基金公司、资管公司、金融服务公司、会计师事务所、企业投资和财务部门，基于门类齐全的行业估值模型及强大的数据库，借助机器学习和人工智能等前沿技术，提供简单、便捷、准确的在线估值工具，让不具备专业评估能力的估值需求者也能轻松获取资产的价值区间，为其资产交易和监管行为提供参考依据。

最后，"数据服务"模块面向有资产价值数据需求的组织，如市场调研机构、专业智库、券商和投行的分析部门等，利用强大的数据后台，提供定制化的数据挖掘和数据分析服务。

智能评估系统的研究开发、评估人员思路转换等问题是现代信息技术与资产评估结合中需要首先面对和解决的问题。智能评估系统的开发运用，一方面可以使评估人员从大量重复、低效的人工操作中解放出来，通过系统内置的诸多计算模型对数据进行收集、分析、处理，提高评估工作效率，同时也避免人工操作中容易出现的数据输入、公式链接等低级错误；另一方面，通过数据挖掘、统计建模、机器学习等技术，可以提高评估的科学性，减少对评估人员经验水平和主观判断的依赖，利用大数据、云计算对估值模型中的参数实现更为客观、合理的预测。

在信息技术飞速发展的时代，作为高端专业服务行业的评估行业需要从新视角出发，积极创新、勇于探索，加强大数据、云计算、人工智能等信息技术在资产评估中的应用研究，向智能评估持续迈进。首先，评估方法在信息技术的支持下，在操作和应用层面将得到极大改进，提高企业价值评估的客观性与合理性；其次，借助智能估值系统，评估人员可以摆脱重复、低效的手工劳动，致力于专业性要求较高的工作中，同时避免了人工操作可能出现的误差，提高企业价值评估操作的工作效率和准确性，提升估值服务质量。

思考题 ▶

1. 科技创新企业的特点如何影响评估方法的选择？
2. 上市公司内在价值评估有什么意义？
3. 信息技术对企业价值评估产生什么影响？
4. 如何提高我国资产评估行业的信息化建设水平？
5. 还有哪些企业价值评估的前沿问题值得研究？请举例说明。

参考文献

[1] 陈德球、胡晴、梁媛，2014. 劳动保护、经营弹性与银行借款契约 [J]. 财经研究，第 9 期.

[2] 陈冬华、胡晓莉、梁上坤、新夫，2013. 宗教传统与公司治理 [J]. 经济研究，第 9 期.

[3] 陈炜、孔翔、许年行，2008. 我国中小投资者法律保护与控制权私利关系实证检验 [J] 中国工业经济，第 1 期.

[4] 陈武朝，2013. 经济周期、行业周期性与盈余管理程度 [J]. 南开管理评论，16 卷第 3 期.

[5] 陈晓、李静，2001. 地方政府财政行为在提升上市公司业绩中的作用探析 [J]. 会计研究，第 12 期.

[6] 陈信元、黄俊，2007. 政府干预、多元化经营与公司业绩 [J]. 管理世界，第 1 期.

[7] 池国华、杨金、邹威，2014. 高管背景特征对内部控制质量的影响研究——来自中国 A 股上市公司的经验证据 [J]. 会计研究，第 11 期.

[8] 代光伦、邓建平、曾勇，2012. 金融发展、政府控制与融资约束 [J]. 管理评论，第 5 期.

[9] 戴亦一、张俊生、曾亚敏、潘越，2009. 社会资本与企业债务融资 [J]. 中国工业经济，第 8 期.

[10] 范子英、田彬彬，2013. 税收竞争、税收执法与企业避税 [J]. 经济研究，第 9 期.

[11] 方军雄，2008. 政府干预、所有权性质与企业并购 [J]. 管理世界，第 9 期.

[12] 付超奇，2015. 资本结构、公司治理行为与 CEO 生活经历 [J]. 投资研究，第 2 期.

[13] 高明华、马守莉，2002. 独立董事制度与公司绩效关系的实证分析——兼论中国独立董事有效行权的制度环境 [J]. 南开经济研究，第 2 期.

[14] 何韧、王维诚、王军，2010. 管理者背景与企业绩效: 基于中国经验的实证研究 [J]. 财贸研究，第 1 期.

[15] 何瑛、张大伟，2015. 管理者特质、负债融资与企业价值 [J]. 会计研究，第 8 期.

[16] 黄平，2012. 解雇成本、就业与产业转型升级——基于《劳动合同法》和来自中国上市公司的证据 [J]. 南开经济研究，第 3 期.

[17] 江龙、刘笑松，2011. 经济周期波动与上市公司现金持有行为研究 [J]. 会计研究，第 9 期.

[18] 江轩宇，2013. 税收征管、税收激进与股价崩盘风险 [J]. 南开管理评论，16 卷第 5 期.

[19] 姜付秀、刘志彪，2005. 行业特征、资本结构与产品市场竞争 [J]. 管理世界，第 10 期.

[20] 姜付秀、伊志宏、苏飞、黄磊，2009. 管理者背景特征与企业过度投资行为 [J]. 管理世界，第 1 期.

[21] 姜国华、饶品贵，2011. 宏观经济政策与微观企业行为 [J]. 会计研究，第 3 期.

[22] 况学文、陈俊，2011. 董事会性别多元化、管理者权力与审计需求 [J]. 南开管理评论，第 6 期.

[23] 黎文靖、李耀淘，2014. 产业政策激励了公司投资吗 [J]. 中国工业经济，第 5 期.

[24] 李四海、陈祺，2013. 制度环境、政治关联与会计信息债务契约有用性——来自中国民营上市公司的经验证据 [J]. 管理评论，第 1 期.

[25] 李小荣、刘行，2012. CEO vs CFO: 性别与股价崩盘风险 [J]. 世界经济，第 12 期.

[26] 李延喜、陈克兢、姚宏、刘伶，2012. 基于地区差异视角的外部治理环境与盈余管理关系研究——

兼论公司治理的替代保护作用 [J]. 南开管理评论，第 4 期.

[27] 李焰、秦义虎、张肖飞，2011. 企业产权、管理者背景特征与投资效率 [J]. 管理世界，第 1 期.

[28] 李志军、王善平，2011. 货币政策、信息披露质量与公司债务融资 [J]. 会计研究，第 10 期.

[29] 廖冠民、陈燕，2014. 劳动保护、劳动密集度与经营弹性：基于 2008 年《劳动合同法》的实证检验 [J]. 经济科学，第 2 期.

[30] 林炯垚，1999. 企业评价：投资银行实务 [M]. 台北：禾丰文教基金会.

[31] 刘凤委、李琳、薛云奎，2009. 信任、交易成本与商业信用模式 [J]. 经济研究，第 8 期.

[32] 刘慧、张俊瑞、周键，2016. 诉讼风险、法律环境与企业债务融资成本 [J]. 南开管理评论，第 5 期.

[33] 刘建秋、宋献中，2012. 社会责任、信誉资本与企业价值创造 [J]. 财贸研究，第 6 期.

[34] 刘芍佳、孙霈、刘乃全，2003. 终极产权论、股权结构及公司绩效 [J]. 经济研究，第 4 期.

[35] 刘玉平，2010. 资产评估教程 [M]. 第 3 版. 北京：中国财政经济出版社.

[36] 刘媛媛、刘斌，2014. 劳动保护、成本粘性与企业应对 [J]. 经济研究，第 5 期.

[37] 卢闯、唐斯圆、廖冠民，2015. 劳动保护、劳动密集度与企业投资效率 [J]. 会计研究，第 6 期.

[38] 陆瑶、胡江燕，2014. CEO 与董事间的"老乡"关系对我国上市公司风险水平的影响 [J]. 管理世界，第 3 期.

[39] 陆正飞、韩非池，2013. 宏观经济政策如何影响公司现金持有的经济效应？——基于产品市场和资本市场两重角度的研究 [J]. 管理世界，第 6 期.

[40] 罗党论、唐清泉，2009. 政治关系、社会资本与政策资源获取：来自中国民营上市公司的经验证据 [J]. 世界经济，第 7 期.

[41] 罗党论、唐清泉，2009. 中国民营上市公司制度环境与绩效问题研究 [J]. 经济研究，第 2 期.

[42] 雒敏、聂文忠，2012. 财政政策、货币政策与企业资本结构动态调整 [J]. 经济科学，第 5 期.

[43] 倪骁然、朱玉杰，2016. 劳动保护、劳动密集度与企业创新——来自 2008 年《劳动合同法》实施的证据 [J]. 管理世界，第 7 期.

[44] 潘红波、夏新平、余明桂，2008. 政府干预、政治关联与地方国有企业并购 [J]. 经济研究，第 4 期.

[45] 潘红波、余明桂，2011. 支持之手、掠夺之手与异地并购 [J]. 经济研究，第 9 期.

[46] 潘越、戴亦一、吴超鹏、刘建亮，2009. 社会资本、政治关系与公司投资决策 [J]. 经济研究，第 11 期.

[47] 饶品贵、姜国华，2013. 货币政策、信贷资金配置与企业业绩 [J]. 管理世界，第 3 期.

[48] 饶品贵、姜国华，2013. 货币政策对银行信贷与商业信用互动关系影响研究 [J]. 经济研究，第 1 期.

[49] 饶育蕾、张媛、刘晨，2012. 区域文化差异对个人决策偏好影响的调查研究 [J]. 统计与决策，第 22 期.

[50] 沈维涛、幸晓雨，2014. CEO 早期生活经历与企业投资行为——基于 CEO 早期经历三年困难时期的研究 [J]. 经济管理，第 12 期.

[51] 施东晖，2003. 转轨经济中的所有权与竞争：来自中国上市公司的经验证据 [J]. 经济研究，第 8 期.

[52] 孙永祥、黄祖辉，1999. 上市公司的股权结构与绩效，经济研究，第 12 期.

[53] 苏启林、朱文，2003. 上市公司家族控制与企业价值 [J]. 经济研究，第 8 期.

[54] 谭劲松，2003. 独立董事"独立性"研究 [J]. 中国工业经济，第 10 期.

[55] 唐清泉、罗党论，2007. 政府补贴动机及其效果的实证研究——来自中国上市公司的经验证据 [J]. 金融研究，第 6 期.

[56] 田利辉，2005. 国有股权对上市公司业绩影响的 U 型曲线和政府股东两手论 [J]. 经济研究，第 10 期.

[57] 王俊秋、江敬文，2012. 政治关联、制度环境与高管变更 [J]. 管理评论，第 12 期.

[58] 王文甫、明娟、岳超云，2014. 企业规模、地方政府干预与产能过剩 [J]. 管理世界，第 10 期.

[59] 王贤彬、徐现祥、周靖祥，2010. 晋升激励与投资周期——来自中国省级官员的证据 [J]. 中国工业经济，第 12 期.

[60] 王跃堂、赵子夜，2006. 董事会的独立性是否影响公司绩效？[J]. 经济研究，第 5 期.

[61] 吴联生，2009. 国有股权、税收优惠与公司税负 [J]. 经济研究，第 10 期.

[62] 薛云奎、白云霞，2008. 国家所有权、冗余雇员与公司业绩 [J]. 管理世界，第 10 期.

[63] 杨小凯、黄有光、张玉纲，1999. 专业化与经济组织 [M]. 北京：经济科学出版社.

[64] 叶康涛、陆正飞，2007.独立董事能否抑制大股东的"掏空"[J].经济研究，第 4 期.

[65] 叶康涛、祝继高，2009.银根紧缩与信贷资源配置 [J].管理世界，第 1 期.

[66] 伊志宏、姜付秀、秦义虎，2010.产品市场竞争、公司治理与信息披露质量 [J].管理世界，第 1 期.

[67] 余明桂、李文贵、潘红波，2013.管理者过度自信与企业风险承担 [J].金融研究，第 1 期.

[68] 余明桂、夏新平、邹振松，2006.管理者过度自信与企业激进负债行为 [J].管理世界，第 8 期.

[69] 张继德、纪佃波、孙永波，2013.企业内部控制有效性影响因素的实证研究 [J].管理世界，第 8 期.

[70] 张建君、张志学，2005.中国民营企业家的政治战略 [J].管理世界，第 7 期.

[71] 张玲、刘启亮，2009.治理环境、控制人性质与债务契约假说 [J].金融研究，第 2 期.

[72] 张仁德、王昭凤，2003.企业理论 [M].北京：高等教育出版社.

[73] 张媛、饶育蕾、周蓉蓉，2014.论区域文化对企业并购决策的影响——基于游牧文化与农耕文化分类的实证研究 [J].东北师大学报（哲学社会科学版），第 6 期.

[74] 张兆国、刘亚伟、亓小林，2013.管理者背景特征、晋升激励与过度投资研究 [J].南开管理评论，第 4 期.

[75] 周黎安，2004.晋升博弈中政府官员的激励与合作——兼论我国地方保护主义和重复建设问题长期存在的原因 [J].经济研究，第 6 期.

[76] 周黎安、陶婧，2009.政府规模、市场化与地区腐败问题研究 [J].经济研究，第 1 期.

[77] 祝继高、陆正飞，2009.货币政策、企业成长与现金持有水平变化 [J].管理世界.第 3 期.

[78] 祝继高、叶康涛、严冬，2012.女性董事的风险规避与企业投资行为研究——基于金融危机的视角 [J].财贸经济，第 4 期.

[79] Adams R B, Ferreira D. 2009. "Women in the Boardroom and Their Impact on Governance And Performance", *Journal of Financial Economics*, 94(2): 291-309.

[80] Alchian, A. A., and Demsetz, H., 1972, "Production, Information Cost and Economic Organization", *American Economic Review*, 62(5): 777-795.

[81] Anderson, C. W., Fedenia, M., Hirschey, M., and Skiba, H., 2011, "Cultural Influences on Home Bias and International Diversification by Institutional Investors", *Journal of Banking and Finance*, 35(4): 916-934.

[82] Ang, J., Cheng, Y., and Wu, C., 2009, "Social Capital, Cultural Biases, and Foreign Investment in Innovation: Evidence from China", Florida State University, Working Paper.

[83] Atanassov, J., and Kim, E. H., 2009, "Labor and Corporate Governance: International Evidence from Restructuring Decisions", *The Journal of Finance*, 64(1): 341-374.

[84] Bae, S. C., Chang, K., and Kang, E., 2012, "Culture, Corporate Governance, and Dividend Policy: International Evidence", *Journal of Financial Research*, 35(2): 289-316.

[85] Baker, M., and Wurgler, J., 2004a, "A Catering Theory of Dividends", *Journal of Finance*, 59(3): 1125-1165.

[86] Baker, M., and Wurgler, J., 2004b, "Appearing and Disappearing Dividends: The Link to Catering Incentives", *Journal of Financial Economics,* 73(2): 271-288.

[87] Bebchuk, L. A., 1999, "A Rent-Protection Theory of Corporate Ownership and Control (No. W7203)", National Bureau of Economic Research.

[88] Bebchuk, L. A., Kraakman, R., and Triantis, G., 2000, "Stock Pyramids, Cross-Ownership, and Dual Class Equity: The Mechanisms and Agency Costs of Separating Control from Cash-Flow Rights", In *Concentrated Corporate Ownership* (Pp. 295-318). University of Chicago Press.

[89] Berle, A. and Means, C., 1932, *The Modern Corporate and Private Properity*, New York: Macmillan.

[90] Bernanke, B. S., 1983, "Irreversibility, Uncertainty, and Cyclical Investment", *The Quarterly Journal of Economics,* 98(1): 85-106.

[91] Bertrand, M., Kramarz, F., Schoar, A., and Thesmar, D., 2004, "Politically Connected Ceos and Corporate Outcomes: Evidence from France", Unpublished Manuscript.

[92] Besley, T., and Burgess, R., 2004, "Can Labor Regulation Hinder Economic Performance？ Evidence from India", *The Quarterly Journal of Economics,* 119(1): 91-134.

[93] Bird, R. C., and Knopf, J. D., 2009, "Do Wrongful-Discharge Laws Impair Firm Performance？", *The Journal of Law And Economics,* 52(2): 197-222.

[94] Bloom, N., Bond, S., and Van Reenen, J., 2007, "Uncertainty and Investment Dynamics", *The Review of Economic Studies,* 74(2): 391-415.

[95] Botero, J. C., Djankov, S., Porta, R. L., Lopez-De-Silanes, F., and Shleifer, A., 2004, "The Regulation of Labor", *The Quarterly Journal of Economics*, 119(4): 1339-1382.

[96] Boyd, J., and Smith, B., 1996, "The Coevolution of The Real and Financial Sectors in The Growth Process", *The World Bank Economic Review*, 10(2): 371-396.

[97] Burgstahler, D. C., Hail, L., and Leuz, C., 2006, "The Importance of Reporting Incentives: Earnings Management in European Private and Public Firms", *The Accounting Review*, 81(5): 983-1016.

[98] Chen, D., Li, O. Z., and Xin, F., 2013, "Five-Year Plans, China Finance and Their Consequences", Available At SSRN 2259388.

[99] Chen, Q., Goldstein, I., and Jiang, W., 2007, "Price Informativeness and Investment Sensitivity to Stock Price", *The Review of Financial Studies*, 20(3): 619-650.

[100] Claessens, S., Feijen, E., and Laeven, L., 2008, "Political Connections and Preferential Access to Finance: The Role of Campaign Contributions", *Journal of Financial Economics*, 88(3): 554-580.

[101] Coase, R.H., 1937, "The Nature of the Firm", *Economica*, 4(16):386-405.

[102] Coleman, J. S., 1994, *Foundations of Social Theory*, Harvard University Press.

[103] Defond, M., Hung, M., and Trezevant, R., 2007, "Investor Protection and The Information Content of Annual Earnings Announcements: International Evidence", *Journal of Accounting and Economics,* 43(1): 37-67.

[104] Dyreng, S. D., W. J., Mayew，and C. D., Williams, 2010, "religious Social Norms and Corporate Financial Reporting", working paper.

[105] Elder, G. H., Gimbel, C., and Ivie, R., 1991, "Turning points in life: The case of military service and war", *Military Psychology*, 3(4): 215-231.

[106] Faccio, M., Lang, L. H. P., and Young, L., 2001, "Dividends and Expropriation", *American Economic Review*, 91(1): 54-78.

[107] Faccio, M., Marchica, M., and Mura, R., 2011, "Large Shareholder Diversification and Corporate Risk-Taking", *Social ence Electronic Publishing*, 24(11): 3601-3641.

[108] Fan, J. P. H., Wong, T. J., and Zhang., 2007, "Politically-Connected CEOs, Corporate Governance and Post-IPO Performance of China's Newly Partially Privatized Firms", *Journal of Financial Economic*, 84: 330-357.

[109] Farber, D. A., 2005 "The rule of law and the law of precedents", *Minnesota law review*, 90(5): 1173-1203.

[110] Fidrmuc, J. P., and Jacob, M., 2010, "Culture, Agency Costs, and Dividends", *Journal of Comparative Economics,* 38(3): 321-339.

[111] Fisher, I., 1906, *The Nature of Capital and Income*, New York: Macmillan.

[112] Fisher, I., 1930, *The Theory of Interest*, New York: Macmillan.

[113] Fisman, R., 2001, "Estimating the Value of Political Connections", *The American Economic Review,* 91(4): 1095-1102.

[114] Fukuyama, F., 1995, *Trust: The Social Virtues and The Creation of Prosperity* (*Vol.* 99), New York: Free Press.

[115] Goldman, E., Rocholl, J., and So, J.,2006, "Does Political Connectedness Affect Firm Value？", working paper.

[116] Hart, O. L., Moore, J., 1990, "Property Rights and the Nature of the Firm", *Journal of Political Economy*, 98(1):1119-1158.

[117] Grossman, S.J., and Hart, O.D., 1986, "The costs and benefits of ownership: A theory of vertical and lateral integration". *Journal of Political Economy*, 94(4): 691-719.

[118] Guiso, L., Sapienza, P., and Zingales, L., 2008, "Trusting The Stock Market", *The Journal of Finance*, 63(6): 2557-2600.

[119] Gulamhussen, M. A., and Santa, S. F., 2015, "Female Directors in Bank Boardrooms and their Influence on Performance and Risk-taking", *Ssrn Electronic Journal*, 28: 10-23.

[120] Gulen, H., and Ion, M., 2016, "Policy Uncertainty and Corporate Investment", *The Review of Financial Studies*, 29(3): 523-564.

[121] Hambrick, D. C., and Mason, P. A., 1984, "Upper Echelons: The Organization as a Reflection of Its Top Managers", *Academy of Management Review*, 9(2): 193-206.

[122] Hart, O., and Moore, J., 1990, "Property rights and the nature of the firm", *Journal of Political Economy*, 98(6): 1119-1158.

[123] Harvey, C. R., and Graham, J. R., 2002, "How Do CFOs Make Capital Budgeting and Capital Structure Decisions？" *Journal of Applied Corporate Finance*,15(1): 8-23.

[124] Hilary, G., and Hui, K. W., 2009, "Does Religion Matter in Corporate Decision Making in America？", *Journal of Financial Economics*, 93(3): 455-473.

[125] Hofstede, G., 1983, "The Cultural Relativity of Organizational Practices and Theories", *Journal of International Business Studies*, 14(2): 75-89.

[126] Homans, G. C., 1941, "Anxiety and Ritual: The Theories of Malinowski and Radcliffe-Brown", *American Anthropologist*, 43(2): 164-172.

[127] Jensen, M.C., and Meckling, W.H., 1976, "Theory of the Firm: Managerial Behavior, Agency Costs and Ownership Structure", *Journal of Financial Economics*, 3(4): 305-360.

[128] Jensen, M., and Meckling, W., 1976, "Theory of the Firm: Managerial Behavior, Agency Costs and Ownership Structure", *Journal of Financial Economics*, 3(4): 305 ~ 360.

[129] Julio, B., and Yook, Y., 2012, "Political Uncertainty and Corporate Investment Cycles", *The Journal of Finance*, 67(1): 45-83.

[130] Knack, S., and Keefer, P., 1997, "Does Social Capital Have An Economic Payoff？A Cross Social Capital: Its Origins and Applications in Modern Sociology", *Annual Review of Sociology*, 24: 1-24.

[131] Kostovetsky, L., 2015, "Political Capital and Moral Hazard", *Journal of Financial Economics*, 116(1): 144-159.

[132] La Porta, R., F. Lopez-de-Silanes, F., and Shleifer, A., 1999, "Corporate Ownership Around the World", *Journal of Finance*, 54(2):471-516.

[133] La Porta, R., Lopez-de-Silanes, F., Shleifer, A., and Vishny, R., 2000, "Investor Protection and Corporate Governance", *Journal of Financial Economics*, 58(1-2): 3-27.

[134] La Porta, R., Lopez-de-Silanes, F., Shleifer, A., and Vishny, R., 1998, "Law and Finance", *Journal of Political Economy*, 106(6): 1113-1155.

[135] La Porta, R., F. Lopez-de-Silanes, F., and Shleifer, A., 2002, "Investor Protection and Corporate Valuation", *The Journal of Finance*, 57(3): 1147-1170.

[136] Leland, H. E., and Pyle, D. H., 1977, "Informational Asymmetries, Financial Structure, and Financial Intermediation.", *Journal of Finance*, 32(2): 371-387.

[137] Leuz, C., Nanda, D., and Wysocki, P. D., 2003, "Earnings Management and Investor Protection: An International Comparison", *Journal of Financial Economics*, 69(3): 505-527.

[138] Li, H., and Zhou, L. A., 2005, "Political Turnover and Economic Performance: The Incentive Role of Personnel Control in China", *Journal of Public Economics*, 89(9-10): 1743-1762.

[139] Lin, J. Y., Cai, F., and Li, Z., 1998, "Competition, Policy Burdens, and State-Owned Enterprise Reform", *The American Economic Review*, 88(2): 422-427.

[140] Litzenberger, R. H., and Ramaswamy, K., 1979, "The Effect of Personal Taxes and Dividends on Capital Asset Prices: Theory and Empirical Evidence", *Journal of Financial Economics*, 7(2): 163-195.

[141] Liu, L. X., Shu, H., and Wei, K. J., 2017, "The Impacts of Political Uncertainty on Asset Prices: Evidence from The Bo Scandal In China", *Journal of Financial Economics*, 125(2): 286-310.

[142] Malmendier, U., and Tate, G., 2005, "Does Overconfidence Affect Corporate Investment？ CEO Overconfidence Measures Revisited", *European Financial Management*, 11(5): 649-659.

[143] Malmendier, U., Nagel, S., 2007, "Depression Babies: Do Macroeconomic Experiences Affect Risk-Taking", nber working papers, 126(1): 008-035.

[144] Malmendier, U., Tate, G., and Yan, J., 2011, "Overconfidence and Early-Life Experiences: The Effect of Managerial Traits on Corporate Financial Policies", *Journal of Finance*, 66(5): 1687-1733.

[145] McGuire, S. T., T. C., Omer, and N. Y., Sharp, 2012, "The Impact of Religion on Financial Reporting Irregularities", *Accounting Review*, 87(2): 645-673.

[146] Miller, A. S., and J.P., Hoffmann, 1995, "Risk and Religion: An Explanation of Gender Difference in Religiosity", *Journal for the Scientific Study of Religion*, 14(1): 63-75.

[147] Miller, M. H., 1977, "Debt and Taxes", *Journal of Finance*, 32(2): 261-275.

[148] Modigliani, F., and Miller, M. H., 1958, "The Cost of Capital, Corporation Finance and the Theory of Investment", *American Economic Review*, 48(3): 261-297.

[149] Modigliani, F., and Miller, M. H., 1963, "Corporate Income Taxes and the Cost of Capital: A Correction", *American Economic Review*, 53(3): 433-443.

[150] Myers, S. C., and Majluf, N. S., 1984, "Corporate Financing and Investment Decisions When Firms Have Information That Investors Do Not Have", *Journal of Financial Economics*, 13(2): 187-221.

[151] Piotroski, J. D., and Zhang, T., 2014, "Politicians and The IPO Decision: The Impact of Impending Political Promotions on IPO Activity In China", *Journal of Financial Economics*, 111(1): 111-136.

[152] Portes, A., 1998, "Social Capital: Its Origins and Applications in Modern Sociology", *Annual Review of Sociology*, 24(1): 1-24.

[153] Putnam, R. D., Leonardi, R., and Nanetti, R. Y., 1994, *Making Democracy Work: Civic Traditions in Modern Italy*, Princeton University Press.

[154] Ramirez, A., and Tadesse, S., 2009, "Corporate Cash Holdings, Uncertainty Avoidance, and The Multinationality of Firms", *International Business Review*, 18(4): 387-403.

[155] Ross, S. A., 1977, "The Determination of Financial Structure: The Incentive-Signalling Approach.", *Bell Journal of Economics*, 8(1): 23-40.

[156] Serfling, M., 2016, "Firing Costs and Capital Structure Decisions", *The Journal of Finance*, 71(5): 2239-2286.

[157] Shefrin, H. M., and Statman, M., 1984, "Explaining Investor Preference for Cash Dividends", *Journal of Financial Economics*, 13(2): 253-282.

[158] Shleifer, A., 1998, "State Versus Private Ownership", *Journal of Economic Perspectives*, 12(4): 133-150.

[159] Shleifer, A., and Vishny, R. W., 1986, "Large Shareholders and Corporate Control", *Journal of Political Economy*, 94(3, Part 1): 461-488.

[160] Steven N. S. Cheung, 1982, "The Contractual Nature of the Firm", *Journal of Law & Economics*, 26(1):1-21.

[161] Stulz, R. M., and Williamson, R., 2003, "Culture, Openness, and Finance", *Journal of Financial Economics*, 70(3): 313-349.

[162] Varsakelis, N. C., 2001, "The Impact of Patent Protection, Economy Openness and National Culture on R&D Investment: A Cross-Country Empirical Investigation", *Research Policy*, 30(7): 1059-1068.

[163] Walker, D. I., 2010, The Law and Economics of Executive Compensation: Theory and Evidence", Working Paper, No.10-32.

[164] Williamson, O.E., 1985, *The Economic Institutions of Capitalism: Firms, Markets, Relational Contracting*, Free Press.

[165] Zheng, X., El Ghoul, S., Guedhami, O., and Kwok, C. C., 2012, "National Culture and Corporate Debt Maturity", *Journal of Banking & Finance*, 36(2): 468-488.

教师服务

感谢您选用清华大学出版社的教材！为了更好地服务教学，我们为授课教师提供本书的教学辅助资源，以及本学科重点教材信息。请您扫码获取。

≫ 教辅获取

本书教辅资源，授课教师扫码获取

≫ 样书赠送

会计学类重点教材，教师扫码获取样书

 清华大学出版社

E-mail: tupfuwu@163.com
电话：010-83470332 / 83470142
地址：北京市海淀区双清路学研大厦 B 座 509

网址：http://www.tup.com.cn/
传真：8610-83470107
邮编：100084